Stefan Köppl

Das politische System Italiens

Stefan Köppl

Das politische System Italiens

Eine Einführung

VS VERLAG FÜR SOZIALWISSENSCHAFTEN

Bibliografische Information Der Deutschen Nationalbibliothek
Die Deutsche Nationalbibliothek verzeichnet diese Publikation in der
Deutschen Nationalbibliografie; detaillierte bibliografische Daten sind im Internet über
<http://dnb.d-nb.de> abrufbar.

1. Auflage März 2007

Alle Rechte vorbehalten
© VS Verlag für Sozialwissenschaften | GWV Fachverlage GmbH, Wiesbaden 2007

Lektorat: Frank Schindler

Der VS Verlag für Sozialwissenschaften ist ein Unternehmen von Springer Science+Business Media.
www.vs-verlag.de

Umschlaggestaltung: KünkelLopka Medienentwicklung, Heidelberg
Druck und buchbinderische Verarbeitung: Krips b.v., Meppel
Gedruckt auf säurefreiem und chlorfrei gebleichtem Papier
Printed in the Netherlands

ISBN 978-3-531-14068-1

Inhalt

Vorwort

Überblickswerke und Lehrbücher gelten in der Sicht des Lesers zuweilen als eher unspektakuläre oder gar leicht zu schreibende Bücher, deren Herausforderung an den Autor hinter genuin forschungsorientierten Werken wie z.b. Dissertationen zurücksteht. Nach einem im Großen und Ganzen etwa dreieinhalb Jahre dauernden Schreibprozess, der die ganze Zeit gleichsam als Nebenbeschäftigung zu einem Fulltimejob ablaufen musste, bin ich zu der Meinung gelangt, dass dem nicht in allen Fällen so ist. So gilt auch für dieses Buch, dass es ohne entsprechende Rahmenbedingungen und tatkräftige Unterstützung aus dem Umfeld wohl nicht in dieser Form hätte zustande gebracht werden können.

Zuallererst danke ich meinem langjährigen Lehrer und Chef, Prof. Dr. Dr. h.c. Heinrich Oberreuter, der stets Freiraum für selbständiges und eigenverantwortliches Arbeiten und damit auch für Projekte wie dieses ließ. Unverzichtbares wissenschaftliches Rüstzeug vermittelten mir zudem Prof. Dr. Martin Sebaldt und Prof. Dr. Maurizio Bach.

Ein dankendes Wort gebührt auch den Firmen Saeco, Lavazza und Illy, deren Produkte manche Durststrecke zu überwinden halfen.

Kaum in Worte zu fassenden Dank schulde ich meinen Freunden und Kollegen Silvia Eder, Henrik Gast, Ondřej Kalina, Uwe Kranenpohl, Ellen Madeker, Carsten Pietsch, Jürgen Stern, Alexander Straßner und Reimut Zohlnhöfer. Ihre Unterstützung reichte von der unerschütterlichen Freundschaft in allen Lebenslagen bis hin zum verdienstvollen und kundigen Korrekturlesen weiter Teile dieses Buches. Jeder einzelne von ihnen weiß am besten selbst, wofür und wie sehr ich ihm zu Dank verpflichtet bin. Die Verantwortung für inhaltliche, typographische und sonstige Fehler verbleibt davon unberührt selbstverständlich beim Autor.

Wichtiger als alle Genannten ist jedoch Anna Bauermeister, der ich mehr verdanke als Worte ausdrücken können. Ihr sei dieses Buch gewidmet.

Passau und Tutzing, im Sommer 2006 *Stefan Köppl*

1 Einleitung

1.1 Ein schwieriger Gegenstand

Das Studium der italienischen Politik ist kein leichtes Unterfangen. Der Weg ist vielmehr steinig und voller verwirrender Windungen.

Schon der erste Blick fällt auf die lange Liste von Regierungen in den letzten 60 Jahren und auf ein unübersichtliches Geflecht von Parteien, unter denen selbst den kleinen noch eine teils große Bedeutung zukommt. Das Bild, das in deutschen Medien von der italienischen Politik vermittelt wird, ist das von Chaos und Dauerkrise.[1] So wird ihr dort auch vergleichsweise wenig Aufmerksamkeit geschenkt, etwa im Vergleich zur britischen und französischen Innenpolitik.

Die Unüberschaubarkeit der Verhältnisse hat sich in den letzten 15 Jahren auch noch verstärkt: Während man sich über 40 Jahre lang darauf verlassen konnte, dass die Christdemokraten (DC) stets die stärkste Partei waren und zusammen mit einer wechselnden Gruppe kleinerer Parteien die Regierung bildeten, änderte sich dies grundlegend Anfang der 1990er Jahre. Das Ende des Kalten Krieges, das Entstehen neuer Parteien und der Untergang der alten Parteien in einem Sumpf aus Korruptionsskandalen pflügten die italienische Parteienlandschaft in einem Maße um, wie es in keiner anderen westlichen Demokratie der Nachkriegszeit zu beobachten war.

Seit 1996 stehen sich zwei Lager gegenüber, die je einmal eine Legislaturperiode hindurch die Mehrheit halten konnten. Doch ist damit keine neue Übersichtlichkeit der politischen Verhältnisse einhergegangen. Die beiden Lager stellen wiederum Bündnisse aus zahlreichen zum Teil sehr kleinen Parteien dar, die in ihren inhaltlichen Positionen von den eigenen Bündnispartnern oft weiter entfernt sind als von Teilen des gegnerischen Lagers. In der Tat ist die Parteienlandschaft nun unübersichtlicher als zuvor, obwohl eine ehrgeizige Wahlrechtsreform mit der Einführung einer Variante des Mehrheitswahlrechts gerade die Parteienzersplitterung bekämpfen wollte und auf ein stabiles Zweiparteiensystem nach amerikanischem oder britischem Vorbild abzielte. Auch die Stabilität der Regierungen hat nur teilweise zugenommen. Selbst wenn die turbulenten Jahre 1992 bis 1996 mit insgesamt vier Regierungen ausgeklammert werden, muss

---

[1]   Wieser / Spotts 1988.

man doch feststellen, dass zwischen 1996 und 2001 die regierende Mitte-Links-Koalition in fünf Jahren vier Kabinette verschliss. Zum ersten Mal konnte zwischen 2001 und 2006 die Mitte-Rechts-Koalition unter Führung Silvio Berlusconis trotz einer zwischenzeitlichen Regierungskrise personelle Stabilität in den Regierungssesseln gewährleisten. Wie es um die Dauerhaftigkeit der 2006 erneut gewählten Mitte-Links-Regierung bestellt ist, bleibt abzuwarten.

Ein weiterer Faktor, der die italienische Politik im Vergleich zu anderen Ländern so außergewöhnlich erscheinen lässt, ist die Figur Silvio Berlusconi, der als Medienunternehmer zum reichsten Mann Italiens wurde und 1994 in die aktive Politik einstieg. Diese Person mit ihrer Verquickung von politischer Macht und Medienmacht, mit ihren zahlreichen drastischen Äußerungen, schlechten Witzen, diplomatischen Fauxpas auch auf internationaler Ebene, mit ihren zahlreichen Verstrickungen in Strafverfahren wegen Bestechung und anderen unlauteren Machenschaften sowie mit Gesetzen in eigener Sache, zusammen mit den zahlreichen Klischees von Chaos und Korruption über Italien generell, lassen viele sich befremdet abwenden. So reduziert sich die deutsche Beschäftigung mit italienischer Politik nur zu oft auf ein mitleidiges Lächeln über die chaotischen Zustände oder ein entsetztes Kopfschütteln darüber, dass dort ein Medienmogul Regierungschef werden kann.

Das defizitäre Wissen über die italienische Politik und die daraus folgenden Stereotype resultieren auch aus der unbefriedigenden Literaturlage: Die bis dato einzige deutschsprachige Einführung in das politische System Italiens datiert aus dem Jahre 1970.[2] Ansonsten ist man auf Länderkunden[3] und grobe Überblicke oder auf wissenschaftliche Detailstudien verwiesen, die den Einsteiger[4] kaum weiterbringen. Auch der des Italienischen Mächtige hat es nicht leicht, wenn er versucht, sich durch Zeitungslektüre über die italienische Politik zu informieren. Die Berichterstattung ist stark von tagesaktuellen Details geprägt und benutzt mit Vorliebe kryptische Abkürzungen, ohne diese näher zu erläutern. Überblicksartikel und Hintergrundberichte sind selten. Auch die starke Fokussierung auf einzelne Personen und deren Äußerungen macht es zu keinem leichten Unterfangen, sich durch bloße Zeitungslektüre einen Überblick verschaffen zu wollen. Was bleibt, ist der Sprung ins kalte Wasser. Auch dann ist noch ein erhebliches Maß an Ausdauer und Hartnäckigkeit vonnöten, um aus den vielen Details mit der Zeit ein kohärentes Ganzes zu gewinnen.

---

[2]   Beyme 1970. Dementsprechend kann die Frage „Noch eine Einführung?" (Schreyer / Schwarzmeier 2005, S. 9) hier kaum gestellt werden.

[3]   Z.B. Große / Trautmann 1997 und Drüke 2000.

[4]   Die männliche Bezeichnung wird hier nur aus praktischen Gründen gebraucht. Es sei ausdrücklich darauf hingewiesen, dass damit hier wie auch im gesamten folgenden Text sowohl Personen weiblichen als auch männlichen Geschlechts gemeint sind.

All diese Hindernisse und Defizite mit einem einzigen Buch aus dem Weg räumen zu wollen, wäre vermessen. Daher will diese Einführung in erster Linie das nötige Rüstzeug liefern, damit der Leser die verbleibenden Hürden selbst überwinden kann.

1.2 Zwischen „Erster" und „Zweiter" Republik

An einer Unterscheidung kommt der Italien-Interessierte nicht vorbei: der zwischen der sog. „Ersten" und der „Zweiten" Republik. Über die Verwendung des Begriffes der „Ersten" Republik besteht weitgehend Konsens: Damit ist die Zeit der relativ stabilen parteipolitischen Verhältnisse zwischen 1948 und dem Beginn der 1990er Jahre gemeint, mit der Dauerherrschaft der christdemokratischen DC und der dauernden Ausgrenzung der Kommunisten (PCI) von der Regierung, was wegen der fehlenden Machtwechsel auch als „blockierte Demokratie" bezeichnet wurde.

Als diese festgefahrene Konstellation sich Anfang der 1990er Jahre abrupt auflöste, war schnell das Wort von der „Zweiten" Republik geboren, die die „blockierte Demokratie" ablösen sollte. Auch das Wort des Übergangs, der Transition (*transizione*), ist seitdem ein fester Bestandteil des politischen Sprachgebrauchs in Italien.[5] Doch während in anderen Ländern ein Übergang von einer „Ersten" zu einer „Zweiten" Republik auch eine neue Verfassung und ein verändertes Institutionensystem meint, blieb in Italien die Verfassung von der Transition weitgehend unberührt. Zwar hat sich das Wahlrecht und damit die Logik des Parteienwettbewerbs grundlegend verändert, doch schlug sich dies kaum im parlamentarischen Willensbildungs- und Entscheidungsprozess wie in der Regierungspraxis nieder. Zahlreiche Strukturprobleme und Mängel der „Ersten" Republik bestehen fort, was nicht wenige Beobachter und Wissenschaftler dazu bringt, die Kontinuität zu betonen und nicht von einer „Zweiten" Republik sprechen zu wollen – oder zumindest nicht von einem abgeschlossenen Übergang zu derselben. Sie sprechen vielmehr von einer immer noch andauernden Übergangsphase.[6] In der Tat bleibt eine durchgreifende Reform der Institutionenordnung, auch eine Reform des 1993 und 2005 reformierten Wahlrechts permanent auf der Tagesordnung. Auch die von der Mitte-Rechts-Koalition 2005 mit knapper Mehrheit verabschiedete Verfassungsreform brachte hier keinen

---

[5]   Das ist auch an Buchtiteln abzulesen wie „Wörterbuch zur Transition" (Pasquino 2000) oder „Wie die Transition abgeschlossen wird" (Ceccanti / Vassallo 2004).

[6]   So z.B. der Tenor auf der Jahreskonferenz der Association for the Study of Modern Italy unter dem Titel "The Second Republic Ten Years On", London, 26./27.11.2004. Buchtitel sprechen von einer verzögerten bzw. stockenden Transition (Caciagli / Kertzer 1996, Gilbert / Pasquino 2000). In diesem Sinne werden auch hier die Anführungszeichen beibehalten.

Schlusspunkt, da sie im Juni 2006 bei einer Volksabstimmung wieder gekippt wurde.

Ein Unsicherheitsfaktor bleibt auch die Person Silvio Berlusconi. Seine Partei *Forza Italia* (FI), immerhin die stärkste Partei, ist so sehr von seiner Person abhängig, dass es kaum möglich ist, seriöse Prognosen für die Zeit nach seinem Ausscheiden aus der Politik (sei es aus Altersgründen oder nach einer potentiellen Verurteilung) abzugeben.

Auch die Debatten über die Gründung von großen Integrationsparteien Mitte-Rechts und Mitte-Links währen schon Jahre; ein Abschluss dieser Diskussionen ist ebenso wenig in Sicht wie die diskutierten Parteien. Damit ist hinter jede noch so stabil erscheinende Konstellation mittelfristig ein Fragezeichen zu setzen. Die italienische Politik bleibt nach wie vor spannend, auch wenn es 2006 zu einer Konfrontation zweier alter Bekannter unter parteipolitisch ähnlichen Vorzeichen wie 1996 kam.

1.3 Zu diesem Buch

Dieses Buch richtet sich primär an all jene, die sich politikwissenschaftlich fundiert mit dem politischen System Italiens beschäftigen wollen: Studenten und Wissenschaftler. Es ist aber so verständlich gehalten, dass es auch für Nicht-Politikwissenschaftler und nur am Land Interessierte, wie z.B. Romanisten oder Journalisten, wertvoll ist. Auch dem in der italienischen Politik schon bewanderten Leser soll ein nützliches Kompendium an die Hand gegeben werden. Alles in allem wurde hoffentlich ein gangbarer Mittelweg zwischen Spezialisierung und Verständlichkeit gefunden. Im Sinne derjenigen Leser, die des Italienischen nicht mächtig sind, wurde versucht, den Text nicht mit italienischen Begriffen zu überfrachten. Aber zur Erleichterung für alle die, die sich vertieft mit der italienischen Politik beschäftigen wollen (auch z.B. mit Hilfe italienischer Medien), werden zentrale Begriffe auch italienisch in Klammern aufgeführt.

Alles hat mit allem zu tun – vielleicht trifft dies in Italien sogar noch mehr zu als in manch anderen Systemen. Ursache und Wirkung sind oft nicht eindeutig zuzuordnen und wie es in den Sozialwissenschaften nun mal so ist: Zur Erklärung eines Phänomens reicht selten ein Faktor aus – das komplexe Zusammenwirken mehrerer Faktoren ist der Normalfall. Dementsprechend groß ist die Herausforderung einer Gesamtdarstellung, da eigentlich vieles gleichzeitig zu behandeln wäre. Wohl oder übel mussten also mit der Einteilung in Kapitel und deren Anordnung grobe Schneisen in das Dickicht geschlagen werden. Das Ineinanderwirken vieler Aspekte schlägt sich trotzdem darin nieder, dass manche Punkte mehrmals angesprochen werden. Um die Redundanzen gering zu halten, wurde versucht, möglichst viel mit Verweisen zu arbeiten. D.h. ein Sachverhalt wird an einer Stelle ausführlich dargestellt; spielt er an anderer Stelle eine Rolle, wird er nur noch kurz angesprochen und auf die ausführliche Schilderung verwiesen.

Der Schwerpunkt dieses Buches liegt auf den Institutionen und Akteuren im zentralen politischen Entscheidungssystem: Parteien, Parlament und Regierung. Parlament und Regierung stehen an der Spitze des gesellschaftlichen und politischen Willensbildungsprozesses. Diese beiden Institutionen produzieren den Output von Politik, nämlich allgemein verbindliche Entscheidungen und Regelungen. Daher ist auch eine Konzentration auf diese beiden zentralen Arenen und die in ihnen handelnden Akteure, nämlich die Parteien, nicht nur gerechtfertigt, sondern zwingend.[7] Im Dreieck von Parteien, Parlament und Regierung findet sich das Zentrum des politischen Systems. Dies trifft insbesondere in Italien zu, wo die Parteien im Vergleich zu anderen politischen Akteuren eine überragende Stellung genießen.

Dass ein Buch wie das vorliegende schon aufgrund seiner langen Entstehungszeit der Tagesaktualität in gewissem Maße hinterherhinken muss, liegt in der Natur der Sache. Gilt dies für Lehrbücher dieser Art im Allgemeinen, dann noch stärker für eine Einführung in das politische System Italiens im Besonderen. Im Vergleich zu anderen Ländern zeichnet sich die italienische Politik durch eine besondere Schnelllebigkeit aus, wie ein Blick auf die Volatilität der italienischen Parteienlandschaft schnell bestätigen wird. Auch ist Italien spätestens mit Beginn der 1990er Jahre zu einer Art Laboratorium geworden; die Phase der Umbrüche scheint immer noch nicht zum Abschluss gekommen zu sein. Am auffälligsten zeigt sich dies an dem so genannten Phänomen Berlusconi, das bereits 1994 als vorübergehende Erscheinung charakterisiert wurde, aber nach wie vor ein bestimmender Faktor der italienischen Politik bleibt. Erst der erneute Sieg einer Mitte-Links-Koalition bei den Wahlen 2006 stellt eine Wiederholung von Bekanntem dar.

Doch kann es auch nicht Ziel einer Gesamtdarstellung sein, tagesaktuelle Ereignisse en detail nachzuverfolgen. Es sollen vielmehr große Strukturen, Entwicklungslinien und Hintergrundinformationen geliefert werden, die es dem an italienischer Politik Interessierten erlauben, eine aktuelle Zeitungsmeldung zu verstehen, in den größeren Kontext einzuordnen und sich selbst ein fundiertes und kritisches Urteil zu bilden. Eine Summe der politikwissenschaftlichen Italien-Forschung vorzulegen ist nicht zuletzt aus Platzgründen nicht möglich. Auch soll das vorliegende Werk keine erschöpfende und allumfassende „Bibel" darstellen, sondern vielmehr mit seinen weiterführenden Hinweisen eine Aus-

---

[7] Vgl. Schreyer / Schwarzmeier 2005.

gangsbasis für die tiefere Beschäftigung mit dem politischen System Italiens anbieten.

Die Ausführungen in diesem Buch befinden sich auf dem Stand des ersten Halbjahres 2006. Die Wahlen vom April 2006 und die danach folgende Regierungsbildung wurden eigens abgewartet. Hinweise auf Fehler und Verbesserungsvorschläge sind selbstverständlich willkommen. Die Leser seien hierzu ausdrücklich ermutigt. Hinweise bitte an folgende E-Mail-Adresse: koeppl@italien-politik.de.

2 Von der Entstehung des Nationalstaates bis zur Gründung der Republik – ein historischer Abriss

Die Geschichte Italiens von der Antike bis zur Gegenwart zu schildern, kann nicht Aufgabe dieser Einführung sein. Dennoch ist dem Umstand Rechnung zu tragen, dass politische Systeme nicht aus dem Nichts entstehen; sie haben stets ein historisches Erbe, von dem auch die spätere Politik nicht zu trennen ist. Daher werden in diesem Kapitel – ohne Anspruch auf Vollständigkeit – einige historische Entwicklungen und Ereignisse geschildert, die bis heute prägend wirken und deren Kenntnis Voraussetzung für das Verständnis vieler Eigenheiten der italienischen Politik ist.

2.1 Entstehung des Nationalstaates

Nach dem Ende des Imperium Romanum stand die Geschichte Italiens für lange Zeit unter dem Zeichen der Fremdherrschaft. Heillose Uneinigkeit und Staatenzersplitterung ließen die italienische Halbinsel zu einer leichten Beute für Eroberer und zum Spielball der Großmächte werden. Wechselnde Herren und Eroberungszüge waren für diese Zeit charakteristisch.[1] Normannen, Friedrich II., die Habsburger und Napoleon sind nur Beispiele aus einer langen Reihe. Ein letztes und paradigmatisches Kapitel der Fremdbestimmung war die Neuordnung Europas nach den napoleonischen Kriegen durch den Wiener Kongress 1814/15. Zwar saßen dort italienische Vertreter mit am Tisch, spielten de facto jedoch nur eine Nebenrolle; über das Schicksal Italiens entschieden andere.[2]

Ein letztes Mal wurde Italien zur Verteilungsmasse degradiert, um im Konzert der europäischen Großmächte ein Gleichgewicht herzustellen. Die Lombardei und Venetien wurden als Königreich „Lombardo-Venetien" der österreichisch-ungarischen Doppelmonarchie zugeschlagen. Süditalien und Sizilien fielen als „Königreich beider Sizilien" an das bourbonische Herrscherhaus und blieben mit Österreich ebenso alliiert wie die Kleinstaaten Lucca, Parma, Mode-

---

[1]   Vgl. dazu Procacci 1989, S. 13-233 und Altgeld 2002.
[2]   Vgl. hierzu und zum Folgenden Altgeld in: Ders. 2002, S. 257-324; Lill 1986, S. 91-204; Procacci 1989, S. 234-291.

na und die Toscana. Der Kirchenstaat unter Herrschaft des Papstes wurde wiederhergestellt, blieb aber ebenfalls unter österreichischem Einfluss. Als Gegengewicht gegen die österreichische Dominanz wurde das Königreich Piemont-Sardinien vergrößert und gestärkt.

Im Endeffekt jedoch blieb Österreich die bestimmende Macht auf der italienischen Halbinsel und folglich Hauptgegner und -hindernis eines gesamtitalienischen Nationalstaates. Die Geschichte der italienischen Einigung wurde somit zur Geschichte der Verdrängung österreichischer Vorherrschaft.

Im Geiste der Restauration wurde in den oben genannten Staaten nach innen eine Politik betrieben, die – bei allen Unterschieden in der konkreten Ausprägung – ein grundsätzlich gemeinsames Ziel verfolgte: Die Abwehr bereits unübersehbar gewordener liberaler und nationaler Bestrebungen, die durch ihre Forderungen nach verfassungsmäßiger Herrschaftsbindung und nationaler Einheit eine Gefahr für das System der aristokratischen Obrigkeitsstaaten des Wiener Kongresses darstellten. Die vehemente Unterdrückung dieser Ideen erreichte 1820/21 und 1830/31 Höhepunkte, als Aufstände in Neapel, Piemont und im Kirchenstaat mit Hilfe der österreichischen Armee niedergeschlagen wurden. Auch 1848/49 scheiterten Revolutionsversuche an der mangelnden Einigkeit der Italiener und der militärischen Stärke Österreichs. Doch Piemont-Sardinien bewahrte sich die dem König abgerungenen liberalen Zugeständnisse (Verfassung und Parlament) und wurde nicht zuletzt durch den Zustrom zahlreicher national gesinnter Kräfte zum Zentrum und Träger der italienischen Einigungsbewegung.

Trotz der vielen Rückschläge und Niederlagen dieser Zeit gewann das *Risorgimento* beständig an Kraft. Der Begriff *Risorgimento* (ital. für „Wiedererstehung") ist dem Titel einer 1847 entstandenen Zeitschrift, einem Forum nationaler Ideen, entlehnt und bezeichnet einerseits den Zeitraum vom Wiener Kongress bis zur Einigung Italiens, andererseits die politisch-soziale Einigungsbewegung und ihr Denken.[3] Dabei lässt sich diese Bewegung grob in zwei Richtungen unterteilen, die jeweils unterschiedliche Vorstellungen vom zu erreichenden Ziel und dem Weg dorthin hatten. Auf der einen Seite stand die radikale Bewegung um den Vordenker Giuseppe Mazzini, die eine unitarische und demokratische Republik anstrebte und ihr Ziel auf dem Wege einer Massenrevolution zu erreichen suchte. Zu diesem Zwecke gründeten Mazzinis Anhänger Geheimbünde, schmiedeten Umsturzpläne und waren an den meisten gewaltsamen Erhebungen dieser Zeit beteiligt; die nationale Idee hatte dabei fast religiösen Charakter. Auf der anderen Seite stand eine realistischere Richtung, die „Moderati", die eine schrittweise Einigung hin zu einer Föderation italienischer Staaten befürwortete und sich dabei auf etablierte Eliten, Bürgertum und Katholizismus stützte. In diese gemäßigtere Richtung ist auch der Ministerpräsident Piemont-Sardiniens,

---

[3]   Lill 1986, S. 91f., 128.

Camillo Benso Graf von Cavour, einzuordnen, der statt Revolution und Republik auf den Anschluss Restitaliens an Piemont-Sardinien unter konstitutionell-monarchischen Vorzeichen setzte.

In den Kontext des Wettstreits bzw. Wettlaufs dieser beiden Richtungen sind auch die folgenden Ereignisse einzuordnen, die in der Proklamation der Einheit Italiens 1861 mündeten. Cavour suchte auf geheimdiplomatischem Wege französische Unterstützung, um die Österreicher aus Norditalien zu vertreiben – was schließlich auch gelang. Im Krieg von 1859 schlugen die Truppen Frankreichs und Piemont-Sardiniens die österreichische Italienarmee und erreichten den Anschluss der Lombardei, der mittelitalienischen Staaten und nördlicher Teile des Kirchenstaates an Piemont-Sardinien, das als Preis für die französische Unterstützung Nizza und Savoyen abtreten musste. Venetien hingegen blieb österreichisch. Spätestens von diesem Zeitpunkt an war die Eigendynamik der Entwicklungen nicht mehr aufzuhalten. Im Mai des Jahres 1860 landete der Mazzini-Anhänger Giuseppe Garibaldi mit ca. 1000 Mann auf Sizilien, eroberte mit Unterstützung der Landbevölkerung in kürzester Zeit große Teile des Königreichs beider Sizilien und wurde mit dieser Aktion zum italienischen National-helden. Die revolutionär-demokratische Stoßrichtung Garibaldis zwang Cavour zum Handeln: Entgegen seinen ursprünglichen Planungen, die eine Integration Süditaliens, das sich vom Norden gravierend unterschied, in den werdenden Nationalstaat einstweilen nicht vorgesehen hatten, rückten piemontesische Truppen durch den Kirchenstaat nach Süden vor; sie sollten nötigenfalls mit Gewalt die konstitutionelle Monarchie gegen die demokratische Revolution durchsetzen. Doch dazu kam es nicht. Um einen Bürgerkrieg zu vermeiden, unterwarf sich Garibaldi dem König Piemont-Sardiniens, Viktor Emanuel II., und machte damit den Weg zum Anschluss Süditaliens frei.

Im Februar 1861 schließlich trat in Turin das erste (fast) gesamtitalienische Parlament zusammen und proklamierte am 17. März das Königreich Italien unter König Viktor Emanuel II. Entgegen den Forderungen der Linken nach Wahl einer Verfassunggebenden Versammlung blieb das piemontesische *Statuto Albertino* von 1848 die Verfassung des neuen Nationalstaates: Der König war Staatsoberhaupt und ernannte die Mitglieder des Senats; die Abgeordnetenkammer wurde nach Zensuswahlrecht gewählt. Obwohl die Regierung de jure vom König ernannt wurde und so von ihm abhängig war, hatte sich im Laufe der Zeit eingebürgert, dass sich die Besetzung der Regierung de facto nach den jeweiligen Mehrheitsverhältnissen im Parlament richtete.

Die Übernahme des Königs und der Verfassung Piemonts signalisiert bereits, dass es sich bei dem entstandenen Nationalstaat keineswegs um ein völlig neues Staatsgebilde handelte, sondern vielmehr um die Ausbreitung des Königreichs Piemont-Sardinien über den Rest der italienischen Halbinsel. Übernommen wurde auch die Hauptstadt Turin und das politische wie administrative

Führungspersonal. Prägend für die künftige Entwicklung sollte auch die Organisation Italiens als zentralistischer Einheitsstaat nach piemontesischem Modell sein: Die angeschlossenen Gebiete verloren jede Selbständigkeit, sie wurden Präfekten unterstellt und ihre Verwaltungen von Beamten aus dem Norden übernommen und umstrukturiert. Problematisch stellte sich dies vor allem im Süden dar, wo die unterschiedlichen Mentalitäten aufeinander prallten und sich bei der Bevölkerung eher der Eindruck einer Kolonisierung denn einer Befreiung einstellte. Zusammen mit der Erfahrung jahrhundertelanger Fremdherrschaft bildete dieses Gefühl die Basis für die grundsätzlich skeptische Einstellung der Italiener dem Staat gegenüber, die sich bis in die heutige Zeit erhielt (vgl. Kapitel Politische Kultur).

In der Tat sah sich der neue Nationalstaat zahlreichen Problemen gegenüber; der erste Brennpunkt lag im Süden. Zwischen 1860 und 1870 tobte dort der so genannte Brigantenkrieg (*brigantaggio*), in dem sich die Landbevölkerung, anfangs von den vertriebenen Bourbonen unterstützt, gegen die herrschenden Schichten auflehnte. Armut, katastrophale soziale Zustände und jahrhundertelange Unterdrückung und Ausbeutung waren die Ursachen, enttäuschte Hoffnungen und neue Steuern des neuen Staates[4] der Anlass für einen blutigen Partisanenkrieg, der letztlich mehr italienische Opfer forderte als die Einigungskriege seit 1848. Dieses unrühmliche Kapitel der italienischen Einigung verschärfte noch die Gegensätze zwischen Süden und Norden, der nicht nur in der Differenz der Mentalitäten begründet lag, sondern vor allem in dem völlig unterschiedlichen Entwicklungsstand der beiden Regionen. Während im Norden fortschrittliche Wirtschaftsstrukturen und relativer Wohlstand herrschten und in manchen Gebieten ca. die Hälfte der Bevölkerung alphabetisiert war, steckte der Süden noch mitten in feudalistischen Agrarstrukturen mit weit verbreiteter Armut und Analphabetismus. Auch die in den folgenden Jahrzehnten betriebene Freihandelspolitik kam vor allem dem Norden zugute.

Zudem war die italienische Einigung größtenteils ein reines Elitenphänomen, das von den Oberschichten vorangetrieben und nur teilweise von den Massen – aber aus ganz anderen Beweggründen, nämlich der Hoffnung auf Besserung der sozialen Lage – unterstützt worden war. Das extreme Zensuswahlrecht ließ nur ca. zwei Prozent der Bevölkerung wählen, weshalb die politischen Institutionen wie das Parlament im Speziellen und Politik im Allgemeinen kaum in das Bewußtsein der breiten Bevölkerung drangen. Die Plebiszite in den einzelnen Gebieten zum Anschluss an Piemont-Sardinien waren massiv von oben herab gesteuert worden.

---

[4]   Die Kassen waren in Folge der teuren Kriege leer, zusätzlich verschlang der Aufbau der neuen Verwaltung (nach piemontesischem Vorbild) beträchtliche Finanzmittel, was zu einer vor allem im Süden nie gekannten Steuerlast führte.

Außerdem handelte es sich bei Italien ähnlich wie bei Deutschland um eine „verspätete Nation": „Vom Untergang des Weströmischen Reiches bis zum Risorgimento hat Italien nie zu politischer Identität gefunden, ähnlich wie in Deutschland vollzog sich auch die Bildung des modernen Staates auf der regionalen Ebene."[5] Die Identifikation mit dem neuen Nationalstaat war, wenn überhaupt vorhanden, sehr schwach. Prägnant formulierte es der ehemalige Piemonteser Ministerpräsident Massimo D'Azeglio im Turiner Parlament 1861: „Italien haben wir, jetzt müssen wir Italiener machen."[6] Politikwissenschaftlich gesprochen: Das state-building war in vollem Gange, doch das nation-building musste noch folgen.

Schließlich war die Einigung Italiens 1861 noch nicht ganz abgeschlossen. In einem weiteren Krieg gegen Österreich, diesmal an der Seite Preußens, erwarb Italien 1866 unter großen Opfern Venetien. 1870 wurde im Schatten des deutsch-französischen Krieges der Rest des Kirchenstaates erobert; dem Papst verblieben lediglich der Vatikan, der Lateran und seine Villa in Castel Gandolfo. 1871 wurde auch die Hauptstadt nach Rom verlegt. Damit war zwar die vollständige Einheit Italiens hergestellt, doch zu einem hohen Preis: Der Krieg gegen Österreich hatte die bereits zerrütteten Staatsfinanzen weiter belastet. Viel schwerer wog jedoch die nachhaltige Störung des Verhältnisses zum Papst, die in Verbindung mit der Aufhebung und Enteignung geistlicher Orden schließlich dazu führte, dass Pius IX. 1874 mit der Bulle *„Non expedit"* den Katholiken die politische Beteiligung im neuen Staat verbot. Die sich ohnehin abzeichnende Spaltung in *Italia cattolica* und *Italia liberale* war damit besiegelt: auf der einen Seite die traditionalistische Mehrheit der katholischen Bevölkerung, vor allem die Unterschichten, auf der anderen Seite eine kleine politische Elite aus der Oberschicht mit fortschrittlichen aufklärerischen Ideen. Die daraus resultierende Herausbildung einer katholischen Subkultur[7] sollte zu einer wesentlichen und bis heute wichtigen Determinante der italienischen Politik werden.

2.2 Der italienische Nationalstaat bis zum Ende des Ersten Weltkrieges

Mit den geschilderten internen Problemen hatten sich in der Folge zahlreiche Regierungen zu beschäftigen:[8] Zwischen 1861 und 1922 erlebte das Königreich Italien nicht weniger als 59 Kabinette, von denen nur sieben länger als zwei Jahre amtierten.[9] Das Phänomen instabiler und häufig wechselnder Regierungen

---

[5]   Lill 1986, S. 4.
[6]   Zit. nach Altgeld in: Ders. (Hg.) 2002, S. 317.
[7]   Rudolf Lill spricht gar vom „Ghetto einer traditionalistischen Subkultur" (Lill 1986, S. 194).
[8]   Vgl. zum Folgenden Lill 1986, S. 180-300; Lill in: Altgeld 2002, S. 325-369.
[9]   Lill 1986, S. 206, Fn. 1.

ist also nicht auf die italienische Nachkriegszeit beschränkt; allerdings ist Italien auch das beste Beispiel dafür, dass Regierungsinstabilität und politische Kontinuität sich nicht ausschließen müssen, wie sich noch zeigen wird (vgl. Kapitel Regierung). Die wichtigsten Ministerpräsidenten dieser Zeit waren Agostino Depretis (1876-1887), Francesco Crispi (1887-1896) und Giovanni Giolitti (1903-1914).

Das Ringen um die politischen Inhalte fand dabei in erster Linie innerhalb des liberalen Lagers zwischen Rechts- und Linksliberalen statt. Da es die Liberalen bis zuletzt nicht geschafft haben, eine effiziente Parteiorganisation aufzubauen, die die jeweiligen Kabinette parlamentarisch hätte stützen können, waren die Regierenden stets darauf angewiesen, sich ihre Mehrheiten mit anderen Mitteln zu sichern. Dazu gehörten das beständige Lavieren zwischen Links und Rechts sowie die personalistische Taktik, sich die Loyalität einzelner Abgeordneter durch individuelle Zugeständnisse zu sichern – eine Vorgehensweise, die partikularistische und vor allem im Süden vorherrschende klientelistische Einstellungen zementierte und förderte. Letzteres (in manchen Fällen auch angewandt auf ganze oppositionelle Gruppen) ist unter dem Begriff *trasformismo* zum Regierungsprinzip erhoben worden und gilt seither als Charakteristikum der italienischen politischen Praxis (vgl. auch Kapitel Politische Kultur).

Ein zentrales Problem des ausgehenden 19. Jahrhunderts war die schlechte wirtschaftliche Lage und die daraus resultierende soziale Frage. Während im Norden der Aufbau der Schwerindustrie staatlich forciert wurde, traf den Süden eine schwere Agrarkrise. Aufstände der Unterschichten wurden teilweise brutal niedergeschlagen, Streiks häuften sich. Aus dieser Problemlage heraus entstanden bzw. erstarkten zwei bedeutende Oppositionskräfte gegen die herrschende bürgerlich-liberale Ordnung: Auf der Linken formierte sich die Arbeiterbewegung, aus der 1892 der *Partito Socialista Italiano* (PSI) entstand, der 1900 ins Parlament einzog; 1901 und 1906 folgten dem PSI nahestehende Gewerkschaften[10] – beides organisatorische Keimzellen der sich im Laufe der Zeit ausbildenden zweiten, kommunistisch geprägten Subkultur. Auf der anderen Seite des politischen Spektrums entstand die katholische Sozialbewegung, die dem Kapitalismus ebenso skeptisch gegenüberstand, sich aber aufgrund des päpstlichen Verbotes noch nicht parteipolitisch formierte. Vielmehr knüpfte sie an das bestehende Vereinswesen an und baute es aus, was wiederum die Bildung einer katholischen Subkultur förderte. Erst nach der Lockerung des „*Non expedit*" konnte der Katholizismus über Wählervereine ins Parlament einziehen. Später schloß man in einigen Wahlkreisen einen Pakt mit den Liberalen auf der Basis einiger katholischer Grundforderungen – auch das ein Beispiel „transformistischer"

---

[10]   1901 *Federterra*, 1906 *Confederazione generale del lavoro*.

Politik. Erst 1919 wurde durch Don Luigi Sturzo eine eigene katholische Partei gegründet, die italienische Volkspartei (*Partito Popolare Italiano*, PPI).[11]

Nicht zuletzt als Ablenkung von inneren Problemen begann Italien sich in das beginnende imperialistische Wettrennen der europäischen Großmächte einzuschalten und versuchte auf dem Balkan (Albanien), in Nord- und Ostafrika Kolonien zu erobern. Doch führte die Überschätzung der eigenen Möglichkeiten zu einer Vielzahl schmählicher Niederlagen und Enttäuschungen; erst 1911/12 konnte mit der Eroberung Libyens ein größerer Erfolg verbucht werden.

Das Streben nach Kolonien war auch Folge des Erstarkens imperialistischer, irredentistischer[12] und nationalistischer Kräfte, die die Größe Italiens beschworen und sich in der Tradition des *Risorgimento* sahen. Ähnlich wie in Deutschland, der anderen „verspäteten Nation", fiel der Nationalismus in Italien auf fruchtbaren Boden und gedieh zu einem Kult, der den Weg in den Ersten Weltkrieg ebnete. Der so genannte Irredentismus verfocht Ansprüche auf angeblich italienische Gebiete, z.B. in Südtirol, Triest und Dalmatien. 1910 vereinigten sich die nationalistischen Gruppen zur *Associazione Nazionalista Italiana*.

Als 1914 der Erste Weltkrieg ausbrach, spaltete sich Italien in Neutralisten und Interventionisten. Auf der einen Seite verwiesen die Neutralisten, darunter die Sozialisten, der Papst und große Teile der Liberalen, zu Recht darauf, dass Italien für einen derartigen Krieg nicht vorbereitet sei, und setzten auf Verhandlungen. Auf der anderen Seite versprachen sich die Interventionisten, vor allem Nationalisten, von einem Kriegseintritt an der Seite der Westmächte einen schnellen Sieg und weitere Gebietsgewinne; zudem ging es gegen den „Erbfeind" Österreich. Anfangs überwogen noch die Neutralisten, doch im Laufe der Zeit gewannen die Befürworter des Kriegseintritts, die zunehmend die Straße mobilisierten, die Oberhand. Am 23.05.1915 erklärte Italien Österreich, am 28.08.1916 Deutschland den Krieg.

Die Hoffnungen auf einen schnellen Sieg wurden bald enttäuscht. Die italienischen Truppen erzielten kaum Fortschritte, mussten aber gewaltige Verluste hinnehmen. 1917 gelang den Österreichern sogar der Durchbruch durch die italienischen Linien, der nur mühsam eingedämmt werden konnte. Der einzige größere Sieg wurde erst kurz vor Kriegsende gegen die stark geschwächten österreichischen Truppen bei Vittorio Veneto erfochten, hielt sich aber um so besser im Bewusstsein der Italiener.

In der Tat war Italien nur unzureichend auf den Krieg vorbereitet gewesen. Die geringe Identifikation der italienischen Soldaten mit ihrer Nation machte drakonische Disziplinarmaßnahmen erforderlich. Zur Steigerung der Produktion

---

[11] Vgl. Di Maio 2001.
[12] Ziel des *Irredentismo* war die Angliederung weiterer von Italienern bewohnter Gebiete, um die dort lebenden „unerlösten Brüder" (*fratelli irredenti*) von Fremdherrschaft zu befreien.

kriegswichtiger Güter griff der Staat massiv steuernd in die Wirtschaft ein; die Verflechtung von Staat und Wirtschaft sowie die Vielzahl der Staatsaufträge öffneten Korruption und Inflation Tür und Tor. Auch in der Politik war der Einfluss des Militärs beträchtlich.

Trotz aller Opfer und Niederlagen fand sich Italien bei Kriegsende auf der Seite der Sieger wieder, doch erneut wurden die nationalistischen Begehrlichkeiten enttäuscht: Gemessen an den Opfern (ca. 680.000 Gefallene) und den Hoffnungen auf große Gebietsgewinne im östlichen Mittelmeer und in Afrika war die Kriegsbeute gering. Im Frieden von Saint-Germain wurden Italien lediglich Trient, Südtirol, Julisch-Venetien sowie Teile Istriens und Dalmatiens zugesprochen. Das Schlagwort von der *vittoria mutilata* (verstümmelter Sieg) machte die Runde, der Groll gegen die Alliierten wuchs.

2.3 Der Faschismus (1922-1943)

Der folgende Aufstieg des Faschismus[13] hängt wesentlich mit den Auswirkungen des Krieges zusammen. Zu der Enttäuschung durch die Verbündeten traten weitere Folgeprobleme, die den liberalen Staat in seine schwerste Krise und in den Untergang trieben: Wirtschaft und öffentliche Finanzen waren durch den Krieg praktisch ruiniert. Um die Staatskassen wieder zu füllen, wurden die Steuern erhöht. Auf der anderen Seite trieb die Inflation die Preise in die Höhe. Die Konsequenzen waren soziale Unruhen, Streiks und Fabrikbesetzungen, sowohl im Süden unter der Landbevölkerung als auch im Norden unter der Industriearbeiterschaft. Bolschewistische Parolen fielen in dieser Situation auf fruchtbaren Boden und ließen das Bürgertum eine Revolution nach russischem Vorbild und den Verlust seines Eigentums fürchten.

Die Politik war nicht imstande, diesen Entwicklungen wirksam entgegenzutreten. Das 1919 eingeführte Verhältniswahlrecht hatte den katholischen und sozialistischen Massenparteien beträchtliche Erfolge beschert. Doch die drei Lager, Katholiken, Sozialisten und die ihrer Mehrheit beraubten Liberalen waren aus ideologischen Gründen nicht zur Kooperation bereit. Unter diesen Bedingungen war politische Führung unmöglich – ein Machtvakuum tat sich auf.

---

[13]   Vgl. zum Folgenden Lill 1986, S. 288-366; Lill in: Altgeld 2002, S. 371-429. Die Bezeichnung Faschismus auch für andere rechtsautoritäre Regime oder gar für den Nationalsozialismus zu verwenden ist äußerst problematisch, da dadurch wesentliche Unterschiede und Eigenheiten verwischt werden.

In diese Lücke stießen die 1919 gegründeten *Fasci di combattimento* (Kampfbünde) des Benito Mussolini.[14] Der ehemalige Sozialist[15] knüpfte an den schon vor dem Krieg vorhandenen Nationalismus sowie mit seiner Forderung nach Gebietsannexionen an die Enttäuschung des Friedensvertrages an. Mit seiner programmatischen Verknüpfung von Nationalismus und Sozialismus präsentierte er eine Alternative zur bolschewistischen Revolution, die dem Bürgertum weit weniger gefährlich schien. In der Tat traten die *Fasci*, die rasanten Zulauf erhielten, den linken revolutionären Kräften gewaltsam entgegen und sicherten die bürgerliche Ordnung, was der Regierung nicht gelungen war. Mit der Abwehr der vermeintlichen bolschewistischen Gefahr erwarb sich Mussolinis Bewegung auch bei Bürokratie, Armee und sogar der Kirche Sympathien. Die 1921 erfolgte Umwandlung der *Fasci* in die Faschistische Nationalpartei (*Partito Nazionale Fascista*; PNF) war ein weiterer Schritt zur Etablierung.

Mit dem Versprechen politischer Partizipation an die Jugend, sozialer Gerechtigkeit an die Arbeiter und Wahrung der Besitzstände an das Bürgertum gelang es Mussolini, einerseits die Massen auf den Strassen zu mobilisieren und andererseits Gegenmaßnahmen der Oberschicht zu unterbinden sowie die einzelnen Gruppen der politischen Elite gegeneinander auszuspielen. Während letztere in Passivität erstarrten, ergriff er die Initiative und inszenierte im Oktober 1922 mit dem „Marsch auf Rom" so großen Druck von unten, dass die etablierten Kräfte nachgaben und König Viktor Emanuel III. ihn am 31. Oktober zum Ministerpräsidenten ernannte – mit vielen anderen die Illusion teilend, dass der *Duce* (Führer) sich an die Verfassungsordnung halten würde.

Das tat er auch – allerdings nur vordergründig, denn die Verfassung wurde in den nächsten Jahren trotz ihrer formalen Einhaltung konsequent ausgehöhlt und überdehnt. Der erste Schritt war ein Gesetz, das dem Ministerpräsidenten für ein Jahr Sondervollmachten zur Behebung der Krise übertrug; die Mehrheit im Parlament war unter Einbezug der bürgerlichen Gruppen groß. Alsbald folgten die Bildung des Faschistischen Großrats (*Gran Consiglio del Fascismo*) als oberstes Parteiorgan mit Mussolini als Präsidenten und der Miliz (*Milizia Volontaria per la Sicurezza Nazionale*) als direkt dem *Duce* unterstellte Parteikampftruppe. Ein neues Wahlgesetz sah vor, dass diejenige Liste, die auf nationaler Ebene eine relative Mehrheit von 25% erreichte, zwei Drittel der Abgeordnetenmandate erhalten sollte – was bei Neuwahlen 1924 auch prompt auf den um die Nationalisten erweiterten PNF zutraf. In den folgenden Jahren wurden der Regierung umfassende Rechtssetzungsbefugnisse verliehen und der

---

[14] Zu Mussolini, der Zeit des Faschismus, aber auch der Vorgeschichte vgl. ausführlich die achtbändige Biographie Renzo De Felices (De Felice 1965-97; leider nicht auf Deutsch erschienen).

[15] Mussolini war lange Chefredakteur der PSI-Parteizeitung *Avanti* gewesen und hatte sich 1914 in der Frage des Kriegseintritts von der sozialistischen Parteilinie entfernt.

direkte Durchgriff bis auf die kommunale Ebene ermöglicht. Die weitgehend an den Rand gedrängte Opposition wurde mit dem Übergang zum Einparteienstaat 1926 vollends ausgeschaltet. Die Phase der Errichtung und Sicherung der faschistischen Diktatur war damit abgeschlossen. 1928 folgte noch die Überführung des Faschistischen Großrates in die Staatsorganisation und die Einführung einer Einheitsliste bei Wahlen.

Doch ging es den Faschisten nicht nur darum, die Staatsmacht unter ihre Kontrolle zu bringen. Gemäß der nationalistischen und antipluralistischen Ideologie von der einheitlichen Nation und des Konzepts des *stato totalitario* (totalitärer Staat) als Verkörperung und Ausdruck der nationalen Einheit betrieben sie die „Faschisierung" von Staat und Gesellschaft. Dazu gehörten der Einsatz moderner Propagandamittel und die Schaffung einer breiten Palette von Organisationen zur Indoktrinierung und Kontrolle der Massen, darunter auch Freizeit- und Jugendorganisationen. Nicht nur als Bestandteil des wirtschaftspolitischen Programms wurden die wirtschaftlichen Interessenverbände und Gewerkschaften gleichgeschaltet: Arbeitgeber, Arbeitnehmer und Freiberufler wurden in Berufsverbänden (*Confederazioni*) zusammengefasst, die allein Arbeitsverträge schlossen; Streik und Aussperrung wurden verboten. Die jeweiligen Branchen wurden in Korporationen organisiert, so dass jedem Individuum sein Platz in der ständischen Ordnung zugewiesen war. Oppositionelle Kräfte wurden mit Mitteln wie Geheimpolizei und Berufsverbot unterdrückt. Ethnische Minderheiten, die nicht zur Idee der italienischen Nation passten, wurden unter heftigen Assimilationsdruck gesetzt, z.B. in Südtirol die deutschen Orts- und Familiennamen italianisiert.[16]

Doch wurde die totalitäre ideologische Durchdringung aller Lebensbereiche mit geringerer Energie und bedeutend weniger Erfolg betrieben als im nationalsozialistischen Deutschland. Dem stand schon die individualistische und staatsskeptische Mentalität der meisten Italiener entgegen (vgl. Kapitel Politische Kultur). Auch trug Mussolinis Politik zunächst lange Zeit eher realistische und pragmatische denn ideologische Züge. In bester Tradition des *trasformismo* suchte er die Unterstützung der alten Eliten aus Politik, Wirtschaft, Bürokratie und Militär und knüpfte an vorhandene Machtstrukturen an. So blieb die Partei dem Staat stets untergeordnet, die Bürokratie größtenteils „ungesäubert" und das Eigentum der Oberschicht unangetastet. Die verbliebenen Eliten hatten somit wenig Grund, gegen den Faschismus, der die Wahrung der Besitzstände versprach, zu opponieren; die wenigen Gegner des Regimes scheuten die offene Konfrontation. Auch hatte Mussolini mit den Lateranverträgen von 1929 die

---

[16]   Allerdings hat das faschistische Regime stets nur die kulturelle Einheit der Nation mittels Assimilation propagiert und damit nicht die Grenze zur physischen Vernichtung von Minderheiten überschritten, wie es das nationalsozialistische Regime in Deutschland tat.

„Römische Frage" bereinigt und der katholischen Kirche Autonomie, Souveränität und Eigentum garantiert. Der Katholizismus blieb Staatsreligion, womit der Faschismus auf eine weltanschauliche Monopolstellung verzichtete. Diese Versöhnung der Katholiken mit dem so lange bekämpften Staat brachte dem Regime weiteren Rückhalt, ließ aber auch eine wichtige Nische dem Zugriff entzogen.[17]

Die bis Mitte der 1930er Jahre andauernde Phase breiter Zustimmung der Bevölkerung wurzelte nicht zuletzt in einigen Erfolgen Mussolinis. Die Wirtschaftskrise wurde erfolgreich bekämpft; Arbeitsbeschaffungsprogramme zeigten Wirkung. Auch eine weitere ökonomische Krise um 1930 wurde gemeistert – freilich nur um den Preis der noch engeren als ohnehin schon bestehenden Verflechtung von Staat und Wirtschaft. Mit Hilfe staatlicher Holdinggesellschaften (z.B. des *Istituto per la ricostruzione italiano*, IRI) wurden zahlreiche Betriebe übernommen und gerettet – was sich allerdings als Hypothek bis in das dritte Jahrtausend hinein erweisen sollte. Auch hatte der Faschismus – zumindest vordergründig – breiten Massen Partizipationschancen eröffnet, nachdem Staat und Politik lange nur Sache einer kleinen Oberschicht gewesen waren.

Die Außenpolitik wurde lange pragmatisch und unter dem Primat der Innenpolitik geführt. Die Revision des Friedensvertrages von Saint-Germain wurde zum Ziel proklamiert, womit man an die breite Enttäuschung der Bevölkerung anknüpfte. Auch die Wiederbelebung der imperialistischen Rom-Idee mit dem Mittelmeer als natürliche Interessenzone fiel bei den Massen auf fruchtbaren Boden. Mit vorsichtigen Schritten erzielte Mussolini zunächst kleinere Erfolge und setzte sich als Staatsmann auf internationaler Bühne in Szene. Größter Erfolg faschistischer Außenpolitik und zugleich Anlaß für einen nie dagewesenen nationalistischen Taumel war schließlich die Eroberung Äthiopiens im Frühsommer 1936.

Damit war allerdings auch der Höhepunkt an Zustimmung zum Regime erreicht und eine letzte Phase des Regimes eingeläutet. Es begann eine Periode der Ideologisierung, Machtkonzentration und Überschätzung der eigenen Kräfte. Vor allem in Anlehnung an das NS-Regime und namentlich Adolf Hitler versuchte Mussolini auch ideologisch gleichzuziehen, propagierte die Schaffung eines neuen italienischen Menschentypus und vollzog auch die Wende zum Antisemitismus[18] mit entsprechenden Gesetzen, die allerdings halbherzig angewandt wurden. Vielen Italienern, die sich bislang mit dem Regime arrangiert hatten, ging diese neuerliche Ausweitung und Ideologisierung zu weit; auch die Annäherung

---

[17] Dass das faschistische Regime auch bei entschiedenen Oppositionellen zuweilen ein Auge zudrückte, zeigt das Beispiel des liberalen Historikers und Philosophen Benedetto Croce, der trotz seiner offenen Kritik am Faschismus weiter publizieren, eine Zeitschrift („*La critica*") herausgeben und sogar Senator (!) bleiben durfte.

[18] Allerdings nicht biologisch, sondern national begründet: Die Juden setzten sich angeblich nicht ausreichend für die Nation ein.

an das nationalsozialistische Deutschland wurde von vielen nicht gerne gesehen: Der Konsens in der Bevölkerung bröckelte. Zudem zog Mussolini selbst immer mehr Machtpositionen (z.b. das Amt des Außenministers) an sich, was zunehmend die Eliten in Partei, Bürokratie und Militär verstimmte. Den Höhepunkt der Selbstüberschätzung stellte schließlich der Eintritt in den Zweiten Weltkrieg im Juni 1940 dar, verbunden mit dem Anspruch, nicht nur an der Seite Deutschlands zu kämpfen, sondern einen eigenen Imperialkrieg im Mittelmeer, in Afrika und auf dem Balkan zu führen.

Für ein solches Unternehmen war Italien und insbesondere die italienische Armee unzureichend gerüstet; die Misserfolge häuften sich. Das Desaster an der Front wie auch die immer stärker spürbaren Kriegsauswirkungen nach innen ließen die Opposition wachsen. Alte Oppositionsgruppen wie Sozialisten, Kommunisten und Liberale formierten sich wieder; neue kamen hinzu, so aus dem demokratisch-republikanischen und christdemokratischen Lager. Auch innerhalb der faschistischen Spitzen regte sich Widerstand gegen Mussolini und die verbliebenen alten Eliten kündigten zunehmend den Kompromiss mit dem Regime auf. Größere Streiks (für Lohnerhöhungen, aber auch gegen den Krieg) im März 1943 brachten die Diktatur endgültig ins Wanken. Im Juli schließlich fielen Opponenten aus der faschistischen Führungsriege zusammen mit Vertretern der alten Eliten dem *Duce*, der sich in zunehmendem Realitätsverlust befand, in den Rücken. Er wurde abgesetzt und verhaftet. Der König ernannte den Marschall Badoglio zu seinem Nachfolger. Innerhalb weniger Tage brach das Regime wie ein Kartenhaus in sich zusammen: Die Miliz wurde in die Armee integriert, die Faschistische Partei, der Großrat und der Sondergerichtshof aufgelöst. Da mit dem Regimewechsel auch die Hoffnung auf ein baldiges Kriegsende verbunden wurde, stand die Bevölkerung hinter dem König und dem neuen Regierungschef.

2.4 Die Gründung der Republik (1943-1948)

Hauptziel der neuen Regierung war die Beendigung des Krieges, was in die Kapitulation vor den alliierten Streitkräften am 08.09.1943 mündete.[19] Sofort wurde Italien zum Schlachtfeld und zweigeteilt. Deutsche Truppen besetzten das Land, wichen aber vor den im Süden gelandeten Alliierten immer weiter nach Norden zurück. Der von Deutschen befreite Mussolini wurde an die Spitze einer Marionettenrepublik (*Repubblica Sociale Italiana*, Italienische Sozialrepublik) mit Regierungssitz in Salò am Gardasee gesetzt, hatte aber keine Bedeutung mehr.

---

[19] Vgl. hierzu und zum Folgenden Di Nolfo 1993, Lill 1986, S. 362-403, Lill in: Altgeld 2002, S. 431-443.

Im Süden bestand unter Duldung der Alliierten das Königreich Italien weiter, allerdings mit schwindender Bedeutung des Königs, der 1944 seine Befugnisse an seinen Sohn Umberto abgab. Immer stärkeren Einfluß gewannen hingegen die antifaschistischen Parteien, die sich im Komitee zur nationalen Befreiung (*Comitato di Liberazione Nazionale*; CLN) zusammengeschlossen hatten. Der CLN fungierte auch als zentrale Instanz der *Resistenza*. Der militärische Widerstand gegen das Mussolini-Regime hatte sich schon vor 1943 vor allem aus Kommunisten formiert, aber erst nach der „Wende" von 1943 nennenswerte Bedeutung gewonnen, als die Deutschen und deren Kollaborateure eindeutig als Feind feststanden und durch ihre repressive Besatzungspolitik der *Resistenza* weiteren Zulauf einbrachten. Im von den Deutschen besetzten Teil Italiens entwickelte sich fortan ein unübersichtlicher Partisanenkrieg, der von beiden Seiten mit äußerster Härte geführt wurde. Auch wenn die *Resistenza* militärisch nur geringe Bedeutung hatte und nicht zuletzt wegen der Dominanz der Kommunisten selbst von den Alliierten kritisch beäugt wurde, nährte sie doch den Mythos der Selbstbefreiung der Italiener von Faschismus und Besatzung unter großen Opfern.[20] Weitere Nahrung erhielt dieser Mythos durch den Volksaufstand wenige Tage vor der Kapitulation der Deutschen am 29.04.1945 und die Erschießung Mussolinis durch Partisanen. Als am 2. Mai die Kampfhandlungen eingestellt wurden und alliierte Streitkräfte in den Norden einmarschierten, fanden sie meist schon „befreite" Städte mit von der *Resistenza* eingesetzten Verwaltungen vor.

Nach diesem letzten großen Sieg wurde allerdings offenkundig, dass der CLN in erster Linie durch die gemeinsame Gegnerschaft zum Faschismus zusammengehalten worden war. Die Vorstellungen über die weitere Zukunft Italiens gingen weit auseinander: Die Liberalen strebten die Wiederherstellung der vorfaschistischen Staatsordnung an, die 1942 im Untergrund gegründete katholische *Democrazia Cristiana* (DC) eine behutsame Evolution zur Demokratie; Sozialisten, Kommunisten und der *Partito d'Azione* sahen in der Befreiung ein zweites *Risorgimento* und wollten den Bruch mit allen Traditionen, eine radikale Neuordnung und den Übergang zur Republik.

Das Procedere zur Herstellung der Nachkriegsordnung war ebenso umstritten; man einigte sich schließlich auf eine Volksabstimmung, in der gleichzeitig eine Verfassunggebende Versammlung (*Assemblea Costituente*) gewählt und die Frage von Monarchie oder Republik entschieden werden sollte. Das Plebiszit fand am 02.06.1946 statt und brachte eine nicht gerade überwältigende Mehrheit (54,3%) für die Abschaffung der Monarchie und den Übergang zur Republik. Auch hier zeigte sich die Spaltung Italiens in den fortschrittlichen Norden, wo die Republik in sechs von elf Regionen mehr als zwei Drittel Zustimmung erhielt, und den traditionell orientierten Süden, wo sich eine flächendeckende

---

[20]   Kritisch zum Mythos der *Resistenza*: Rusconi 1994.

Mehrheit für die Monarchie ergab, in zwei Regionen mit mehr als zwei Dritteln.[21]

Die gleichzeitig stattfindenden Wahlen zur Verfassunggebenden Versammlung brachten ein Ergebnis, das die Kräfteverhältnisse der nächsten fünfzig Jahre antizipierte: Die DC wurde mit Abstand stärkste Kraft und erhielt 207 der 556 Sitze; auf der anderen Seite errang das linke Lager 115 Sitze für die Sozialisten und 104 Sitze für die Kommunisten; zwischen diesen beiden etwa gleich starken Lagern fanden sich die relativ schwachen Liberalen (41), Republikaner (23) und kleine sonstige Parteien (insgesamt 65). Damit hatte das Wahlvolk keine klare Richtungsentscheidung getroffen und eine Situation hinterlassen, die die beiden Antipoden zu Kompromissen zwang und den kleinen Parteien eine wichtige Rolle als Mehrheitsbeschaffer zuwies – eine Konstellation, die sich lange fortsetzen sollte (vgl. Kapitel Parteien und Parteiensystem).

Nach langen Beratungen[22] wurde die neue Verfassung der Republik Italien mit 453 gegen 62 Stimmen angenommen und trat am 01.01.1948 in Kraft. Die breite Zustimmung in der *Costituente* weist auf den Kompromisscharakter der Verfassungsordnung hin, der sich an vielen Stellen zeigen lässt, z.B. an der Konstruktion des Staatspräsidenten oder des Zweikammerparlaments. An den zahlreichen eingebauten Mechanismen der Machtbeschränkung und Kontrolle ist auch das gemeinsame Bestreben zu erkennen, aus den Erfahrungen des Faschismus zu lernen und Machtkonzentration in Zukunft möglichst zu verhindern.

Seit 1945 hatte bereits der Regierungschef Alcide De Gasperi (DC) im Schatten des heraufziehenden Kalten Krieges mit großem Geschick und unter Ausnutzung der Uneinigkeit auf der Linken wichtige Weichen für die Zukunft gestellt: Entscheidung für die Marktwirtschaft, eindeutige Westbindung und Teilnahme am Marshall-Plan. In den ersten Wahlen vom 18.04.1948, die bestimmend für die weitere Zukunft Italiens waren, wurde dieser Kurs honoriert: Die DC erhielt mit 48,5% der Stimmen die absolute Mehrheit der Mandate in der Abgeordnetenkammer (305 von 575), die Volksfront aus Sozialisten und Kommunisten 31% (183 Mandate), die Verbündeten Liberalen (PLI), Republikaner (PRI) und Sozialdemokraten (PSDI) insgesamt 13,4% (51 Mandate). Neofaschisten und Monarchisten blieben bei lediglich 2 bzw. 2,8%, zogen aber gleichwohl in das Parlament ein.[23] Staatspräsident wurde der Liberale Luigi Einaudi. Trotz der absoluten Mehrheit bildete De Gasperi eine Koalitionsregierung aus DC, PLI und PRI – um nicht auf die einzelnen Flügel seiner Partei angewiesen zu sein und in bester Tradition des *trasformismo*. Damit waren die wesentlichen Weichen für die Republik Italien gestellt.

---

[21]   Vgl. die Karte in Vecchio 1999, S. 694.
[22]   Vgl. zu den Beratungen und Streitfragen Beyme 1973, S. 332-349.
[23]   Vgl. die Tabelle mit den Wahlergebnissen im Anhang.

3 Politische Kultur

Die Politikwissenschaft versteht unter politischer Kultur „Art und Umfang politischer Kenntnisse (Wissen), emotionale Bindung an das und die Bewertung des politischen Systems (Legitimität) wie auch Art und Intensität politischen Handelns selbst. Sie ist insofern ein Bestandteil der historisch gewachsenen allgemeinen Kultur, als der Gesamtheit aller geistigen und ideellen Traditionen, gesellschaftlichen Normen und Institutionen, Verhaltensstile, etc."[1] Manifest wird sie in verbreiteten Meinungen, Einstellungen und Werten. Im Alltagsgebrauch werden unter politischer Kultur aber auch Verhaltensmuster der politischen Eliten verstanden. Politische Kultur als informelle Basis ist das Element eines politischen Systems, das am schwersten zu fassen,[2] aber nichtsdestotrotz äußerst wichtig ist; ohne diesen Faktor ist kein politisches System erklärbar, geschweige denn verstehbar. Sie betrifft die Art und Weise, wie sich Akteure im Institutionensystem bewegen und wird daher vor allem anderen behandelt. Wie wichtig dabei der im vorigen Kapitel dargestellte geschichtliche Hintergrund ist, wird an vielen Stellen deutlich werden.

Was Italien von den meisten anderen vergleichbaren Demokratien unterscheidet, ist die ausgeprägte Heterogenität der politischen Kultur.[3] Das heißt, es gibt nicht „die" italienische politische Kultur, sie ist vielmehr ein Sammelsurium teils widersprüchlicher Elemente – pointiert kann man sogar von mehreren politischen Kulturen sprechen, die sich teils überlagern, teils durchdringen, teils nebeneinander existieren.

Drei große Spaltungen prägen die politischen Einstellungen der Italiener: der Dualismus von katholischer und kommunistischer Subkultur; die starke regionale Fragmentierung, im Großen manifestiert durch den Gegensatz von Nord und Süd; und schließlich die weitgehende Entfremdung der einfachen Bürger von den politischen Eliten, die oft in die Metapher von *piazza* (der Platz, auf dem die einfachen Bürger sitzen) und *palazzo* (der Palast, in dem die Herrschenden sitzen) gefasst werden.

---

[1] Reichel 1981, S. 320; vgl. auch das klassische Konzept von Almond / Verba 1963.

[2] Vgl. das Diktum von Max Kaase, der das Erfassen politischer Kultur mit dem Versuch verglich, „einen Pudding an die Wand zu nageln", Kaase 1983.

[3] Zur politischen Kultur Italiens insgesamt und zum Folgenden vgl. Fritzsche 1987, Trautmann 1984, Koff / Koff 2000, S. 17-30 sowie Griffin 1997.

3.1 Staatsferne und Unzufriedenheit

Ein Aspekt politischer Kultur, der trotz aller Spaltungen und Gegensätze (fast) allen Italienern gemein sein dürfte, ist die ausgeprägte Unzufriedenheit mit den staatlichen und insbesondere den politischen Institutionen und das geringe Vertrauen, das diesen entgegengebracht wird (Tabelle 3.1).[4]

Während Armee und Polizei die klassischen Vertrauensträger auf staatlicher Seite sind, die auch im EU-Schnitt auf den ersten bzw. dritten Rang kommen, fällt auf, dass es mit der Europäischen Union und den Vereinten Nationen nur noch zwei nicht-nationale politische bzw. staatliche Institutionen in die erste Hälfte der Rangliste schaffen. Die EU rangiert in Italien mit 56% Vertrauen auf dem dritten Platz, während sie im EU-Schnitt nur 50% und den siebten Platz erreicht (vgl. auch unten Abschnitt 3.3). Bemerkenswert sind auch die Ergebnisse der religiösen Institutionen (Italien: 53% und Platz 5; EU: 50% Platz 8). Bedeutend weniger Vertrauen als im EU-Schnitt genießt das italienische Justizsystem (35% und Platz 11; EU: 45% und Platz 9), während den Großunternehmen in Italien ein höheres Ansehen attestiert wird (38% und Platz 10; EU: 31% und Platz 14). Die genuin politischen Institutionen Parlament, Regierung und Parteien rangieren zwar sowohl in Italien als auch im EU-Schnitt auf den hintersten Plätzen, doch zeigen die Italiener signifikant geringeres Vertrauen, zumindest in Parlament (31% vs. 38%) und Regierung (28% vs. 34%).

Lange Zeit der Fremdherrschaft und Unterdrückung (besonders im Süden) sowie die Installation des Nationalstaates von oben (in Verbindung mit den Brigantenkriegen und neuen Steuern) führten dazu, dass ein Großteil der Italiener dem Staat traditionell skeptisch und reserviert, ja distanziert gegenübersteht. Hinzu kommt, dass der Staat durch die faschistische Erfahrung weiter diskreditiert wurde (vgl. Kapitel zur Geschichte). Die nach piemontesischem Modell implementierte zentralistische Verwaltung war ohnehin wenig geeignet, Bürgernähe zu gewährleisten; der Hauptgrund für die Unzufriedenheit ist jedoch, dass es bis zum Ende des 20. Jahrhunderts nicht gelang, ein Mindestmaß an Effizienz und Transparenz zu erreichen. Vielmehr werden mit italienischer Bürokratie (in weiten Teilen zu Recht; vgl. Kapitel Regierung, Abschnitt Verwaltung) Ineffizienz und Undurchsichtigkeit oder sogar Willkür assoziiert.

---

[4]   Vgl. zum Folgenden Morlino / Tarchi 1998 mit ausführlichem Datenmaterial. Im Jahre 2001 rangierte Italien bei einer Umfrage nach dem durchschnittlichen Institutionenvertrauen unter den 15 EU-Mitgliedstaaten mit Abstand auf dem letzten Platz; vgl. Eurobarometer 55 (Frühjahr 2001), S. 7.

Tabelle 3.1:   Vertrauen in Institutionen (Angaben in Prozent)

	Vertrauen (Italien)	kein Vertrauen (Italien)	Vertrauen (EU-Schnitt)
Armee	62	27	69
Polizei	61	29	64
Europäische Union	56	27	50
Wohltätigkeitsorga-nisationen	55	33	66
religiöse Institutionen	53	34	46
Radio	52	35	63
Vereinte Nationen	47	37	54
Fernsehen	40	50	50
Presse	39	50	42
Großunternehmen	38	47	31
Justiz, Rechtssystem	35	53	45
Gewerkschaften	32	54	39
Parlament	31	59	38
Regierung	28	62	34
Parteien	20	71	17

Quelle: Eurobarometer 62 (Herbst 2004), Rapporto Nazionale Italia, S. 12
und Full Report S. 22; eigene Zusammenstellung und Übersetzung.

Dies führte zu einem vergleichsweise laxen Umgang mit Gesetzen und Verordnungen bzw. zu deren Unterlaufen oder Nichtbeachten, und zu einer weiteren
geläufigen Unterscheidung: zwischen einerseits dem *paese legale*, das für die
offiziell geltenden Regeln (das Sollen) steht, und dem *paese reale*, dem Begriff
für das tatsächliche, sich nur teilweise an diesen Regeln orientierende Leben der
Bürger (das Sein). Bevor man dies allerdings ausschließlich auf südländische
Mentalität zurückführt und deutschen Ordnungsvorstellungen entsprechend verurteilt, sollte man beachten, dass in Italien eine hohe Anzahl z.T. widersprüchlicher Gesetze gilt (vgl. die Kapitel Parlament und Regierung). Abgesehen davon,
dass niemand alle diese Gesetze kennen kann, würde ihre strikte Einhaltung
wohl jegliches öffentliche Leben zum Stillstand bringen.

Hier zeigt sich ein weiterer wichtiger Aspekt politischer Kultur: Das geringe Vertrauen in den Staat hat auch geringere Erwartungen an ihn zur Folge. Die andere, positive Seite der Medaille sind ein hohes Maß an Pragmatismus, Improvisationsvermögen und Bereitschaft zur spontanen Selbstorganisation.

Zu der allgemeinen Reserviertheit dem Staat gegenüber tritt noch eine tiefe Unzufriedenheit mit dem Funktionieren der italienischen Demokratie im Speziellen. Diesbezüglich halten die Italiener seit Jahrzehnten den Negativrekord im europäischen Vergleich (vgl. für die Werte Tabelle 3.2).[5]

Tabelle 3.2:   Zufriedenheit mit der Demokratie (Angaben in Prozent)

EB-Nr.	39	42	48	53	58	61	63
Jahr	1993	1994	1997	2000	2002	2004	2005
in der EU							
Deutschland	43	38	28	39	48	39	46
Italien	32	41	36	41	45	45	53
EG/EU-Schnitt	41	39	35	43	47	43	49
im eigenen Land							
Deutschland	51	60	45	54	66	51	53
Italien	22	25	30	36	34	35	44
EG/EU-Schnitt	44	49	49	57	59	54	53
Quelle: Eurobarometer (EB); eigene Zusammenstellung.							

Der Grund hierfür ist – neben dem historischen Hintergrund – in dem Umstand zu suchen, dass bis Mitte der 1990er Jahre die Wählerschaft de facto keinen Einfluss auf die Regierungsbildung hatte: Durch den Ausschluss von Kommunisten und Neofaschisten von jeglicher Regierungsverantwortung waren es stets dieselben Parteien und trotz aller Wechsel stets dieselben Köpfe, welche die Regierungsämter unter sich aufteilten (vgl. die Kapitel Parteien und Parteiensystem sowie Regierung). Die auf diese Weise „blockierte Demokratie" war somit nicht in der Lage, für Responsivität der politischen Eliten zu sorgen; vielmehr produzierte sie Entfremdung zwischen Politik (*palazzo*) und Wählerschaft (*piazza*). Das bei den Bürgern ohnehin schon vorhandene Gefühl, „von oben" regiert zu werden und keinen Einfluss auf „die da oben" zu haben, wurde dadurch nur weiter verstärkt. In den Worten von Norberto Bobbio: „[...] the political class

---

[5]   Vgl. insbesondere hierzu auch die Daten von Morlino / Tarchi 1998.

forms an entity of its own and appears as a separate body with its own sphere of action, which is perceived perfectly by those who do not belong to it."[6]
Auch das Vorhandensein zweier starker Parteien an den äußersten Rändern des politischen Spektrums, die eine dezidierte Antisystemrhetorik pflegten, verminderte die Legitimität des politischen Systems und das Vertrauen in die Regierenden. Nicht zuletzt taten weit verbreitete Korruption und geheim gehaltene Vorgänge hinter den Kulissen ihr Übriges (vgl. Kapitel Korruption und Kriminalität sowie Abschnitt 3.5.2).

Eine paradigmatische Sentenz, die die Staatsferne und -verdrossenheit der Italiener ausdrückt, ist *„Piove, governo ladro!"* (etwa: „Es regnet. – Diese verdammte Regierung!"). In der Tat gehört das Schimpfen auf Staat und Regierung zum Standardrepertoire des Smalltalk.

3.2 Ideologische Spaltung: Katholizismus gegen Kommunismus

Die Geburt der Republik Italien aus dem Geist der *Resistenza* wurde bereits angesprochen (vgl. dazu und zum Folgenden das Kapitel zur Geschichte). Zusammen mit den schlechten Erfahrungen, welche die Italiener mit der Herrschaft Mussolinis gemacht hatten, resultierte daraus ein breiter antifaschistischer, von den politischen Eliten wie auch der Bevölkerung getragener Konsens, der als ein Grundpfeiler der politischen Kultur Italiens gelten kann. Innerhalb der antifaschistischen Kräfte brachen jedoch alsbald die Spaltungen wieder auf, die sich bereits im 19. Jahrhundert etabliert und in der Folge verfestigt hatten:[7]

Auf der einen Seite etablierte sich das katholische Lager, das sich schon in der Auseinandersetzung des Papstes mit dem neuen Nationalstaat (*„Non expedit"*) formiert hatte. Der Katholizismus fungierte nach dem Zweiten Weltkrieg als feste und tief verwurzelte ideologische Basis, auf der sich breite Wählerschichten der DC als Volkspartei anschließen konnten; die Unterstützung der katholischen Kirche war nicht zuletzt ein Grund für ihren überwältigenden Wahlsieg 1948.[8] Weit verbreiteter Traditionalismus und Konservatismus waren weitere Anknüpfungspunkte für die konservative konfessionelle Partei, ebenso wie die Möglichkeit, sich auf den katholischen Widerstand gegen den Faschismus berufen zu können. Einer der wichtigsten Faktoren für den Zusammenhalt innerhalb dieser Subkultur war jedoch eine – zumindest so wahrgenommene – Bedrohung: Die DC verstand sich als das Hauptbollwerk gegen eine Machtüber-

---

[6]   Zit. nach Recchi / Verzichelli 2003, S. 223. Vgl. hierzu auch Della Sala 2002.

[7]   Vgl. zur katholischen und kommunistischen Subkultur exemplarisch Trautmann 1984, S. 239-253 sowie zur Herausbildung der Subkulturen Fix 1999, S. 80-91.

[8]   Vgl. zur Rolle der katholischen Kirche sowie zum Folgenden Koff / Koff 2000, S. 19-24 sowie Donovan 2003a.

nahme durch die Kommunisten, die mit ihrer antiklerikalen und antibürgerlichen Stoßrichtung sowohl für Gläubige als auch für Traditionalisten ein Schreckgespenst darstellten.

In der Tat pflegte das kommunistische Lager eine ausgesprochen revolutionäre Antisystemrhetorik. Zwar beriefen sich die Kommunisten ebenfalls auf die *Resistenza*, sahen sich aber in ihrem Kampf gegen Kirche und bürgerliche Eliten als wahre Vorkämpfer des *Risorgimento*, das erst noch per Revolution vollendet werden müsse. Auf diese Weise gerieten die Kommunisten in eine Fronstellung zu allen anderen gemäßigten Kräften (z.B. Sozialisten) und bildeten eine eigene Subkultur heraus, deren ideologische Basis der Marxismus in all seinen Schattierungen blieb. Auch hier zog sich die Kontinuität politischer Ab- und Ausgrenzung vom 19. Jahrhundert bis in das 20. hinein und verfestigte sich.[9]

Der Dualismus Katholizismus gegen Kommunismus bildete sich Ende der 1940er Jahre im Schatten des Kalten Krieges heraus, gewann mit diesem an Intensität und wurde zur zentralen Konfliktlinie der italienischen Gesellschaft und Politik. In der Tat erwiesen sich die Frontstellungen des Ost-West-Konfliktes jahrzehntelang prägend und führten zur Ausbildung zweier Subkulturen, die sich ideologisch unversöhnlich gegenüberstanden. Daraus folgte auch die politische Ausgrenzung des *Partito Comunista Italiano* (PCI) von jeglicher Regierungsverantwortung durch die anderen Parteien mittels einer stillschweigenden Übereinkunft, der sog. *„conventio ad excludendum"*. Die Abgrenzung der beiden Subkulturen voneinander erfolgte nicht nur (partei)politisch, sondern auch in anderen Bereichen des Lebens: Eigene Massenorganisationen (z.B. die katholische Gewerkschaft CISL und die kommunistische CGIL) und Medien (z.B. der „DC-Fernsehsender" RAI 1 und der „PCI-Sender" RAI 3, aber auch die zahlreichen Parteizeitungen) sicherten die Loyalität der Anhänger auch außerhalb der Politik. Territorial lassen sich die Hochburgen der Subkulturen anhand der Stimmanteile der entsprechenden Parteien identifizieren: Im „weißen" Nordosten erreichte die DC ihre höchsten Werte, der PCI im sog. „Roten Gürtel" Mittelitaliens (Toscana, Umbrien, Emilia-Romagna).[10]

Eine humoristische, aber im Kern durchaus treffende Darstellung dieser beiden Lager liefern die Figuren des katholischen Priesters Don Camillo und des kommunistischen Bürgermeisters Peppone, die in den Romanen Giovanni Guareschis ihren tagtäglichen ideologischen Kleinkrieg in einem Dorf in der Emilia Romagna der 1950er Jahre kämpfen, im Grunde aber dicke Freunde sind;[11] diese beiden richten den Blick aber auch darauf, dass trotz aller Gegnerschaft für den

---

[9]   Vgl. zur „roten" Subkultur Caciagli 1987.
[10]   Zur regionalen Verteilung der Subkulturen und den daraus resultierenden Hochburgen der entsprechenden Parteien vgl. Agnew 2002.
[11]   Vgl. z.B. Guareschi 1951.

Alltag ein *modus vivendi* gefunden wird. Hier zeigt sich ein weiteres Charakteristikum italienischer Politik und auch Mentalität: Im Zweifelsfalle tritt der ideologische Streit zurück, wenn es um das konkrete Tagesgeschäft geht. In bester Tradition des *trasformismo* werden die Lagergrenzen punktuell durch Kompromisse überschritten, wenn man auf die Stimmen des Widersachers zur Mehrheitsbeschaffung angewiesen ist (vgl. Kapitel zur Geschichte). Wie in anderen von tiefen Spaltungen durchzogenen Gesellschaften[12] wirken auch in Italien Elitenkompromisse konfliktdämpfend, können aber ebenso zur Herausbildung von Elitenkartellen führen, was speziell für Italien zutrifft.

Hinzu kommt noch eine dritte Subkultur, die liberal-laizistische, die freilich in Größe und Bedeutung nicht an die beiden anderen heranreicht. Dieses dritte Lager umfasst die liberalen bürgerlichen Eliten, die Triebkräfte der Nationalstaatswerdung waren, bis zur Machtergreifung des Faschismus die Politik bestimmten und sich aus der Auseinandersetzung mit Kirchenstaat und Papst die laizistische Ausrichtung (d.h. Trennung von Staat und Kirche) bewahrten. Politische Repräsentanten waren die drei kleinen sog. *partiti laici*: *Partito Repubblicano Italiano* (PRI), *Partito Liberale Italiano* (PLI) und *Partito Socialista Democratico Italiano* (PSDI) – aber auch der radikalliberale *Partito Radicale* (vgl. Kapitel Parteien und Parteiensystem).

Nachdem die schroffe Abgrenzung der Subkulturen im Zuge des Kalten Krieges ihren Höhepunkt erreicht hatte, machten sich mit der Zeit Erosionsprozesse sichtbar, die deutlich an ihrer Bindungskraft und Größe nagten: Die auch in Italien rasch fortschreitende Säkularisierung der Gesellschaft ließ den Katholizismus als Legitimationsbasis an Bedeutung verlieren. Gleichzeitig wandten sich die Kommunisten zunehmend von der „wahren Lehre" Moskaus ab und suchten unter dem Stichwort „Eurokommunismus" einen gemäßigteren Weg; spätestens seit dem Zusammenbruch des Kommunismus in Osteuropa befindet sich die entsprechende Subkultur in Auflösung. Obwohl der zentrale Dualismus von „Weiß" und „Rot" zunehmend verblasst, war er doch jahrzehntelang prägend und bleibt ein wichtiger Faktor, ohne den italienische Politik nicht zu verstehen ist.[13]

---

[12] Z.B. Niederlande, Schweiz, Österreich; wie in Italien sind in einigen dieser Länder die Spaltungen z.T. schon stark erodiert.

[13] Vgl. zur Entwicklung der Subkulturen Messina 1998. Silvio Berlusconi knüpft mit seiner (sicher übertriebenen) Anti-Kommunismus-Rhetorik noch heute an genau diesen Aspekt an.

3.3   Regionale Fragmentierung und anarchischer Individualismus

Die lange Zersplitterung in sich z.T. bekriegende Stadt- und Kleinstaaten, Fremdherrschaft und die späte nationale Einigung Italiens hatten zur Folge, dass sich nur eine sehr schwache nationale Identität herausbildete und stattdessen die Identifikation mit der Heimatstadt bzw. -region stark blieb. So brachte der Nationalstaat für viele nur eine schlecht bis gar nicht funktionierende Bürokratie, neue Steuern und erneute Fremdherrschaft, diesmal durch norditalienische Beamte und Politiker (s.o.). Schon die gebirgige Struktur der Halbinsel, unterentwickelte Verkehrswege, zahlreiche stark unterschiedliche Dialekte und Analphabetismus hatten den Austausch der Italiener untereinander jahrhundertelang behindert. Unter diesen Bedingungen konnten nationale Institutionen kaum integrierend wirken, vor allem nicht die politischen, da die breite Bevölkerung weitgehend von der Politik ausgeschlossen blieb. Auch der Versuch des Faschismus, die nationale Einheit zu fördern, schlug fehl,[14] zum einen wegen der relativ kurzen Zeit seiner Herrschaft, zum anderen wegen der mangelnden Durchdringung der Gesellschaft. Als Resultat identifizieren sich im Vergleich zu anderen europäischen Ländern mit Abstand sehr wenige Italiener (29,1%) mit ihrer Nation.[15] Als Ausnahme ist allerdings die sportliche Sphäre zu nennen; in ihr finden sich einige nationale Identifikationsobjekte, insbesondere die Fußballnationalmannschaft. So sind vergleichsweise viele Italiener stolz auf Errungenschaften in den Bereichen Sport, Kunst und Geschichte, sehr wenige in den Bereichen Demokratie, Wirtschaft und soziale Sicherheit.

Komplementär zur schwachen nationalen Identität blieben lokale und familiäre Bindungen stark. Der italienische Lokalismus (*campanilismo* ist der entsprechende Ausdruck zur „Kirchturmpolitik" im Deutschen) äußert sich unter anderem in einer verstärkten Wahrnehmung lokaler (politischer) Angelegenheiten, zuungunsten der „großen" Politik in Rom, die in erster Linie mit Skepsis und Vorurteilen bedacht wird. Die Stärke der historisch verwurzelten regionalen Identität der Lombarden z.B. ist am Erfolg der regionalistischen *Lega Nord* (LN) zu erkennen. Im internationalen Vergleich besonders hoch ist auch der Zusammenhalt der italienischen Familien, besonders im Süden.[16] Organisationen wie Parteien, Verbände und Vereine konnten im Vergleich dazu deutlich weniger integrative Wirkung entfalten als in anderen Ländern. Primär bleibt bis heute die persönliche, besonders die verwandtschaftliche Beziehung. Im Ergebnis kann die

---

[14]   Zum Problem der schwachen nationalen Identität und den verschiedenen gescheiterten Versuchen, diese herzustellen vgl. Griffin 1997.

[15]   Tossutti 2002, S. 59; Zahlen von 1998.

[16]   Vgl. dazu und zu den Problemen, die sich für die italienischen Familien auftun: Zu heilig für Geburten. Viva la mamma: In Italien ist die Familie immer noch viel wert, doch die Kinder werden weniger, in: FAZ vom 28.04.2005.

Grundeinstellung der Italiener am ehesten als „anarchischer Individualismus" bezeichnet werden, der sich grundsätzlich resistent zeigt gegen die Einbindung in größere Kollektive und Normensysteme wie Nation, Staat und Rechtsstaat.

Die schwache nationale Identität wird mit einer vergleichsweise großen Europabegeisterung kompensiert:[17] 1995 erklärten 69,1% der Italiener, Europa stehe ihnen sehr bzw. ziemlich nahe – ein Spitzenwert im europäischen Vergleich. Auch wird die Demokratie auf europäischer Ebene bedeutend besser bewertet als die im eigenen Land (vgl. Tabelle 3.2). Ein Grund für dieses euphorische Europa-Bild ist die schwache Besetzung der nationalstaatlichen Identität; in diese Lücke kann die europäische stoßen. Da sich nur wenige stark mit dem Nationalstaat identifizieren, wird die europäische Integration auch weniger als Gefahr für dessen Souveränität wahrgenommen. Eine nicht zu vernachlässigende Rolle dürften auch die guten Erfahrungen mit Beihilfen von der europäischen Ebene spielen. Auch jüngere Entrüstungen gegen das ferne Brüssel sowie eine Diskussion über Preissteigerungen in Folge der Euro-Einführung haben nur das Ausmaß der Begeisterung verringert, aber an der grundsätzlichen Tendenz kaum etwas verändert.

Ein weiterer wichtiger Faktor für die politisch-kulturelle Zerklüftung Italiens ist der Dualismus von Nord und Süd.[18] Die Unterschiede zwischen beiden Landesteilen betreffen nicht nur das sozioökonomische Entwicklungsgefälle, sondern auch die Mentalität. Die obigen Ausführungen zu Staatsferne, Lokalismus und persönlichen Bindungen gelten verstärkt für den Süden, etwas abgeschwächt für den Norden. So sind Einstellungen, Werte und Normen im Süden stark mediterran geprägt, im Norden eher zentraleuropäisch. Deutlichstes Beispiel für die spezielle Prägung des Südens ist der äußerst hohe Stellenwert der Familienehre, der sich im Extremfall an der nach wie vor vereinzelt existierenden Praxis der Blutrache manifestiert. Die unterschiedlichen Orientierungen wurden z.B. auch bei der Abstimmung von 1946 mehr als deutlich: Der Süden votierte mehrheitlich für die traditionelle Staatsform der Monarchie, der Norden für die Republik. Hinzu kommen im Norden weit verbreitete Ressentiments gegen die despektierlich *terroni* genannten Süditaliener, die als faul, z.T. sogar als ethnisch minderwertig angesehen werden. Umgekehrt bestehen im Süden Vorurteile gegen die „arroganten" *polentoni*, die Norditaliener.[19] Satirisch zugespitzt, aber durchaus mit wahrem Kern, lässt der Schriftsteller Luciano De Crescenzo dies eine seiner Figuren auf den Punkt bringen: „Wir sind zwei verschie-

---

[17] Vgl. zum Folgenden Tossutti 2002.
[18] Vgl. zu den Wurzeln dieses Gegensatzes Fix 1999, S. 51-70.
[19] *Terroni* leitet sich ab von *terra* (Land, Boden), *polentoni* von dem zur norditalienischen Küche gehörenden Maisbrei *polenta*.

dene Völker, die von einem gemeinsamen Fernsehprogramm zusammengehalten werden!"[20]

Das schwache Institutionenvertrauen und die Affinität zu lokalen und persönlichen Bindungen schlagen sich in der verstärkten Präsenz eines weiteren sozialen Phänomens nieder: des Klientelismus (*clientelismo*).[21] Unter Klientelismus wird eine asymmetrische soziale Beziehung verstanden, in der der höhergestellte Patron (z.B. ein Politiker) den untergeordneten Klienten (Bürger / Wähler) Gefälligkeiten erweist und dafür Loyalität und Unterstützung erhält. Es handelt sich dabei um eine instrumentelle Tauschbeziehung, von der beide Seiten profitieren. So versorgt z.B. ein Politiker seine Klientel mit materiell verwertbaren Gütern (Posten, Gelder, Genehmigungen etc.) und erhält dafür bei der nächsten Wahl deren Stimmen.

Solche Strukturen entstehen vor allem dort, wo staatliche Institutionen zu schwach sind, um ökonomische und rechtliche Sicherheit zu gewährleisten. Das war historisch besonders im Süden Italiens lange der Fall – und machte den Klientelismus dort zum „vorherrschende[n] Element der politischen Beziehungen"[22]. Die Schwäche formaler Institutionen wird durch informale Selbsthilfe in Form des Klientelismus kompensiert. Besonders begünstigend wirkt materieller Mangel, der die Klientel von den Gefälligkeiten des Patrons abhängig macht, wie z.B. die Befürwortung eines Antrags auf Sozialleistungen. Der Aufbau einer modernen Bürokratie im Zuge der nationalstaatlichen Einigung schuf dafür die entsprechende Verteilungsmasse (z.B. Stellen im öffentlichen Dienst).

Dabei hat Klientelismus zwei Seiten: erstens die Verwurzelung entsprechender Mentalität in der Bevölkerung, die den klientelistischen Weg als informellen Haupteinflusskanal akzeptiert; zweitens die mangelnde Verankerung der politischen Eliten (Parteien und Politiker), gekoppelt mit deren Bereitschaft, sich auf diese Weise Loyalität zu sichern. Auch begünstigt Klientelismus wiederum die Voraussetzungen, von denen er lebt: Loyalität bildet sich nicht zur großen abstrakten Einheit, sondern nur zur kleinen, zu der man konkrete soziale Bindungen hat. Außerdem werden Erwartungen nicht an den Staat herangetragen, sondern an den Politiker oder die Partei, mit dem / der man in der klientelistischen Austauschbeziehung lebt. Die Grenzen zur Korruption sind, wie man sich denken kann, fließend (vgl. Kapitel Korruption und Kriminalität). Klientelismus wirkt aber auch konfliktdämpfend: Ist man mit einer politischen oder bürokratischen Entscheidung unzufrieden, bleibt noch der informelle Weg über den Patron, um die Entscheidung zu umgehen oder gar zu ändern.

---

[20]   De Crescenzo 1989, S. 116
[21]   Vgl. zum Folgenden als Überblick Caciagli 1997 sowie weiterführend die entsprechenden Passagen in Fritzsche 1987.
[22]   Caciagli 1997.

3.4 Politische Eliten zwischen Streit und Kompromiss

Politische Kultur beinhaltet nicht nur die Einstellungen und Orientierungen der Bevölkerung, sondern auch der politischen Eliten.[23] Wie später noch näher gezeigt wird, stellt sich die Bildung von Mehrheiten in Italien als besonders schwierig dar. Gründe hierfür sind u.a. die Zersplitterung des Parteiensystems sowie institutionelle Vorkehrungen, die es auch kleinen Gruppen relativ leicht machen, einen überproportionalen Einfluss auszuüben (vgl. die Kapitel Parteien und Parteiensystem, Parlament und Regierung).

Schon seit Gründung des italienischen Nationalstaates waren die politischen Eliten gezwungen, über politische und ideologische Gräben hinweg Kompromisse zu schließen, um den neuen Staat zu stabilisieren: Stets waren die einzelnen Parteien oder Gruppierungen zu schwach, um allein die Geschicke bestimmen zu können, und mussten deshalb anderweitig Mehrheiten konstruieren. In dieser Zeit etablierte sich der Kompromiss zwischen den Spitzen der Lager, aber auch das punktuelle Herauslösen einzelner Personen oder Gruppen aus der Oppositionsfront – mit welchen Mitteln auch immer – als Herrschaftstechnik, die seitdem mit dem Begriff *trasformismo* umschrieben wird.[24] In einer prägnanten Umschreibung von Stephen Hellman: „*Trasformismo* refers to building a majority in Parliament by winning over enough deputies, irrespective of political affiliation, by whatever means prove most effective. What is ultimately ‚transformed' is the very meaning of the differences between parties, groups, and territorial ideologies."[25]

Auf diese Weise werden trennende Grenzen zwar punktuell von den Eliten überbrückt, bleiben jedoch grundsätzlich auch an der Basis bestehen. Das Resultat ist ein Elitenkartell, in dem alle Teilnehmer von ihrem Einflussquantum profitieren und folglich kein Interesse daran haben, die Gräben zwischen den gesellschaftlichen und politischen Gruppen, die sie vertreten, dauerhaft zu überwinden. Damit kann erklärt werden, wie Akteure, die alltäglich miteinander verhandeln, sich gleichzeitig öffentlich in einer Art und Weise bekämpfen, die über den normalen Parteienwettbewerb in Demokratien westlicher Prägung weit hinausreicht. Die Heftigkeit der italienischen politischen Rhetorik lässt für den Beobachter eher folgendes Bild entstehen: „[In Italien] ist der politische Herausforderer nicht einfach nur ein Gegner, er ist vielmehr ein wahrer Feind, den es zu vernichten gilt. Sobald dieser Gegner an der Regierung ist, ist sein Tun eine nationale Katastrophe. Veränderungen im Schulwesen – durch welches Regierungsbündnis auch immer – kommen für die jeweilige Opposition einem Rückschritt um 50

---

23 Vgl. zur italienischen „politischen Klasse" detaillierter Recchi / Verzichelli 2003.
24 Vgl. Fix 1999, S. 97-104, Fabbrini / Gilbert 2000 und Fritzsche 1987, S. 57-59.
25 Hellman 2002, S. 418f. (Hervorhebungen im Original).

Jahre gleich, Einschnitte im Gesundheitswesen bedeuten die Gefährdung der Volksgesundheit, und eine Rentenreform gleicht sogar einer intergalaktischen Kriegserklärung."[26]

Die Notwendigkeit des Kompromisses und das Beharren auf partikularistischen Positionen, das erst durch Zugeständnisse aufgelöst werden muss, sind über Generationen hinweg eingeübt und somit zu einer Grundkonstante in den Handlungsorientierungen italienischer Politiker geworden, die als *consociativismo* (am besten wohl zu übersetzen mit Konsensualismus) bezeichnet wird – eine Art politischen Stils, der vor allem in Verhandlungsdemokratien wie der Schweiz oder Österreich (bis Anfang der 1990er Jahre) zu finden ist. Die Verhandlung und der für alle tragbare Kompromiss werden zum erstrebenswerten Ziel und die pure Mehrheitsentscheidung zur Ausnahme. Die geringe Elitenzirkulation trug dazu bei, dass sich diese Einstellungen so verfestigen konnten. Allerdings ist auch eine Erosion dieses Konsensualismus zu beobachten.[27] Durch die Umbrüche im Parteiensystem stiegen Akteure von außerhalb des Elitenkartells auf, die über keine derartige politische Sozialisation verfügten – als herausragendes Beispiel sei hier der Unternehmer Silvio Berlusconi genannt, der eher an Entscheiden und Anordnen gewöhnt war denn an langwieriges Aushandeln. Der Zusammenstoß so unterschiedlicher Einstellungen führte dann auch zu heftigen Auseinandersetzungen, bis hin zum Vorwurf des Autoritarismus von Seiten der alteingesessenen Eliten.

So lässt sich hier eine der sprichwörtlichen Widersprüchlichkeiten der italienischen Politik identifizieren: Auf der einen Seite eine ungewöhnliche Schärfe der politischen Rhetorik, die auch zwischen den Wählkämpfen nicht abnimmt und in der es durchaus normal ist, den politischen Gegner als Feind der Demokratie zu bezeichnen. Und auf der anderen Seite ein alltagspolitisches Verhalten hinter den Kulissen – sei es im Parlament oder in Koalitionsrunden –, das Verhandlung, Konsens und Kooperation in den Vordergrund stellt. Auch dies ist ein Ausdruck der Diskrepanz zwischen *palazzo* und *piazza* und nicht zuletzt ein Grund für das geringe Vertrauen der Italiener in ihre Politiker.[28]

---

[26] Lucchetti 2004.
[27] Vgl. zum *consociativismo* der politischen Eliten und dessen Erosion Recchi 1996 sowie Fabbrini / Gilbert 2000, die diese Erosion auch als wesentliche Ursache der Krise des politischen Systems begreifen.
[28] Vgl. Della Sala 2002, Recchi / Verzichelli 2003.

3.5 Bedrohungen der Demokratie?

In Anbetracht der historischen Erblasten und der spezifischen politischen Kultur nimmt es nicht wunder, dass der italienischen Demokratie immer wieder Gefahr von verschiedenen Seiten drohte: Wenn man die Nachkriegsgeschichte Italiens betrachtet, stößt man im Vergleich zu anderen Ländern auf relativ starke Antisystemparteien, lang anhaltenden Terrorismus sowie sogar Umsturzpläne und Versuche, die Politik hinter den Kulissen zu steuern.

3.5.1 Antisystemparteien

In Deutschland wurden nach dem Konzept der wehrhaften Demokratie relativ schnell systemfeindliche Parteien wie die Sozialistische Reichspartei und die Kommunistische Partei Deutschlands verboten; der Grundkonsens der Demokraten erwies sich als stark genug, dass sich an den jeweiligen Rändern des politischen Spektrums keine dauerhaft nennenswerten Parteien etablieren konnten. In Italien war die Lage anders: Die jeweiligen Randparteien waren zu groß und zu stark gesellschaftlich verankert, als dass ein Verbot durchsetzbar gewesen wäre (vgl. zum Folgenden auch das Kapitel Parteien und Parteiensystem).

Die Kommunisten hatten sich im Kampf gegen den Faschismus zu viele Meriten erworben und nicht zuletzt mit Hilfe Moskaus sehr schnell ausgebreitet, so dass sie vielen als Befreier galten und zu Beginn des Kalten Krieges schon zahlreiche wichtige Positionen besetzten. Die Demokratiefeindlichkeit des PCI stand zwar für weite Teile der bürgerlichen und katholischen Bevölkerung außer Zweifel, doch war die Minderheit, die in dieser Frage gänzlich anderer Meinung war, eine sehr große Minderheit. Ein Verbot wäre folglich problematisch gewesen und hätte womöglich sogar bürgerkriegsähnliche Auseinandersetzungen provozieren können.

Immerhin setzten die Kommunisten trotz aller revolutionären Rhetorik nicht auf den Kampf der Straße, sondern auf die legale Erringung der Macht innerhalb des Systems. Sie akzeptierten die Spielregeln und fanden ihren Platz im Gefüge der italienischen Demokratie. Spätestens nach der Abwendung von Moskau ab 1968 kann nicht mehr davon gesprochen werden, dass von den in der Partei organisierten Kommunisten eine Gefahr für die Demokratie ausging. Im Gegenteil: Bei der Bekämpfung des Terrorismus der 1970er Jahre standen sie klar auf der Seite der Verteidiger der Demokratie und wurden damit selbst zu Zielen der Attentäter. Sogar die Hardliner, welche die Kurskorrektur und Umbenennung von 1991 nicht mittragen wollten, haben mit einem Umsturz der politischen Ordnung nichts mehr im Sinn.

Auf der anderen Seite des Spektrums wirkte zwar ein breiter antifaschistischer Konsens, doch war der italienische Faschismus nie so nachhaltig und so weitgehend diskreditiert wie der Nationalsozialismus in Deutschland. Aus italienischer Sicht konnte man (ob zu Recht oder zu Unrecht sei hier dahingestellt) darauf verweisen, dass die faschistische Unterdrückung weniger grausam, der Rassismus geringer ausgeprägt und der Krieg von den Deutschen angezettelt war. Mit der maschinellen Massenvernichtung von Minderheiten hatte man nichts zu tun. Außerdem hatte man sich des faschistischen Regimes selbst wieder entledigt. So blieb viel Raum für Verharmloser und Nostalgiker.

Die Neofaschisten des MSI (*Movimento Sociale Italiano*) wurden zwar erfolgreich an der Ausbreitung gehindert, doch konnten sie sich stets auf eine nicht geringe Wählerbasis stützen. Damit waren sie zwar in allen Parlamenten und Ausschüssen vertreten, wurden jedoch erfolgreich von der Regierungsverantwortung ferngehalten. Trotz immer wieder vorkommender punktueller Berührungsversuche von Seiten des äußersten rechten DC-Randes musste der MSI ein Dasein als politischer Paria fristen. Schließlich setzten sich auch im MSI die gemäßigten Kräfte durch, die den Nostalgie-Kurs verließen und die Partei schließlich als *Alleanza Nazionale* (AN) in den Kreis möglicher Regierungsparteien führten.

Im Ergebnis ist festzustellen, dass es der italienischen Demokratie gelungen ist, ihre Antisystemkräfte – wenn auch mit manchen Rückschlägen und nach einiger Zeit – zu integrieren. Nennenswerte Parteien mit einem problematischen Verhältnis zur Demokratie gibt es nicht mehr – auch wenn der Vorwurf eines solchen bis heute fest zum Standardrepertoire der politischen Rhetorik gehört.

3.5.2 Terror und Umsturzpläne

Eine besondere Gefährdung der Demokratie stellte der Terrorismus von Rechts und Links in den so genannten „bleiernen Jahren" (*anni di piombo*) 1969-1982 dar.[29] Ausgehend von Studenten- und Arbeiterprotesten Ende der 1960er Jahre entstanden zahlreiche Terrorgruppen, wobei die linken den auf der Straße begonnenen Kampf mit Gewalt weiterführen und die rechten die Situation für die Errichtung eines autoritären Regimes nutzen wollten.[30] Dabei gilt der von Rechten verübte Sprengstoffanschlag an der Mailänder Piazza Fontana im Dezember 1969 als Startpunkt für eine von beiden Seiten weiter getriebene Spirale der Gewalt.[31]

---

[29]   Vgl. zum Folgenden als Überblick Hess 1988 sowie Fritzsche 1987 und Jamieson 1989.
[30]   Vgl. Della Porta 1988.
[31]   Vgl. zum Rechtsterrorismus ausgezeichnet Ferraresi 1996.

Während der Rechtsterrorismus weitgehend diffus blieb, sich gegen allgemeine Ziele (Züge, Bahnhöfe, öffentliche Plätze) richtete, oft ohne Bekennerschreiben blieb und im Sinne einer „Strategie der Spannung" allgemeine Verunsicherung erzeugen wollte, gingen die linken Terrorgruppen gezielt gegen Symbole und Repräsentanten aus Staat und Wirtschaft vor (Politiker, Manager, Richter und Staatsanwälte), um die „proletarische Revolution" vorzubereiten. Besonders taten sich im negativen Sinne die Roten Brigaden (*Brigate Rosse*; BR) hervor, die nicht nur mit der Entführung und Ermordung des DC-Parteivorsitzenden Aldo Moro 1978 den spektakulärsten und über Italien hinaus bekanntesten Anschlag verübten, sondern auch insgesamt an Aktivität und Opfern vergleichbare Organisationen wie die deutsche Rote Armee Fraktion oder die französische Action Directe weit in den Schatten stellten.

Die Reaktion des Staates kam spät, aber hart und effektiv: Spätestens ab 1978 wurde der Terror mit speziellen Gesetzen (z.B. die Einführung einer Kronzeugenregelung, die sich als sehr wirksam erwies) und koordinierten Polizeimaßnahmen massiv bekämpft. Mit der Aushebung des operativen Kerns der Roten Brigaden Anfang der 1980er Jahre war der Linksterrorismus entscheidend geschwächt; 1983 saßen ca. 740 Rotbrigadisten im Gefängnis. Parallel zu diesen Fahndungserfolgen ging auch der Rechtsterrorismus zurück: Seinen Höhepunkt hatte er mit dem blutigen Attentat auf den Bahnhof von Bologna (85 Tote) im Jahre 1980; der große Anschlag 1984 auf einen Expresszug (15 Tote) kann als letztes Aufbäumen gesehen werden. Anders als bei seinem linken Pendant ist der rechte Terror in großen Teilen unaufgeklärt und im Dunkeln geblieben, was die Vermutung aufkommen ließ, er sei von sympathisierenden Kräften in Polizei, Geheimdiensten und Politik zumindest gedeckt, wenn nicht sogar unterstützt oder initiiert worden. Einige Hinweise deuten in diese Richtung.[32]

Obwohl auch in den 1980er und 1990er Jahren noch zahlreiche einzelne Anschläge zu verzeichnen sind, wird der Terrorismus seitdem nicht mehr als Gefährdung der Demokratie gesehen: Die linke Revolution ist ebenso ausgeblieben wie die autoritäre Gegenbewegung nach rechts. Doch auch nach der weitgehenden Zerschlagung der wichtigsten Terrororganisationen sind politisch motivierte Anschläge bis heute nichts Ungewöhnliches. Vor allem kleinere Zerstörungsaktionen gegen Parteibüros sind häufig; am 08.06.2004 wurden bei einem Sprengstoffanschlag auf eine Kundgebung der AN sechs Menschen verletzt. Aber auch Briefbombenattentate wie Ende 2003 auf den damaligen EU-Kommissionspräsidenten Romano Prodi kommen vor. Solche kleineren Aktionen mit meist harmlosem Ausgang werden vor allem der autonomen Szene zuge-

---

[32]   Vgl. Ferraresi 1996.

rechnet.[33] Dagegen sind Reste der gut organisierten und zielgerichtet agierenden Roten Brigaden nach wie vor aktiv. Davon geben nicht zuletzt die Morde an den Regierungsberatern Massimo D'Antona 1999 und Marco Biagi 2002 trauriges Zeugnis. Immer wieder werden einzelne Zellen ausgehoben und dabei auch Informationen über mögliche Anschlagsziele sowie konkrete Planungen gefunden.

Nicht nur im Extremfall des Terrors, sondern auch schon bei Demonstrationen und ähnlichen Anlässen zeigt sich, dass in Italien die Schwelle zur Gewalt niedriger zu liegen scheint als in anderen Ländern, und zwar auf Seiten der Demonstranten wie auch der Polizei. Der so genannte „Heiße Herbst" 1969 mit gewalttätigen Studenten- und Arbeiterprotesten war diesbezüglich ein Höhepunkt,[34] aber auch heute noch kommt es zu Gewaltexzessen, wie das Beispiel anlässlich des G8-Gipfels von Genua 2001 zeigt. Allerdings muss in aller Klarheit festgestellt werden, dass die Gewaltbereiten deutlich in der Minderheit sind. Wie die Proteste gegen die Regierung Berlusconi seit 2001 und gegen den Irak-Krieg zeigten, weist die überwältigende Mehrheit der italienischen Zivilgesellschaft eine ausgeprägte, aber friedliche Demonstrationskultur auf.[35]

In die 1960er und 1970er Jahre fallen Ereignisse, die zeigen, dass die italienische Demokratie nicht nur von außen, also durch Antisystemparteien und Terror, sondern auch aus dem Inneren des Staatsapparates selbst bedroht war. Die Öffnung der DC nach links zog 1964 konkrete Putschpläne des Carabinieri-Generals Giovanni De Lorenzo nach sich; 1970 scheiterte ein dilettantischer Putschversuch von rechts.[36] Bedeutend ernster zu nehmen sind allerdings Versuche, Politik und Staat aus dem Verborgenen heraus zu steuern. Hier ragt die Geheimloge *Propaganda Due* (P2) hervor, die zu ihren 962 Mitgliedern hohe Generäle, Geheimdienstmitglieder, Wirtschaftsbosse, Journalisten, Diplomaten und Politiker (hauptsächlich aus DC und PSI) zählte. Dass es sich dabei nicht um einen Club des Establishments, sondern um eine regelrechte Geheimorganisation mit dem Ziel der verdeckten Machtübernahme unter rechtsautoritären Vorzeichen handelte, wurde 1984 erst nach ihrer Zerschlagung und einer intensiven parlamentarischen Untersuchung deutlich.[37] In den Dunstkreis dieser Enthüllungen gehört auch die Aufdeckung der geheimen NATO-Organisation *Gladio* bzw.

---

[33]   Neben Parteibüros und -veranstaltungen sind auch Vertreter der Staatsmacht generell Ziel von Anschlägen linksextremistischer Splittergruppen, z.B. Kasernen der Carabinieri; vgl. Bombenanschläge in Italien. Bekennerschreiben von Anarchisten, in: NZZ vom 04.03.2005.

[34]   Vgl. Della Porta 1988.

[35]   Vgl. hierzu exemplarisch Della Porta / Diani 2004.

[36]   Dass dieser Aspekt nicht gänzlich der Vergangenheit angehört, zeigt die Aufdeckung einer illegalen Antiterroreinheit innerhalb der Sicherheitsbehörden im Juli 2005, die sich informell nach den Anschlägen von Madrid im März 2004 gebildet hatte; vgl. Polizia parallela, in 15 si autodenunciano, in: Corriere della Sera vom 04.07.2005.

[37]   Vgl. Wieser / Spotts 1988, S. 121-123, Trautmann 1997 m.w.N., Fritzsche 1987, S. 127-131, 230-237.

Stay behind, die im Falle einer kommunistischen Invasion Sabotageakte hinter den feindlichen Linien durchführen sollte und in zahlreiche zweifelhafte bzw. illegale Machenschaften verstrickt war.[38]

Obwohl Terror und Umsturzpläne zeigen, dass systemfeindliche Elemente in Italien selbst bis in den Staat hinein sehr stark waren, die Schwelle zur politisch motivierten Gewalt relativ niedrig liegt und die Legitimität der politischen Ordnung ganz allgemein nicht sehr hoch zu sein scheint, hat sich die italienische Demokratie bis dato doch allen Bedrohungen erwehren können. Auch gehören die Bedrohungslagen eindeutig der Vergangenheit an. Trotz aller Spaltungen und problematischen Aspekte der politischen Kultur fand man stets einen *modus vivendi* gemäß der Maxime eines pragmatischen „sich Arrangierens" bzw. „Leben und leben lassen" – ein alle Krisen begleitender Faktor politischer Kultur, dessen konfliktdämpfender Einfluss nicht zu unterschätzen ist.

---

[38] Vgl. das Stichwort Gladio, in: Brütting 1997.

4 Parteien und Parteiensystem

In Gesamtdarstellungen oder Einführungen in politische Systeme werden die jeweiligen Parteien bzw. die Parteiensysteme gewöhnlich nicht an vorderster Stelle behandelt, sondern erst nach den zentralen politischen Institutionen wie Parlament und Regierung. Im Falle Italiens wird sich jedoch zeigen, dass die Parteien und spezielle Eigenheiten des Parteiensystems nicht nur die zentralen Determinanten, sondern auch Ursachen für zahlreiche Eigenheiten und Besonderheiten italienischer Politik waren und sind. Fragt man z.B. nach den Gründen für die sprichwörtliche Instabilität der Regierungen, für das dennoch lange Fehlen von Regierungswechseln oder für die Probleme der politischen Steuerung Italiens (mittelbar auch Korruption und Ineffizienz), kommt die Antwort ohne Rückgriff auf das Parteiensystem nicht aus. So ist zur Charakterisierung Italiens oft der Begriff *partitocrazia* (Parteienherrschaft) gebraucht worden – in bewusster Entgegenstellung zur Kennzeichnung als Demokratie. Aus diesen Gründen folgt hier die Darstellung des Parteiensystems an prominenter Stelle. Die abrupten und radikalen Veränderungen im italienischen Parteiensystem machen jedoch zunächst eine Differenzierung erforderlich.

4.1 Drei Phasen

Die turbulenten und tief greifenden Ereignisse und Umbrüche der 1990er Jahre fanden in erster Linie auf dem Feld der Parteienlandschaft statt.[1] Zahlreiche Parteien, die jahrzehntelang die Politik geprägt hatten, verschwanden von der Bühne, andere benannten sich um oder zerfielen in viele Spaltprodukte, wieder andere entstanden völlig neu. Daher liegt es nahe, den für diese Zeit viel verwendeten Begriff der Transition zu einer „Zweiten" Republik im Zusammenhang mit dem Parteiensystem zu diskutieren – ein Aspekt, der auch für viele noch folgende Kapitel dieser Einführung einen essentiellen Bezugspunkt darstellen wird (vgl. Einleitung). Eine angemessene Antwort auf die Frage, ob sich das politische System Italiens wirklich zu einer „Zweiten" Republik" transformiert

---

[1] Vgl. als besten Überblick in deutscher Sprache Zohlnhöfer 2006.

hat, wird aber nur im Hinblick auf alle behandelten Aspekte möglich sein (vgl. auch die Kapitel Parlament und Regierung).

Zunächst ist festzustellen, dass in der politikwissenschaftlichen Fachterminologie gewöhnlich nur dann von einer Zweiten, Dritten oder Vierten Republik gesprochen wird, wenn eine Verfassung durch eine neue ersetzt wurde, wie z.B. in Frankreich. Dies war in Italien nicht der Fall.[2] Dennoch hat sich das Begriffspaar der „Ersten" und „Zweiten" Republik in der öffentlichen und wissenschaftlichen Diskussion unzweifelhaft und irreversibel festgesetzt.[3] Deshalb soll es auch hier verwendet werden, allerdings mit dem ausdrücklichen Hinweis, dass es sich dabei um *Arbeitstermini* handelt, die keinesfalls einen System- oder verfassungspolitischen Bruch suggerieren sollen. Vielmehr wird im Laufe der vorliegenden Erörterungen argumentiert werden, dass sich die „Zweite" Republik von der „Ersten" viel weniger unterscheidet, als es oberflächlich den Anschein haben mag.[4]

Nun soll ein Vorschlag für eine Phaseneinteilung vorgelegt werden, die auch die folgenden Ausführungen zum Parteiensystem strukturiert:[5]

- Die „Erste" Republik beginnt unzweifelhaft mit der Abkehr von der Monarchie und der Wahl der Verfassunggebenden Versammlung im Jahre 1946. Sie ist charakterisiert von der dauerhaften Vormachtstellung der Christdemokraten (*Democrazia Cristiana*; DC) und der relativen Stabilität der politischen Kräfteverhältnisse. Obwohl sich bereits zuvor Erosionserscheinungen zeigten, wird als Endpunkt dieser Phase das Jahr 1991 angesetzt, das mit der Umorientierung und Spaltung der kommunistischen Partei sowie mit dem ersten wesentlichen Sieg der Referendumsbewegung zwei Startpunkte für die folgenden Entwicklungen sah.
- Die Transitionsphase der Jahre 1991-1996 beinhaltet die angesprochenen Umwälzungen: die Aufdeckung zahlreicher Korruptionsskandale, den Untergang und die Umorientierung alter Parteien, ein neues Wahlrecht, die erste Regierung Berlusconi sowie zwei so genannte „Technikerregierungen" als Übergangslösungen in turbulenten Zeiten.
- Die „Zweite" Republik beginnt 1996 mit der erstmaligen Regierungsübernahme einer Mitte-Links-Koalition, die fast eine ganze Legislaturperiode regiert und wieder relative Stabilität bringt. Auch die Umwälzungen im Parteiensystem sind größtenteils zur Ruhe gekommen; zwei Pole mit festen Kernen haben sich etabliert. 2001 vollzog sich erstmals ein geregelter Re-

---

[2] Vgl. zu den erfolglosen Versuchen Köppl 2003.
[3] So z.B. Koff / Koff 2000.
[4] Deswegen werden die Anführungszeichen explizit beibehalten.
[5] Vgl. die Phaseneinteilung in Köppl 2003, S. 137-139.

gierungswechsel zwischen zwei Koalitionen, die schon bei den Wahlen zuvor angetreten waren – wenn auch in veränderter Zusammensetzung.

4.2 Rechtlicher Rahmen

Parteien nehmen in Demokratien eine zentrale Stellung ein. Als Vermittlungsagenturen zwischen Gesellschaft und zentralem politischen Entscheidungssystem stellen sie nicht nur wesentliche Kommunikationskanäle dar, sondern besetzen auch politische Ämter mit ihren Mitgliedern und werden damit zu wichtigen, wenn nicht den wichtigsten Akteuren auf der politischen Bühne. Die Bedeutung von Parteien variiert je nach politischem System; in Italien war und ist sie besonders groß.

Die *Costituente* trug diesem Umstand Rechnung, indem sie das Recht auf Bildung von Parteien in der Verfassung verankerte und den Parteien gleichzeitig die Aufgabe zuwies, gestaltend auf die Politik einzuwirken (Art. 49): „Alle Bürger haben das Recht, sich frei zu Parteien zusammenzuschließen, um in demokratischer Weise bei der Bestimmung der nationalen Politik mitzuwirken." Allerdings bleibt dies die einzige Erwähnung von Parteien in der Verfassung. Ansonsten finden nur noch die (natürlich an Parteien orientierten) Gruppen im Parlament Erwähnung; das Wirken von Parteien außerhalb des Parlaments bleibt dabei unreglementiert.

Vergeblich sucht man auch nach einem Parteiengesetz, das (wie z.B. das deutsche) die demokratische innere Ordnung von Parteien sicherstellt. Die Abwesenheit solcher Ge- und Verbote ermöglichte die völlig freie Entwicklung (und Fehlentwicklung) des italienischen Parteiwesens.

Geregelt wurde in Italien allerdings das Thema öffentlicher Parteienfinanzierung. Dies ist stets ein delikater Punkt, da leicht der Verdacht der Selbstbedienung aufkommt. Hinzu tritt die Frage, warum Parteien als nicht-staatliche Organisationen öffentliche Gelder erhalten sollen. Andererseits stellt sich in der politischen Praxis das Problem, dass Parteien zur Erfüllung ihrer Aufgaben auch finanzielle Mittel benötigen, die nur zum Teil durch Mitgliedsbeiträge aufzubringen sind. Will man die totale Abhängigkeit von Spenden vermeiden, kommt man um eine öffentliche Finanzierung nicht herum.

Im Umfeld zahlreicher Skandale um Korruption und illegale Parteienfinanzierung, wie es in Italien gegeben ist, erscheint dieses Thema besonders problematisch. Der Aspekt illegaler Praktiken wird an anderer Stelle ausführlicher behandelt (vgl. Kapitel Korruption und Kriminalität), so dass hier auf die am wenigsten undurchsichtige Finanzquelle der Parteien einzugehen ist.

Die öffentliche Parteienfinanzierung (d.h. mit staatlichen Mitteln) wurde 1974 eingeführt, um den Parteien die Erfüllung ihrer Aufgaben zu ermöglichen.[6] Die Kritik daran verstummte allerdings nie.[7] 1993 wurde sie größtenteils durch ein Referendum auf dem Höhepunkt des *Tangentopoli*-Skandals wieder abgeschafft.[8] Doch die Lage erwies sich als unhaltbar, da die Parteien nun an chronischer Finanznot litten und teilweise sogar der tägliche Betrieb gefährdet war. Vor diesem Hintergrund wurden zunächst 1997 (Gesetz Nr. 2 vom 02.01.1997) Parteispenden steuerlich begünstigt. Im Jahre 1999 (Gesetz Nr. 157 vom 03.06.1999) kehrte man zur direkten staatlichen Finanzierung per Wahlkampfkostenerstattung zurück: einmalig pro Legislaturperiode 4000 Lire (2,07 Euro) pro abgegebener Wählerstimme, die nach einem komplizierten Modus auf die verschiedenen Parteien verteilt werden. Schließlich wurde die Summe 2002 (Gesetz Nr. 156 vom 26.07.2002) erhöht: Nun wird ein Euro pro Wählerstimme und Jahr in allen gewählten Organen (Abgeordnetenkammer, Senat, Europäisches Parlament und Regionalräte) gewährt, also bis zu fünf Euro für eine ganze Legislaturperiode.[9]

Da Parteizeitungen aus öffentlichen Mitteln unterstützt werden, ist deren im Vergleich zu anderen Demokratien übermäßiges Vorhandensein als zusätzliche Geldquelle zu sehen, mit der die nicht ausreichenden Mittel der regulären Parteienfinanzierung aufgebessert werden.[10] Als Folge sind parteigebundene Medien in der italienischen Medienlandschaft außergewöhnlich präsent (vgl. Kapitel Medien).

---

[6] Vgl. zur gesetzlichen Regelung der Parteienfinanzierung vor 1993 detailliert Rhodes 1997.

[7] Allerdings kam die Kritik von zwei Seiten: Die eine Seite hielt Parteienfinanzierung aus öffentlichen Mitteln grundsätzlich für nicht statthaft, die andere hielt dem entgegen, dass die Mittel daraus bei weitem nicht ausreichten, um die kostspieligen Parteiapparate und Kampagnen zu finanzieren.

[8] Bereits 1978 gab es den Versuch einer Abschaffung per Referendum, doch damals stimmten 56% dagegen.

[9] Rimoli 2002, S. 78-81 und Bardi 2002, S. 59.

[10] Bardi 2002, S. 60f.

4.3 Das Parteiensystem der „Ersten" Republik

Von der Gründung der Republik bis in die 1980er Jahre hinein zeichneten das
Parteiensystem Italiens einige Besonderheiten aus, die es zu einem Sonderfall
unter den westlichen Demokratien machten:

- Das Vorhandensein einer dominanten Partei, der christdemokratischen DC,
  die in all den Jahren stets stärkste Partei und ununterbrochen in der Regie-
  rung vertreten war.
- Das Vorhandensein einer starken Oppositionspartei (*Partito Comunista
  Italiano*; PCI), die es allerdings nie schaffte, an die Regierung zu kommen.
  Noch dazu handelte es sich bei dieser Oppositionspartei um die größte
  kommunistische Partei in einer westlich geprägten Demokratie.
- Das Fehlen eines Wechselspiels zwischen Regierung und Opposition, das
  sich aus den beiden ersten Punkten ergab.
- Die langjährige Stabilität dieser Verhältnisse, die im Wesentlichen auf au-
  ßergewöhnlich starke subkulturelle Spaltungen und gesellschaftliche Frag-
  mentierung zurückzuführen ist (vgl. Kapitel Politische Kultur).
- Schließlich (und damit zusammenhängend) die ungewöhnlich starke
  Zerklüftung und Zersplitterung der parteipolitischen Landschaft, nicht zuletzt begünstigt durch die Eigenheiten des Wahlrechts.

4.3.1 Struktur und Funktionslogik

Die starke Zersplitterung der italienischen Parteienlandschaft ist sicherlich auch
Ausfluss des Verhältniswahlrechts ohne effektive Sperrklausel, was von vielen
an erster Stelle für die Probleme der „Ersten" Republik verantwortlich gemacht
wurde. Wichtiger dürften aber politisch-kulturelle Faktoren sein, wie Klientelismus und gesellschaftliche Konfliktlinien (*cleavages*), die sich im Wahlverhalten
niederschlagen. Als prägende *cleavages* lassen sich in Italien folgende identifizieren:

- Zunächst der klassische sozio-ökonomische Konflikt zwischen Arbeit und
  Kapital, wie er in allen modernen Gesellschaften zu finden ist. Hier standen
  sich PCI auf der Arbeiter- und die wirtschaftsliberalen Parteien auf der Ka-
  pitalseite gegenüber. Die DC z.B. versuchte hier erfolgreich den Spagat.
- Auch der Streit um das politische System als Ganzes ist zu bedenken: Standen sich zunächst Monarchisten und Republikaner gegenüber, war nach
  Gründung der Republik die Unterscheidung in systemkonforme und sys-
  temkonträre Parteien, die auszuschließen waren (MSI, PCI), prägend.

- Bedeutend war auch die Frage nach dem Verhältnis zur Kirche. Die kirchlich orientierte DC stand hier den kleinen laizistischen Parteien und dem PCI gegenüber, die strikte Trennung von Staat und Kirche forderten. Dieser *cleavage* zog sich auch mitten durch die Regierungskoalitionen und sorgte nicht selten für Unruhe.

- Zudem ist der regionale Aspekt zu nennen: Nicht nur die regional unterschiedlichen Hochburgen der beiden großen Subkulturen („Roter Gürtel" Toscana und Emilia-Romagna und „weiße" Regionen im Süden und Nordosten) fallen hierunter. Zusätzlich äußerte sich die Spaltung zwischen Nord und Süd in starken Regionalbewegungen des Nordens (später mündend in die *Lega Nord*) sowie in Erfolgen des nationale Einheit und Solidarität propagierenden MSI im Süden. Regionale Spannungen bildeten sich auch über die Bildung von Seilschaften innerhalb der Parteien ab (s.u.).

- Am wichtigsten bleibt aber die Spaltung in katholisches und kommunistisches Lager, die auch zur Ausbildung regelrechter Subkulturen führte. Auch ein drittes, liberales und laizistisches Lager kann identifiziert werden. Diese „Lagerstruktur" ist im Wesentlichen als Resultat der genannten Konfliktlinien zu sehen: Die Katholiken deckten (mit der DC) zwar ein breites Spektrum im Konflikt zwischen Arbeit und Kapital ab und können hier nicht eindeutig zugeordnet werden, doch standen sie der Kirche bedeutend näher als dem Staat. Die Kommunisten (mit dem PCI) hingegen standen entschieden auf der Seite der Arbeiterinteressen und mindestens ebenso entschieden gegen die Kirche. Auf der gleichen Seite wie im Staat-Kirche-Konflikt, aber in der Frage des sozioökonomischen Konflikts diametral gegenüber des PCI positionierte sich das liberale Lager.

Bereits in den Beratungen der *Costituente* herrschte breiter Konsens über den dezidiert antifaschistischen Charakter der neu zu gründenden Republik. Von daher war es nur logisch und vor dem Hintergrund der gerade gemachten Erfahrungen verständlich, dass man zu der Übereinkunft kam, faschistische Parteien konsequent auszugrenzen, d.h. von jeglicher Regierungsverantwortung fernzuhalten. Dies zielte in erster Linie auf den PNF-Nachfolger *Movimento Sociale Italiano* (MSI), der schon durch den Parteinamen explizit an Mussolinis *Repubblica Sociale Italiana* anknüpfte (vgl. Kapitel zur Geschichte).[11] Betroffen von diesem Ausschluss waren aber auch die Monarchisten, die als Nicht-

---

[11] Eigentlich war nach den Übergangsbestimmungen der Verfassung (Art. 139 Nr. 12) jegliche Reorganisation des PNF verboten; der MSI fiel jedoch nicht unter dieses Verbot bzw. man ließ ihn trotzdem gewähren. Dies kann auch als typisches Beispiel für die italienische Rechtswirklichkeit gesehen werden (vgl. Kapitel Politische Kultur und Kapitel Regierung, Abschnitt Verwaltung).

Republikaner ebenfalls nicht zum „Verfassungsbogen" (*arco costituzionale*) der die Verfassung tragenden Parteien gehörten.

Anders als die Monarchisten fiel der MSI im weiteren Verlauf nicht der Bedeutungslosigkeit anheim, was seinen Ausschluss aus dem *arco costituzionale* zu einem nicht unbedeutenden Faktor werden ließ: Denn die Neofaschisten erhielten bei nationalen Parlamentswahlen nach 1948 stets zwischen 5% und 9% der Stimmen – ein nicht unwesentlicher Anteil, insbesondere unter ohnehin erschwerten Bedingungen bei der Mehrheitsfindung im Parlament (vgl. die Kapitel Parlament und Regierung). Die informelle antifaschistische Konvention wurde bis 1994 im Großen und Ganzen eingehalten; lediglich zwischen 1957 und 1960 ließen sich DC-Minderheitskabinette ein paar Monate lang offen vom MSI stützen, was aber schnell am öffentlichen Protest scheiterte.

Entsprechend zum Ausschluss der Antisystemparteien am rechten Rand des politischen Spektrums schafften es interessierte Akteure, allen voran die DC, auch für die (vermeintlich) bedrohlichen Kräfte von links eine äquivalente Konvention zu installieren: die sog. *conventio ad excludendum.* Darunter verstand man die Übereinkunft der gemäßigten bürgerlichen und liberalen Parteien der Mitte zum Ausschluss des PCI von der Teilhabe an der Regierung. Zwar hatten die Kommunisten die Verfassung mit ausgearbeitet und trugen die republikanische Ordnung voll mit, was sie in den *arco costituzionale* einschloss. Dennoch gelang es aber den Christdemokraten vor dem Hintergrund des heraufziehenden und schon bald an allen Fronten tobenden Kalten Krieges den PCI als verlängerten Arm Moskaus und Gefahr für die Demokratie darzustellen, während die DC sich selbst als effektivstes Bollwerk gegen diese Gefahr präsentierte. Die Wahrnehmung des PCI als Antisystempartei konnte sich auf Jahrzehnte hin festsetzen, wozu auch seine radikale antikapitalistische, antibürgerliche und vor allem antiklerikale Rhetorik beitrug. Auch wenn es gute Gründe dafür gibt, den PCI vor allem nach seiner Loslösung von Moskau nicht mehr als Gefahr für die Republik zu betrachten, lebten doch große Teile der Bevölkerung lange in der Angst vor der kommunistischen Machtübernahme. Diese Angst sicherte dem bürgerlichen Lager auch die Unterstützung des Vatikans, der sich von der antiklerikalen Stoßrichtung des PCI besonders bedroht fühlte. Die Vorstellung, die Kommunisten könnten einst an der DC als stärkste Partei vorbeiziehen (der sog. *sorpasso*), war für das katholisch-bürgerliche Lager ein Horrorszenario. Das Selbstverständnis als Bollwerk gegen die „rote Gefahr" wiederum verstärkte die Lagermentalität in der katholischen Subkultur (vgl. Kapitel Politische Kultur).

Anfangs betraf die *conventio ad excludendum* auch die Sozialisten (*Partito Socialista Italiano*, PSI), weil sie mit dem PCI kooperierten. Nachdem sie sich wegen der stalinistischen Verbrechen vom Kommunismus distanziert hatten, wurden sie allerdings seit 1963 als regierungsfähig erachtet.

Der Ausschluss des PCI sollte sich zum prägenden strukturellen Faktor im italienischen Parteiensystem entwickeln. Immerhin war er bis 1991 die mit Abstand größte Oppositionspartei, erhielt bei Wahlen zwischen 22% und 34% der Stimmen und war in manchen Regionen sogar unangefochten stärkste Partei. Dementsprechend war es auch kaum möglich, eine derart starke politische Kraft so konsequent und dauerhaft auszugrenzen wie den MSI. Trotz aller scharfen Lagerrhetorik an der Oberfläche wurden die Kommunisten folglich im politischen Alltagsgeschäft informell eingebunden (*trasformismo*) – bis hin zur offiziellen Kooperation mit der DC im Rahmen des „historischen Kompromisses" (*compromesso storico*) in den 1970er Jahren. Der Ausschluss wurde nur insofern konsequent durchgehalten, als PCI-Angehörige niemals personell als Minister in die Regierung eintreten durften. Trotz aller informellen lagerübergreifenden Kooperation trug die *conventio ad excludendum* jedoch dazu bei, die Kommunisten weiter in die Isolation ihrer Subkultur zu treiben.

Diese Konstellation der ausgeschlossenen Akteure trug dazu bei, die ohnehin schon gegebene Fragmentierung der Gesellschaft (vgl. die Kapitel Geschichte und Politische Kultur) weiter zu vertiefen und zu verfestigen, indem stets der schroffe und unüberwindbare Gegensatz von systemkonformen Parteien auf der einen und Antisystemparteien auf der anderen Seite beschworen wurde. Das dergestalt vertiefte Lagerdenken in der Gesellschaft hatte auch eine räumliche Komponente mit „roten" Regionen (z.B. Toscana, Emilia Romagna, Marken), in denen die kommunistische Subkultur besonders stark war, und dem „weißen" Nordosten des Landes mit sehr starker christdemokratisch-katholischer Orientierung.[12] Die subkulturelle gesellschaftliche Basis spiegelte sich also im Parteiensystem wider und wurde umgekehrt von diesem reproduziert und verstärkt. So stellten die Parteien kaum integrierende Brücken zwischen den Lagern dar.

Unter diesen verfestigten Bedingungen war auch ein Aufbrechen der Parteiensystemlogik, z.B. durch größere Wählerbewegungen, nicht zu erwarten (so genannte elektorale Stabilität; vgl. auch Kapitel Wahlen und Abstimmungen). Niederschlag fanden diese Umstände auch in einer für westliche Demokratien vergleichsweise hohen Polarisierung des Parteiensystems[13] und damit auch der politischen Auseinandersetzung und Rhetorik – ungeachtet der zuweilen engen Kooperation unter der Hand. Die starke Polarisierung nimmt auch nicht wunder, wenn man bedenkt, dass die ganze denkbare Bandbreite im legal existierenden italienischen Parteienspektrum vorhanden war: von den Neofaschisten am rechten Rand bis hin zu extrem linken kommunistischen Splitterparteien.

Nimmt man den Ausschluss von Neofaschisten und Kommunisten zusammen, ergibt sich folgendes Bild: Die Ränder des Parteienspektrums kamen für

---

[12] Vgl. dazu und generell zu den territorialen Hochburgen der einzelnen Parteien Agnew 2002.
[13] Vgl. Zohlnhöfer 2006.

eine Regierungsbildung nicht in Frage, wobei diese Ränder einen erheblichen Teil des Elektorats repräsentierten, nämlich zusammen zwischen 27% und 40% der Stimmen. Im Umkehrschluss blieben nur noch die Kräfte zwischen diesen beiden Extremen als „hoffähig" übrig. Eine davon war die DC, die stets zwischen 30% und 42% pendelte,[14] und folglich nie allein regieren konnte, sondern auf Koalitionspartner angewiesen war. Neben der DC fanden sich in der Mitte zwischen MSI und PCI noch weitere vier Parteien: der PSI nach seiner Abwendung vom Kommunismus und die drei kleinen laizistischen Parteien der bürgerlichen Mitte, die im Unterschied zur DC nicht kirchlich orientiert waren und vielmehr für die Trennung von Staat und Kirche eintraten. Mögliche Regierungsbildungen blieben folglich auf diese fünf Parteien, den so genannten *pentapartito*, beschränkt, was der vielfache Minister und Ministerpräsident Giulio Andreotti in einem vielzitierten Bonmot prägnant auf den Punkt brachte: „Zehn Parteien sind auf dem politischen Feld, aber nur fünf – Christdemokraten, Sozialisten und die drei laizistischen Parteien – dürfen Tore schießen."[15]

Diese Konstellation brachte Italien das Etikett der „blockierten Demokratie"[16] ein: Die Regierung wurde aus dem immer gleichen Pool dieser fünf Parteien gebildet, wobei die übergroße Führungsrolle der DC zementiert war. Das Parteiensystem wurde folglich auch als *„bipartitismo imperfetto"*[17], also als unvollkommenes Zweiparteiensystem, charakterisiert: Im Grunde standen sich im politischen Kampf stets die zwei großen Antipoden DC und PCI gegenüber. Doch unvollkommen wurde dieses Zweiparteiensystem einerseits dadurch, dass es nie zu der für solche Systeme eigentlich typischen Regierungsalternanz kam und andererseits durch die Existenz der weiteren, kleineren Parteien, die die DC wie Satelliten umkreisten. Fatale Folge war die faktische Suspendierung des Parteienwettbewerbs:[18] Wer die Regierung bildete, stand unabhängig von Wahlen fest; nur die etablierten Mitglieder des Parteienkartells kamen dafür in Frage. Da eine Abwahl de facto nicht möglich war, gab es auch keinen Anreiz für inhaltlich erfolgreiche Regierungspolitik und schon gar nicht für notwendige, aber schmerzhafte Reformen. Die Regierungen pflegten über taktische Ränkespiele innerhalb der Koalition zu stürzen, nicht über Missstände oder Unzufriedenheit des Wahlvolks. Effektive Problemlösung war also nicht das oberste Ziel der politischen Akteure. Die Entwicklung der politischen Kultur und die Umwälzungen der 1990er Jahre lassen sich ohne Rückgriff auf diesen Umstand nicht verstehen.

---

[14]   Die 48,5% von 1948 sollten das nie wieder erreichte Spitzenergebnis bleiben; erst 1992, am Vorabend ihrer Auflösung, fiel die DC unter die 30%-Schwelle.

[15]   Zit. nach Wieser / Spotts 1988, S. 21.

[16]   Zohlnhöfer 2006.

[17]   Galli 1966.

[18]   Vgl. Zohlnhöfer 2006.

Gemäß der Parteiensystemtypologie Sartoris stellte Italien damit einen Fall des polarisierten Pluralismus dar, gekennzeichnet durch ein Vielparteiensystem, große ideologische Distanz zwischen den Parteien, die Koalitionen verhindert, und schließlich einen eher zentrifugalen Parteienwettbewerb.[19]

4.3.2 Die einzelnen Parteien

Movimento Sociale Italiano – MSI

In der unübersichtlichen Landschaft des italienischen Rechtsextremismus bzw. -radikalismus blieb der *Movimento Sociale Italiano* (MSI) die einzige Formation, die sich konstant als nennenswerter Faktor auf der politischen Bühne etablieren konnte. 1946 von Anhängern der faschistischen Bewegung gegründet, versuchte der MSI stets den Spagat zwischen zwei Strategien und Flügeln: Die eine Gruppe knüpfte an die Bewegungsphase des Faschismus mit seiner radikalen, revolutionären und antibürgerlichen Stoßrichtung an und gerierte sich als explizite Antisystemopposition. Dem gegenüber stand der gemäßigte Flügel, der den MSI als rechtskonservative bürgerliche Partei innerhalb des parlamentarischen Systems zu etablieren und strategisch die Ausgrenzung zu überwinden suchte. In der Auseinandersetzung zwischen diesen beiden Flügeln behielt mal der eine, mal der andere die Oberhand, was immer wieder zu Abspaltungen führte, aber nie die Existenz des MSI gefährdete. Vielmehr kann gerade die gleichzeitige Integration beider Richtungen als Grundlage des relativ großen Erfolges gesehen werden. Denn trotz des breiten antifaschistischen Konsenses in der Gesellschaft und trotz der Ausgrenzung durch die anderen Parteien war der MSI fast durchweg die viertstärkste Partei der „Ersten" Republik – sowohl an eingeschriebenen Mitgliedern wie auch an Wählerstimmen. Vor allem für Protestwähler aus unteren sozialen Schichten und dem Süden, die ihre Stimme nicht den Kommunisten geben wollten, bot der MSI eine Gelegenheit, ihren Protest gegen das herrschende Parteienkartell auszudrücken. Der hohen Mitgliederzahl entsprach eine straff geführte und ausdifferenzierte Parteiorganisation, mit der der MSI tiefe Wurzeln in den Kreisen seiner Unterstützer – vor allem im Süden des Landes – schlagen konnte.[20]

---

[19] Sartori 1976; zur Diskussion um die Klassifikation des italienischen Parteiensystems vgl. Bardi 2002, S. 49 m.w.N. und Donovan 2002, S. 106.

[20] Vgl. zum MSI Ignazi 1998.

Democrazia Cristiana – DC

Ähnlich wie die CDU unter Konrad Adenauer im Nachkriegsdeutschland traf die DC[21] unter Alcide De Gasperi in Italien zentrale Richtungsentscheidungen, die sie sich jahrzehntelang als große Verdienste anrechnen lassen konnte: die eindeutige Westbindung mit Eintritt in die NATO und Anlehnung an die USA; die Entscheidung für die Marktwirtschaft auf dem ökonomischen Sektor; schließlich der dezidiert integrationsfreundliche Kurs als Gründungsmitglied der Europäischen Gemeinschaften (vgl. Kapitel Außenpolitik).[22]

Diese gegen den Widerstand der Arbeiterbewegung und der sozialistisch-kommunistischen Linken durchgesetzten Weichenstellungen setzten zugleich Eckpunkte für das politische Koordinatsystem zwischen Ost und West, überspitzt gesagt: zwischen Kommunismus und westlicher Freiheit, das es der DC erlaubte, den Kalten Krieg stets innenpolitisch zu instrumentalisieren und damit die linke Opposition dauerhaft zu neutralisieren.

Zur Charakterisierung der DC werden immer wieder vier Bausteine genannt: katholisch, konservativ, klientelistisch, antikommunistisch. Trotz ihres scharfen Antikommunismus verfocht sie aber keinen reinen Manchester-Kapitalismus. Die Orientierung an der katholischen Soziallehre und an den Bedürfnissen der Unterschichten ließen schnell interventionistische Maßnahmen wie die massive staatliche Beteiligung an Unternehmen und den Aufbau des Sozialstaates folgen. Gleichzeitig wurde dadurch eine Verteilungsmasse aufgebaut, welche die permanente Regierungspartei zu ausgiebiger Klientelpolitik nutzte: Soziale Wohltaten wie Arbeitsplätze in den Staatsbetrieben oder im öffentlichen Dienst wurden im Austausch gegen (wahl)politische Unterstützung vergeben. Die dergestalt immer weiter getriebene Verflechtung von Partei, Staat, Wirtschaft und Gesellschaft ließ die DC zum Hauptprotagonisten und Synonym der *partitocrazia* werden.

Dabei fußte die Spitzenstellung der DC auch auf ihrer strategischen Positionierung als klassische *catch all party* oder Volkspartei: Die Verbindung von Marktwirtschaft mit klientelistischem Sozialstaat konnte vom Unternehmer über den Mittelstand und das Bürgertum bis zu den Unterschichten alle ansprechen. Auch deckte die DC mit ihren zahlreichen Flügeln (*correnti*; vgl. unten) von Erzkonservativen am rechten Rand bis hin zu sozialdemokratisch Orientierten der linken Mitte einen sehr breiten Bereich des politischen Spektrums ab. Die explizit christliche Ausrichtung tat in einem Land mit überwältigender katholischer Mehrheit ihr Übriges. Trotz teils massiver Unterstützung durch den Vatikan genoss die DC allerdings der Kirche gegenüber beträchtliche Autonomie, da

---

[21]   Vgl. zur DC Scoppola 1995 und Giovagnoli 1996.
[22]   Vgl. Masala 2001.

sie auf diese Unterstützung nicht unbedingt angewiesen war; die Ausgrenzung der linken Opposition und Okkupation staatlicher Ressourcen sicherten ihre Vormachtstellung zur Not auch ohne kirchliche Hilfe.[23]

Entsprechend der tiefen sozialen Verankerung in der katholischen Subkultur verfügte die DC über eine breite Organisationsbasis. Die stets weit über eine Million Mitglieder und zahlreichen flankierenden DC-nahen Organisationen (wie z.B. die Gewerkschaft CISL) bildeten einen Grundstein für die anhaltend unangefochtene Spitzenstellung in Staat und Gesellschaft. Nicht zuletzt kann darin aber auch ein Aspekt des Klientelismus gesehen werden, da vor allem im Süden des Landes mit den meisten Mitgliedern oft das Parteibuch den Schlüssel zu klientelistischen „Wohltaten" darstellte.

Die *partiti laici*: PRI, PLI, PSDI

Der *Partito Repubblicano Italiano* (PRI) konnte seit dem Gründungsjahr 1895 auf eine lange Tradition zurückblicken, die von dezidiert republikanischen und liberalen Zielen geprägt war. Atlantische Westbindung, liberale Gesellschaftspolitik und industriepolitische Modernisierung waren die zentralen Programmpunkte, mit links- bzw. sozialliberaler Ausrichtung. Beispiele hierfür sind das klare Eintreten für das Recht auf Scheidung und Abtreibung. Als am wenigsten klientelistisch agierende Partei und mit den prägenden Führungsfiguren Ugo La Malfa und Giovanni Spadolini konnte der PRI weithin Respekt und damit beträchtlichen Einfluss auf die Öffentlichkeit gewinnen. Wenn auch die Wahlerfolge bescheiden blieben, stellte der PRI die einflussreichste der drei kleinen laizistischen Parteien dar.

Der *Partito Liberale Italiano* (PLI) positionierte sich als konservativer Verfechter der freien Marktwirtschaft und einer eher elitären Demokratie, weshalb sich 1955 ein linker Flügel als *Partito Radicale* abspaltete. Nicht zuletzt aufgrund seiner Gegnerschaft zum Aufbau des Sozialstaates und zu Staatsbeteiligungen in der Wirtschaft wurde er selten bei der Regierungsbildung berücksichtigt. Abgesehen von kleineren Erfolgen in den 1960er Jahren blieb er eine unbedeutende Splitterpartei, bis in der Phase der Fünferkoalitionen auch sein geringes Stimmenpaket zur Mehrheitssicherung herangezogen wurde.

Der *Partito Socialista Democratico Italiano* (PSDI) ging aus den unübersichtlichen Auseinandersetzungen im sozialistischen Lager zwischen Radikalen, den Kommunisten Zugeneigten, und Gemäßigteren, die sich nach Westen orientierten, hervor; letztere gründeten 1952 den PSDI. Die Abwendung des PSI von

---

[23] Vgl. zum Verhältnis zwischen DC und katholischer Kirche detailliert Donovan 2003a sowie das Kapitel Organisierte Interessen.

Moskau brachte in den 1960er Jahren die Wiedervereinigung unter dem Namen PSU (*Partito Socialista Unificato*), die jedoch nur von kurzer Dauer war: Nach einem enttäuschenden Wahlergebnis 1968 gingen beide Teile wieder getrennte Wege. Der PSDI blieb in der Folge elektoral schwach, politisch blass und damit ein auf den sozialen Schutz kleiner Leute pochender Satellit der DC. Mehrere aufsehenerregende Skandale zeigten seine tiefe Verstrickung in das Macht- und Korruptionssystem der „Ersten" Republik.

Der kleine, ebenfalls zur Gruppe der laizistischen Parteien zu zählende *Partito Radicale* (PR)[24] fungierte als exzentrischer Stachel im Fleisch der etablierten Parteien, der mit seinen Positionen quer zu allen Fronten lag und sich gegen jeden Dogmatismus sowohl der Kommunisten wie der Katholiken wandte. Als radikal linksliberales Sammelbecken progressiver Intellektueller um den charismatischen Marco Pannella machte der PR vor allem als Initiator zahlreicher Referenden auf sich aufmerksam, z.B. zur Liberalisierung des Abtreibungsrechts und gegen die Atomenergie. So wandelten sich die Radikalen nicht zuletzt aufgrund bescheidener Wahlergebnisse zu einer eher bewegungsähnlichen Formation, die vor allem mit unkonventionellen Aktionen wie Hungerstreiks oder der Kandidatur des Pornostars *Cicciolina* auf sich aufmerksam machte. 1989 löste sich der PR formal zugunsten einer „transnationalen" radikalen Partei auf; sein Personal ist aber bis jetzt in der italienischen Politik präsent und kandidiert weiter unter wechselnden Namen (z.B. *Lista Pannella*) bzw. auf den Listen wechselnder Partner (z.B. 1994 beim *Polo delle libertà*, zuletzt 2006 bei der *Unione*).

Partito Socialista Italiano – PSI

Der *Partito Socialista Italiano* (PSI)[25] war die älteste der italienischen Parteien. Aus der Arbeiterbewegung entstanden, verfolgte er stets einen weniger radikalen Kurs als die Kommunisten, die sich 1921 von ihm abgespalten hatten. Dennoch blieb die Stoßrichtung zunächst eine gemeinsame: erst gegen den Faschismus, dann gegen Kapitalismus und Westbindung. Bis Mitte der 1950er Jahre versuchten beide Parteien noch, eine gemeinsame linke Mehrheit zu erringen, doch ohne Erfolg. Der Distanzierung vom Sowjetkommunismus folgte die Hinwendung der Sozialisten zur Mitte, was 1963 mit der ersten Aufnahme in die Regierung belohnt wurde. Von da ab gehörte der PSI zu den akzeptierten Staatsparteien.

Ziel war es stets, trotz Regierungsbeteiligung oppositionell gesinnte Wähler zu gewinnen, den PCI zu überrunden und damit die Führungsrolle im linken Lager zu übernehmen. Obwohl dies nicht gelang, kam den Sozialisten doch stets

---

[24]   Vgl. zum Folgenden Ignazi 1995.
[25]   Vgl. zum Folgenden Merkel 1985, Sabbatucci 1995.

als drittstärkste Kraft im Parteiensystem und wichtigster Mehrheitsbeschaffer der DC eine große Rolle in der italienischen Politik zu. Gefährdet hätte diese Schlüsselrolle nur durch eine Annäherung von DC und PCI werden können, weshalb solche Tendenzen stets frühzeitig vom PSI torpediert wurden.

Nach der Übernahme der Parteiführung durch Bettino Craxi im Jahre 1976 wurde der PSI programmatisch wie personell konsequent auf einen sozialliberalen und pro-westlichen Kurs getrimmt. Dies bedeutete vor allem Ausrichtung auf politischen Erfolg und Übernahme der Regierungsführung, was in den 1980er Jahren auch gelang. Damit einher ging eine Entfernung von der traditionellen Wählerschaft: Der PSI wandelte sich von der Arbeiter- zur Mittelschichtenpartei, wenngleich man immer noch die kleinste der drei großen Gewerkschaften, die UIL, dominierte.

Die Schlüsselrolle im Parteiensystem und der politische Erfolg zogen aber auch massive Verstrickungen in das Klientelismus- und Korruptionssystem mit sich. Gerade die große Führungsfigur der Sozialisten, Bettino Craxi, wurde dafür zum traurigen Symbol. Schließlich löste sich der PSI im November 1994 auf und zerfiel in zahlreiche Nachfolgeparteien.

Partito Comunista Italiano – PCI

Der 1921 aus einer Abspaltung vom PSI entstandene *Partito Comunista Italiano* (PCI)[26] entwickelte sich im Laufe der Jahrzehnte von einer revolutionären Arbeiter- und Kaderpartei hin zu einer klassenübergreifenden, eher gemäßigt linken Volkspartei. So steuerte er in den Nachkriegsjahren einen strikt moskautreuen Kurs, der erst nach dem Bekanntwerden der Verbrechen Stalins in Zweifel gezogen und schließlich nach der Niederschlagung des Prager Frühlings 1968 aufgegeben wurde. Unter dem Stichwort „Eurokommunismus" folgte in den 1970er Jahren eine ausführliche Diskussion über das Verhältnis zu Moskau, eine stärkere Westorientierung und die programmatische Erneuerung weg vom orthodoxen Kommunismus und hin zu einem „dritten Weg". Spätestens mit dem Angebot des damaligen Parteichefs Enrico Berlinguer an die DC, eine Große Koalition des „historischen Kompromisses" (*compromesso storico*) zu bilden, hatte sich der PCI mit dem bestehenden System arrangiert. Dies änderte jedoch nichts an den weiter existierenden Meinungsverschiedenheiten zwischen orthodoxen Revolutionären und gemäßigten Reformisten, die Anlass zu innerparteilichen Grüppchenbildungen gaben. Wenig verändert blieb auch die revolutionäre Rhetorik, die den Gegnern als willkommener Vorwand zur fortdauernden Ausgrenzung des PCI diente.

---

[26]   Vgl. Mammarella 1995.

Die Kommunisten waren lange mit Abstand die Partei mit den meisten Mitgliedern und der stärksten Organisation. Mitgliedschaft im PCI und in der PCI-nahen Gewerkschaft CGIL waren in der „roten" Subkultur eine Selbstverständlichkeit. Die Mitgliederzahl betrug in den 1950er Jahren ca. 2 Millionen, begann aber in der Folge zu sinken. Steigende Mitgliederzahlen gab es nur noch in den 1970er Jahren, als junge und intellektuelle Gegner der etablierten Parteien sich im PCI organisierten. Spätestens damit setzte auch ein Wandel in der Mitgliederstruktur ein. Die einstige Partei der Arbeiterklasse wurde immer mehr zur Partei der Angestellten der Mittelschicht, Intellektuellen und Journalisten; Industriearbeiter ließen sich immer weniger mobilisieren. Darin lässt sich auch die zunehmende Erosion der typischen kommunistischen Arbeiter-Subkultur erkennen.

Splitterparteien

Zu erwähnen sind schließlich noch Splitterparteien wie die verschiedenen monarchistischen Formationen oder die linke *Democrazia Proletaria*, außerdem Regionalparteien aus Südtirol (Südtiroler Volkspartei; SVP), dem Aostatal (*Union Valdotaine*) und Sardinien (*Partito Sardo d'Azione*). Diese Kleinparteien schafften es aufgrund des Fehlens einer effektiven Sperrklausel immer wieder – manche sogar permanent, wie die SVP – ins Parlament und verstärkten damit die Zersplitterung und Unübersichtlichkeit der Parteienlandschaft.

4.3.3 Phasen und Entwicklung

Trotz der beiden wichtigen Konstanten Dauerregierung der DC und Dauerausschluss von PCI und MSI lassen sich in der Entwicklung des italienischen Parteiensystems der „Ersten" Republik vier Phasen ausmachen, nämlich anhand der wechselnden Koalitionspartner, mit denen die DC die Regierungsmehrheit bildete.

Am Anfang der Republik war die Allparteienkonstellation, die die Verfassung erarbeitet hatte, aufgebrochen. An ihre Stelle trat der Ost-West-Gegensatz des Kalten Krieges. Deshalb formierte sich nach 1948 gemäß der *conventio ad excludendum* eine Mitte-Rechts-Koalition der DC mit den drei laizistischen Parteien PSDI, PLI und PRI. Diese „Regierungsformel" des Zentrismus (*centrismo*) hielt (mit kleineren Unterbrechungen durch DC-Minderheitskabinette), bis sich der PSI auf die politische Mitte zu bewegte und damit ein weiterer potentieller Koalitionspartner hinzukam.

Die Integration des PSI zur Verbreiterung der Regierungsmehrheit – nun als Mitte-Links-Koalition bzw. *centrosinistra* zu bezeichnen – ging schrittweise vor sich, da sich weite Kreise in der DC mit der Öffnung nach links schwer taten. Noch schwerer fiel dies dem PLI, der aus Protest gegen die Zusammenarbeit mit den Sozialisten sogar in die Opposition ging. Spätestens 1963 war mit der offiziellen Aufnahme des PSI in die Regierung der *centrosinistra* in der Konstellation DC, PSDI, PRI, PSI etabliert. Zunehmende Stimmengewinne des PCI brachten Anfang der 1970er Jahre Unruhe in den *centrosinistra*. Vor allem den PSI machten Überlegungen über eine Kooperation von Christdemokraten und Kommunisten angesichts der unruhigen innenpolitischen Lage und des Terrorismus nervös.

Ergebnis war schließlich eine dreijährige Phase (1976-1979) der offenen Kooperation von DC und PCI unter dem Signum der „nationalen Solidarität" bzw. des „historischen Kompromisses" (*compromesso storico*). Zwar gab es keine PCI-Minister, doch stützten die Kommunisten eine DC-Minderheitsregierung. Massive Kritik von der kommunistischen Parteibasis und die Ermordung des DC-Politikers Aldo Moro, der maßgeblicher Architekt dieser Kooperation gewesen war, führten jedoch zu einem jähen Ende.

Nach dem Scheitern des „historischen Kompromisses" 1979 waren die Kommunisten in puncto Regierungsbildung wieder aus dem Spiel, und es blieb bei den fünf Parteien DC, PSI, PSDI, PRI und PLI, die – meist alle zusammen als Fünfparteienbündnis (*pentapartito*) – die Regierungsposten besetzten.[27] Diese letzte Phase in der Entwicklung des italienischen Parteiensystems dauerte bis zum Ende der „Ersten" Republik. Zunehmende Stimmenverluste der DC hatten dabei zur Folge, dass die parlamentarische Mehrheit schrumpfte, die Koalitionspartner immer enger zusammenrücken mussten und das politische Gewicht der kleineren Parteien, vor allem des PSI, wuchs. Die Erosion der DC-Vorherrschaft schlug sich auch in der Ämtervergabe nieder: Der Posten des Ministerpräsidenten wurde in den 1980er Jahren erstmals von den Christdemokraten abgegeben; zunächst an den Republikaner Giovanni Spadolini, dann 1983-1987 an den Sozialisten Bettino Craxi.

Deutlich erkennbar ist bei der hier skizzierten Entwicklung, dass sich die vorrepublikanische Herrschaftstechnik des *trasformismo*, also des Einbeziehens oppositioneller Kräfte zur Sicherung der eigenen Mehrheit bzw. des situativen Wechselns von der Regierungs- zur Oppositionsbank, bei den politischen Eliten fortsetzte. Veränderungen in den Koalitionsformeln waren weniger durch große Wählerwanderungen und auch kaum durch inhaltliche Gesichtspunkte als vielmehr durch taktische Überlegungen der Parteiführungen oder einzelner Parteiflügel im Ringen um Einfluss und Posten bestimmt.

---

[27] Auch hier gab es – wie in den vorhergehenden Phasen – immer wieder kurze Perioden, in denen nach dem Ausscheren einzelner Koalitionspartner Minderheitskabinette mit unterschiedlichen Tolerierungsabsprachen regierten.

4.3.4   Parteien innerhalb der Parteien: die correnti

Die relativ große Anzahl der Parteien ist jedoch nicht der einzige Faktor, der die politische Landschaft Italiens kompliziert und unübersichtlich macht. Eine weitere Besonderheit, ohne deren Berücksichtigung vieles in der „Ersten" Republik unerklärlich bleibt, ist die außergewöhnlich starke interne Fragmentierung der meisten italienischen Parteien.[28]

Unter der formalen Parteiorganisation bildete sich ein de facto viel wichtigeres System innerparteilicher Gruppierungen, der sog. *correnti* („Strömungen"), das David Hine die „informal power structure"[29] nennt. Flügel- oder Gruppenbildung in Parteien ist an sich nicht ungewöhnlich; doch eine Verknüpfung von politisch-kulturellen und institutionellen Faktoren führte dazu, dass dieses Phänomen in Italien bedeutend größere Ausmaße annahm als in Parteien anderer Länder.

Die klientelistische Austauschbeziehung zwischen Wähler und Politiker setzte sich innerhalb der Parteien fort, nämlich in persönlichen Loyalitäts- und Austauschbeziehungen zwischen Parteigrößen und Hinterbänklern. Das Wahlrecht mit vier Präferenzstimmen (vgl. Kapitel Wahlen und Abstimmungen) machte es möglich, dass lokale Parteigrößen über Wahlempfehlungen an ihre Klientel auch im Wahlkreis unbekannten Kandidaten große Stimmenpakete verschaffen konnten. Im Austausch für den Wahlerfolg brachte der so begünstigte Abgeordnete seinem Förderer persönliche Loyalität in innerparteilichen Auseinandersetzungen entgegen. Auf diesem Wege entstandene Seilschaften schlossen sich schließlich zu gemeinsamen Interessenvertretungen innerhalb der Partei zusammen, den sog. *correnti*. Der Führer einer solchen *corrente* konnte folglich je nach deren Größe mehr oder weniger Gewicht in die Waagschale werfen, wenn es um die Verteilung von Posten, z.B. in der Regierung, ging. Über Postenverteilung wiederum wurde persönliche Loyalität und Gefolgschaft gesichert. Dementsprechend waren vor allem die Parteien, die den Klientelismus am weitesten trieben, nämlich DC und PSI, am stärksten von innerparteilicher Fragmentierung betroffen. Doch ging es im Wettbewerb der *correnti* untereinander nicht nur um Stücke des zu verteilenden Posten- und Einflusskuchens, sondern auch um die inhaltliche Ausrichtung der Politik, weshalb sich *correnti* auch an ideologischen Konfliktlinien bildeten.

---

[28]   Vgl. dazu Hine 1993, S. 122-140 mit graphischen Darstellungen und sehr plastisch Braun 1994, S. 37-47.
[29]   Hine 1993, S. 122.

Zur Illustration sei kurz die *correnti*-Struktur der DC Mitte der 1980er Jahre skizziert.[30] Auf dem fünfzehnten Parteitag der Christdemokraten standen sich folgende größere Gruppen gegenüber:

- eine linke Strömung um das nach dem Anführer benannte *Area Zaccagnini* (ca. 34% der Delegiertenstimmen);
- das Zentrum (ca. 26%), das sich aus den *Dorotei* und den Anhängern der Parteigrößen Enzo Scotti und Emilio Colombo zusammensetzte;
- rechts vom Zentrum drei kleinere *correnti*, die sich nach ihren Anführern benannten, die *Forlaniani* (nach Arnaldo Forlani, ca. 11%), die *Fanfaniani* (nach Amintore Fanfani, ca. 5%) und die *Andreottiani* (nach Giulio Andreotti, ca. 16%);
- äußerst rechts schließlich die sog. Neuen Kräfte (*Forze Nuove*; ca. 7%).

Die laizistischen Parteien waren trotz ihrer geringen Größe ebenfalls von dem Phänomen betroffen, wenn auch nicht in solchem Ausmaß wie die DC. Zahlreiche Spaltungen und Wiedervereinigungen in der italienischen Parteienlandschaft waren auf Auseinandersetzungen einzelner *correnti* zurückzuführen. Der PCI musste diesem Phänomen schon aus ideologischen Gründen ablehnend gegenüberstehen, denn die kommunistische Partei sollte eigentlich nach dem Prinzip des demokratischen Zentralismus straff geführt werden und einheitlich auftreten. Doch ließen sich auch hier Flügelbildungen, vor allem ideologischer Natur, nicht vermeiden.

Im Ergebnis stellten die italienischen Parteien somit selbst kleine Parteiensysteme in sich dar, was einer kohärenten Politik und politischer Führung natürlich sehr abträglich war. Die Mehrheitsbeschaffung wurde dadurch extrem verkompliziert, da es nicht möglich war, eine Partei als ganze für ein Vorhaben zu gewinnen; vielmehr musste mit den jeweiligen *correnti* einzeln verhandelt werden. Auch auf die Regierungsstabilität hatte die sog. *correntocrazia* (Herrschaft der Parteiflügel) negative Auswirkungen: So stürzten zahlreiche Kabinette nicht etwa wegen Differenzen zwischen den einzelnen Koalitionspartnern, sondern aufgrund interner Grabenkämpfe zwischen einzelnen *correnti* der DC.

4.3.5 Parteienherrschaft: die partitocrazia

Die Konstellation, dass immer die selben Parteien regierten und es an einem Wechselspiel von Opposition und Regierung fehlte, ermöglichte eine Fehlentwicklung, die weithin mit dem Begriff *partitocrazia* (Parteienherrschaft) benannt

---

[30] Vgl. auch die graphische Darstellung bei Hine 1993, S. 134.

wird.[31] Zwar sind, wie schon erwähnt, Parteien in der Demokratie meistens die maßgeblichen politischen Akteure, doch sind sie es für gewöhnlich nicht allein. Im Italien der „Ersten" Republik kam es aber zu „Monopolisierung und Missbrauch politischer Macht durch die Parteien bzw. die Parteizentralen"[32], wie Günter Trautmann den Begriff *partitocrazia* definiert. Monopolisierung bedeutet hier, dass die Parteien die anderen Vermittlungsagenturen, sprich politische Akteure wie Medien und Interessengruppen, dominierten oder kontrollierten. Missbrauch bedeutet, dass sich die Logik der Partei- und *correnti*-Interessen über den gesamten staatlichen und auch einige gesellschaftliche Bereiche, z.B. Gewerkschaften, ausbreitete und Institutionen wie Parlament und Regierung an Bedeutung hinter den Parteizentralen zurücktraten – die Parteiräson verdrängte die Staatsräson. Das für parlamentarische Regierungssysteme typische Spannungsverhältnis zwischen der Regierung und den sie stützenden Parteien wurde stets zugunsten der Parteiinteressen aufgelöst. Konkret äußerte sich die *partitocrazia* in folgenden Symptomen (vgl. auch Kapitel Regierung):

- „Fehlende innerparteiliche Demokratie;
- größte Distanz zwischen Volk und Parteienstaat;
- Beherrschung der Massenmedien durch die Parteien;
- Regierungsbildungen am Parlament vorbei durch nicht kontrollierbare Spitzenabsprachen der Parteizentralen;
- Besetzung hoher und mittlerer Posten in öffentlichen und parastaatlichen Institutionen nach dem reinen Parteienproporz [...] sowie
- große Korruptionsanfälligkeit der Parteipolitiker"[33].

Diese Punkte betreffen die verschiedensten Bereiche eines politischen Systems; dementsprechend werden die genauen Ausprägungen der Problematik in den jeweiligen Kapiteln dieser Einführung näher zu beleuchten sein. An dieser Stelle soll die Einführung des Begriffs genügen. Die Voraussetzungen der *partitocrazia* wurden mit dem Parteiensystem bereits erörtert; ein vollständiges Bild des Syndroms wird sich in der Zusammenschau der einzelnen Aspekte ergeben.

---

[31]   Vgl. zur *partitocrazia* detailliert Pasquino 1995b sowie Wieser / Spotts 1988.
[32]   Trautmann 1997, S. 564.
[33]   Trautmann 1997, S. 565 (hier zur besseren Übersichtlichkeit als Strichaufzählung zitiert).

4.4 Transformation des Parteiensystems

Das italienische Parteiensystem erlebte einen so tief greifenden Wandel, dass ein Beobachter der Situation Ende der 1980er Jahre es schon kurze Zeit später, Mitte der 1990er, kaum wiedererkannt haben dürfte. In der Tat ist der Begriff der „Zweiten" Republik in kaum einem Bereich der italienischen Politik so gerechtfertigt wie bei der Betrachtung des Parteiensystems.[34]

Die Ursachen dieses Wandels waren vielfältig und ein Gemisch langfristiger Entwicklungen, punktueller Ereignisse, externer Schocks und institutioneller Veränderungen. In dieser Gemengelage ist es schwierig, wenn nicht unmöglich, einfache kausale Ursache-Wirkungs-Ketten zu identifizieren. Vielmehr müssen zum umfassenden Verständnis der Ereignisse alle Faktoren als quasi gleichzeitig und wechselwirkend gedacht werden. Bei der Darstellung kommt man allerdings nicht umhin, analytische Trennungen vorzunehmen und die einzelnen Faktoren zunächst separat zu erörtern. Dieser Weg wird im Folgenden auch gegenüber einer bloßen Nacherzählung der Ereignisse bevorzugt.[35]

Zunächst ein Überblick über die wesentlichen Faktoren, die die Transformation des italienischen Parteiensystems ausmachen:

1. Die langsame Erosion der Subkulturen führte zum Abschmelzen der Stimmanteile von DC und PCI und zur Zunahme der Wählermobilität. Damit kamen die Gewichte zwischen den Parteien in Bewegung.
2. Die tief verwurzelte Unzufriedenheit der Italiener mit dem etablierten Parteienkartell machte sich im Laufe der Transformation Luft und fand Artikulationskanäle in neuen Protestparteien wie der *Lega Nord* (LN).
3. Der Zusammenbruch des Kommunismus hatte die Umorientierung des PCI zum PDS und die Abspaltung der Hardliner zur Folge. Damit wurden die *conventio ad excludendum* und die Stellung der DC als Bollwerk gegen den Kommunismus hinfällig. Parallel zur Umorientierung des PCI positionierte sich der MSI neu und wurde als AN zum möglichen Koalitionspartner.
4. Die Korruptionsskandale seit 1993 betrafen große Teile des politischen Spitzenpersonals. Vor allem die etablierten Parteien wurden quasi kollektiv diskreditiert, was zu ihrer Auflösung, Neugründung, Umbenennung oder schlicht zum Untergang bei den Wahlen 1994 führte.

---

[34] Nimmt man den Begriff von der „Zweiten" Republik ernst, so ist auch die Rede von einer Transition gerechtfertigt, was dem Sprachgebrauch der italienischen Politikwissenschaft entspräche, die durchweg den Terminus *transizione* verwendet. Hier werden die Umbrüche im Parteiensystem unter dem Etikett der Transformation abgehandelt, um die weiter offene Frage nach der „Zweiten" Republik nicht zu präjudizieren. So auch Zohlnhöfer 1998.

[35] Vgl. als ausführlicheren Überblick zum Folgenden Newell 2000 und Newell / Bull 1997.

5. Das dadurch geöffnete politische Vakuum rief politische Unternehmer auf den Plan und wurde von sich neu formierenden Kräften wie der *Forza Italia* (FI) gefüllt.

6. Durch Referenden 1991 und 1993 wurde ein neues Wahlrecht installiert, das Wahlbündnisse erzwingt und damit den Parteienwettbewerb bipolar strukturiert, aber nicht zur Behebung der Parteienzersplitterung führte.

4.4.1 Erosion der Subkulturen

Wie vergleichbare westliche Industriegesellschaften ist auch die italienische seit einigen Jahrzehnten von tiefgreifenden Wandlungsprozessen betroffen: Individualisierung, Säkularisierung, wachsende soziale Mobilität. Diese Entwicklungen führten in Italien zu einem Prozess der langsamen Erosion der beiden großen Subkulturen. Zunehmend emanzipierten sich Individuen von ihrer Herkunft und ihrem sozialen Umfeld; Katholizismus und kommunistische Ideologie verloren immer mehr an Identifikationskraft. Für die beiden Parteien, die diese Subkulturen politisch repräsentierten, bedeutete dies nicht nur einen Rückgang der Mitgliederzahlen, sondern auch eine schleichende Abnahme der Stammwählerschaft, also derjenigen Wähler, die schon aufgrund ihrer Zugehörigkeit zu einem Lager DC bzw. PCI wählten (*voto di appartenenza*; vgl. Kapitel Wahlen und Abstimmungen). Bei der DC ließ sich ein Abwärtstrend von stabil über 40% in den 1940er und 1950er Jahren bis zur erstmaligen Unterschreitung der 30%-Marke 1992 erkennen. Die Stimmanteile des PCI fielen vom Höhepunkt der ideologischen Auseinandersetzung in den 1970er Jahren mit gut 34% auf knapp 22% 1992[36] zurück. Auch ein Ausweichen auf vermehrte Stimmensicherung durch Patronage, was wiederum negative Auswirkungen auf das Funktionieren des Staates hatte (vgl. Kapitel Regierung), konnte diese Erosion nicht aufhalten.

Kehrseite der sinkenden Stammwählerzahl war die Vermehrung der Wechselwähler. Dies hatte zu Zeiten der „blockierten Demokratie" noch relativ wenig Bedeutung, bereitete aber den Boden für die massiven Wählerwanderungen, die Anfang der 1990er Jahre den rapiden Untergang alter und den ebenso rasanten Aufstieg neuer Parteien ermöglichten.[37]

---

[36]   Die 1992 schon getrennten Spaltprodukte des PCI, PDS und RC, kamen zusammen auf 21,7%.

[37]   Vgl. Bardi 2002.

4.4.2 Unzufriedenheit, Protest und Aufstieg der Lega Nord

Eine weitere strukturelle, sich langsam immer weiter verschärfende Ausgangs-
bedingung für die Umwälzungen war die wachsende Unzufriedenheit der Italiener und das daraus entstehende Potential für politischen Protest. Die tief verwurzelte Skepsis dem Staat und den politischen Eliten gegenüber sowie die große
pragmatische Unzufriedenheit mit dem Funktionieren staatlicher Institutionen
und der Demokratie sind keine neuen Phänomene, sondern vielmehr Konstanten
der italienischen politischen Kultur (vgl. Kapitel Politische Kultur). Dieser Faktor muss folglich bei der Betrachtung der Ereignisse der 1990er Jahre stets in
Rechnung gestellt werden, vor allem bei den Auswirkungen der Korruptionsskandale.

Aber schon vorher wurde die latente Unzufriedenheit manifest und drängte
auf verschiedenen Kanälen an die Oberfläche. So ist der Ausgang des Wahlrechtsreferendums 1991 in erster Linie als Protest gegen die etablierten politischen Eliten zu sehen. Besonders deutlich wurde das vorhandene Protestpotential
im Aufstieg einer neuen politischen Bewegung: Bereits Anfang der 1980er Jahre
tauchten in Norditalien erste regionalistische Ligen (*leghe*) auf, allerdings ohne
nennenswerten Erfolg zu erzielen. Als Zusammenschluss einiger dieser Ligen
entstand schließlich die *Lega Nord* (LN) unter der Führung von Umberto Bossi.
Nach ersten Erfolgen 1987 gelang der LN 1992 der Durchbruch mit national
über 8% der Stimmen; in einigen Gebieten Norditaliens wurde sie zur stärksten
Partei. Zum ersten Mal in der Geschichte der italienischen Republik hatte damit
eine neue Partei, die nicht aus einer Abspaltung herkömmlicher Parteien entstanden war, quasi aus dem Stand einen nennenswerten Stimmanteil errungen. Dabei
gründete sich dieser Erfolg vor allem auf zwei Punkte: Erstens knüpfte sie an die
Spannungen zwischen Nord und Süd an, indem sie die angebliche Ausbeutung
des „fleißigen" Nordens durch den „faulen" Süden anprangerte und die Sezessi-
on des Nordens propagierte. Zweitens gab sie sich als Anti-Parteien-Bewegung,
die mit der Misswirtschaft und den Kungeleien der etablierten Parteien aufräu-
men werde. Dieser zur Partei auf nationaler Bühne geronnene Protest ist seither
aus der italienischen Politik nicht mehr wegzudenken und versetzte dem Parteiensystem der „Ersten" Republik einen bedeutenden ersten Schlag.[38]

---

[38]   Vgl. zur Entstehung der LN und ihrer Rolle im Transitionsprozess detailliert Bordon 1997.

4.4.3   Umorientierung und Inkorporierung der Extremen

Der Zusammenbruch des Kommunismus in Osteuropa hatte gravierende Aus-
wirkungen auch auf das italienische Parteiensystem. Zwar hatte es innerhalb des
PCI schon seit den 1970er Jahren Strömungen gegeben, die eine ideologische
Umorientierung hin zu einer gemäßigten sozialdemokratischen Volkspartei be-
trieben, doch erst dieser Anstoß von außen löste letztlich Handlungsbedarf aus
und erzwang den offiziellen Kurswechsel.[39] Am 03.02.1991 wurde nach harten
Richtungskämpfen die Geschichte des PCI unter seinem letzten Vorsitzenden
Achille Occhetto beendet und eine Nachfolgepartei, die Demokratische Links-
partei (*Partito Democratico della Sinistra*; PDS) gegründet, die Vermögen,
Symbol und Mitglieder des PCI erbte.

Die Abkehr vom kommunistischen Kurs wurde allerdings auch zum exi-
stenziellen Streitpunkt, so dass sich eine nicht unbedeutende Gruppe orthodoxer
Hardliner abspaltete und unter Führung Armando Cossuttas die „Partei der
Kommunistischen Wiedergründung" (*Partito della Rifondazione Comunista*;
PRC) ins Leben rief. Seither versteht sich der PRC als linkes Gewissen der Republik. Wenn er auch bei Wahlen nicht an die Ergebnisse des PDS heranreichen
kann, bleibt die Frage seiner Integration in mögliche Linksbündnisse ein virulen-
tes Thema der italienischen Politik.

Allein mit dieser Entwicklung im Hintergrund stellte sich die Lage bei den
Wahlen 1992 schon radikal verändert dar:[40] Der Kalte Krieg und die (imaginäre)
kommunistische Bedrohung der italienischen Demokratie waren weggefallen –
und damit auch das zentrale Argument gegen die Wahl der linken Opposition.
Zwar gelang es 1992 noch einmal, an die lange eingeübten Muster des Wahlverhaltens anzuknüpfen und die PCI-Nachfolger von der Regierung fernzuhalten;
doch die *conventio ad excludendum* darf seither als erledigt und die Linke als
anerkannt regierungsfähig gelten – bestätigt spätestens 1996 mit der Regierungsübernahme des Linksbündnisses *Ulivo*.

Parallel zu den Entwicklungen am linken Rand des politischen Spektrums
gab es auch im neofaschistischen MSI immer stärker werdende Kräfte, die durch
einen gemäßigten Kurs Zugang zum Kreis der akzeptierten Parteien suchten.[41]
Unter dem Etikett Postfaschismus (in Abgrenzung zum Begriff des Neofaschismus) strebte vor allem Parteichef Gianfranco Fini eine demokratische Rechtspartei auf dem Boden der republikanischen Verfassung an. Zusätzlich zu diesem
Kurswechsel war vor allem der Umstand, dass der MSI nicht zum etablierten

---

[39]   Vgl. zum Wandlungsprozess der italienischen Linken detaillierter Bellucci / Maraffi / Segatti
       2000.
[40]   Vgl. zu diesen letzten Wahlen der „Ersten" Republik und zu den dort schon erkennbaren
       Erosionstendenzen Besson / Bibes 1993.
[41]   Vgl. zum Folgenden Merkel 1996.

Parteienkartell gehört hatte und damit nicht von Korruptionsaffären betroffen war, ein Grund für beachtliche Wahlerfolge seit Anfang der 1990er Jahre. 1994 war schließlich sogar das Ziel der Regierungsbeteiligung erreicht und die Integration in den Kreis der systemkonformen und damit regierungsfähigen Parteien vollendet.

Im Januar 1995 wurde diese Entwicklung auch formal nachvollzogen, indem sich die Partei offiziell auflöste und die Nachfolgepartei Nationale Allianz (*Alleanza Nazionale*; AN) gegründet wurde. Das Abstreifen programmatischer und ideologischer Erblasten ging allerdings einigen extrem Rechten zu weit; sie sagten sich von der Partei los und gründeten unter der Führung Pino Rautis den *Movimento Sociale – Fiamma Tricolore* (Soziale Bewegung – Dreifarbige[42] Flamme; MSFT), der allerdings bald in der Bedeutungslosigkeit verschwand.[43]

Mit der Umorientierung der beiden – zumindest als solche wahrgenommenen – Antisystemparteien (unter Abspaltung ihrer jeweiligen Extremen) fiel ein wesentliches Strukturmerkmal und Problem des italienischen Parteiensystems weg: der Ausschluss zweier einen Großteil des Elektorats repräsentierender Parteien von der (möglichen) Teilhabe an der Regierung. Dies holte nicht nur beträchtliche Wählerschichten aus der Isolation, sondern war auch der entscheidende Faktor, der endlich Regierungswechsel ermöglichte. Vor allem die Regierungsübernahme durch ein Linksbündnis um die ehemaligen Kommunisten 1996 ist somit als wichtiger Einschnitt zu begreifen.

4.4.4 Korruptionsskandale und Untergang der DC

Zu den langfristigen und strukturellen Ursachen der Krise des italienischen Parteiensystems trat ab 1992 ein kurzfristiger „externer Schock": die lawinenartige Aufdeckung weitreichender Korruption in den etablierten Parteien.

Die ineffiziente Verwaltung, der große Sektor staatlicher Wirtschaftsbeteiligungen und die Dauerherrschaft der immer gleichen Parteien boten einen Nährboden, auf dem politische Korruption ausgezeichnet gedieh und sich zu einem weitverzweigten und flächendeckenden System entwickelte, in das fast alle Regierungs- und Oppositionsparteien verstrickt waren (vgl. Kapitel Korruption und Kriminalität).[44]

Die Lawine wurde im Februar 1992 von einer Gruppe Mailänder Untersuchungsrichter (bezeichnet als „Saubere Hände"; *Mani pulite*) losgetreten und

---

[42]   Die drei Farben der Flamme im Parteisymbol sind die Nationalfarben Grün, Weiß und Rot.
[43]   Vgl. zum Wandlungsprozess des MSI und Übergang zur AN Höhne 2003b.
[44]   Ausgehend vom Wort *tangenti* für Bestechungsgelder hat sich für dieses System der Begriff *Tangentopoli* (Stadt der Schmiergelder) eingebürgert.

weitete sich schnell aus. Durch systematischen Einsatz der Untersuchungshaft und der Kronzeugenregelung zogen die Erkenntnisse der Ermittler immer weitere Kreise und erreichten schnell die Wirtschafts- und Parteizentralen. Täglich wurden neue Details bekannt und die Anzahl hochkarätiger Politiker und Wirtschaftsmanager, gegen die ermittelt wurde, wuchs bis in die Tausende.[45] Wenn auch kaum eine Partei unbehelligt blieb, konzentrierten sich die Ermittlungen auf die Hauptprotagonisten des *pentapartito*-Parteienkartells: DC und PSI. Die öffentliche Empörung war groß und mündete teilweise in tumultartige Szenen. Die kochende Volksseele verhinderte auch wiederholt Versuche, den Ermittlern mit politischen Mitteln Einhalt zu gebieten.

Die Aufdeckung der Korruptionsskandale wirkte in zwei Richtungen: Zum einen stieg die ohnehin schon vorhandene Antipathie den etablierten Parteien gegenüber exponentiell an, was sich in Umfragen, Wahlen und Abstimmungen (z.B. in den Erfolgen der LN und dem Ausgang des Wahlrechtsreferendums 1993) niederschlug.[46] Zum anderen waren weite Kreise der politischen Eliten persönlich und die meisten alten Parteien als Ganzes gründlich diskreditiert. Das führte zu zahlreichen Rücktritten z.T. ganzer Führungsebenen und zu Umbenennungen oder Auflösungen alter Parteien, da unter deren alten Namen kein Blumentopf mehr zu gewinnen war. Die Nachfolger des PCI waren als „ewige Opposition" und mit ihren neuen Parteinamen davon weniger betroffen.

Vor dem Hintergrund der völligen Diskreditierung und massiven Zerfallserscheinungen blieb der DC keine Wahl: Unter ihrem letzten Vorsitzenden Mino Martinazzoli löste sie sich im Januar 1994 offiziell auf. An ihre Stelle trat jedoch die Nachfolgepartei *Partito Popolare Italiano* (Italienische Volkspartei; PPI), die an ihren gleichnamigen historischen Vorgänger (vgl. Kapitel zur Geschichte) anknüpfen und das katholische Wählerreservoir der Mitte halten sollte. Dementsprechend trat der PPI bei den Wahlen 1994 mit einem zentristischen Wahlbündnis an. Nach dem Scheitern dieser Formation schloss er sich schließlich dem Mitte-Links-Bündnis an. Allerdings konnte der PPI nicht annähernd an die dominante Stellung der DC anknüpfen. Vielmehr zersplitterte das katholische Zentrum in zahlreiche kleinere Parteien:[47] Schon vor ihrer Auflösung hatten sich 1990 Leoluca Orlando mit seiner Anti-Mafia-Bewegung *La Rete* (Das Netz), 1993 die Christlich-Sozialen (*Cristiano-Sociali*; CS) und 1992/93 Mario Segni mit seinem *Patto per l'Italia* (Pakt für Italien) von der DC abgespalten. Ein rechter Flügel wollte dem PPI nicht folgen, machte sich als Christlich Demokrati-

---

[45]   Auch wenn genauere Zahlen fehlen bzw. die Angaben differieren, sollte die Größenordnung klar sein. Vgl. zu Details z.B. Della Porta 2001 m.w.N. und die farbige Schilderung bei Petersen 1995, S. 148-167.

[46]   Vgl. Morlino / Tarchi 1996.

[47]   Vgl. zur politischen Entwicklung des katholischen Zentrums nach dem Zerfall der DC ausführlich Donovan 2003a.

sches Zentrum (*Centro Cristiano Democratico*; CCD) selbständig und schloss sich schon 1994 dem Mitte-Rechts-Bündnis unter Führung Silvio Berlusconis an. Die Wende des PPI nach Links veranlasste wiederum seinen konservativen Flügel dazu, sich als Vereinigte Christdemokraten (*Cristiani Democratici Uniti*; CDU) abzuspalten und ebenso der Mitte-Rechts-Koalition anzuschließen. CCD und CDU versuchten in der Folge stets, die Tradition einer großen christdemokratischen Zentrumspartei wiederaufleben zu lassen, auch gemeinsam, aber ohne Erfolg. Das Erbe der DC bleibt zersplittert.

Ähnlich erging es dem PSI, der noch mehr als die DC mit *Tangentopoli* identifiziert wurde. Nach einem dramatischen Absturz in der Wählergunst löste er sich am 12. November 1994 offiziell auf. Auch die drei kleinen laizistischen Regierungsparteien PSDI, PRI und PLI gingen in den Wirren um Korruptionsskandale und Neuformierung des Parteiensystems unter. Allerdings sind aus diesem Teil des politischen Spektrums bis dato zahlreiche Nachfolgeparteien, Splitter und Neugründungen aktiv (s.u.). Die nahezu vollständige Implosion des *pentapartito* führte zu einem politischen Vakuum, das verschiedene neue Kräfte zu füllen versuchten.

4.4.5 Neue politische Kräfte

Die tief greifende Umwälzung des Parteiensystems, insbesondere aber der Zerfall der Regierungsparteien, allen voran der DC und des PSI, boten eine Gelegenheit für interessierte Personen, als Führer neuer politischer Bewegungen ihr Glück zu versuchen:

- Die 1991 gegründete Anti-Mafia-Bewegung *La Rete* (Das Netz) des ehemaligen Bürgermeisters von Palermo und Ex-DC-Politikers Leoluca Orlando, wurde bereits erwähnt. Sie knüpfte in erster Linie an die Unzufriedenheit weiter Teile der Bevölkerung an und erhielt mit der Aufdeckung der Korruption weiteren Auftrieb. Doch erlangte sie nur regional Bedeutung. Trotz ihres charismatischen Anführers kam *La Rete* national nicht über 2% hinaus und wurde schnell im linken Wahlbündnis absorbiert.[48]
- Ein ähnliches Schicksal war Mario Segni beschieden: Nach seinen großen Erfolgen mit den Wahlrechtsreferenden trat er 1993 aus der DC aus und versuchte mit einer eigenen Partei *Patto Segni* (Segni-Pakt) aus seiner Popularität politisches Kapital zu schlagen. Doch scheiterte auch dieses Projekt bei den Wahlen 1994. Obwohl politisch bedeutungslos, bleibt Mario Segni jedoch bis dato eine öffentlich präsente Figur.

---

[48] Vgl. zu *La Rete* detailliert Fix 1999.

- Einen Seiteneinstieg in die Politik unternahm Antonio Di Pietro. Der Unter-suchungsrichter war als führender Protagonist von *Mani pulite* rasant zur Symbolfigur des Kampfes gegen die politische Korruption und zum öffent-lich agierenden Volkstribun geworden. Nach Kritik an seinen Ermittlungs-methoden verließ er 1994 den Justizdienst und stieg in die aktive Politik ein. Unterstützt vom Mitte-Links-Bündnis errang er Parlamentssitze und einen Ministerposten. Die Gründung einer eigenen Partei durch Di Pietro war lan-ge im Gespräch, bis schließlich im Jahre 2000 die *Lista Di Pietro – Italia dei Valori* (Liste Di Pietro – Italien der Werte) entstand.

- Lamberto Dini wechselte 1994 vom Chefsessel der italienischen Notenbank auf den Posten des Finanzministers der Regierung Berlusconi. Nach deren schnellem Ende wurde er als „Techniker" Chef einer breit gestützten Über-gangsregierung. Danach betrat der von ihm ins Leben gerufene *Rinnova-mento Italiano* (Italienische Erneuerung; RI) die politische Bühne. Zusam-men mit anderen Kleinparteien war der RI als *Lista Dini* 1996 Teil der Mit-te-Links-Wahlallianz und ging schließlich im Vorfeld der Wahlen 2001 in der neu gegründeten *Margherita* auf.

- Auch die 1990 aus der Vereinigung zweier politischer Umweltbewegungen entstandenen Grünen (*Verdi*) blieben eine Randgröße der italienischen Poli-tik.[49] Sie bilden allerdings stets einen verlässlichen Mosaikstein der Mitte-Links-Bündnisse.

In die Reihe der neu auftretenden politischen Akteure ist auch Umberto Bossi mit seiner bereits erwähnten LN aufzunehmen. Zwar hatte die *Lega* schon vor 1992 ihre ersten Erfolge, doch wurde sie erst in der Transitionsphase zur promi-nenten Kraft in der italienischen Parteienlandschaft. Auch ist ihr Aufstieg nicht ohne Unzufriedenheit, Aufdeckung der Korruption und Zerfall der alten Parteien denkbar. Untrennbar verbunden sind ihre Erfolge außerdem mit der charismati-schen Figur Umberto Bossi, was sie außer Silvio Berlusconis FI zur einzigen erfolgreichen personenzentrierten Bewegung dieser Zeit macht.

Auf dem Höhepunkt der Wirren um Korruptionsskandale und der Desinteg-ration des alten Parteiensystems betrat Ende 1993[50] ein neuer Akteur die (par-tei)politische Bühne, der bis heute (2006) als prägender Faktor in der italieni-

---

[49]   Die *Verdi* fallen aus der Reihe der in dieser Aufzählung genannten Formationen, die sich stets um eine zentrale Person gruppierten. Als 1990 neu entstandene und seitdem eine nennenswerte Rolle in der Parteipolitik spielende Kraft sind sie jedoch der Vollständigkeit halber zu erwäh-nen.

[50]   Offiziell erklärte er seinen Einstieg in die Politik erst im Januar 1994.

schen Politik wirkt: Silvio Berlusconi.[51] Der schillernde und umstrittene Multi-
milliardär kontrolliert ein umfassendes Wirtschaftsimperium verschiedener
Branchen (unter der Holding *Fininvest*) und ist einer der reichsten Männer Italiens. Herzstück seines Besitzes ist aber ein Medienimperium, das neben Zeitungen und Verlagen auch mehrere landesweite Fernsehsender umfasst und damit
auf dem privaten TV-Markt eine monopolartige Position inne hat (vgl. Kapitel
Medien).[52]

Die Bedrohung dieser wirtschaftlichen Stellung nach einer sich abzeichnen-
den Regierungsübernahme durch die Mitte-Links-Koalition unter Führung der
ehemaligen Kommunisten wird auch immer wieder genannt, wenn die Frage
nach der Motivation Silvio Berlusconis zum Einstieg in die Politik untersucht
wird. In der Tat wurde dessen Aufstieg und vor allem die Festigung seines Fern-
sehimperiums durch mehr oder weniger offene politische Protektion begleitet
(vgl. Kapitel Medien) – dieser Faktor fiel mit dem Untergang der alten Regierungsparteien weg.

Die Situation war für einen groß angelegten Seiteneinstieg günstig: Durch
den Niedergang der Parteien des *pentapartito*, vor allem der DC, war deren
Wählerschaft freigesetzt und musste sich eine neue (partei)politische Heimat
suchen. In diese Lücke stieß Berlusconi mit seiner neu gegründeten Bewegung[53]
Forza Italia. In atemberaubender Geschwindigkeit wurde die FI aus dem Boden
gestampft. Dies geschah zwar durch die Gründung zahlreicher lokaler „Clubs",
war aber nur durch zentrale und generalstabsmäßige Planung möglich. So ist
nicht nur die Organisation FI, sondern auch ihr Personal auf das engste mit Berlusconis Konzern *Fininvest* verwoben. Führungsstruktur und Führungspersonal
entsprechen mehr einem Unternehmen denn einer Partei.[54]

Der Wahlkampf für die Parlamentswahlen 1994 glich auch frappant einem
kommerziellen Werbefeldzug: Nachdem Berlusconi im Süden mit der AN und
im Norden mit der LN Wahlbündnisse geschlossen hatte, lief die *Fininvest*-
Marketingmaschinerie an. Das Meinungsforschungsinstitut *Diakron* ermittelte
die Bedürfnisse der Wähler, die Werbeagentur *Publitalia* lieferte die maßge-
schneiderte Kampagne und die Medienunternehmen (allen voran die Fernsehsender) brachten die Botschaft unter das Volk.[55]

---

[51] Silvio Berlusconi wird vor allem in den italienischen Medien oft auch als *Cavaliere* bezeich-
    net, in Anspielung auf einen Verdienstorden im wirtschaftlichen Bereich („Ritter der Arbeit"),
    dessen Träger der FI-Chef ist.

[52] Zur Person Berlusconis, insbesondere zu seinem Aufstieg und teils obskuren Praktiken und
    Kontakten vgl. die zahlreichen kritischen Biographien, exemplarisch Guarino / Ruggeri 1994.

[53] Die 1993 zur Kulmination gebrachte Antiparteien-Stimmung der Italiener veranlasste zahlrei-
    che Partei(neu)gründer dazu, den Begriff „Partei" zu meiden. Auch Umberto Bossis LN und
    Leoluca Orlandos *La Rete* beschreiben sich selbst als „Bewegung".

[54] Vgl. zur FI, insbesondere zu ihrem Innenleben, statt vieler Poli 2001 und Grasmück 2005.

[55] Vgl. Seißelberg 1995.

Die mit allen Finessen modernen Marketings und unter Einsatz der geballten *Fininvest*-Medienmacht geführte Kampagne hatte auch Erfolg: Im Mai 1994
übernahm die Mitte-Rechts-Koalition unter Führung Berlusconis die Regierung.
Sie hatte von Anfang an mit inneren Querelen und dem massiven Interessenkonflikt des Regierungschefs zu kämpfen. Schon im November desselben Jahres
nahm Umberto Bossi die Einleitung von Ermittlungen wegen Korruption gegen
Silvio Berlusconi zum Anlass, die Koalition zu verlassen und so die Regierung
zu stürzen. Der gestürzte Ministerpräsident sprach dagegen von Betrug am Wäh-
lerwillen, übernahm die Rolle des Oppositionsführers und blieb der italienischen
Politik bis heute erhalten.

4.4.6 Neues Wahlrecht

Als Ursache für die Struktur- und Funktionsprobleme der italienischen Politik
wurde von vielen immer wieder die Parteienzersplitterung identifiziert. Diese sah
man wiederum durch das Wahlrecht verursacht oder zumindest begünstigt. Seit
Gründung der Republik galt ein reines Verhältniswahlrecht ohne effektive
Sperrklausel (vgl. Kapitel Wahlen und Abstimmungen). Dies bedeutete, dass
auch kleinste Splittergruppen relativ leicht Parlamentssitze erringen konnten –
mit der Folge, dass sich die Mehrheitsbildung sehr schwierig gestaltete (zu erkennen auch an den Vielparteienkoalitionen, die die Regierung stützten).

Vor diesem Hintergrund wuchs die Zahl derjenigen, die die Probleme der
italienischen Politik durch eine Reform des Wahlrechts zu beheben suchten.
Zielvorstellung war die Einführung des relativen Mehrheitswahlrechts nach britischem Vorbild, von dem man sich eine deutliche Reduzierung der Parteien (idea-
liter bis hin zum Zweiparteiensystem), klare Verantwortlichkeiten und alternie-
rende Regierungen erhoffte. Gemäßigtere Reformer wollten zumindest durch die
Einführung einer effektiven Sperrklausel (von z.B. 5% wie in Deutschland) eine
Konzentration des Parteiensystems erreichen.

Unter der Devise „Reform der italienischen Politik durch Reform des Wahl-
rechts" entstand so eine überparteiliche Bewegung, deren einziges Ziel die Einführung majoritärer Elemente auf allen Ebenen des italienischen Wahlrechts war.
Initiator war der DC-Politiker Mario Segni, der 1988 schließlich das Komitee für
Wahlrechtsreformen (*Comitato per la Riforma Elettorale*, COREL) gründete.
1985 war der Versuch einer Wahlrechtsreform im Rahmen einer breit angelegten
Verfassungsreform am Widerstand der Profiteure der Verhältniswahl gescheitert.
So blieb für die Reformer noch der Weg, das System gewissermaßen „von außen" zu verändern: auf dem Wege der Volksabstimmung (vgl. Kapitel Wahlen
und Abstimmungen).

Im Juni 1991 war schließlich das Wahlvolk an die Urnen gerufen, um über die Abschaffung der mehrfachen Präferenzstimmen (vgl. zu den Details des Wahlrechts das Kapitel Wahlen und Abstimmungen) zu entscheiden. Die etablierten Parteien riefen fast unisono dazu auf, der Abstimmung fern zu bleiben, damit das Ergebnis wegen mangelnder Beteiligung ungültig werde. Regierungschef Bettino Craxi (PSI) riet sogar dazu, lieber ans Meer zu fahren. Doch das Referendum wurde zum Fanal der Unzufriedenheit der Bevölkerung und des Protestes gegen die etablierten politischen Eliten. Mit überwältigender Mehrheit wurden die Präferenzstimmen abgeschafft und damit die Axt an eine Grundlage der *partitocrazia* und *correntocrazia* innerparteilicher Seilschaften gelegt: Wahlempfehlungen waren nun nicht mehr möglich; jeder musste für sich selbst kämpfen.[56]

Angespornt von diesem Erfolg wurde sofort ein neues Referendum vorbereitet, mit dem die Verhältniswahl für den Senat abgeschafft werden sollte. Trotz heftiger Gegenwehr fand die Abstimmung im April 1993 – auf dem Höhepunkt von *Tangentopoli* – statt und endete mit einem Sieg der Reformer. Da das Wahlvolk im Referendum eine klare Präferenz für die Mehrheitswahl ausgedrückt hatte, wurde in der Folge ein neues Wahlrecht erarbeitet und verabschiedet. Es sah vor, dass in beiden Kammern drei Viertel der Sitze nach Mehrheitswahl und ein Viertel nach Verhältniswahl vergeben werden.[57]

Die neuen Bestimmungen zeigten bereits bei der Wahl 1994 Wirkung: Um die Mandate in den Wahlkreisen zu gewinnen, formierten sich drei Parteienbündnisse:[58]

- auf der Linken die *Progressisti*, eine Formation aus PDS, PRC, *La Rete* und kleineren Parteien;
- in der Mitte der *Patto per l'Italia* aus PPI und *Patto Segni*;
- auf der Rechten ein Mitte-Rechts-Bündnis aus FI, AN, LN und kleineren Parteien der Mitte, das wegen Streitigkeiten zwischen AN und LN in zwei verschiedenen Formationen antreten musste, nämlich als *Polo delle libertà* (Pol der Freiheiten) im Norden (ohne AN) und *Polo del buongoverno* (Pol der guten Regierung) im Süden (ohne LN).

Das klare Scheitern des *Patto per l'Italia* hatte zur Folge, dass das Projekt einer Koalition der Mitte bei den Wahlen 1996 nicht mehr verfolgt wurde. Es formierten sich nur noch zwei Wahlbündnisse (vgl. auch weiter unten Tabelle 4.2):

---

[56] Vgl. Pasquino 1995a und Ullrich 1995.
[57] Vgl. Newell 2000, S. 89-111. Eine detaillierte Rekonstruktion des Reformprozesses findet sich bei Katz 2001.
[58] Vgl. zum Folgenden detailliert Newell / Bull 1997.

- das siegreiche Mitte-Links-Bündnis *Ulivo* (Ölbaum) unter Führung Romano Prodis mit PDS, Popolari (PRI, PPI, Prodi, UD, SVP), *Verdi* und der *Lista Dini* (SI, RI, *Patto Segni*), das Absprachen mit dem PRC traf;
- das Mitte-Rechts-Bündnis *Polo per le libertà* unter Führung Silvio Berlusconis, diesmal ohne die LN nur mit FI, AN, CCD, CDU und der *Lista Pannella-Sgarbi*.

Die Wahlrechtsänderung führte also in kurzer Zeit zu einer Bipolarisierung des italienischen Parteiensystems. Aufgrund der Vergabe der meisten Sitze in Einerwahlkreisen stehen seit 1996 dem Wähler zwei klare Alternativen zur Auswahl. Die Zeiten einer bestimmenden Zentrumspartei, die beständig an der Regierung bleibt und sich lediglich wechselnde Koalitionspartner sucht, sind vorbei.

Allerdings trat die erhoffte Konzentration im Parteiensystem nicht ein. Zum einen weil die Wahlbündnisse in sich aus zahlreichen kleineren Parteien bestehen, die nach der Wahl wieder eigenständige getrennte Wege gehen. Zum anderen weil die Verhältniswahlkomponente kleinen Parteien die Möglichkeit gab, auch außerhalb der Wahlkreise und -bündnisse Mandate zu erringen. Außerdem zeigen die Beispiele der LN 1996 und des PRC 2001, dass es weiterhin möglich ist, eine nennenswerte parlamentarische Repräsentanz zu erreichen, auch wenn man sich keiner Koalition anschließt.

Schließlich ist festzustellen, dass unter dem neuen Wahlrecht die Bündnispolitik unter den Parteien an Bedeutung gewonnen hat; das Ausscheren eines Partners kann das ganze Bündnis die Wahl kosten.[59]

Wenn die Wahlrechtsreform auch nicht ihr erklärtes Ziel einer Reduzierung der Parteien erreicht hat, so spielte sie doch eine gewichtige Rolle in der Transformation des Parteiensystems. Sie zwang die Spaltprodukte der alten Parteien sowie die Kräfte, die im verwaisten Zentrum auf Stimmenfang gingen, sich eher nach rechts oder eher nach links zu orientieren. Die von vielen angestrebte Re-Etablierung einer starken Partei der Mitte wurde so verhindert und die Mechanik des Parteiensystems nachhaltig verändert.[60]

---

[59] Die Wahlen 1996 mit dem Ausscheren der LN und 2001 mit dem Ausscheren des PRC sind hierfür markante Beispiele.
[60] Vgl. für eine gute Analyse der Auswirkungen des neuen Wahlrechts D'Alimonte 2001.

4.4.7 Zwischenbilanz

Wie bereits angesprochen müssen die hier erörterten Faktoren zusammen genommen und quasi gleichzeitig gedacht werden, um die Veränderungen in der italienischen Parteienlandschaft in dieser Periode zu verstehen. Die so verheerenden Auswirkungen von *Tangentopoli* z.b. waren in dieser Weise nur vor dem Hintergrund der rapide angewachsenen Unzufriedenheit möglich. Zudem war das etablierte Parteienkartell schon durch die Erfolge der LN und der Referendumsbewegung angezählt. Die in diesem Abschnitt behandelten Punkte ergeben somit eine Konstellation sich wechselseitig verstärkender Momente eines Prozesses, der in Maßstäben des Parteiensystemwandels eine äußerst rapide Transformation zum Ergebnis hatte.

Als vorläufige Bilanz dieser Transformation können drei Punkte festgehalten werden:

1. Die alten Parteien von den Rändern des politischen Spektrums sind nach wie vor präsent, haben sich aber fundamental umorientiert, was jeweils mit der Abspaltung ihrer extremen Flügel einherging. Als Außenseiter des alten Systems waren sie von den Gründen des Untergangs der einstigen Regierungsparteien kaum betroffen, was ihre Existenz sicherte. Sie können als Überbleibsel der „Ersten" Republik betrachtet werden, wenn auch in neuem Gewand.
2. Die Kräfte des etablierten Parteienkartells sind faktisch verschwunden. Zwar blieben die Wählerschaft und ein großer Teil des politischen Personals erhalten; doch beide splitterten sich in zahlreiche Gruppierungen auf, die zwischen den neuen großen Bündnissen oszillieren. Die DC, die gleichsam als Klammer diese große und heterogene Gruppe zusammengehalten hatte, fehlt heute. Nicht zufällig sind im Bereich der ehemaligen christdemokratischen Mitte die Parteienformationen am längsten im Fluss geblieben.
3. Schließlich traten gänzlich neue Akteure auf den Plan, die in ihrem Wesen nicht der „Ersten" Republik zuzurechnen sind: Die Protestbewegung LN und die auf dem Reißbrett entstandene Partei *Forza Italia.* Am Verhalten ihres Führungspersonals – größtenteils Seiteneinsteiger in die politische Szene – ist der Bruch mit den alten Konventionen und Proporzregeln der *partitocrazia* am augenfälligsten.

4.5   Das Parteiensystem seit 1996

Die folgenden Ausführungen versuchen die z.T. nach wie vor unübersichtliche Entwicklung des italienischen Parteiensystems seit 1996 zu rekapitulieren. Die grobe Strukturierung dieses Abschnitts in Mitte-Rechts und Mitte-Links ist allerdings nur als Anhalt zu verstehen und mit Vorsicht zu genießen; denn wie sich zeigen wird, ist vor allem in der Mitte des Parteienspektrums einige Bewegung zu verzeichnen, die die Lagergrenzen – zumindest außerhalb der Wahlkämpfe – verschwimmen lässt.[61]

4.5.1   *Entwicklung im Mitte-Links-Lager*

1996-2001

Die Parlamentswahlen 1996 markierten das vorläufige Ende der Transformationsphase: Das siegreiche Mitte-Links-Bündnis *Ulivo* konnte zwar keine eigene Mehrheit erringen, doch wurde das Kabinett Romano Prodis vom PRC, mit dem man sich schon vor den Wahlen taktisch abgesprochen hatte, toleriert. Damit saßen mit dem PDS zum ersten Mal die Nachfolger des PCI in der Regierung. Obwohl die Legislaturperiode erst sehr kurz vor ihrem planmäßigen Ablauf vorzeitig beendet wurde und damit wieder relative Stabilität einkehrte,[62] sind diese fünf Jahre durch beträchtliche Turbulenzen im Mitte-Links-Lager (*centrosinistra*) gekennzeichnet:

Zunächst banden der persönliche Erfolg Romano Prodis als Spitzenkandidat und das harte Programm, mit dem die Teilnahme an der Europäischen Wirtschafts- und Währungsunion (EWWU) erreicht werden sollte, die Koalitionspartner fest zusammen. Das Ziel, die Maastricht-Stabilitätskriterien zu erfüllen, wurde den Differenzen zwischen den einzelnen Parteien auf anderen Politikfeldern klar übergeordnet. Der gleichzeitig zwischen Januar 1997 und Juni 1998 unternommene Versuch, mittels einer Kommission aus beiden Parlamentskammern eine groß angelegte und breit getragene Verfassungsreform zu verwirklichen, zog viel Aufmerksamkeit auf sich und bot ein Feld, auf dem die unterschiedlichen Ansichten der Koalitionspartner aufeinanderprallen konnten.[63] Unter diesen Bedingungen gelangen die fiskalische Rosskur und die Teilnahme an der Währungsunion.

---

[61]   Vgl. als Einstieg in die folgende komplexe Materie die übersichtliche Rekonstruktion von Donovan 2002 sowie Zohlnhöfer 2006.

[62]   In den fünf Jahren von 1992 bis 1996 hatte es dreimal Parlamentswahlen gegeben, vgl. den vorherigen Abschnitt und die Wahlergebnisse im Anhang.

[63]   Vgl. Köppl 2003, S. 109-135.

Allerdings ließen das Scheitern der Verfassungsreform und das Erreichen des Hauptziels der Regierung die Konflikte ungebrochen zum Vorschein kommen, die den Zusammenhalt bedrohten: Erstens stellten die ehemaligen Kommunisten, die sich 1998 nach Aufnahme kleinerer Splittergruppen der linken Mitte in Linksdemokraten (*Democratici di Sinistra*; DS) umbenannten, mit 21,1%[64] die stärkste Partei und hatten damit einen logischen Anspruch auf das Amt des Regierungschefs. Diesen Anspruch hatten sie vor den Wahlen nur zurückgestellt, weil die kommunistische Vergangenheit immer noch viele Wähler abgeschreckt hätte und Romano Prodi als überparteilicher „Techniker" ohne eigene starke Hausmacht erschien, auf den sich die vielen Parteien des *Ulivo* einigen konnten. Zweitens waren schon die harten Einschnitte zur Haushaltskonsolidierung dem PRC viel zu weit gegangen und seine Schmerzgrenze erreicht.[65] Im Spätsommer 1998 kam es innerhalb des PRC zum Streit darüber, ob man der Regierung das Vertrauen entziehen sollte oder nicht – ein Streit, an dem sich die Partei spaltete: Die Mehrheit der PRC-Parlamentarier unter der Führung von Armando Cossutta erklärte sich loyal zur Regierung, verließ den PRC und gründete die Partei der Italienischen Kommunisten (*Partito dei Comunisti Italiani*; PdCI). Der Rest des PRC, geführt von Fausto Bertinotti, war allerdings noch groß genug, um im Oktober 1998 durch Vertrauensentzug die Regierung zu stürzen. Nach einer formal verlorenen Vertrauensabstimmung trat Romano Prodi zurück.[66] Nachfolger wurde der Chef der Linksdemokraten Massimo D'Alema.

Mit dem Sturz Prodis war der *Ulivo* faktisch zerfallen und der Zustand der „Ersten" Republik wieder erreicht, in dem Koalitionen nur Zweckbündnisse auf Zeit darstellten und jeden Tag wieder neu zur Disposition standen – nur dass jetzt die Kräfte des 1996 unterlegenen Mitte-Rechts-Lagers als Partner ausgeschlossen waren. Der Begriff des *Ulivo* blieb aber als Bezeichnung für die potentielle Einheit des *centrosinistra* in der Diskussion; zu den Wahlen 2001 gelang es wieder, ein Bündnis unter diesem Namen zu organisieren. Bis dahin regierte die Mitte-Links-Koalition mit einem Kern aus DS, PPI, RI, PdCI und den *Verdi*, ergänzt um weitere Kleinparteien. Allerdings machten interne Querelen noch zwei Kabinettsumbildungen und parteipolitische Modifikationen der Regierungsmehrheit erforderlich: Im Dezember 1999 musste Massimo D'Alema zurücktreten, formte aber gleich darauf eine neue Regierung; doch das Kabinett D'Alema II überstand nur vier Monate. Nach verlorenen Regionalwahlen im

---

[64] Die im Folgenden genannten Prozentwerte beziehen sich jeweils auf die Proportionalstimmen für die Abgeordnetenkammer, soweit nicht anders bezeichnet (vgl. Kapitel Wahlen und Abstimmungen).

[65] Vgl. Legrenzi 1998.

[66] Dies ist bislang das einzige Mal, dass eine Regierung formal vom Parlament zu Fall gebracht wurde; für gewöhnlich kommen die Regierungschefs dem Misstrauensvotum zuvor und treten von selbst zurück.

April 2000 übernahm der inzwischen parteilose Giuliano Amato zum zweiten Mal das Amt des Regierungschefs bis zum Ende der Legislaturperiode.[67]

Neben dem Bruch zwischen PRC und PdCI auf der extremen Linken fielen in die Regierungszeit des *centrosinistra* 1996-2001 auch Bewegungen in der Mitte des Parteienspektrums, wo sich die beiden Lager überschneiden und zwei Tendenzen immer wieder für Fluktuationen sorgen: Zum Einen ist dort die Versuchung für politische Unternehmer groß, mit einer eigenen Formation das Zünglein an der Waage zu spielen und sich je nach taktischem Vorteil einmal dem einen, dann dem anderen Lager anzuschließen. Zum Anderen ist dort noch bei vielen Akteuren die Sehnsucht nach einer großen integrativen Partei der Mitte nach dem Muster der DC wach. Die Wege aller neu entstehenden und wieder vergehenden Gruppierungen en detail nachzuzeichnen, würde den Rahmen dieses Kapitels sprengen und auch mehr verwirren als klären. Um die italienische Parteienlandschaft verstehen zu können, bleibt dem Beobachter jedoch ein gewisses Maß an Komplexität nicht erspart. Die folgende Passage versucht einen Überblick über die wichtigsten Entwicklungen:[68]

- Dem Versuch, an Erbe und Vorbild der DC anzuknüpfen, ist die Initiative des ehemaligen Staatspräsidenten Francesco Cossiga zuzuschreiben, der im Februar 1998 die Demokratische Union für die Republik (*Unione Democratica per la Repubblica*; UDR) gründete. Dieser schloss sich ein Großteil der Parlamentarier von CCD und CDU an, was die UDR mit einem Schlag zum bedeutenden Faktor machte. Cossiga signalisierte nämlich seine grundsätzliche Bereitschaft, die Mitte-Links-Regierung zu unterstützen und für den abtrünnigen PRC einzuspringen. Allerdings verweigerte er Romano Prodi die Gefolgschaft, so dass DS-Chef Massimo D'Alema mit den Stimmen der UDR Regierungschef wurde. Die UDR ist nicht nur durch ihr schnelles Entstehen aus dem Nichts ein Paradebeispiel für die Instabilität in der Mitte des Parteienspektrums – auch ihr Ende ist bezeichnend: Nach nur einem Jahr ihres Bestehens verließ Cossiga die Partei, die daraufhin zerbrach. Die meisten Parlamentarier kehrten zu CCD und CDU in die Opposition zurück; eine Gruppe gründete unter Clemente Mastella die Union der Demokraten für Europa (*Unione Democratici per l'Europa*; UDEUR) und stellte sich hinter die Regierung.
- Die große Abhängigkeit der italienischen Parteienlandschaft von Personen zeigte sich neben der UDR auch am weiteren Schicksal Romano Prodis:

---

[67]   Amato war aber auch hier in erster Linie als neutraler Übergangskandidat zu sehen, wie schon 1992; vgl. Pasquino 2001.

[68]   Vgl. zum Folgenden Donovan 2002.

Nach seinem Sturz als Regierungschef gründete er mit einigen Gefolgsleuten die *Democratici per l'Ulivo* (Demokraten für das *Ulivo*-Bündnis; *Democratici*), scharf kritisiert von seinen ehemaligen Koalitionspartnern und Parteifreunden aus dem PPI. Die *Democratici* erhielten bei den Wahlen zum Europäischen Parlament 1999 aus dem Stand 7,7% der Stimmen und etablierten sich auf der politischen Bühne. Im Vorfeld der Parlamentswahlen 2001 schlossen sie sich mit dem PPI, Lamberto Dinis RI und der UDEUR zum Wahlbündnis *Margherita* zusammen.

- Eine weitere in dieser Zeit neu entstehende Formation sind die Italienischen Demokratischen Sozialisten (*Socialisti Democratici Italiani*; SDI), die am 10.05.1998 aus der Fusion der *Socialisti Italiani* (einem Zerfallsprodukt des PSI) und den Resten des PSDI hervorgingen. Die SDI verorteten sich fest im Mitte-Links-Lager, trugen die Kabinette D'Alema I und Amato II mit und traten bei den Parlamentswahlen zusammen mit den *Verdi* in der am 10.03.2001 gegründeten Listenverbindung *Girasole* (Sonnenblume) unter dem Dach des *Ulivo* an.

- Die Rückkehr Giuliano Amatos in das Amt des Regierungschefs, das dieser schon 1992-1993 als PSI-Mitglied innehatte, veranlasste den ehemaligen Hauptprotagonisten von *Mani pulite* Antonio Di Pietro (vgl. Kapitel Korruption und Kriminalität) zu heftiger Kritik. Er bezeichnete Amato als Vertreter der korrupten „alten" Politik und verließ im Juni 2000 nicht nur die *Democratici*, deren Mitglied er zu diesem Zeitpunkt war, sondern auch das Mitte-Links-Lager. Seine im September desselben Jahres gegründete Partei *Italia dei Valori* (Italien der Werte) trat bei den nächsten Wahlen als *Lista Di Pietro* selbständig, d.h. außerhalb der beiden großen Bündnisse an.

Programmatische Unterschiede dieser vielen Parteien in der Mitte sind kaum festzumachen, da eher die tagespolitische Taktik bestimmend ist sowie die Bündnisfrage, also wer sich welchem der beiden Bündnisse anschließt und unter welchen Bedingungen bzw. wer aus einem Bündnis ausschert und sein Glück alleine versucht. Auch formieren sich die beiden Lager nur bei hochkontroversen Themen strikt an der scharfen Trennlinie zwischen Regierungsmehrheit und Opposition. In der weniger polarisierenden Tagespolitik weichen die Grenzen oft auf – dann formieren sich Pro und Contra an jeder einzelnen Sachfrage wieder neu, was insbesondere für die Parteien der Mitte gilt, die sich inhaltlich stark überschneiden.

Die Linksdemokraten (DS) als jahrzehntelange Opponenten des DC-geführten Parteienkartells konnten von dessen Untergang paradoxerweise kaum profitieren. Zum einen entstanden nicht nur in der rechten, sondern auch in der linken Mitte schnell neue Kräfte, die das frei werdende Wählerpotential absorbierten; zum

anderen kosteten die Auseinandersetzungen und Abspaltungen auf dem linken
Flügel wertvolle Kräfte. Mit 20,3% in den Wahlen 1994 und 21,1% 1996 reichten sie jedenfalls bei weitem nicht an die Wahlerfolge des alten PCI heran, der in
den 1970er und 1980er Jahren zwischen 26% und 34% erreicht hatte. Als direkte
Nachfolger der Kommunisten fungiert in erster Linie der PRC, der die Linksdemokraten permanent mit ihrer eigenen Vergangenheit konfrontiert. Diese versuchen hingegen einen Spagat: Sie wollen an das PCI-Oppositionserbe anknüpfen
und streben gleichzeitig die Rolle einer modernen sozialdemokratischen Volkspartei nach dem Muster der deutschen SPD oder der britischen Labour Party an.
Dafür haben sie 1998 mit der Umbenennung nicht nur den seit *Tangentopoli*
diskreditierten Begriff „Partei" aus ihrem Namen gestrichen, sondern auch
Hammer und Sichel aus ihrem Parteisymbol entfernt. Damit ist die Abkehr vom
Kommunismus als Ideologie auch äußerlich vollzogen. Ähnlich wie bei der AN
auf der Rechten kann zwar die Legitimationsstrategie, wesentlich vorangetrieben
durch Massimo D'Alema, spätestens mit seiner Amtsübernahme als Regierungschef als erfolgreich betrachtet werden – doch die erhoffte Integration der zahlreichen Kleinparteien der linken Mitte wurde ebenso wenig erreicht wie die oft
reklamierte Führungsrolle innerhalb des Mitte-Links-Lagers. Ein Hindernis auf
dem Weg zu diesen Zielen ist das Wahlrecht, das den kleinen Parteien nicht nur
Anreize gibt, selbständig zu bleiben, sondern ihnen auch eine überproportionale
Bedeutung verleiht (s.u.); zudem sind auch innerhalb der DS Führungsquerelen
und Flügelkämpfe nicht zum Erliegen gekommen. Schließlich müssen die
Linksdemokraten auch bei jeder Bewegung in die Mitte die Abwanderung von
Wählern nach links befürchten.

So gelang es im Vorfeld der Wahlen 2001 nicht, den PRC in das Mitte-
Links-Bündnis zu integrieren. Lediglich bei den Direktmandaten für die Abgeordnetenkammer konnte man sich auf eine taktische Absprache einigen. Damit
ergab sich für den wiedererstandenen, aber von starken internen Querelen[69] geprägten *Ulivo* folgende Zusammensetzung: DS, *Margherita*, *Girasole* und PdCI.

2001-2006

Die Parlamentswahlen vom Mai 2001 stellten für den Kampf um die Vorherrschaft im Mitte-Links-Lager eine wichtige Wegmarke dar:[70] Die Linksdemokraten rutschten von 21,1% (1996) auf 16,6% ab. Dabei verloren sie in erster Linie
an den neuen Konkurrenten innerhalb des eigenen Lagers, das Parteienbündnis

---

[69]   Vgl. Donovan 2002, S. 116f.
[70]   Vgl. zum Folgenden Bellucci / Bull 2002 sowie Zohlnhöfer 2002 und zur geographischen
       Auswertung der Ergebnisse detailliert Sommer 2002.

Margherita (PPI, *Democratici*, RI und UDEUR), das unter der Führung des *Ulivo*-Spitzenkandidaten Francesco Rutelli mit 14,5% fast ebenbürtig abschnitt. Wichtige Konsequenz für die interne Balance des Mitte-Links-Lagers war, dass die Bündnispartner von diesem Erfolg beflügelt die *Margherita* von der bloßen Listenverbindung zur Partei umgründeten, die seitdem ernsthafte Führungsansprüche anmeldet. Nur die UDEUR ging ihren eigenen Weg und bleibt bis dato eine Splitterpartei. Die Zusammenführung von PPI, *Democratici* und RI stellte eine bedeutende Vereinfachung dar, zumal es sich bei diesen drei Akteuren ohnehin um natürliche Verbündete im linkskatholischen Milieu handelt, die sich weniger aus inhaltlichen als vielmehr aus persönlichen Gründen aufgespalten hatten.

Auch auf dem Feld der weiteren kleinen Parteien brachte das Jahr 2001 einiges an Bewegung:

- Dem PdCI gelang es nicht, mit seinem regierungstreuen Kurs die Wähler auf der äußersten Linken zu überzeugen; 2001 kam er innerhalb des wieder belebten *Ulivo* auf 1,7%.
- Die harte Oppositionslinie Fausto Bertinottis dagegen schien sich auszuzahlen: Ganz auf sich allein gestellt erzielte der PRC bei der gleichen Wahl 5,0% der Proportionalstimmen.
- Die *Girasole* löste sich nach dem enttäuschenden Ergebnis (2,2%) wieder in ihre Bestandteile auf: SDI und *Verdi* gingen fortan getrennte Wege.
- Im Vorfeld der Wahlen entstand im Januar 2001 eine neue Gruppierung: Nachdem der PRI beschlossen hatte, sich dem Mitte-Rechts-Bündnis anzuschließen, spalteten sich diejenigen, die diesen Schritt nicht mitgehen wollten, als *Movimento Repubblicani Europei* ab und schlossen sich dem *Ulivo* an, blieben aber eine wenig bedeutende Splitterpartei.

Außerdem brachten die Wahlen 2001 ein nicht zu unterschätzendes Novum: Zum ersten Mal zeigte die 4%-Sperrklausel beim Proportionalanteil eine nennenswerte Wirkung. Die *Lista Di Pietro* (*Italia dei Valori*), die außerhalb der beiden Bündnisse angetreten war, scheiterte mit 3,9% knapp an dieser Hürde und errang keinerlei Parlamentsmandate. Hier zeigte sich, wie wichtig für kleine Parteien die Teilnahme an einem Wahlbündnis sein kann: Zahlreiche Splittergruppen, die auf bedeutend weniger Rückhalt beim Wähler bauen konnten, schafften den Sprung in das Parlament über sichere Wahlkreise, die sie von ihrem Bündnis im Gegenzug für den Verzicht auf ein selbständiges Antreten erhalten hatten. Im Ergebnis fehlten dem *Ulivo* damit nicht nur diese 3,9% der Stimmen beim Proportionalanteil; auch dürften die Stimmen, die Kandidaten der *Lista Di Pietro* in den Wahlkreisen erhielten, das Mitte-Links-Bündnis einige Direktmandate gekostet haben.

Die Wahlniederlage des *Ulivo* 2001 war deutlich: Bei der Wahl zur Abgeordnetenkammer erhielt man nur 40,5% der Proportionalstimmen und gewann nur 40,4% der Direktmandate, während das Mitte-Rechts-Bündnis hier auf 49,6% der Stimmen und 59,4% der Direktmandate kam. Die Wahlbündnisse lösten sich – mit Ausnahme der *Margherita* – wieder auf. In der Opposition zeigte sich die Linke noch zerstrittener als in der Regierung; das einzige einigende Moment war die Gegnerschaft gegen die Regierung Berlusconi.[71] Selbst die massiven Proteste gegen die Regierung und später den Irak-Krieg konnten die oppositionellen Kräfte nicht nutzen; vielmehr wurden sie selbst zur Zielscheibe der Kritik, da sie nicht in der Lage waren, Berlusconi geschlossen und effektiv eine Alternative gegenüber zu stellen.[72] Insbesondere der PRC unter Fausto Bertinotti agierte gewohnt sprunghaft, radikal und im steten Bewusstsein seiner Schlüsselrolle.

Immerhin gelang es für die Wahlen zum Europäischen Parlament im Juni 2004 wieder ein Bündnis zu schmieden: Unter dem Namen *Uniti nell'Ulivo* (Vereint im *Ulivo*) traten DS, *Margherita*, SDI und *Movimento Repubblicani Europei* gemeinsam an und erreichten das gute Ergebnis von 31,1% der Stimmen. Weiteren Auftrieb gab dem Mitte-Links-Lager, dass ein theoretisches Bündnis die regierende Koalition geschlagen hätte. Ein wichtiger Schritt in Richtung Ablösung der Regierung Berlusconi war die Rückkehr Romano Prodis aus Brüssel, wo er bis 2004 Präsident der Europäischen Kommission gewesen war. Seine Bereitschaft, wieder gegen Berlusconi anzutreten, war für viele die conditio sine qua non für einen Wahlsieg 2006. Obwohl Romano Prodi innerhalb des eigenen Lagers alles andere als unumstritten ist, stellt er doch im Hinblick auf seinen Sieg 1996 eine wichtige Integrationsfigur für die gemäßigte Linke und alle Berlusconi-Gegner dar.

Die Bemühungen um ein starkes Bündnis trugen Früchte: Am 10.02.2005 wurde unter der Führung Romano Prodis die *Unione* gegründet, zunächst als Wahlbündnis für die Regionalwahlen im April, welches dann weiter geführt wurde. Die Bestandteile waren zu Beginn DS, *Margherita, Verdi, Italia dei Valori, Movimento Repubblicani Europei*, UDEUR, SDI, PdCI und PRC. Innerhalb der *Unione* schlossen sich noch DS, *Margherita* und *Movimento Repubblicani Europei* zum Wahlbündnis *Ulivo* zusammen, das allerdings 2006 nur bei der Wahl zur Abgeordnetenkammer gemeinsam antrat; bei der Wahl zum Senat marschierten die Parteien getrennt, nicht zuletzt um das Stärkeverhältnis untereinander festzustellen. Einen weiteren Zusammenschluss (vor allem im Hinblick auf die durch das neue Wahlrecht eingeführten Sperrklauseln; vgl. Kapitel Wah-

---

[71] Vgl. als Übersicht über die verschiedenen Kräfte auch Tuccari 2004.
[72] Vgl. zu den wichtigsten Themen der politischen Auseinandersetzung, zum Zustand der Opposition und zur Konkurrenz anderer oppositioneller Akteure (z.B. Gewerkschaften) Salvati 2004.

len und Abstimmungen) unternahmen SDI und Radikale, die sich für die Wahlen zur gemeinsame Liste *Rosa nel Pugno* (Rose in der Faust) vereinigten.

Ein Versuch, die Auseinandersetzungen um die Führungsfrage auf einer sicheren Basis zu regeln, wurde im Juni 2005 gestartet: Die Vertreter der teilnehmenden Parteien der *Unione* einigten sich auf die Durchführung von Vorwahlen (Primaries, italienisch *primarie*) nach US-Vorbild zur Ermittlung des Spitzenkandidaten und darauf, dass der Spitzenkandidat im Erfolgsfalle als Regierungschef über die ganze Legislaturperiode unterstützt wird.[73] Am 16.10.2005 stimmten über 4,3 Millionen Sympathisanten[74] des *centrosinistra* (deutlich mehr als erhofft) über den künftigen Spitzenkandidaten ab. Unter den sieben Kandidaten ging Romano Prodi als eindeutiger Sieger hervor (74,1%).[75] Dieser Sieg führte zwar nicht zu einem vollständigen Verstummen der Querelen innerhalb des Mitte-Links-Lagers (z.B. bezeichnete Clemente Mastella die Vorwahlen als Farce), stellte aber doch einen wichtigen Faustpfand bei der Disziplinierung der Bündnispartner dar.

Im Hinblick auf die Wahlaussichten und die einigende Kraft des Zieles, Berlusconi besiegen zu wollen, gelang es trotz aller inhaltlicher Unterschiede, unter dem Dach der *Unione* ein sehr breites Bündnis mit zahlreichen Parteien zu schmieden. Dies war vor allem wichtig im Kampf um die Mehrheitsprämie des neuen Wahlrechts, in dem schon wenige Tausend Stimmen entscheidend sein konnten (wie der spätere Wahlausgang auch zeigte). Schließlich umfasste das Wahlbündnis bei der Wahl zur Abgeordnetenkammer nicht weniger als dreizehn Parteilisten, von denen allerdings sechs bei den Wahlen nicht über ein Prozent der Stimmen hinauskamen.[76]

Nach den Wahlen 2006

Die Parlamentswahlen vom 09. und 10.04.2006 brachten einen hauchdünnen Sieg für die *Unione*: In der Abgeordnetenkammer lag die von Prodi geführte Koalition nur um ca. 25.000 Stimmen (endgültiger Abstand: 24.775, entspricht ca. 0,6 Promille) vor der Regierungskoalition. Im Senat hatte der *centrosinistra* sogar deutlich weniger Stimmen erhalten als das Mitte-Rechts-Bündnis, errang

---

[73]   Intesa nell'Unione, un premier per la legislatura, in: Corriere della Sera vom 21.06.2005.
[74]   Um an den Vorwahlen teilzunehmen, musste man eine Gebühr zahlen und die aktuelle Fassung des *Unione*-Programms unterschreiben.
[75]   Angetreten waren auch Fausto Bertinotti (RC, 14,7%), Clemente Mastella (UDEUR, 4,6%), Antonio Di Pietro (*Italia dei Valori*, 3,3%), der Grüne Alfonso Pecoraro Scanio (2,2%), sowie die parteilosen Ivan Scalfarotto (0,6%) und Simona Panzino (0,5%).
[76]   Vgl. zur Zusammensetzung der Wahlkoalitionen die Homepage des italienischen Innenministeriums: http://politiche.interno.it/politiche/camera060409/C0000000.htm (Stand: 22.05.2006).

aber wegen der regionalen Zuteilung der Mehrheitsprämien und wegen der Stimmen der Auslandsitaliener doch noch eine knappe Mehrheit.

DS und *Margherita* stellten die mit Abstand stärksten Kräfte des Mitte-Links-Lagers dar: Die gemeinsame Formation *Ulivo* erhielt mit 31,3% sogar deutlich mehr Stimmen als die getrennt angetretenen Parteien im Senat zusammen, wo die DS mit 17,5% deutlich vor der *Margherita* mit 10,7% lag. Zulegen konnten die kommunistischen Parteien PRC und PdCI, die hinter den beiden großen Bündnispartnern zusammen mit *Italia dei Valori, Rosa nel Pugno* und den *Verdi* eine Gruppe von Kräften bilden, die trotz eher geringer Stimmenzahl eine gewichtige Rolle in der Regierungskoalition spielen wollen. Wie sich die Verhältnisse innerhalb des Bündnisses während der Legislaturperiode entwickeln, bleibt abzuwarten.

4.5.2   Entwicklung im Mitte-Rechts-Lager

1996-2001

Die Formationen im Mitte-Rechts-Lager (*centrodestra*) zeigten sich nach 1996 etwas weniger instabil als ihre Widersacher. Die verlorenen Wahlen stellten ähnlich wie bei der Linken 2001 ein traumatisches Ereignis dar, bei dem sich gezeigt hatte, wie wichtig der Zusammenhalt ist. So war das separate Antreten der LN außerhalb des *Polo delle libertà* wesentlich für die Niederlage mitverantwortlich. Diese konnte mit ihrem Alleingang durchaus zufrieden sein: Sie erreichte dank ihrer Hochburgen im Norden bei den Wahlen zur Abgeordnetenkammer 10% der Proportionalstimmen und 8,2% der Direktmandate. Der *Polo* hingegen erreichte hier nur 44% der Proportionalstimmen und 35,6% der Direktmandate. Vor allem die letzte Zahl zeigt, wie wichtig das gemeinsame Antreten in den Wahlkreisen gewesen wäre. So blieb nur der Gang auf die harten Oppositionsbänke.

Die drei Hauptbestandteile des Mitte-Rechts-Lagers erwiesen sich als organisatorisch und politisch stabil:

- Allen voran blieb die FI mit Silvio Berlusconi Speerspitze der Opposition, zumal sie nur leichte Verluste zu verzeichnen hatte und mit 20,6% deutlich besser als die AN (15,6%) abschnitt. Sie hielt auch an ihrem Anspruch fest, als große bürgerliche Volkspartei die Hauptalternative gegen die Linke zu sein. Diesem Anspruch folgend wurde die seit 1994 rasch aus dem Boden gestampfte lockere Parteiorganisation der FI nach 1996 nachhaltig ausgebaut und damit die Partei auch auf der lokalen Ebene stabil verankert. Die inneren Strukturen blieben allerdings klar auf die Führungsfigur Silvio Berlusconi ausgerichtet, der mit einem engen Kreis von Vertrauen nach wie vor Kurs und Programm der Partei bestimmt.[77]

- Die AN konnte sich im Vergleich zu 1994 sogar leicht verbessern und verfolgte weiter ihre Strategie der Mitte. Der Vorsitzende Gianfranco Fini stand dabei ebenso wenig außer Frage wie das Bündnis mit der FI, da ein Alleingang nach dem Beispiel der LN wenig Erfolg versprechend gewesen wäre und eher einen Rückschritt auf dem Weg zur seriösen und anerkannten Partei dargestellt hätte.

- Auch die LN konnte sich verbessern, profitierte allerdings davon, dass sie außerhalb des *Polo* auch Stimmen von Berlusconi-Gegnern erhielt. Ebenso wie bei FI und AN regte sich keinerlei Konkurrenz zu Parteichef Umberto Bossi; auch wurde der scharfe und unberechenbare Politikstil beibehalten.

Weniger stabil stellte sich die Lage in der Mitte dar: Das Intermezzo der UDR (s.o.) brachte einige Turbulenzen, in die auch CCD und CDU gerieten. Doch stellte sich nach dem Zerfall der UDR der Ausgangszustand fast vollständig wieder her. Die inhaltliche Nähe der beiden christdemokratischen Parteien führte allerdings zu immer engerer Kooperation, die sich im Vorfeld der Parlamentswahlen 2001 in der Gründung der Listenverbindung *Biancofiore* (weiße Blume) niederschlug.[78]

Die bevorstehenden Wahlen brachten auch einige Entwicklungen bei den kleineren Parteien mit sich:

- Am 11.02.2001 gründeten der frühere CISL-Gewerkschaftsfunktionär Sergio D'Antoni und Giulio Andreotti die *Democrazia Europea*. Keimzelle waren zehn Senatoren aus LN und PPI. Wie viele andere Neugründungen auch, sollte sie eine Wiedergeburt der DC darstellen, ging aber zwischen den großen Parteienbündnissen unter: Auf sich selbst gestellt erreichte sie nur 2,4% und gewann zwei Sitze im Senat, scheiterte aber in der Abgeordnetenkammer an der 4%-Hürde.

- Aus Resten des PSI entstand am 14. Juli 2000 der *Nuovo* PSI (neuer PSI) unter Vorsitz des ehemaligen Außenministers Gianni De Michelis. Diese Formation schloss sich dem Mitte-Rechts-Wahlbündnis an.

- Der schwer gebeutelte PRI, der 1994 als *Alleanza Democratica* und 1996 wieder als PRI mit den *Popolari* Teil der Mitte-Links-Bündnisse gewesen war, wendete sich dem *centrodestra* zu.

- Dafür ging dem Mitte-Rechts-Bündnis auch ein Bestandteil verloren: Die Nachfolger des *Partito Radicale*, die 1994 und 1996 jeweils Teil des *Polo*

---

77 Dies zeigt Poli 2001.
78 Vgl. hierzu und zum Folgenden Donovan 2002 und Donovan 2003a, S. 109f.

gewesen waren (als *Lista Pannella* bzw. *Lista Pannella-Sgarbi*), entschieden sich 2001 selbständig als *Lista Pannella-Bonino* anzutreten. Sie erreichten aber nur 2,2% und blieben ohne Parlamentsmandate.

Daraus ergab sich für das Mitte-Rechts-Wahlbündnis – im Vergleich zu 1996 geringfügig umbenannt in *Casa delle libertà* (Haus der Freiheiten) – folgende Zusammensetzung: FI, AN, *LN*, *Biancofiore* (CCD und CDU), *Nuovo* PSI und PRI. Die Bildung dieser Allianz ging mit weniger Problemen einher als beim *Ulivo*. Die Hauptbestandteile hatten kaum Alternativen; und auch die zentrale Frage der Integration der LN war aufgrund des Machtwillens Bossis relativ einfach zu lösen. Ein angestrebtes Abkommen mit den Nachfolgern der Radikalen scheiterte an deren Widerstand. Auf der extrem rechten Seite hatte die *Casa* weniger zu befürchten als der *Ulivo* von extrem links, da der MSFT (die radikale Abspaltung des früheren MSI, s.o.) kaum eine nennenswerte Wählerschaft anzuziehen vermag. Die Frage einer Einbeziehung der extrem Rechten erwies sich als hoch kontrovers, so dass man sich schließlich auf eine regional begrenzte (Sizilien) taktische Wahlabsprache mit dem MSFT beschränkte. Ein Abkommen mit der *Democrazia Europea* scheiterte am Widerstand Giulio Andreottis, der auf einer streng zentristischen Ausrichtung der neuen Gruppierung bestand.[79]

2001-2006

Die nationalen Parlamentswahlen vom Mai 2001 brachten für die *Casa delle libertà* einen fulminanten Erfolg.[80] Das Bündnis erreichte in der Abgeordnetenkammer 49,6% der Proportionalstimmen, 59,4% der Direktmandate und kam damit auf 368 Sitze (58,4%). Innerhalb der *Casa* fand eine deutliche Gewichtsverschiebung zugunsten der FI statt, die im Vergleich mit 1996 von 20,6% auf 29,5% zulegen konnte. Die AN kam auf 12,0% (1996: 15,7%). Die weiteren Bündnispartner hatten empfindliche Einbrüche zu verzeichnen und scheiterten an der 4%-Hürde (LN mit 3,9% und *Biancofiore* mit 3,2%), erlangten aber in den Wahlkreisen eine beträchtliche Anzahl an Mandaten. Die größenmäßige Rangordnung innerhalb des *centrodestra* blieb somit erhalten; die deutlichen Verluste zugunsten der FI waren allerdings für die Verbündeten Berlusconis ein Anlass, künftig das eigene Profil innerhalb des Bündnisses zu schärfen, um nicht von der FI aufgesogen zu werden.[81]

---

[79]   Vgl. zur Bildung der beiden Wahlbündnisse sehr übersichtlich Donovan 2002.

[80]   Vgl. Zohlnhöfer 2002 und detailliert zur geographischen Auswertung der Ergebnisse Sommer 2002.

[81]   Dieser Umstand ist nicht zuletzt mitverantwortlich für die Konflikte innerhalb der Regierung Berlusconi II, die in der Regierungskrise vom April 2005 gipfelten.

Die *Casa delle libertà* formte nach den gewonnenen Wahlen in unveränderter Zusammensetzung die Regierung Berlusconi II, wobei die Splitterparteien PRI und *Nuovo* PSI naturgemäß eher pro forma eine Rolle spielten und kaum nennenswerte Posten besetzten.[82] Parteipolitisch blieb die Mitte-Rechts-Koalition während ihrer Regierungszeit im Wesentlichen stabil (im Unterschied zu der Zeit 1996-2001, s.o.). Ausnahme ist die Vereinigung der beiden schon als *Biancofiore* gemeinsam angetretenen christdemokratischen Parteien CCD und CDU und der *Democrazia Europea* zur UDC (*Unione dei Democratici Cristiani e Democratici di Centro*)[83] am 08.12. 2002. Allerdings verließen einige Anhänger der *Democrazia Europea* im April 2004 die neue Partei wieder aus Protest gegen die Südpolitik der Regierung und schlossen sich im November 2004 der *Margherita* an, allerdings ohne in ihr aufzugehen.

Hinzu kamen kleine Bewegungen, die zwar in ihren Auswirkungen kaum bedeutsam sind, aber dennoch durch ihr Vorhandensein den Zustand der italienischen Parteienlandschaft gut illustrieren:

- Aus Protest gegen eine Israel-Reise von Gianfranco Fini und dessen Distanzierungen vom Faschismus (das „absolut Böse" in der Geschichte Italiens[84]) erklärte *Duce*-Enkelin Alessandra Mussolini Anfang 2004 ihren Austritt aus der AN und gründete die *Azione Sociale*, die zusammen mit zwei weiteren extrem rechten Splittergruppen das Wahlbündnis *Alternativa Sociale* bildete. Das Medienecho auf die Spitzenkandidatin verhalf den Kandidaten des Bündnisses bei den Regionalwahlen im April 2005 immerhin zu Achtungserfolgen zwischen 0,8% und 2,7% der Stimmen.[85] Bei den Parlamentswahlen 2006 blieb sie aber mit 0,7% fast bedeutungslos.
- Ermutigt von Erfolgen in Europa- und Zwischenwahlen erklärte der *Nuovo* PSI im Juni 2005 die Allianz mit der *Casa* für beendet, blieb aber Teil der parlamentarischen Mehrheit und beließ seine Vertreter in der Regierung.
- Letzte Entwicklung war die Gründung der *Democrazia Cristiana per le Autonomie* im Juni 2005 durch eine Handvoll versprengter UDC-Mitglieder. Auch diese Neugründung sollte die Spaltung des Erbes der alten DC zwischen den beiden Lagern überwinden und eine große integrative Partei der Mitte werden. Zusammen mit dem *Nuovo* PSI erreichte sie 2006 unter dem Dach des *centrodestra* aber nur 0,7%.

---

[82] Vgl. zur Gewichtsverteilung bei der Regierungsbildung Donovan 2004, S. 101-105.
[83] Nicht zu verwechseln mit der UdC (*Unione di Centro*), die von Raffaele Costa aus verspreng-ten Resten des PLI gegründet wurde, 1994 Teil des *Polo* war und danach in der *Forza Italia* aufging.
[84] Die Welt vom 20.11.2004, S. 9; vgl. auch Donovan 2004, S. 118.
[85] Daten von http://regionali.interno.it/ind_regio.htm (Stand: 03.08.2005).

Auch wenn die Zukunftsaussichten der neu entstandenen Splittergruppierungen eher gering sind, so ist doch festzustellen, dass sich die Parteienlandschaft nicht nur auf der Linken und in der Mitte, sondern auch auf der Rechten in ständiger Bewegung befindet. Ein zweiter Befund ist, dass die Bedeutung einzelner Personen nach wie vor sehr hoch ist und immer wieder politische Unternehmer ein eigenes Parteienprojekt starten können; Voraussetzung dafür ist unter anderem auch eine starke Personenorientierung der Medien und nicht zuletzt der Wähler.

Betrachtet man die vier größeren Bestandteile des *centrodestra* (FI, AN, LN und UDC) seit 2001, sind durchaus verschiedene Entwicklungen festzustellen: Die FI setzt ihre Entwicklung zur gefestigten Partei fort, ohne ihren wesentlich monolithischen Charakter, zugeschnitten auf den Parteichef, zu verlieren.[86] Sie stellt nach wie vor die integrative Kraft im Bündnis dar, die mit ihrer catch-all-Strategie die geringsten inhaltlichen Festlegungen aufweist, dadurch flexibel reagieren und Kompromisse vermitteln kann. Zu großen Teilen konnte sie die frei werdenden ehemaligen DC-Wähler an sich binden, erkennbar auch an ihren regionalen Hochburgen, die sich vor allem im Süden und einigen Regionen des Nordens befinden. Sie zieht überproportional viele Frauen, Ältere und Selbständige an.[87]

Die LN bleibt ebenfalls klar auf ihre Führungsfigur ausgerichtet, doch ist Umberto Bossi seit seinem Schlaganfall im März 2004 geschwächt. Die Partei konnte dies allerdings kompensieren und setzte sich sogar mit ihrem Hauptprojekt, der Dezentralisierung, innerhalb der geplanten Verfassungsreform durch. Sie blieb allerdings ein beständiger Unruhefaktor, insbesondere nach außen. So kommen aus den Reihen der LN immer wieder Beleidigungen (z.B. des Staatspräsidenten), Beschwörungen eines unabhängigen Padaniens, fremdenfeindliche und europhobe Äußerungen.

An der Spitze der AN verfolgte Gianfranco Fini beharrlich seinen gemäßigten Kurs weiter, was ihm selbst den Aufstieg zum Vize-Regierungschef und Außenminister einbrachte. Als Mitglied des Konvents zur Zukunft der Europäischen Union und mit seinen Bemühungen um ein gutes Verhältnis zu Israel gewann er einiges Ansehen und verwunderte oft Parteifreunde wie politische Gegner gleichermaßen, z.B. mit seinem Vorschlag, Ausländern das kommunale Wahlrecht zuzugestehen. Allerdings mutete dieser Kurs der Partei sehr viel zu, was nicht ohne Folgen blieb: Große Medienaufmerksamkeit ernten meist die faschistischen Restbestände innerhalb der AN, so z.B. die inzwischen ausgetretene Alessandra Mussolini, die stets öffentlichkeitswirksam allen Distanzierungen der Parteispitze vom Faschismus entgegentrat. Eine Analyse der Regie-

---

[86] Vgl. Gianfelici 2003.
[87] Vgl. zur FI umfangreich und detailliert Grasmück 2005.

rungspraxis und der Programmatik der Partei fördert jedoch zu Tage, dass die
AN inzwischen weit davon entfernt ist, eine neofaschistische oder rechtsradikale
Partei zu sein – wenngleich sie noch dabei ist, eine stabile ideologische Ausrichtung zu finden.[88] „Infolge ihres programmatischen und ideologischen Wandels
ist AN heute eine demokratische Rechtspartei."[89] Gleichwohl bleiben rechte
Splitterparteien wie MSFT oder *Azione Sociale* (s.o.) eine Gefahr, da sie diejenigen Wähler anziehen könnten, denen der Kurs Finis zu gemäßigt ist. Vor diesem
Hintergrund ist es auch nicht verwunderlich, dass sich innerparteiliche Konkurrenten des Parteichefs zunehmend aus der Deckung wagen und sich entsprechende Flügel bilden.

Die UDC etablierte sich als stabile Größe in der italienischen Parteienlandschaft. Das Festhalten am Erbe der DC, darunter der Grundsatz des Proporzes,
stellt ihre wichtigste inhaltliche Klammer dar. Nachdem sie insbesondere unter
dem Vorsitzenden Marco Follini immer wieder als Gegengewicht zu Regierungschef Silvio Berlusconi fungiert hatte, zog Follini schließlich im Macht-
kampf den Kürzeren und trat von der Parteispitze zurück. Die Lücke wurde aber
schnell vom zweiten starken Mann der UDC, dem populären Präsidenten der
Abgeordnetenkammer, Pierferdinando Casini, gefüllt, der auch offiziell als Kandidat für das Amt des Regierungschefs in die Wahlen 2006 ging.

Zwischen den Koalitionspartnern waren während der Regierungszeit ebenso
schwere interne Spannungen zu erkennen wie in der Vorgängerkoalition, auch
wenn diese Konflikte ohne größere Parteiabspaltungen und mit nur einer Regierungsumbildung an der Oberfläche relativ gering blieben.[90] Hier zeigte sich, dass
auch die *Casa delle libertà* ein reines Zweckbündnis darstellt, das sich in erster
Linie im Hinblick auf einen Wahlerfolg zusammengeschlossen hat, nicht aufgrund inhaltlicher Gemeinsamkeiten, die man in der Regierung umsetzen wollte.
Abgesehen von den programmatischen Differenzen (mehr dazu im Kapitel Regierung) sind es auch taktische Gründe, die immer wieder für Streit zwischen
den Koalitionspartnern sorgten. Die Sorge, vor allem bei UDC und AN, von der
FI aufgesogen zu werden, wurde schon genannt. Hinzu kam, dass Silvio Berlusconi als Führungsfigur im Oppositionswahlkampf zwar viele Stimmen anziehen
konnte, ihm aber als Regierungschef auch der Unmut der Wähler verstärkt ent-
gegenschlug. Dies führte zu einer merklichen Gegenbewegung im Kräfteverhält-
nis der Bündnispartner, abzulesen an zahlreichen Zwischenwahlen, z.B. den
Wahlen zum Europäischen Parlament 2004: Diese Wahlen markierten nicht nur

---

[88] Tarchi 2003; vgl. zur programmatischen Wende seit 1994 auch Höhne 2003b.
[89] Höhne 2003b, S. 111.
[90] Eine sehr gute Illustration des Konfliktpotentials mit einer detaillierten Rekonstruktion der
Ereignisse für das Jahr 2003 bietet Donovan 2004.

eine verheerende Niederlage für die Regierungskoalition; auch wurde die FI mit 21% wieder auf den Stand von 1996 zurückgeworfen, während die AN stagnierte, die LN ein wenig und die UDC sogar deutlich hinzugewinnen konnte. Stellt man auch noch den rapiden Popularitätsverlust des Regierungschefs in Rechnung, verwundert es nicht, dass der innerkoalitionäre Führungsanspruch Berlusconis und damit auch der FI zunehmend und vor allem von der UDC in Frage gestellt wurde.

So waren auch die Vorbereitungen für die Parlamentswahlen 2006 von einem zähen Ringen um die Gewichtsverteilung innerhalb des Mitte-Rechts-Lagers geprägt: In personeller Hinsicht wurden auch hier kurz Vorwahlen zur Ermittlung des Spitzenkandidaten diskutiert. Strategisch spekulierten vor allem die Christdemokraten auf einen Zerfall der FI nach einer möglichen Niederlage, was die von vielen angestrebte Wiederauferstehung der DC begünstigen würde. Dem versucht Silvio Berlusconi das Projekt einer gemeinsamen Mitte-Rechts-Partei entgegenzustellen, die im Wesentlichen die Bestandteile der *Casa delle libertà* vereinigen soll.[91] Neben Berlusconi erklärten sich auch Gianfranco Fini und Pierferdinando Casini zur Führung der Regierung bereit – für den unwahrscheinlichen Fall, dass eine ihrer Parteien mehr Stimmen erhalten würde als die FI. Schließlich umfasste die *Casa delle libertà* bei der Wahl zur Abgeordnetenkammer zwölf Parteilisten (u.a. die *Alternativa Sociale*), von denen allerdings acht bei den Wahlen nicht über ein Prozent der Stimmen hinauskamen.

Nach den Wahlen 2006

Die knappe Wahlniederlage vom April 2006 stellte für das Mitte-Rechts-Bündnis einen schweren Schlag dar. Insbesondere der Zusammenhalt des *centrodestra* sieht sich seither weiteren Zerreißproben ausgesetzt. Gestritten wird vor allem um den künftigen Kurs gegenüber der Regierung. Während Silvio Berlusconi und die LN eine Fundamentalopposition befürworten, schlagen UDC und AN versöhnlichere Töne an. Die Rivalitäten dürften vor allem durch die Gewichtsverschiebungen intensiviert werden, die das Wahlergebnis mit sich brachte: Großer Verlierer war die FI, die 5,8% einbüsste und nur noch auf 23,7% kam. Damit erreichte sie nicht mehr, wie noch fünf Jahre zuvor, mehr Stimmen als alle anderen Bündnispartner zusammen. AN und LN konnten sich leicht verbessern. Mit Abstand größter Gewinner war die UDC, die mit 6,8% ihren Stimmenanteil mehr als verdoppeln konnte und darin eine Bestätigung dafür sah, dass sie sich während der Legislaturperiode gern als Gegengewicht zum Regierungschef profiliert hatte. So kann offenbar nicht jede Stimme für eine Partei der *Casa delle libertà*

---

[91] Vgl. dazu Kempis / Gorawantschy 2005.

ohne weiteres als pro-Berlusconi-Stimme gewertet werden. Mit dem neuen Wahlrecht konnten die Wähler auch explizit die Gewichtsverteilung innerhalb der Bündnisse beeinflussen, was zuvor nur begrenzt möglich gewesen war und sich nun wohl zuungunsten der FI auswirkte. Ob vor diesem Hintergrund die Gründung einer großen Mitte-Rechts-Partei gelingen kann, darf bezweifelt werden. Neben den vier großen Bestandteilen des Mitte-Rechts-Bündnisses spielen die kleinen Splitterparteien über Diskussionen um den Umgang mit extremen Rechten hinaus keine nennenswerte Rolle.

4.6 Ausblick und Entwicklungslinien

Seit Jahrzehnten besteht unter Beobachtern und Wissenschaftlern weitgehend Konsens darüber, dass die spezifischen Charakteristika des Parteiensystems eine wesentliche – wenn nicht gar die wichtigste – Ursache für Probleme und Fehlentwicklungen der italienischen Demokratie waren und sind (vgl. insbesondere die Kapitel Parlament und Regierung). Zwei Aspekte standen vor allem in der Kritik: die große Anzahl relevanter Parteien (bzw. Parteienzersplitterung) und das Fehlen eines Wechselspiels von Regierung und Opposition, bedingt durch die große Koalition der Mitte, die tiefen Gräben zwischen den Lagern und den zentrifugalen Parteienwettbewerb. Vor diesem Hintergrund ist es nicht verwunderlich, dass stets das (vermeintliche) Zweiparteiensystem Großbritanniens Orientierungspunkt der umfangreichen Reformdiskussion und später auch Leitbild der Wahlrechtsreformen war. Dreizehn Jahre und vier Parlamentswahlen nach der Reform von 1993 stellt sich die Frage, ob die erwünschten Wirkungen eingetreten sind oder wie die Chancen ihres zukünftigen Eintretens stehen.[92]

In puncto Parteienzersplitterung ist der Befund klar: Sie ist nach den Umwälzungen und Reformen der 1990er Jahre stärker als zuvor.[93] Zwar war die Anzahl der im Parlament vertretenen Parteien zuvor ähnlich hoch, zurückzuführen auf die nicht vorhandene bzw. nicht funktionierende Sperrklausel. Betrachtet man allerdings einen aussagekräftigeren Indikator, die Konzentration der Stimmen auf die größten Parteien, ergibt sich ein anderes Bild (vgl. Tabelle 4.1): Die Stimmen verteilen sich auf immer mehr Parteien; zur Organisation von Mehrheiten sind folglich immer mehr Akteure zu berücksichtigen. Schon zwischen 1992 und 1994 ist ein klarer Einschnitt zu erkennen. Noch deutlicher wird der Unterschied, wenn man als letzte Wahl der „Ersten" Republik jene von 1987 ansetzt. Die Gründe hierfür liegen nach den obigen Ausführungen auf der Hand: In erster Linie ist der Untergang der DC zu nennen, die in zahlreiche mehr oder weniger

---

[92]   Vgl. zu dieser Frage statt vieler D'Alimonte / Bartolini 2002.
[93]   Vgl. zum Folgenden Bartolini / Chiaramonte / D'Alimonte 2004, hier S. 9-15.

große Spaltprodukte zerfiel. Die FI konnte das so frei werdende Wählerpotenzial nur teilweise auffangen. Zur Zersplitterung des Zentrums kommt die Spaltung der Linken: Aus dem PCI wurden DS und PRC; schließlich kam der PdCI hinzu.

Allerdings war in den drei Wahlen 1994-2001 auch eine z.T. deutliche Gegenbewegung zu erkennen, vor allem im Vergleich von 2001 mit 1996: Hier wirkte sich das Erstarken der FI auf Kosten ihrer Bündnispartner aus. Auch die Vereinigung kleiner Parteien zur *Margherita* brachte einen bedeutenden Konzentrationsschub. Schließlich ist in diesem Zusammenhang das Entstehen der UDC zu nennen, auch wenn es sich nicht in den Zahlen der Tabelle niederschlägt.[94]

Tabelle 4.1: Konzentration der Stimmen bei den Wahlen zur Abgeordnetenkammer 1979-2006 (Angaben in Prozent)

Wahljahr	1979	1983	1987	1992	1994	1996	2001	2006
Anteil der zwei größten Parteien	68,7	62,8	60,9	51,4	41,3	41,7	46,1	41,5[*]
Anteil der drei größten Parteien	78,5	74,2	75,2	65,0	54,8	57,4	60,6	53,9[*]
Anteil der vier größten Parteien	83,8	81,0	81,1	73,7	65,9	66,0	72,6	67,3
Anteil der fünf größten Parteien	87,6	86,1	84,4	79,1	74,3	72,8	77,6	74,1

*) Da für DS und *Margherita* bei der Wahl zur Abgeordnetenkammer 2006 keine getrennten Daten vorliegen, wurden für diese beiden Parteien die Zahlen der Wahl des Senats verwendet.

Quelle: Eigene Berechnungen auf der Basis der Wahlergebnisse im Anhang.

Doch setzte sich dieser Prozess nicht fort. Zumindest die FI geriet wieder auf den absteigenden Ast, wenn man die Ergebnisse z.B. der Europawahlen 2004 und der Parlamentswahlen 2006 in Betracht zieht. Auch kommt es immer wieder zu Abspaltungen und Neugründungen, die teils unbedeutend bleiben, teils aber auch

---

[94]   Vgl. zur Entwicklung der Anzahl relevanter Parteien die Daten bei Bardi 2002, S. 52 und bei Bartolini / Chiaramonte / D'Alimonte 2004, S. 11.

signifikante Auswirkungen haben können.[95] Ein Anreiz zu weiteren Fusionen könnten aber die Sperrklauseln des neuen Wahlrechts von 2005 sein.

Der wichtigste Faktor blieb bis 2005 die zentrale Rolle der kleinen Parteien im Wettbewerb um die Direktmandate in den Wahlkreisen. Keine der größeren Parteien war so stark, dass sie hier alleine auch nur geringen Erfolg haben konnte. Somit blieb es für den Wahlerfolg entscheidend, ein möglichst breites Bündnis zu schmieden, was den kleineren Parteien großes Verhandlungspotential an die Hand gab, um sichere Wahlkreise für die eigenen Kandidaten herauszuschlagen. Hier war beispielhaft zu erkennen, wie politische Akteure innerhalb eines von der Idee her für sie ungünstigen Regelwerks Wege finden, ihre Interessen weiter effektiv zu verfolgen.[96] Das neue Wahlrecht stellt zwar im Prinzip ein Verhältniswahlrecht dar und beendete das Schachern um sichere Wahlkreise, wirkt aber mit seiner Mehrheitsprämie doch wieder wie ein Mehrheitswahlrecht, zumindest auf Ebene der konkurrierenden Koalitionen (vgl. Kapitel Wahlen und Abstimmungen). So bleibt es dabei, dass das Ausscheren selbst kleiner Parteien aus dem Wahlbündnis entscheidend sein kann – was deren wichtige Position sichert.

Bleibt also die Parteienzersplitterung ein ungelöstes Problem, so hat die weitgehende Einführung der relativen Mehrheitswahl 1993 ein anderes Ziel erreicht: eine bipolare Struktur des politischen Wettbewerbs.[97] Während noch bis 1992 einer breiten Mitte von beiden Seiten Extreme gegenüberstanden, die für eine Regierungsbeteiligung nicht in Frage kamen, und somit Regierungswechsel fast ausgeschlossen waren, konkurrieren heute zwei Lager gegeneinander, die beide reelle Chancen auf Wahlsieg und Regierungsübernahme haben (vgl. die Übersicht in Tabelle 4.2). Das Wahlbündnis der Mitte von 1994 blieb eine Episode; 2001 konzentrierten sich bereits 90% der Stimmen auf *Casa delle libertà* und *Ulivo*. Damit etablierte sich eine klare Scheidelinie zwischen Mitte-Rechts und Mitte-Links. Diese wird zwar häufig in die eine oder andere Richtung überschritten, doch um eine Positionsbestimmung zwischen den Lagern kommen politische Akteure nur sehr schwer herum. Ausfluss dieser Entwicklung ist der Umstand, dass nach der turbulenten Transitionsphase wieder Stabilität eingekehrt ist – zumindest in dem Sinne, dass Klarheit über das momentan regierende Lager herrscht. Auch stehen die italienischen Wähler nun bei der Stimmabgabe vor klaren Alternativen und haben sogar zwei konkurrierende Spitzenkadidaten vor sich – gerade das war von vielen vermisst worden. Auch das neue Wahlrecht von 2005 wirkt in diese Richtung.

---

[95] Es seien nur die *Democrazia Europea* als Beispiel angeführt, die 2001 aus dem Stand 2,4% der Proportionalstimmen erreichte und die *Lista Di Pietro*, die auf 3,9% kam.

[96] Vgl. Di Virgilio 2004.

[97] Bartolini / Chiaramonte / D'Alimonte 2004, hier S. 2-9.

Tabelle 4.2: Wahlbündnisse 1994-2006

Wahl-bündnis	Mitte-Links (*centrosinistra*)	Mitte-Rechts (*centrodestra*)	Andere (ohne Bündnis bzw. 1994 Mitte-Bündnis)
1994	*Alleanza dei Progressisti*	*Polo della libertà* *Polo del buongoverno*	*Patto per l'Italia* (PPI, Patto Segni)
	PDS	FI	Riformatori
	PRC	MSI-AN	Federazione Liberale
	La Rete	LN	
	PSI	CCD	
	Rinascita Socialista	PSDI	
	Verdi	Unione di Centro	
	Cristiano Sociali	Federazione Democratici Socialisti	
	Alleanza Democratica	Lista Pannella	
1996	*Ulivo*	*Polo per le libertà*	
	PDS	FI	LN
	(Absprachen mit PRC)	AN	PRC (s. links)
	Popolari (PRI, PPI, Prodi, UD, SVP)	CDU	MSFT
		CCD	Federalisti
	Verdi	Lista Pannella-Sgarbi	
	Lista Dini (SI, RI, Patto Segni)		
2001	*Ulivo*	*Casa delle libertà*	
	DS	FI	PRC
	Margherita (PPI, Democratici, UDEUR, RI)	AN	Lista Di Pietro
		LN	Democrazia Europea
	PdCI	Biancofiore (CCD, CDU)	Lista Pannella-Bonino
	Girasole (Verdi, SDI)	Nuovo PSI	MSFT (s. links.)
	SVP	(z.T. Absprachen mit MSFT)	

2006	*Unione*	*Casa delle libertà*	
	DS	FI	Sonstige
	Margherita (bei Abge-ordnetenkammer zus. mit DS als Ulivo)	AN	
		LN	
	PRC	UDC	
	PdCI	Alternativa Sociale	
	Italia dei Valori	Fiamma Tricolore	
	Verdi	(kleinere Parteien)	
	Rosa nel Pugno		
	UDEUR		
	(kleinere Parteien)		

Quelle: Eigene Zusammenstellung auf der Basis von Newell / Bull 1997, Dono-van 2002, Di Virgilio 2004 und für 2006 Daten von der Homepage des italieni-schen Innenministeriums (http://politiche.interno.it/politiche/ind_poli.htm; Stand: 22.05.2006).

Allerdings übersetzt sich die bipolare Struktur des elektoralen Wettbewerbs nur bedingt in das Parlament. Dort fächern sich die Wahlbündnisse wieder in die einzelnen Parteien auf, was trotz eindeutiger Wahlsiege wieder das schwierige Geschäft der Mehrheitsbildung mit zahlreichen heterogenen Akteuren erforder-lich macht.[98] Auch muss bei abtrünnigen oder widerspenstigen Koalitionspart-nern immer wieder auf Kompromisse mit oppositionellen Kräften zurückgegrif-fen werden (vgl. die Kapitel Parlament und Regierung). Hier zeigt sich, dass die Wahlallianzen nur reine Zweckbündnisse darstellen, die über große programma-tische Gräben hinweg geschlossen werden. Man kann sogar davon sprechen, dass in Italien zwei Parteiensysteme zu unterscheiden sind: das elektorale mit einem zentripetalen Wettbewerb zur Stimmenmaximierung und das parlamenta-rische mit einem zentrifugalen Wettbewerb der Erpressung durch Koalitions-partner.[99] Ob das gegenläufige Beispiel von *Ulivo* und *Rosa nel Pugno*, die nach den Wahlen 2006 auch gemeinsame Fraktionen bildeten und sich auch zu Partei-en vereinigen wollen, Schule macht, bleibt abzuwarten. Von den oft ersehnten übersichtlichen Verhältnissen eines britischen Zweiparteiensystems oder der

---

[98] Für den Beobachter kommt erschwerend hinzu, dass die Namen der Parlamentsfraktionen nicht unbedingt mit denen ihrer Parteien identisch sind. Auch können die entsprechenden Fraktionen in Abgeordnetenkammer und Senat unterschiedliche Bezeichnungen tragen.
[99] Bardi 2002; vgl. auch Di Virgilio 2004.

ebenfalls oft beneideten Stabilität deutscher Regierungskoalitionen ist Italien trotzdem noch weit entfernt.

Dennoch kann festgestellt werden, dass im italienischen Parteiensystem ein tief greifender Wandel stattgefunden hat. Zur Bipolarisierung kommt hinzu, dass die einstigen Extreme nun fest in den Kreis der regierungsfähigen Parteien integriert sind. Weder die teils künstlich geschürte Angst vor einer Regierungsbeteiligung ehemaliger Kommunisten erwies sich als begründet noch die Befürchtungen gegenüber den MSI-Nachfolgern. Insofern kann man feststellen, dass die ideologische Distanz zwischen den Rändern – zumindest bezogen auf die relevanten Parteien – deutlich abgenommen hat. Hinzugekommen ist mit Silvio Berlusconi allerdings ein Faktor, der die Schärfe der politischen Auseinandersetzung zunehmen ließ. Die Frage, wie man zu ihm, seinem Interessenkonflikt und seinem Politikstil steht, ist eine weitere Scheidelinie, die das Parteiensystem strukturiert – wäre nicht anzunehmen, dass dieses Phänomen ein vorübergehendes ist, könnte man überspitzt sogar von einer weiteren Konfliktlinie sprechen.

Mit der Person Silvio Berlusconi ist bereits ein Punkt angesprochen, der es sehr schwer macht, einen Ausblick zu wagen. Eine zentrale Frage der italienischen Politik ist, wie es nach dem Ausscheiden des schillernden Milliardärs weitergeht. Insbesondere im Mitte-Rechts-Lager denken nicht wenige darüber nach, wer sein politisches Erbe antreten könnte. Auch Akteure des *centrosinistra* liebäugeln mit den vielen bürgerlichen Wählerstimmen, die nach einem möglichen Verschwinden der FI frei würden – die Idee einer großen integrativen Partei der rechten Mitte bleibt lebendig (s.o.). Eine weitere für das Parteiensystem wichtige Frage bleibt beständig in der Diskussion, nämlich das Wahlrecht (vgl. Kapitel Wahlen und Abstimmungen).[100] Es herrschte Konsens darüber, dass das Regelwerk von 1993 Mängel aufwies und nicht die gewünschten Effekte produzierte. In der Tat hätte es den Intentionen der Wahlrechtsreformer von Anfang der 1990er Jahre entsprochen, Wahlbündnissen und Listenverbindungen einen Riegel vorzuschieben. Allerdings hätte man für solche Vorkehrungen die Zustimmung einiger Parteien gebraucht, die gerade davon in ihrer Existenz bedroht wären. So kam es zu der einseitigen, d.h. nicht lagerübergreifenden Wahlrechtsreform der Mitte-Rechts-Koalition von 2005, von der nicht wenige Beobachter vermuteten, sie solle in erster Linie die Abwahl der Regierung verhindern. Auch wenn es trotzdem zum Regierungswechsel kam, bleibt das Wahlrecht eine Reformbaustelle. Das nun regierende Mitte-Links-Bündnis hat bereits eine Reform der Reform angekündigt.

---

[100]   Vgl. zu dieser Diskussion die Überlegungen von Chiaramonte / D'Alimonte 2004.

5 Wahlen und Abstimmungen

Wahlen kommt in Demokratien eine zentrale Bedeutung zu. Sie sind der bedeutendste Akt des politischen Willensbildungsprozesses, in dem das Wahlvolk seine Präferenzen äußert und ggf. durch Abwahl der Regierenden das wichtigste Kontrollinstrument ausübt. So stellt das Wählerverhalten an den Urnen einen der wichtigsten Faktoren für die Entwicklung eines politischen Systems dar. Ebenso wichtig sind die Regeln, mit denen Wählerstimmen in Parlamentssitze umgerechnet werden, nämlich das Wahlrecht. So kann ein und dieselbe Stimmenverteilung je nach angewandtem Wahlrecht im Parlament ganz unterschiedliche Ergebnisse hervorbringen. Eine ähnlich wichtige Partizipationsform sind Formen der direkten Demokratie, in denen die Bürger nicht Repräsentanten wählen, sondern in Sachfragen direkt entscheiden.

5.1 Wahlrecht

5.1.1 Wahlrecht bis 1993

Die negativen Erfahrungen aus der Zeit des Faschismus waren Beweggrund dafür, in der Frage des Wahlrechts weniger Wert auf klare Mehrheiten denn auf eine möglichst gerechte Repräsentation aller politischen Kräfte und die direkte, unverfälschte Abbildung des Wählerwillens im Parlament zu legen. Folge dieser Entscheidung war ein Verhältniswahlrecht, das die Hürden für den Einzug in das Parlament sehr niedrig legte.[1]

Für die Abgeordnetenkammer mit 630 Sitzen wurde in 32 (also relativ großen) Wahlkreisen per Listenwahl gewählt. Die Wähler stimmten für eine Parteiliste, konnten aber darüber hinaus drei bzw. vier Präferenzstimmen vergeben.[2] Sie konnten dadurch innerhalb der gewählten Parteiliste Kandidaten von hinteren Plätzen nach vorne wählen, denn die einer Partei zustehenden Mandate wurden an die Kandidaten mit den meisten Präferenzstimmen vergeben. Die Auswirkungen dieser Präferenzstimmen auf das Innenleben der Parteien wurden bereits

---

[1] Ein ausgezeichneter Überblick über die Wahlrechtsdiskussion sowie sämtliche Wahlen von 1848 bis zur Gründung der Republik findet sich bei Piretti 1995.

[2] Zur zentralen Rolle der Präferenzstimmen vgl. Pasquino 1995a.

beschrieben (vgl. Kapitel Parteien und Parteiensystem). Die den einzelnen Wahlkreisen zustehenden Mandate wurden nach Proporz auf die Parteien verteilt. Die Hürde für einen Parlamentssitz errechnete sich damit aus der Anzahl der gültigen Stimmen geteilt durch die Anzahl der im Wahlkreis zu vergebenen Mandate. Kleine Parteien, die an dieser ohnehin sehr niedrigen Hürde (z.B. im Vergleich zur 5%-Klausel in Deutschland) scheiterten, kamen oft in einem Ausgleichsverfahren auf nationaler Ebene zum Zuge, das dafür sorgte, dass der landesweit erhaltene Stimmenanteil und die Sitze in der Abgeordnetenkammer sich möglichst genau entsprachen.

Das Wahlverfahren für den Senat unterschied sich von diesem Verfahren, führte aber zu denselben Effekten. Die 315 Sitze wurden ursprünglich in Einmannwahlkreisen vergeben, was der Mehrheitswahl entspräche. Doch kam dieses Verfahren nur zur Anwendung, wenn der siegreiche Kandidat mindestens 65% der Stimmen erhielt. Anderenfalls – und damit in den meisten Fällen – wurden die Mandate nach Proporz auf regionaler Basis vergeben. Dies und der Umstand, dass man für die Senatswahlen erst ab 25 statt schon mit 18 Jahren stimmberechtigt war, waren die einzigen Unterschiede zum Wahlmodus der Abgeordnetenkammer.[3]

Faktisch wurden die beiden Kammern also nach gleichem Modus bestellt, was eine sehr ähnliche Zusammensetzung zur Folge hatte. Durch den Zugriff auf die Listenaufstellung und die Verfügung über Präferenzstimmenpakete erhielten die Parteiführungsgruppen eine starke Position. Die wichtigste Eigenheit war das Fehlen einer effektiven Sperrklausel, so dass ca. 1,5% der Stimmen die parlamentarische Repräsentation einer Partei garantierten[4] – was wiederum für die Parteienzersplitterung und damit zusammenhängende Probleme verantwortlich gemacht wurde.

So war das Wahlrecht permanent Gegenstand von Reformüberlegungen. Schon im Vorfeld der Wahlen 1953 wurde von der DC mit ihren Koalitionspartnern eine Reform verabschiedet, die vorsah, dass dasjenige Parteienbündnis, das über 50% der Wählerstimmen erreicht, 65% der Parlamentssitze erhalten sollte. Dieses höchst umstrittene und von der Opposition als Betrug bezeichnete Gesetz (*legge truffa*) wurde allerdings nach massiven Protesten wieder abgeschafft, nachdem es 1953 auch der DC-geführten Koalition nicht gelang, die 50%-Marke zu übertreffen.[5]

1991 wurden schließlich durch ein Referendum die Präferenzstimmen von vier auf eine reduziert und damit eine wesentliche Problemquelle beseitigt. Angestoßen von einem weiteren Referendum wurde das Wahlrecht für die beiden

---

[3]   Hine 1993, S. 88-90.
[4]   Hellman 2002, S. 478.
[5]   Pasquino 1995a, S. 281.

Kammern 1993 von Grund auf reformiert (vgl. Kapitel Parteien und Parteiensystem und unten den Abschnitt über direkte Demokratie).

5.1.2 Wahlrecht 1993-2005

Das bei den Parlamentswahlen 1994 zum ersten Mal angewandte neue Wahlrecht stellte eine Kompromisslösung dar zwischen den Reformern, die am liebsten das Proporzsystem komplett durch die relative Mehrheitswahl ersetzt hätten, und den etablierten Eliten, welche die Verhältniswahl bewahren wollten.[6]

Bei den Wahlen zum Senat hatte der Wähler eine Stimme, mit der er für einen Kandidaten und gleichzeitig für dessen Partei stimmte. Rund drei Viertel der Sitze (232) wurden in Einmannwahlkreisen (*collegio uninominale*) nach relativer Mehrheitswahl vergeben, d.h. der Kandidat mit den meisten Stimmen erhielt das Mandat. Die restlichen Sitze (83) wurden auf regionaler Ebene proportional verteilt. Zuvor wurden aber jeder Partei oder jedem Parteienbündnis diejenigen Stimmen abgezogen, die deren siegreiche Kandidaten in den Einmannwahlkreisen erhalten hatten; dieses Verfahren hieß *scorporo totale*. Erst dann wurden die restlichen Sitze (nach d'Hondt) an die Parteien(bündnisse) verteilt. Es kamen jeweils diejenigen im Wahlkreis unterlegenen Kandidaten der Parteien(bündnisse) zum Zuge, welche die meisten Stimmen auf sich vereinigen konnten.[7] Hinter diesem Proportionalausgleich stand wiederum das Bestreben nach möglichst gerechter Repräsentation auch kleinerer Parteien. Eine Sperrklausel existierte nicht, ergab sich aber durch die Größe der Region und damit aus der Anzahl der ihr zustehenden Senatssitze. So war besonders in kleinen Regionen die Hürde zur Erlangung eines Mandats bei der proportionalen Verteilung recht hoch.

Komplizierter war das Wahlrecht für die Angeordnetenkammer: Hier hatte der Wähler zwei Stimmen. Mit der ersten Stimme wählte er einen Kandidaten in seinem Einmannwahlkreis. Der Kandidat mit den meisten Stimmen erhielt das Mandat, die anderen gingen leer aus (relative Mehrheitswahl). Auf diese Weise wurden rund drei Viertel der Sitze (475) vergeben. Die restlichen Sitze (155) wurden nach Proporz vergeben, wobei die Zweitstimme maßgeblich war, die der Wähler an Parteien oder Parteienbündnisse vergab. Die Zweitstimmen der Parteien(bündnisse) wurden auf nationaler Ebene addiert. Danach wurde allerdings die Anzahl derjenigen Stimmen, die zum Gewinn von Direktmandaten benötigt wurden (also die Stimmenanzahl des zweitplatzierten Kandidaten plus eine

---

6   Vgl. zu diesem Wahlrecht die präzise Darstellung bei Schönrock 1997, S. 237-239.
7   Gesetzestext der Vorschriften für die Wahlen zu Abgeordnetenkammer und Senat: Gazzetta Ufficiale Nr. 183 vom 06.08.1993.

Stimme), abgezogen – im Unterschied zum Verfahren bei der Wahl zum Senat blieb der Partei bzw. dem Bündnis also nur der Stimmenvorsprung zum Zweitplatzierten erhalten, daher die Bezeichnung *scorporo parziale*. Die so errechneten Stimmanteile der Parteien(bündnisse) waren dann Grundlage für die proportionale Sitzverteilung (nach Hare); die den Parteien(bündnissen) zustehenden Mandate wurden nach starren Kandidatenlisten vergeben. Standen einer Partei z.B. fünf Mandate zu, kamen die ersten fünf Kandidaten auf der Liste zum Zuge. Unabhängige Kandidaten waren bei der Wahl zur Abgeordnetenkammer nicht zugelassen: Die Direktkandidaten mussten sich einer der Parteilisten zuordnen, die zur Proportionalwahl antraten. Außerdem wurde bei der Verteilung der Proportionalmandate eine Sperrklausel von landesweit 4% eingeführt. Parteien, die darunter blieben, erhielten hier keine Mandate.[8]

Allerdings ließ es eine Gesetzeslücke zu, den *scorporo* zu umgehen: Eine Partei stellte für die Proportionalmandate neben ihrer eigentlichen Liste eine Tarnliste (sog. „Eulen"-Liste, *lista civetta*) auf, zu der sich ihre Direktkandidaten zugehörig erklärten. Gewann ein Direktkandidat den Wahlkreis, wurden die entsprechenden Stimmen nicht seiner eigentlichen, sondern der Tarnliste abgezogen. Diese Praxis – wenngleich formal legal – widersprach selbstverständlich den Intentionen des Wahlgesetzes und gab stets Anlass zu Diskussionen.[9]

Nach drei Durchgängen mit diesem Wahlrecht kann festgestellt werden, dass die Ziele, die man mit der Reform verfolgt hatte, nicht erreicht wurden (vgl. auch Kapitel Parteien und Parteiensystem).[10] Die nach Proporz vergebenen Mandate boten einen Anreiz für die Parteien selbständig zu bleiben, obwohl sie die Vergabe von Direktmandaten nach relativer Mehrheitswahl zum Zusammenschluss drängte. Dieser Zusammenschluss geschah allerdings nicht durch die Fusion von Parteien, sondern durch den Abschluss von punktuellen Zweckbündnissen zur Erringung von Direktmandaten. Entscheidend war, wer in seinem Lager die breiteste Allianz schmiedete. Schon das selbständige Antreten einer kleinen Partei aus dem einen Lager konnte die entscheidenden Prozentpunkte kosten, die dem Kandidaten des konkurrierenden Parteienbündnisses zum Sieg verhalfen. Dadurch waren auch kleine Parteien in einer relativ starken Position und konnten für die Unterstützung von Kandidaten anderer Parteien in dem einen Wahlkreis im Gegenzug aussichtsreiche Wahlkreise für die eigenen Kandidaten verlangen. Nach der Wahl gingen die Bündnispartner wieder getrennte Wege und gründeten eigene Parlamentsfraktionen. Auf diese Weise reproduzierte und

---

[8] 2001 betraf dies z.B. die *Lista Di Pietro* und die *Lega Nord*, die beide nur knapp an dieser Hürde scheiterten. Die Sperrklausel hatte also durchaus Auswirkungen.

[9] Vgl. Fabbrini / Gilbert 2001, S. 525.

[10] Zu den Wirkungen des neuen Wahlrechts und der Frage nach einer „elektoralen Transition" vgl. den maßgeblichen Sammelband D'Alimonte / Bartolini 2002 sowie kompakter D'Alimonte 2001.

verstärkte das neue Wahlrecht die hohe Anzahl und die Schlüsselrolle kleiner Parteien (vgl. die Kapitel Parteien und Parteiensystem sowie Parlament und Regierung).

Vor diesem Hintergrund ist es nicht verwunderlich, dass die Diskussion um eine Wahlrechtsreform auch nach 1993 nicht verstummte. Dabei forderten manche die Rückkehr zur Verhältniswahl, da die Zersplitterungseffekte kaum größer sein könnten als unter den Bedingungen dieses Mischsystems und damit wenigstens das Geschick beim Schmieden von taktischen Wahlallianzen weniger wahlentscheidend würde. Andere sahen den Reformbedarf bei den proportionalen Überbleibseln, wollten am liebsten den Proportionalteil ganz abschaffen und die Bildung von Wahlbündnissen unterbinden. In diese Richtung gingen auch zwei Versuche, das Wahlrecht erneut per Referendum zu reformieren; doch scheiterten diese 1999 knapp und 2000 deutlich an mangelnder Beteiligung.[11]

Auch unter der Mitte-Rechts-Regierung ab 2001 ging die Diskussion weiter. So wurde 2001 ein Gesetz verabschiedet, das auch die ca. 3,5 Millionen im Ausland lebenden Italiener ihre Stimme außerhalb des Staatsgebietes abgeben und eigene Vertreter wählen ließ.[12] Dazu wurde die Erde in vier große Wahlkreise aufgeteilt (Europa, Nord- und Mittelamerika, Südamerika sowie ein Wahlkreis mit Asien, Afrika und Ozeanien), die je nach Anzahl der Wahlberechtigten unterschiedlich viele Senatoren (insgesamt 6) und Abgeordnete (insgesamt 12) nach Rom entsenden. Bei den Parlamentswahlen von 2006 sollte in Anbetracht des knappen Wahlergebnisses den Stimmen der Auslandsitaliener eine entscheidende Rolle zukommen. Schließlich verabschiedete die Regierungskoalition im Dezember 2005 ein neues Wahlrecht, ohne die Opposition in dem Reformprozess mit einzubeziehen – was wenige Monate vor den nächsten Parlamentswahlen den Vorwurf nahe legte, die Regierung wolle sich günstige Bedingungen zurechtschneidern, um eine drohende Niederlage abzuwenden.

5.1.3 Wahlrecht seit 2005

Das neue Wahlrecht für Abgeordnetenkammer und Senat[13] sieht die Verteilung der Sitze nach dem Proporzsystem vor, allerdings mit zwei bedeutenden Korrektiven: zum einen eine Mehrheitsprämie (die in dem Fall greift, dass keine Liste oder Koalition mehr als 340 Sitze in der Abgeordnetenkammer bzw. mehr als

---

[11] Vgl. Zohlnhöfer 2002, S. 277f.; zur Wahlrechtsdiskussion vgl. statt vieler die Überlegungen von Chiaramonte / D'Alimonte 2004.

[12] Vgl. zum Folgenden Gesetz Nr. 459 vom 27.12.2001.

[13] Vgl. zu den folgenden Ausführungen Gesetz Nr. 270 vom 21.12.2005. Das komplette für die Parlamentswahlen 2006 geltende Recht ist auf der Homepage des Innenministeriums verfügbar: http://politiche.interno.it/leggi_elettorali_2006.pdf (Stand: 22.05.2006).

55% der in einem Wahlkreis vergebenen Sitze im Senat erreicht) und Sperrklauseln für die antretenden Parteien oder Koalitionen (auf nationaler Basis für die Abgeordnetenkammer und auf regionaler Basis für den Senat). Es ist vorgesehen, dass die Parteien sich zu Koalitionen zusammenschließen oder allein antreten können. In beiden Fällen hinterlegen die antretenden Formationen mit ihren Parteisymbolen (*contrassegni*) für den Stimmzettel auch ihr Wahlprogramm, in dem auch der Spitzenkandidat der Koalition bzw. Partei aufgeführt ist. Ebenso hinterlegen sie für jede der in der Koalition enthaltenen Parteien und für jeden Wahlkreis eine starre Kandidatenliste. Dem Wähler wird beim Urnengang für Abgeordnetenkammer und Senat je ein Stimmzettel vorgelegt; er hat in beiden Fällen jeweils eine Stimme, die er für eine der aufgeführten Parteien abgibt. Darüber hinaus hat er keine weiteren Möglichkeiten wie Präferenzstimmen oder ähnliches.

Von den 630 Mandaten der Abgeordnetenkammer werden 12 im so genannten Auslandswahlkreis (*circoscrizione Estero*; s.o.) vergeben und einer in der autonomen Region Aostatal. Die restlichen 617 Mandate werden in 26 Wahlkreisen vergeben, von denen 13 geographisch mit einer Region zusammenfallen.

Jede Partei kann sich bei Hinterlegung des Parteisymbols als Bestandteil einer Koalition erklären oder allein antreten; gleichzeitig hinterlegt sie ihr Wahlprogramm und nennt den Namen ihres Spitzenkandidaten (im Falle einer Koalition den Namen des Spitzenkandidaten der Koalition). Gleichzeitig legen die einzelnen Parteien (egal ob Bestandteil einer Koalition oder nicht) für jeden Wahlkreis eine Kandidatenliste vor.

Die Verteilung der Sitze erfolgt nach Proporz auf nationaler Basis, außer es erreicht keine Koalition oder Partei mehr als 340 Sitze und mit verschiedenen Sperrklauseln. Bei der Verteilung der Sitze kommen nur zum Zuge:

- die Parteien, die allein antreten und mindestens 4% der gültigen Stimmen auf nationaler Basis erhalten;
- die Koalitionen, die a) in der Summe aller ihnen angehörenden Parteien mindestens 10% der gültigen Stimmen auf nationaler Basis erhalten und b) mindestens eine Partei enthalten, die mindestens 2% der gültigen Stimmen auf nationaler Basis erhält.

Bei den Koalitionen, die diese Bedingungen erfüllen, nehmen all jene Parteien an der Mandatsverteilung teil, die mindestens 2% der gültigen Stimmen auf nationaler Basis erhalten haben. Von den aufgrund dieser Bestimmung (2%-Sperrklausel) von der Mandatsverteilung ausgeschlossenen Parteien nimmt allerdings diejenige Partei, die am meisten gültige Stimmen erhalten hat (*lista miglior perdente*), trotzdem an der Mandatsverteilung teil. Außerdem werden jene Parteien, die ethnische Minderheiten vertreten, zugelassen, sofern diese in einer

Region mit Spezialstatut, das diese ethnischen Minderheiten anerkennt, mindestens 20% der gültigen Stimmen erhalten.

Die Sitze werden in zwei Stufen vergeben: Zunächst wird eine Verteilung der Sitze im Verhältnis zu den von den einzelnen Parteien und Koalitionen erhaltenen Stimmen errechnet, wobei bei den letzteren auch diejenigen enthaltenen Parteien gezählt werden, die nicht die 2%-Hürde überspringen. Anhand dieser provisorischen Sitzverteilung wird festgestellt, ob eine einzelne Partei oder eine Koalition mehr als 340 Sitze (entspricht einem Anteil von 55% der 617 nach dem neuen Wahlrecht vergebenen Sitze) errungen hat.

Ist dies der Fall, werden die Sitze unter Berücksichtigung der Sperrklauseln nach Proporz an die Parteien und Koalitionen (innerhalb der Koalitionen nach demselben Prinzip auf die in ihnen enthaltenen Parteien) verteilt. Nach derselben Methode werden die einer Partei zustehenden Sitze auf die Kandidatenlisten der Wahlkreise verteilt, wobei die Bevölkerungszahl berücksichtigt wird.

Ist dies nicht der Fall, wird derjenigen Partei oder Koalition, die auf nationaler Basis die relative Mehrheit der gültigen Stimmen erhalten hat, eine Prämie zugeteilt; diese beträgt die Differenz zwischen der Anzahl der Sitze, die sie ohnehin errungen hat, und 340. Damit wird gewährleistet, dass die Partei oder Koalition mit den meisten Stimmen mindestens 340 Sitze erhält, was ca. 53,9% aller 630 Abgeordnetenmandate entspricht. Für die Zuteilung dieser Mehrheitsprämie gibt es keine Minimalhürden, so dass theoretisch auch einer Partei oder Koalition mehr Stimmen durch die Mehrheitsprämie als durch die Stimmen der Wähler zufallen können, solange sie nur mehr Stimmen erhält als alle anderen Parteien oder Koalitionen. Sind die 340 Sitze inkl. Mehrheitsprämie der siegreichen Partei oder Koalition zugewiesen, werden die restlichen 277 Sitze nach oben beschriebenem System auf die restlichen Parteien und Koalitionen verteilt.

Der Senat wird laut Verfassung (Art. 57) auf regionaler Basis gewählt. Von den 315 gewählten Senatoren entfallen 6 auf den Auslandswahlkreis, 1 auf das Aostatal, 7 auf Trient-Südtirol und die restlichen 301 auf 18 Wahlkreise, die mit den restlichen 18 Regionen zusammenfallen. Die Anzahl der pro Wahlkreis vergebenen Mandate richtet sich nach der Bevölkerungsgröße (Tabelle 5.1).

In puncto Präsentation der Kandidatenlisten verweist der Gesetzestext auf die entsprechenden Passagen bei den Regelungen für die Abgeordnetenkammer. In jedem Fall ist es verboten denselben Kandidaten bei der Wahl zur Abgeordnetenkammer und zum Senat aufzustellen.

Tabelle 5.1:   Mandate pro Wahlkreis für die Wahl zum Senat

Wahlkreis	Mandate
Ausland	6
Aostatal	1
Trient-Südtirol	7
Piemont	22
Lombardei	47
Venetien	24
Friaul-Julisch Venetien	7
Ligurien	8
Emilia Romagna	21
Toscana	18
Umbrien	7
Marken	8
Latium	27
Abruzzen	7
Molise	2
Kampanien	30
Apulien	21
Basilicata	7
Kalabrien	10
Sizilien	26
Sardinien	9

Quelle: Eigene Zusammenstellung auf der Basis der Daten des italienischen Innenministeriums auf: http://politiche.interno.it/politiche/ind_poli.htm (Stand: 22.05.2006).

Die Verteilung der Sitze erfolgt analog der Bestimmungen für die Abgeordnetenkammer nach Proporz und mit verschiedenen Sperrklauseln. An der Sitzverteilung nehmen nur teil:

- allein antretende Parteien, die mindestens 8% der gültigen Stimmen auf regionaler Basis erhalten haben;
- Koalitionen, die a) in der Summe aller in ihnen antretenden Parteien mindestens 20% der gültigen Stimmen auf regionaler Basis erhalten haben und b) mindestens eine Partei enthalten, die mindestens 3% der gültigen Stimmen auf regionaler Basis erhalten hat.

Bei den Koalitionen, die diese Bedingungen erfüllen, nehmen an der Sitzverteilung nur diejenigen Parteien teil, die mindestens 3% der gültigen Stimmen auf regionaler Basis erhalten haben.

Die Regelung der Mehrheitsprämie ist dieselbe wie bei der Abgeordnetenkammer, mit dem Unterschied, dass jeweils für eine Region gerechnet wird. Wenn keine Partei oder Koalition bei der ersten Zuteilung 55% der Sitze der jeweiligen Region erringt (mit Aufrundung), dann wird die Prämie an jene Partei oder Koalition vergeben, die die relative Mehrheit aller angetretenen Parteien oder Koalitionen errungen hat.

Anders als bei der Abgeordnetenkammer garantiert dieses Verfahren nicht die absolute Mehrheit der Sitze im Senat für die Partei oder Koalition, die auf nationaler Basis die meisten Stimmen errungen hat. Damit ist nicht ausgeschlossen, dass es zu parteipolitisch gegenläufigen Mehrheiten in Abgeordnetenkammer und Senat kommen kann.

Auch wenn es sich bei den neuen Regelungen prinzipiell um ein Verhältniswahlrecht handelt, beinhaltet es doch mit der Mehrheitsprämie eine starke majoritäre Komponente, so dass es auf der Ebene der konkurrierenden Koalitionen faktisch wie ein relatives Mehrheitswahlrecht wirkt, in der Abgeordnetenkammer mit einem großen Wahlkreis und im Senat mit 18 Wahlkreisen. Damit ist ein sehr starker Anreiz zur Koalitionsbildung verbunden, da im Hinblick auf die Mehrheitsprämie schon wenige Stimmen entscheidend sein können, wie die Parlamentswahlen 2006 zeigten (vgl. Kapitel Parteien und Parteiensystem).

Doch wird nach Lage der Dinge auch dieses Wahlrecht nicht von Dauer sein, da die seit Mai 2006 regierende Mitte-Links-Koalition eine Wahlrechtsreform als dringliches Ziel auf ihre Fahnen geschrieben hat – auch auf diesem Feld bleibt die italienische Politik in Bewegung.

5.2 Wählerverhalten

Das Wahlverhalten der Italiener[14] war jahrzehntelang durch Stabilität gekennzeichnet. Verschiebungen in den Kräfteverhältnissen der Parteien vollzogen sich
langsam, „Erdrutsche" gab es – abgesehen von dem phänomenalen Abschneiden
der DC bei den ersten Wahlen 1948 – nicht.[15]

Grob lassen sich nach der Motivation drei Typen des Wahlverhaltens unterscheiden:[16]

- *voto di appartenenza*, also Wahl aufgrund der Zugehörigkeit zu einer Subkultur bzw. zu einem Lager, oft einhergehend mit der formalen Parteimit-
  gliedschaft. Dies entspricht in etwa dem Konzept der Parteiidentifikation,
  wirkte in Italien jedoch bedeutend stärker aufgrund der tiefen ideologisch-
  kulturellen Spaltung des Landes, die in vergleichbaren Demokratien so
  nicht zu finden war. Die Stimmabgabe für die das eigene Lager repräsentie-
  rende Partei war somit über das Individuum hinaus eine „Familienangele-
  genheit" und wurde auch über Generationen „vererbt".
- *voto di opinione*, also Wahl aufgrund eigener Überzeugung. Dies entspricht
  dem klassischen Wechselwähler, der vor jeder Wahl eine wohlüberlegte
  Entscheidung über seine Stimmabgabe trifft und daher jedes Mal aufs Neue
  intensiv von den Parteien umworben werden muss.
- *voto di scambio*, also Wahl im Austausch für eine Gegenleistung. Dies
  meint all jene Wähler, die ihre Stimme dem Kandidaten geben, von dem sie
  eine spezielle Gegenleistung erwarten oder erhalten haben, z.B. die Bewilli-
  gung einer Invalidenrente oder einen Posten im öffentlichen Dienst. Auch
  solche klientelistische Austauschbeziehungen zu lokalen Parteivertretern
  bezogen nicht nur Individuen, sondern ganze Familien mit ein (vgl. zum
  Klientelismus das Kapitel Politische Kultur). Auf kleinräumiger lokaler E-
  bene war es auch nicht sehr schwierig, anhand der Wahlergebnisse die Loyalität der eigenen Klientel zu kontrollieren. Vor allem der DC gelang es auf
  diese Weise, sich dauerhaft Wählerstimmen zu sichern.

---

[14]   Die nachstehenden Ausführungen beziehen sich in erster Linie auf die nationalen Parlaments-
        wahlen. Da beide Kammern nach wie vor zum selben Termin und mit annähernd gleichem
        Wahlrecht gewählt werden, variieren die Ergebnisse hier kaum und machen eine Differenzie-
        rung unnötig.
[15]   Vgl. zu regionalen Hochburgen der Parteien und Wandel im Wählerverhalten seit Ende der
        1980er Jahre Agnew 2002.
[16]   Vgl. Merkel 1983, S. 337-339.

In der Realität sind diese drei Typen als fließend und sich überschneidend zu begreifen. So führte die Erosion der Subkulturen und somit der ideologischen Parteibindung zu einem allmählichen Anstieg der Wechselwähler und vor allem zu vermehrtem Einsatz von klientelistischen Anreizen durch die Parteien. Dies wiederum wurde durch die sich verschärfende Finanzkrise der öffentlichen Hand zunehmend schwieriger und hatte vermehrte Wechselwahl bzw. Protestwahl zur Folge. Diese Tendenzen lassen sich u.a. an den sinkenden Stimmanteilen von DC und PCI seit Ende der 1970er Jahre sowie am Aufkommen der *Lega Nord* ablesen. Neuere Studien zeigen, dass strukturelle Faktoren (*voto di appartenenza*) heute kaum noch Bedeutung haben und zunehmend allein politische Momente (*voto di opinione*) die Wahlentscheidung determinieren.[17]

Entsprechend der geschilderten Mechanismen der Parteibindung und deren Entwicklung blieb die Volatilität des Wählerverhaltens zu Zeiten der „Ersten" Republik gering; die Werte des entsprechenden Index[18] bewegten sich im Zeitraum von 1958 bis 1987 zwischen 5,5% und 9,4%. Sie begannen in den 1980er Jahren zu steigen und bewegten sich nach einem explosionsartigen Anstieg Anfang der 1990er Jahre (1994 über 40%) auf bedeutend höherem Niveau (ca. 20%). Dies ist unter anderem darauf zurückzuführen, dass ein großer Teil des alten Parteienspektrums sich nicht nur umbenannt oder umgruppiert hat, sondern schlicht nicht mehr existiert.[19]

Die Wahlbeteiligung der Italiener war seit Gründung der Republik jahrzehntelang sehr hoch (über 90%). Dies ist nicht nur auf die stark verankerte soziale Wahlnorm[20] zurückzuführen, sondern vor allem auf die geschilderte starke Bindung an Parteien und Kandidaten. Dementsprechend ist auch hier ein Rückgang seit den 1980er Jahren zu verzeichnen. Nach einem Tiefstand 1996 (82,9%) betrug die Beteiligung bei den Parlamentswahlen 2001 86,1%. Massiv angestiegen ist der Anteil ungültiger Stimmen. Bewegte sich dieser in den 1970er Jahren zwischen 1,1% und 1,7%, stieg er in den 1980er Jahren auf 2,7% bis 3,2% und erreichte seitdem bei jeder Parlamentswahl neue Höchststände mit dem Rekord 2001 (6,8%). Wie die bereits geschilderten Trends ist auch dies als zunehmende Abwendung von den Parteien zu deuten.[21]

---

[17] Vgl. exemplarisch Sani / Segatti 2002.

[18] Der Volatilitätsindex gibt den kumulativen Stimmengewinn aller erfolgreichen Parteien an. Je höher der Wert, desto größer waren die Wählerbewegungen zwischen zwei Wahlen; vgl. Niedermayer 1996.

[19] Vgl. hierzu Zohlnhöfer 2006.

[20] Die formal bestehende Wahlpflicht spielt faktisch keine Rolle, da sie rechtlich nicht sanktioniert wird.

[21] Vgl. zu den Daten und zur Erosion von Legitimität und organisatorischer Stärke der Parteien Bardi 2002 sowie zu Wahlbeteiligung und Wahlenthaltung Caramani / Legnante 2002.

5.3 Direkte Demokratie

Nicht nur bei Parlamentswahlen werden die Bürger auf nationaler Ebene an die
Urnen gerufen. Darüber hinaus existieren weitere Gelegenheiten und Instrumente, mittels derer das Wahlvolk seine Meinung unmittelbar kundtun kann. Die
Verfassung kennt dazu auf nationaler Ebene mehrere Formen der direkten Demokratie:[22]

- Art. 50 räumt jedem Bürger das Petitionsrecht ein, um gesetzliche Maßnahmen zu beantragen oder auf Missstände hinzuweisen (*petizione popolare*).[23]
- Dem Volk steht nach Art. 71 das Recht der Gesetzesinitiative zu. Dazu
  müssen mindestens 50.000 Wahlberechtigte einen ausformulierten Geset-
  zesvorschlag unterstützen. Dieser muss dann vom Parlament beraten werden, das den Entwurf annehmen oder verwerfen kann.[24]
- Gesetze können ganz oder teilweise per Volksabstimmung aufgehoben
  werden (Art. 75). Ein solches abrogatives Referendum (*referendum abroga-
  tivo*) kann von 500.000 Wahlberechtigten oder fünf Regionalräten beantragt
  werden. Ausgenommen sind die Materien Finanzen, Haushalt, Strafamnes-
  tie und internationale Verträge. Über die Zulässigkeit eines Antrags entscheidet der Verfassungsgerichtshof. Das in Rede stehende Gesetz wird
  aufgehoben, wenn sich mehr als die Hälfte der Stimmberechtigten an der
  Abstimmung beteiligt (Quorum) und mehr als die Hälfte der Abstimmenden
  für die Aufhebung stimmen. Es kommt nicht zur Abstimmung, wenn das
  Parlament das betreffende Gesetz vorher ändert.[25]
- Verfassungsändernde und andere Verfassungsgesetze können dem Volk zur
  Entscheidung vorgelegt werden, sofern sie nicht von beiden Parlamentskammern mit Zweidrittelmehrheit beschlossen wurden. Dies muss innerhalb
  von drei Monaten von einem Fünftel der Mitglieder einer Kammer oder von
  500.000 Wählern oder von fünf Regionalräten verlangt werden. Das Gesetz
  benötigt dann bei der Abstimmung die Mehrheit der abgegebenen Stimmen,
  unabhängig von der Beteiligung.

---

[22]   Vgl. als kurzen Überblick Trautmann 1997 und ausführlicher Capretti 2001, S. 71-86. Für eine
        detailliertere Darstellung der Entwicklung vgl. Chimenti 1999 sowie aktueller und systemati-
        scher Barbera / Morrone 2003.
[23]   Das Petitionsrecht fällt streng genommen nicht unter die Kategorie der direkten Demokratie,
        wird hier aber als direkter Zugang des Bürgers zum zentralen politischen Entscheidungssystem
        der Vollständigkeit halber aufgeführt.
[24]   Dies wird in der deutschsprachigen Literatur oft als Volksbegehren bezeichnet.
[25]   Zum genauen Procedere des abrogativen Referendums vgl. Chimenti 2001, S. 86-91.

Daneben gibt es den regionalen Volksentscheid und die kommunale Volksbefragung, die hier jedoch nicht näher erörtert werden können.[26]

Petitionsrecht, Gesetzesinitiative und Verfassungsreferendum haben sich für den politischen Betrieb als weitgehend unbedeutend erwiesen, ebenso wie die regionalen und kommunalen Formen direkter Demokratie. Die bis dato einzigen beiden Referenden über eine Verfassungsänderung fanden im Oktober 2001 bzw. im Juni 2006 statt, als zunächst mit magerer Beteiligung (34,1%) eine Verfassungsreform zur Föderalisierung angenommen und dann eine umfassende Verfassungsreform der Mitte-Rechts-Regierung mit immerhin 53,7% Beteiligung abgelehnt wurde.

Anders hingegen verhält es sich mit dem abrogativen Referendum. Das Ausführungsgesetz hierzu wurde (wie so manche verfassungsmäßig vorgesehene Einrichtung) mit großer Verspätung erst 1970 verabschiedet. Seitdem hat es sich als ernstzunehmendes politisches Instrument in den Händen der Bürger etabliert.

Nach der ersten essentiellen Frage, die nach dem Krieg direkt vom Volk entschieden wurde, nämlich der nach der künftigen Staatsform: Monarchie oder Republik (vgl. Kapitel zur Geschichte), dauerte es wegen fehlender Gesetze fast 24 Jahre, bis im Jahre 1970 endlich ein Ausführungsgesetz zu Art. 75 der Verfassung verabschiedet wurde (Gesetz Nr. 352 vom 25.05.1970). Wie bei Verfassungsgerichtshof und Regionen hatte es auch hier die DC-dominierte Koalition nicht eilig mit der Einrichtung gewaltenteilender Institutionen und Instrumente. Zwei Faktoren lösten diese Blockade auf: Erstens erstarkte mit den Gewerkschafts- und Studentenprotesten der 1960er Jahre der Ruf nach mehr Bürgerbeteiligung; zweitens hofften die Gegner der Ehescheidung, deren Legalisierung wegen des massiven Drucks der laizistischen Koalitionspartner absehbar war, die entsprechende Regelung per Referendum wieder kippen zu können – was sich allerdings als Fehlkalkulation herausstellte (s.u.).[27]

Seither war ein breites Spektrum an Gesetzen Gegenstand von Volksabstimmungen (vgl. Tabelle 5.2).[28]

---

[26]   Vgl. zum Einstieg Trautmann 1997.
[27]   Vgl. zu den wichtigsten Entscheidungen per Referendum Barbera / Morrone 2003 sowie zum Zustandekommen des Ausführungsgesetzes ibid. S. 19-23 und Volcansek 2000, S. 93f.
[28]   Vgl. detaillierter zu den einzelnen Entscheidungen und zum politischen Kontext Chimenti 1999.

Tabelle 5.2:   Volksabstimmungen 1974-2006 (Angaben in Prozent)

Datum	Thema	Beteili-gung	Ja	Nein
Abrogative Referenden (nach Art. 75):				
12.05.1974	Ehescheidung	87,7	40,7	59,3
11.06.1978	Antiterrorgesetz	81,2	23,5	76,5
	Parteienfinanzierung	81,2	43,6	56,4
17.05.1981	Antiterrorgesetz	79,4	14,9	85,1
	lebenslange Freiheitsstrafe	79,4	22,6	77,4
	Waffentragen	79,4	14,1	85,9
	Schwangerschaftsabbruch (Vorschlag des PR)	79,4	11,6	88,4
	Schwangerschaftsabbruch (Antrag der Gegner)	79,4	32,0	68,0
09.06.1985	Inflationsausgleich (*scala mobile*)	77,9	45,7	54,3
08.11.1987	Richterverantwortlichkeit	65,1	80,2	19,8
	parlamentarische Untersu-chungskommission	65,1	85,0	15,0
	Atomenergie	65,1	80,6	19,4
	Atomenergie	65,1	79,7	20,3
	Atomenergie	65,1	71,9	28,1
03.06.1990	Jagd	43,4	92,2	7,8
	Jagd	42,9	92,3	7,7
	Pestizide	43,1	93,5	6,5
09.06.1991	Wahlrecht zur Abgeordne-tenkammer (Abschaffung der Präferenzstimmen)	62,5	95,6	4,4
18.04.1993	Kompetenzen lokaler Gesundheitseinrichtungen	76,8	82,6	17,4
	Drogenkonsum	77,0	55,4	44,6
	Parteienfinanzierung	77,0	90,3	9,7
	Casse Risparmio Monti Pietà	76,9	89,8	10,2
	Ministerium für Staatsbe-teiligungen	76,9	90,1	9,9
	Wahlrecht zum Senat	77,0	82,7	17,3
	Agrarministerium	76,9	70,2	29,8

	Tourismusministerium	76,9	82,3	17,7
11.06.1995	Gewerkschaftsvertretung (maximale Variante)	57,2	50,0	50,0 (gewinnt wegen Stimmen-mehrheit)
	Gewerkschaftsvertretung (minimale Variante)	57,2	62,1	37,9
	Gewerkschaften im staatlichen Sektor	57,4	64,7	35,3
	Hausarrest für Mafiaver-dächtige	57,2	63,7	36,3
	Privatisierung der RAI	57,4	54,9	45,1
	Handel	57,2	35,6	64,4
	Gewerkschaftsbeiträge	57,3	56,2	43,8
	kommunales Wahlrecht	57,4	49,4	50,6
	Ladenöffnungszeiten	57,3	37,4	62,6
	nationale Fernsehkonzessionen	58,1	43,1	56,9
	TV-Werbeunterbrechungen	58,1	44,3	55,7
	TV-Werbung	58,1	43,6	56,4
15.06.1997	Privatisierung	30,2	74,1	25,9
	Wehrdienstverweigerung	30,3	71,7	28,3
	Jagd	30,2	80,9	19,1
	Laufbahnen der Staatsanwälte	30,2	83,6	16,4
	Journalisten	30,0	65,5	34,5
	außerjustizielle Tätigkeiten von Staatsanwälten	30,2	85,6	14,4
	Agrarministerium	30,1	66,9	33,1
18.04.1999	Wahlrecht zur Abgeordne-tenkammer (Abschaffung der Proportionalquote)	49,6	91,5	8,5
21.05.2000	Wahlkampfkostenerstat-tung	32,2	71,1	28,9
	Wahlrecht zur Abgeordne-tenkammer (Abschaffung der Proportionalquote)	32,4	82,0	18,0
	Wahl zum Obersten Rat des Richterstandes	31,9	70,6	29,4

	Justizordnung	32,0	69,0	31,0
	außerjustizielle Tätigkeiten von Staatsanwälten	32,0	75,2	24,8
	Entlassungen	32,5	33,4	66,6
	Beiträge zu Gewerkschaften und Berufsverbänden	32,2	61,8	38,2
15.06.2003	Kündigungsschutz	25,7	86,7	13,3
	Duldung von Stromleitungen auf Privatbesitz	25,6	86,6	13,4
12.06.2005	verbrauchende Embryonenforschung	25,9	88,0	12,0
	Zugang zur künstlichen Befruchtung	25,9	88,8	11,2
	Status des Embryos als menschliches Leben	25,9	87,7	12,3
	künstliche Befruchtung durch anonyme Spender	25,9	77,4	22,6
Konsultatives Referendum: (nicht bindend)				
18.06.1989	Übertragung von Kompetenzen an das Europäische Parlament	80,7	88,0	12,0
Verfassungsreferenden:				
07.10.2001	Änderung des Titels V der Verfassung (Föderalisierung)	34,1	64,2	35,8
25./26.06. 2006	Verfassungsreform	52,3	38,7	61,3
Referendum über die Staatsform:				
02.06.1946	Republik oder Monarchie	89,1	54,3	45,7

Quelle: Italienisches Innenministerium (http://referendum.interno.it/ind_ref.htm; Stand: 30.06.2006); eigene Übersetzung.

Neben manchen recht unspektakulären Gesetzen standen auch einige sozial wie politisch hoch kontroverse Fragen zur Abstimmung. Schon 1974 versuchten konservative katholische Kräfte, das kurz zuvor verabschiedete Gesetz zur Ehescheidung zu kippen, was aber nach großen Auseinandersetzungen von der Mehrheit der Abstimmenden klar abgelehnt wurde. Ebenso erfolglos wurde 1981 ein Referendum gegen ein Gesetz zur Liberalisierung der Abtreibung angestrengt. Dieses Gesetz war eigens verabschiedet worden, um einem Referendum zuvorzukommen, das bei Erfolg die Abtreibung völlig legalisiert hätte. Damit erwiesen sich Befürchtungen, das Referendum werde als Status quo-orientiertes Instrument zum Unterlaufen parlamentarischer Beschlüsse dienen, als unbegründet. Vielmehr stellte sich heraus, dass die Ankündigung eines Referendums gegen den Status quo den Gesetzgeber oft zur Tat schreiten lässt und für ein Entgegenkommen sorgt. Insbesondere der kleine *Partito Radicale* nutzte das Referendum als Waffe gegen das etablierte Parteienkartell. Dass auch unpopuläre Gesetze nicht unbedingt wieder per Referendum kassiert werden, zeigte sich 1985, als die Einschnitte in die automatische Lohnanpassung (*scala mobile*) bestätigt wurden. Sogar das Parteienfinanzierungsgesetz von 1974 überstand 1978 eine Abstimmung.

1987 wurden per Referendum der faktische Ausstieg aus der Kernenergie (unter dem Eindruck von Tschernobyl), die Abschaffung der parlamentarischen Untersuchungskommission und die Einführung der Richterverantwortlichkeit für Fehlurteile beschlossen; 1990 scheiterte ein Referendum zu den Themen Jagd und Pestizideinsatz an zu geringer Beteiligung. Generell kann festgestellt werden, dass die hochkontroversen Themen der 1970er und 1980er Jahre (Scheidung, Abtreibung, Lohnanpassung, Parteienfinanzierung) die meisten Wähler anzogen und seitdem eine gewisse Ermüdung eingetreten ist.

Einen Höhepunkt als Instrument politischen Wandels erlebte das Referendum 1991 und 1993, als zunächst die Präferenzstimmen bei der Wahl der Abgeordnetenkammer und dann Teile des Wahlgesetzes zum Senat abgeschafft wurden. Schon 1991 drückte das Wahlvolk so seinen Protest gegen die etablierten Politiker und Parteien aus, die sich allesamt gegen die Referendumsvorlage aussprachen. Damit hatten die Reformkräfte einen Hebel gefunden, mit dem sie die Dinge in Bewegung bringen konnten. 1993 war auf dem Höhepunkt der Korruptionsskandale die „Erste" Republik faktisch schon untergegangen; Proteststimmung und Erneuerungswille schlugen sich in der Volksabstimmung nieder, die mit den Wahlrechtsänderungen auch gleich noch die Parteienfinanzierung und ineffiziente Ministerien abschaffte sowie die Drogengesetzgebung liberalisierte. Der nächste Anlauf 1995 zeitigte schon differenziertere Resultate: Von den zwölf Vorlagen wurden nur fünf angenommen, darunter die Privatisierung der RAI; abgelehnt wurden Reformen des kommunalen Wahlrechts und der Fernsehordnung. Hier war schon zu erkennen, dass die für Referenden nutzbare Reformstimmung zunehmend abebbte. Die weiteren Anläufe – 21 Vorlagen an vier Terminen 1997-2005 – scheiterten ausnahmslos an mangelnder Beteiligung, obwohl es durchaus um sensible Themen wie Wehrdienstverweigerung, Wahlkampfkostenerstattung, Justiz und Kündigungsschutz ging. Auch zwei Versuche zur Abschaffung der Proportionalquote bei der Wahl zur Abgeordnetenkammer waren darunter (1999 und 2000).

Diese Fehlschläge erwecken den Eindruck, als sei das Instrument Referendum von den Reformern überstrapaziert worden.[29] Anfang der 1990er Jahre konnte das Referendum noch als Ausdruck der Unzufriedenheit und des Volkszorns gegen die alten Eliten fungieren, doch diese alten Eliten sind nun größtenteils verschwunden und die an ihre Stelle getretenen konnten die Erwartungen an eine „Zweite" Republik nicht erfüllen. Der „Referendumspfad" zur Reform[30] scheint verlassen.

Wie sehr ein Referendum über sensible Themen dazu geeignet ist, die Gemüter zu erhitzen, zeigte jüngst die Abstimmung zur Bioethik im Juni 2005: Laizistisch orientierte Kräfte hatten ein Referendum angestrengt, um die restriktiven und stark katholisch geprägten Regelungen zu Embryonenforschung und künstlicher Befruchtung zu lockern. Das Thema spaltete nicht nur die politischen Akteure quer durch die Parteien; auch die Kirche mischte sich ein und empfahl den Gläubigen, der Abstimmung fern zu bleiben (und damit den restriktiven Status quo zu schützen), was wiederum eine intensive Diskussion über die Rolle der Kirche in der Politik entfachte.[31] Die geringe Beteiligung an den Urnen kann nun entweder mit nach wie vor großem kirchlichem Einfluss in der italienischen Gesellschaft oder im obigen Sinne mit Referendumsmüdigkeit der Italiener erklärt werden.

Zieht man eine Bilanz, so kann man zunächst festhalten, dass das abrogative Referendum in Italien mit 59 Abstimmungen (an insgesamt 14 Terminen 1974-2005) öfter angewandt wurde als in jeder anderen vergleichbaren Demokratie mit Ausnahme der Schweiz. Die Hürde von 500.000 Unterschriften kann somit nicht als zu hoch betrachtet werden. Trotz seiner auf den ersten Blick destruktiven Ausgestaltung hat sich das Referendum nicht als Bremspedal in Händen konservativer Kräfte erwiesen, sondern vielmehr als Reformmotor, der freilich in den letzten Jahren heiß gelaufen zu sein scheint. Als solcher konnte es wichtige Impulse aus der Gesellschaft geben, die die Politik aus sich selbst zu generieren nicht in der Lage war.

Eine Institution, die durch das Referendum an Bedeutung gewonnen hat, ist der Verfassungsgerichtshof (*Corte costituzionale*). Da er die Zulässigkeit der Volksabstimmungen zu prüfen hat, kommt ihm eine wichtige Rolle als Gatekeeper zu, die er auch selbstbewusst nutzt.[32] Dabei entwickelte er zudem eigene Kriterien für die Zulassung von Referenden, die über den bloßen Verfassungstext

---

[29]   So wurden für den Termin 1997 29 Anträge gestellt, nur 11 davon wurde stattgegeben; 1995 waren von 13 Anträgen nur 7 erfolgreich; Quelle: eigene Auszählung aus den Entscheidungen des Verfassungsgerichtshofes (abrufbar unter http://www.giurcost.org; Stand: 19.06.2006).

[30]   Fabbrini 2001.

[31]   Vgl. Kirche, Boykott und Parteien, in: FAZ vom 12.06.2005, S. 9 und Referendum über künstliche Befruchtung in Italien gescheitert, in: FAZ vom 14.06.2005, S. 6.

[32]   Vgl. Volcansek 2000, S. 91-115.

hinausgingen, z.B. dürfen sich die abzuschaffenden Gesetze oder Gesetzesteile nur auf eine einheitliche Materie beziehen und die Verfassung nicht tangieren. Außerdem öffnet die Frage, ob ein Referendumsantrag unter die „verbotenen Materien" (z.B. Haushalt und Finanzen) fällt, beträchtliche Entscheidungsspielräume. Schließlich dürfen Referenden im Erfolgsfalle das Funktionieren von Verfassungsorganen nicht beeinträchtigen, was z.B. die völlige Abschaffung eines Wahlgesetzes ausschließt. Wie bedeutend diese Gatekeeper-Funktion des Verfassungsgerichtshofes ist, wird an dem Umstand deutlich, dass im Zeitraum von 1972-2003 von 112 Anträgen nur 62 stattgegeben wurde (vgl. hierzu auch den entsprechenden Abschnitt im Kapitel Justiz).[33]

---

[33] Quelle: eigene Auszählung aus den Entscheidungen des Verfassungsgerichtshofes (abrufbar unter http://www.giurcost.org; Stand: 16.08.2004).

6 Parlament

In der Berichterstattung der italienischen Medien wird oft der Sitz einer politischen Institution als Synonym verwendet. Es erfordert also ein wenig Hintergrundwissen, um zu verstehen, was gemeint ist, wenn sich die italienische Politik im Viereck der Palazzi Montecitorio, Madama, Chigi und Quirinale abspielt: Der Palazzo Quirinale ist Amtssitz des Staatspräsidenten, der Regierungschef hat seinen Schreibtisch im Palazzo Chigi. Die beiden Kammern des Parlaments findet man im Palazzo Montecitorio (Abgeordnetenkammer) und im Palazzo Madama (Senat).

6.1 Grundzüge und Organisation

Das Parlament der Republik Italien[1] gliedert sich in zwei Kammern: die Abgeordnetenkammer (*Camera dei Deputati*) und den Senat (*Senato*). Die Abgeordnetenkammer besteht aus 630 gewählten Abgeordneten. Der Senat hat 315 gewählte Mitglieder, zu denen noch die Senatoren auf Lebenszeit (*Senatori a vita*) kommen; dies sind die ehemaligen Staatspräsidenten und bis zu fünf vom Staatspräsidenten ernannte Persönlichkeiten, die sich um das Wohl des Landes verdient gemacht haben (Art. 59 der italienischen Verfassung).[2] Das Wahlverfahren für beide Kammern war und ist ähnlich und zeitigt ähnliche Resultate (vgl. Kapitel Wahlen und Abstimmungen). Wählbar ist jeder Wahlberechtigte, der am Tage der Abstimmung das 25. Lebensjahr (*Camera*) bzw. das 40. Lebensjahr (*Senato*) vollendet hat. Wahlberechtigt sind alle Bürger, die das 18. Lebensjahr (*Camera*) bzw. das 25. Lebensjahr (*Senato*) vollendet haben. Beide Kammern werden zum selben Wahltermin auf fünf Jahre gewählt.

Die Kammern geben sich selbst Geschäftsordnungen (Art. 64)[3] und wählen aus ihren Reihen je einen Präsidenten und ein Präsidium (Art. 63). Dabei war es

---

[1] Vgl. zum italienischen Parlament allgemein das Handbuch Massai 1996 und den politikwissenschaftlich ausgerichteten Sammelband Capano / Giuliani 2001b sowie Labriola 1999. Leider liegen vergleichbare Werke weder in englischer noch in deutscher Sprache vor.

[2] Z.B. der FIAT-Chef Gianni Agnelli, der Philosoph Norberto Bobbio und der frühere Regierungschef Giulio Andreotti.

[3] Die Geschäftsordungen der Kammern sind auf ihren Internetseiten (http://www.parlamento.it) zugänglich.

seit Gründung der Republik Usus, dass einer der Kammerpräsidenten von der Opposition, meist vom PCI, gestellt wurde, worin sich nochmals die Proporzpraxis v.a. der „Ersten" Republik zeigt. Seit 1994 allerdings besetzt die jeweils siegreiche Parteienkoalition beide Posten mit eigenen Vertretern.

Eine italienische Besonderheit ist der sog. *bicameralismo perfetto*: Die beiden Parlamentskammern verfügen über exakt die gleichen Kompetenzen. Die Regierung benötigt das Vertrauen beider Kammern und die Aussprache des Misstrauens durch nur eine Kammer zieht folglich den Sturz der Regierung nach sich; im Gesetzgebungsprozess müssen sowohl Abgeordnetenkammer als auch Senat einem Gesetz zustimmen. Durch die sehr ähnliche Bestellung kommt es aber kaum zu Situationen mit unterschiedlichen parteipolitischen Mehrheiten und entsprechender Blockade.

Allerdings gibt es durchaus Unterschiede: Die *Camera* steht mehr im Blickpunkt des öffentlichen Interesses; dort sitzen für gewöhnlich die Parteichefs und politischen Schwergewichte. Dagegen gilt der Senat eher als Kammer der erfahrenen elder statesmen und der Fachkompetenz, was sich z.B. im hohen Anteil der Professoren niederschlägt.[4] Auch sollte der Senat eine gewisse regionale Vertretung darstellen, indem gemäß Verfassung für kleine Regionen eine Mindestzahl an Senatoren festgelegt wurde und diese Kammer auf regionaler Basis gewählt werden sollte. Die konkreten Wahlgesetze und die politische Praxis ließen diese regionale Komponente jedoch de facto irrelevant werden (vgl. Kapitel Wahlen und Abstimmungen).

In gemeinsamer Sitzung wählen die beiden Kammern den Staatspräsidenten und verhandeln im Falle einer Anklage gegen das Staatsoberhaupt wegen Hochverrats oder Angriffs auf die Verfassung wie ein Gericht. Außerdem werden in gemeinsamer Sitzung ein Drittel der Mitglieder (fünf) des Obersten Rates des Richterstandes (*Consiglio Superiore della Magistratura*; CSM) und ein Drittel der Mitglieder (sieben) des Verfassungsgerichtshofs (*Corte Costituzionale*) gewählt (vgl. Kapitel Justiz).

Diese Zweikammerstruktur stellt gleichzeitig ein Erbe des *Statuto Albertino* und einen Ausdruck des Kompromisscharakters der gesamten italienischen Verfassung dar: Während konservative Kräfte an der althergebrachten zweiten Kammer festhalten wollten, gelang es u.a. den Kommunisten, eine ständische oder explizit regionale Vertretung zu verhindern.

Schließlich ist noch darauf hinzuweisen, dass sich das italienische Parlament stets Mühe gab, zumindest nach außen seiner ursprünglich zugedachten Rolle als zentrales und transparentes Forum der Diskussion gerecht zu werden. Zahlreiche Maßnahmen wie öffentliche Sitzungen (auch der Ausschüsse), Radio-

---

4   Vgl. speziell zum Senat, aber auch allgemein als gelungene Darstellung des italienischen Parlamentarismus Seißelberg 2000.

und Fernsehübertragungen machen es zumindest dem interessierten Bürger leicht, die parlamentarische Arbeit zu verfolgen. Hinzu kommen ausführliche und gut zugängliche Dokumentationen, stenografische Berichte, Materialen und Statistiken, die von Archiv und wissenschaftlichen Diensten herausgegeben werden. Schon seit einiger Zeit werden Sitzungen, Weg einzelner Gesetzesvorlagen und auch die Aktivitäten der einzelnen Abgeordneten und Senatoren minutiös im Internet unter http://www.parlamento.it dokumentiert.

6.2 Ausschüsse

Neben der Tagungsform des Plenums existieren in beiden Kammern vierzehn ständige Ausschüsse (*commissioni*) unterschiedlicher Größe, die für unterschiedliche Sachbereiche zuständig sind (vgl. Tabelle 6.1).[5]

Tabelle 6.1:   Ständige Parlamentsausschüsse (commissioni permanenti)

	Camera dei Deputati		Senato	
Nr.	Bezeichnung	Zuständigkeit	Bezeichnung	Zuständigkeit
I	*Affari costituzionali*	Verfassungsangelegenheiten, Angelegenheiten des Ministerrates und Inneres	*Affari costituzionali*	Verfassungsangelegenheiten, Angelegenheiten des Ministerrates und Inneres, allgemeine Ordnung des Staates und der öffentlichen Verwaltung
II	*Giustizia*	Justiz	*Giustizia*	Justiz
III	*Affari esteri*	Auswärtige Angelegenheiten	*Affari esteri, emigrazione*	Auswärtige Angelegenheiten, Emigration
IV	*Difesa*	Verteidigung	*Difesa*	Verteidigung
V	*Bilancio e tesoro*	Haushalt, Staatsschatz und wirtschaftliche Programmformulierung	*Bilancio*	Wirtschaftsplanung, Haushalt
VI	*Finanze*	Finanzen	*Finanze e tesoro*	Finanzen und Staatsschatz

---

[5]   Vgl. zu den Ausschüssen des italienischen Parlaments aus juristischer, aber auch politikwissenschaftlicher Perspektive grundsätzlich Grub 1996 sowie zu einzelnen Ausschüssen ausführlich Capano / Giuliani 2001b und Della Sala 1998.

VII	*Cultura*	Kultur, Wissenschaft und Unterricht	*Istruzione pubblica, beni culturali*	Öffentlicher Unterricht, Kulturgüter, wissenschaftliche Forschung, kulturelle Veranstaltungen und Sport
VIII	*Ambiente*	Umwelt, Boden und Öffentliche Arbeiten	*Lavori pubblici, comunicazioni*	Öffentliche Arbeiten, Kommunikation
IX	*Trasporti*	Transport, Post und Telekommunikation	*Agricoltura e produzione*	Landwirtschaft und landwirtschaftliche Lebensmittelerzeugung
X	*Attività produttive*	Produktionsaktivitäten, Handel und Tourismus	*Industria, commercio, turismo*	Industrie, Handel, Tourismus
XI	*Lavoro*	Öffentlicher Dienst und private Arbeit	*Lavoro, previdenza sociale*	Arbeit, Sozialfürsorge
XII	*Affari sociali*	Soziale Angelegenheiten	*Igiene e sanità*	Hygiene und Gesundheit
XIII	*Agricoltura*	Landwirtschaft	*Territorio, ambiente, beni ambientali*	Boden, Umwelt und Umweltgüter
XIV	*Politiche dell' Unione Europea*	Angelegenheiten der Europäischen Union	*Politiche dell' Unione Europea*	Angelegenheiten der Europäischen Union

Quelle: Eigene Darstellung auf der Basis von Grub 1996 und http://www.parlamento.it (Stand: 28.03.2006).

Die inhaltliche Arbeit an Gesetzentwürfen in den Ausschüssen stellt für den Parlamentarier den Schwerpunkt dar. Die direkte Konfrontation mit dem politischen Gegner im Plenum hat demgegenüber im Alltagsgeschäft einen geringeren Stellenwert. In dieser Hinsicht ist das italienische Parlament als Arbeitsparlament einzustufen.[6]

Die Zusammensetzung der Ausschüsse spiegelt die Mehrheitsverhältnisse in den Kammern wider. Bei der Zuweisung der Ausschussposten an die einzelnen Abgeordneten bzw. Senatoren durch die Parteien spielt die fachliche Kompetenz eine große Rolle, aber auch Interessengruppen versuchen die Besetzung der für sie wichtigen Ausschüsse zu beeinflussen; wichtig ist auch der innerparteiliche Proporz der verschiedenen Parteiflügel und der regionalen Herkunft. Der ein-

---

[6] Vgl. zur Unterscheidung von Arbeits- und Redeparlament Oberreuter 1994.

flussreiche Posten des Ausschussvorsitzenden wird vom Ausschuss selbst durch Wahl bestimmt.[7] Dabei fallen gewöhnlich alle Posten an die regierende Mehrheit. Darin unterscheidet sich die italienische Parlamentskultur von der anderer Länder, in denen auch der Opposition der Vorsitz mancher Ausschüsse zugebilligt wird, wie z.B. in Deutschland.

Die Ausschüsse werden im Gesetzgebungsverfahren vorbereitend (*sede referente*), redaktionell (*sede redigente*), beratend (*sede consultiva*) oder sogar gesetzgebend (*sede deliberante* bzw. *sede legislativa*) tätig.[8] Während die ersten beiden Funktionen zu den gewöhnlichen Aufgaben von Parlamentsausschüssen gehören, ist die Gesetzgebung durch Ausschüsse statt durch das Plenum eine weitere italienische Spezialität. Art. 72 der Verfassung ermöglicht der Geschäftsordnung Gesetzgebungsbefugnisse an Ausschüsse zu übertragen. Diese eigentlich als Ausnahmeregelung gedachte Formulierung führte dazu, dass in *sede legislativa* als Normalverfahren sogar weit mehr Gesetze in Ausschüssen verabschiedet wurden als im Plenum.[9] Angesichts der hohen Anzahl von Gesetzen (zwischen 1948 und 1992 durchschnittlich ca. 300 pro Jahr) stellte somit die *sede legislativa* eine beträchtliche Entlastung des Plenums dar; eine Behandlung all dieser Verfahren im Plenum wäre schon organisatorisch nicht möglich gewesen. Doch müssen Gesetzentwürfe zur Verabschiedung an das Plenum weitergeleitet werden, wenn die Regierung oder ein Zehntel der Mitglieder der Kammer oder ein Fünftel der Mitglieder des Ausschusses dies verlangen. Diese als Sicherheitsmechanismus gedachte Regelung stellte eine wichtige Basis für die Praxis des *consociativismo* und der Einbeziehung der Opposition dar. Wollte die Regierungsmehrheit nämlich ein Vorhaben rasch per *sede legislativa* im Ausschuss verabschieden, war sie dazu auf das Wohlwollen der Opposition angewiesen, denn diese hätte aufgrund der relativ niedrigen Hürden solche Entwürfe an das Plenum verweisen und so dessen Tagesordnung verstopfen können. Wichtige Gesetze wären so lange aufgeschoben worden und das Parlament wäre de facto handlungsunfähig gewesen. Im Ergebnis musste die Regierungsmehrheit also auch der Opposition bei ihren Anliegen entgegenkommen, um das geschilderte Szenario zu verhindern.

Das Instrument der Gesetzgebung in Ausschüssen wird allerdings seit den 1990er Jahren bei weitem nicht mehr so intensiv genutzt wie in den 1960er und 1970er Jahren, als ihr Anteil an der gesamten Gesetzgebung weit über 70% betrug. In den Jahren 1992-1996 sank diese Quote weit unter 50%. Insgesamt ist

---

7   Vgl. hierzu Grub 1996, S. 159-172.
8   Darüber hinaus sei der Vollständigkeit halber die *sede politica* erwähnt. So werden die Sitzungen bezeichnet, in denen sich die Ausschüsse mit anderen Themen als mit Gesetzgebung, v. a. Kontrolle der Regierung, beschäftigen.
9   Vgl. die Daten für die erste bis zehnte Legislaturperiode bei Grub 1996 und detaillierter bis zur zwölften Legislaturperiode Della Sala 1998.

eine Verlagerung der Arbeit der Ausschüsse von der Gesetzgebung hin zur Kontrolle der Regierung (*sede politica*) zu beobachten.[10]

Neben den vierzehn ständigen Ausschüssen existieren noch eine Vielzahl von Sonderausschüssen und kleineren Gremien, die zu bestimmten Themen bzw. mit bestimmten Aufträgen eingesetzt werden.

Schließlich kann jede der beiden Kammern Untersuchungsausschüsse zu Angelegenheiten von öffentlichem Interesse einsetzen (Art. 82). Diese haben bei ihren Nachforschungen dieselben Befugnisse und Beschränkungen wie die Gerichte und spiegeln die Mehrheitsverhältnisse der Kammern wider. Für den Antrag zur Einsetzung eines Untersuchungsausschusses gelten grosso modo dieselben Verfahrensweisen wie für die Verabschiedung von Gesetzentwürfen, d.h. es ist dafür eine Mehrheit erforderlich. Um dem Charakter von Untersuchungsausschüssen als Minderheitsinstrumente dennoch einigermaßen gerecht zu werden, wird ihnen im Senat bevorzugte Behandlung zugestanden; zudem erfolgt die Abstimmung in der Abgeordnetenkammer geheim und darf von der Regierung nicht mit der Vertrauensfrage verbunden werden.[11]

Zahlreiche Gemeinsame Ausschüsse (*commissioni bicamerali*) verzahnen die Arbeit der beiden Kammern, so z.B. ein gemeinsamer Ausschuss zur Kontrolle der Geheimdienste oder eine gemeinsame Kommission für regionale Fragen. Auch werden Untersuchungsausschüsse meist gemeinsam eingesetzt, so z.B. zur Mafia. Hervorzuheben sind hier auch die drei bikameralen Kommissionen, die zwischen 1983 und 1998 zur Erarbeitung von Verfassungsreformen eingesetzt wurden – allerdings ohne Erfolg.[12]

6.3 Fraktionen und Parlamentarier

Eine weitere Untergliederung des Parlaments, hier nach parteipolitischen Kriterien, sind die Fraktionen (*gruppi*).[13] Unabhängig davon, auf welcher Parteiliste sie gewählt wurden, können die Abgeordneten und Senatoren ihre Fraktionszugehörigkeit frei wählen; auch Übertritte während der Legislaturperiode sind möglich.[14] Zur Gründung einer Fraktion sind mindestens 20 Abgeordnete bzw. 10 Senatoren erforderlich. Allerdings sind von dieser Mindestgrenze unter bestimmten Voraussetzungen Ausnahmen möglich. Parlamentarier, die sich für

---

[10] Vgl. Della Sala 1998, zu den Zahlen speziell S. 91.
[11] Vgl. Massai 1996, S. 220-223.
[12] Vgl. Köppl 2003.
[13] Vgl. hierzu Trautmann 1999.
[14] Die Namen der Parlamentsfraktionen sind nicht unbedingt mit denen ihrer Parteien identisch. Auch können die entsprechenden Fraktionen in Abgeordnetenkammer und Senat unterschiedliche Bezeichnungen tragen und sich beliebig umbenennen.

keine Fraktion entscheiden, bilden die sog. gemischte Fraktion (*gruppo misto*).[15] Die Fraktionen geben sich eigene Statuten und wählen aus den eigenen Reihen ihre Leitungsorgane. Versuche, die Fraktionsdisziplin bei Abstimmungen in den Statuten zu verankern und Zuwiderhandlungen zu sanktionieren, blieben erfolglos. Ein wichtiges Gremium für die Planung und Organisation der parlamentarischen Arbeit stellt die Konferenz der Fraktionsvorsitzenden dar.

Die Fraktionsstruktur in den Kammern des Parlaments spiegelt die Charakteristika des Parteiensystems wider: Die Fragmentierung der Parteienlandschaft führt zu einer hohen Anzahl unterschiedlicher Fraktionen, von denen die meisten nur geringe Stärke aufweisen. Indikator für die Zersplitterung ist besonders die Größe und Zusammensetzung der gemischten Fraktion. Auch ist nach einer langen Periode relativer Stabilität seit 1992 eine erhebliche Fluktuation durch Auflösungen, Neugründungen und Übertritte zu erkennen.[16] Wie sehr das Parteiensystem auch nach den Umwälzungen der 1990er Jahre bis heute noch im Fluss ist, illustriert eine Betrachtung der letzten beiden und der laufenden Legislaturperiode:

Tabelle 6.2: Fraktionen im italienischen Parlament

Abgeordnetenkammer					
Legislatur-periode	Beginn XIII. (1996)	Ende XIII. (2001)	Beginn XIV. (2001)	XIV. (November 2004)	Beginn XV. (2006)
	DS	DS	DS	DS	Ulivo
	RC	PdCI	Margherita	Margherita	RC
	RI	Democratici		RC	Italia dei Valori
	PPI	PPI			
		UDEUR	FI		
	FI		AN	FI	FI
	AN	FI	LN	AN	AN
	LN	AN	CCD-CDU	LN	LN
	CCD	LN	misto	UDC	UDC
	misto	misto		misto	misto

---

15 Die geringe Untergrenze für den Fraktionsstatus kann als Ausdruck des Ziels einer möglichst gerechten Repräsentation gesehen werden. Unter den Vorzeichen einer oft bekundeten Absicht, klare Mehrheiten und Konzentration zu fördern, stellt sie eher einen Anachronismus dar.

16 Bezeichnend ist, dass die Internetseiten der beiden Kammern zu den Zusammensetzungen der einzelnen Fraktionen jeweils eigene Rubriken für die Veränderungen während der Legislaturperiode aufweisen, die im Laufe der Zeit immer länger werden.

Anzahl gruppi	9	9	7 ،	8	8
Anzahl Parteien in gruppo misto	3	9	6	7	8

Senat					
Legislatur-periode	Beginn XIII. (1996)	Ende XIII. (2001)	Beginn XIV (2001)	XIV. (November 2004)	Beginn XV. (2006)
	DS RC PPI Verdi RI	DS PPI Verdi UDEUR DE	DS Margherita Verdi Per le autonomie	DS Margherita Verdi Per le autonomie	Ulivo RC Comunisti Italiani – Verdi
	FI AN LN CCD CDU misto	FI AN LN CCD misto	FI AN LN CCD-CDU misto	FI AN LN UDC misto	FI AN LN UDC misto
Anzahl gruppi	11	10	9	9	8
Anzahl Parteien in gruppo misto	7	15	8	8	5

Quelle: Eigene Darstellung nach Verzichelli 2002, www.parlamento.it (Stand: 05.11.2004 und 15.05.2006).

Die Fragmentierung des Parlaments und die damit verbundenen Schwierigkeiten der Mehrheitsbildung konnten auch durch die Wahlrechtsreformen nicht bekämpft werden, ganz im Gegenteil: Wie die Anzahl der Parteien stieg auch die Anzahl der Fraktionen nach dem Untergang der „Ersten" Republik eher an. Die Wahlbündnisse, die zum Gewinn der Wahlkreismandate bzw. seit 2006 zum Gewinn der Mehrheitsprämie geschlossen werden, splitten sich im Parlament wieder in autonom agierende Fraktionen auf. Ein gewisse Besserung trat nach den Wahlen 2006 ein, als DS und *Margherita* das Wahlbündnis *Ulivo* auch als gemeinsame Fraktion beibehielten.

Zur parteipolitischen Fragmentierung kommen noch geringe Fraktionsdisziplin (vor allem vor der weitgehenden Abschaffung der geheimen Abstimmung)
und innerparteiliche Fragmentierung durch *correnti*, wobei allerdings letzteres
Phänomen aktuell weit geringere Bedeutung aufweist als noch zu Zeiten der
mehrfachen Präferenzstimme (vgl. Kapitel Wahlen und Abstimmungen). All
diese Faktoren hatten zum Ergebnis, dass sich die Fraktionen in Italien nie als
eigenständiges Machtzentrum etablieren konnten wie z.B. in Deutschland. Sie
blieben in ihrer Bedeutung stets den Parteien und *correnti* untergeordnet. Die
wichtigsten Entscheidungen werden nach wie vor auf Gipfeltreffen der Regierungsparteien getroffen. Auch die Fraktionsvorsitzenden haben wenig eigenes
Gewicht oder öffentliche Resonanz; sie stehen im Schatten ihrer Parteichefs.
Allerdings muss dieser Befund etwas relativiert werden: Mit der Geschlossenheit
einer Partei gewinnt auch ihre dann geschlossener abstimmende Fraktion an
Gewicht. Dies ist insbesondere der Fall bei stark auf ihre Führungspersonen
ausgerichteten Parteien wie *Forza Italia* und *Lega Nord*, aber auch der *Alleanza
Nazionale*. Auch wenn hier von einer eigenständigen Rolle der Fraktion gegenüber der Parteiführung nicht gesprochen werden kann, ist doch eine Aufwertung
der Fraktionsführungen durch Besetzung mit engen Vertrauten des Parteichefs
und eine größere Fraktionsdisziplin als bei weniger geschlossenen Parteien festzustellen. Auch ist zu beobachten, dass bei hochkontroversen Themen zwischen
Regierungsmehrheit und Opposition die beiden Blöcke sich im Sinne einer sich
entwickelnden bipolaren Logik immer öfter geschlossen gegenüberstehen.

Die fast vollständige Delegitimierung des alten Parteiensystems in den 1990er
Jahren ging auch am parlamentarischen Personal nicht vorbei. Nach den ersten
Parlamentswahlen 1948 waren die Fluktuationsraten bis in die 1980er Jahre
moderat: Meist wurden deutlich weniger als 40% der Abgeordneten und Senatoren bei Wahlen ausgetauscht; vorherrschend war der Typus des Parlamentariers
mit fester Parteibindung und einiger politischer Erfahrung. Darin kam es nach
Aufdeckung der Korruptionsskandale (*Tangentopoli*) zu einem massiven Umbruch. 1994 tauschten die Wähler ca. 70% der Abgeordneten und 60% der Senatoren aus. Nimmt man den Umstand hinzu, dass die letzten Wahlen erst zwei
Jahre zurücklagen, verschärft sich das Bild: In der Abgeordnetenkammer von
1994 konnten weniger als 12% der Mitglieder auf mehr als zwei Jahre parlamentarischer Erfahrung zurückblicken. Besonders hoch war der Anteil bei den neuen
bzw. erstarkten Kräften des Mitte-Rechts-Lagers, wo bei AN und CCD weit über
70%, bei der FI sogar über 90% der Abgeordneten 1994 zum ersten Mal die
parlamentarische Bühne betraten. Beschleunigt wurde der personelle Wandel
noch durch den frühen Zeitpunkt der folgenden Wahlen von 1996. Hier erreichte
die Austauschrate zwar wieder ein normales Maß, doch wurde bei den drei Wahlen 1992, 1994 und 1996 fast das gesamte politische Personal der 1980er Jahre

aus dem Parlament entfernt. Von den 1996 gewählten Volksvertretern hatten nur 8,9% der Abgeordneten und 9,5% der Senatoren schon 1987 oder früher ein Mandat erringen können. Ähnlich, wenn auch quantitativ in geringerem Ausmaß, verhält es sich mit der (partei)politischen Erfahrung: 1994 hatten 44% und 1996 36,7% der Abgeordneten zuvor keinerlei Parteiamt inne.[17] Die tief greifenden Folgen, die dieser personelle Wandel hinterlassen hat, lassen sich nur schwer abschätzen. Eine wichtige Konsequenz dürfte die rapide Abnahme konsensueller Orientierungen sein, die die politischen Eliten in der Alltagspraxis der „Ersten" Republik an den Tag legten (vgl. Kapitel Politische Kultur). Die analoge Entwicklung dazu lässt sich an der zunehmenden verbalen Radikalisierung der öffentlichen und auch der parlamentarischen Auseinandersetzung beobachten.

In diesem Kontext ist auch das Thema der parlamentarischen Immunität zu behandeln: Bis 1993 genossen alle Mitglieder der Abgeordnetenkammer und des Senats Immunität und damit Schutz vor strafrechtlichen Ermittlungen, der nur durch Beschluss der entsprechenden Parlamentskammer aufgehoben werden konnte. Dieses in modernen Demokratien selbstverständliche, in langen Kämpfen historisch erworbene Abwehrrecht des Parlaments gegen mögliche Repressionen der Exekutive oder Judikative fiel in Italien den Korruptionsskandalen zum Opfer und machte das Land auch in dieser Hinsicht zu einer Ausnahme. In dem Maße, in dem der Skandal immer weitere Kreise zog, wurde die parlamentarische Arbeit zunehmend dadurch gelähmt, dass immer mehr Anträge auf Aufhebung der Immunität behandelt werden mussten. Anfängliche Versuche, solche Anträge abzulehnen, scheiterten schon im Ansatz unter dem Druck der Öffentlichkeit. Um diesem Druck nachzukommen und die parlamentarische Tagesordnung wieder für die Gesetzgebung frei zu räumen, verabschiedete man das Verfassungsgesetz Nr. 3 vom 29.10.1993, das die parlamentarische Immunität weitgehend abschaffte. Nun sind Ermittlungen prinzipiell erlaubt; nur Abhörmaßnahmen, Durchsuchungen und Verhaftungen bedürfen noch der Genehmigung.[18]

---

[17] Vgl. zu den Daten die detaillierteren Analysen von Verzichelli 1995 und 1997.

[18] Ein Versuch der Regierung Berlusconi, die Immunität zumindest für fünf der höchsten Staatsämter (Staatspräsident, Präsidenten der beiden Parlamentskammern und des Verfassungsgerichthofes sowie Regierungschef) wieder einzuführen, wurde am 13.01.2005 vom Verfassungsgerichtshof für ungültig erklärt.

6.4 Gesetzgebung

Von der Organisation des Parlaments nun zu einer seiner Hauptaufgaben, der Gesetzgebung. Das Recht zur Gesetzesinitiative haben:

- die Regierung;
- jeder einzelne Abgeordnete und Senator;
- das Volk (50.000 wahlberechtigte Bürger);
- jeder einzelne Regionalrat;
- der nationale Rat für Wirtschaft und Arbeit CNEL (*Consiglio nazionale dell'economia e del lavoro*), allerdings nur für den sozio-ökonomischen Bereich;
- die Kommunen, allerdings nur betreffend die Einrichtung neuer Provinzen oder die Änderung der Provinzialbezirke.

Naturgemäß gehen die meisten Initiativen von der Regierung und den Parlamentariern aus; Initiativen der Regionalräte kommen immer seltener vor; Anstöße aus dem Volk oder dem CNEL gab es bislang eher wenige, von den Kommunen gar nicht.[19] Die Gesetzentwürfe der Regierung werden als *disegno di legge* bezeichnet, alle übrigen als *proposta di legge*.

Es ist zu erkennen, dass die Hürden sehr niedrig sind und damit die Versuchung für den einzelnen Parlamentarier groß, sich mit eigenen Gesetzentwürfen, insbesondere zugunsten der eigenen Wählerklientel, zu profilieren. Auch lagerübergreifende Initiativen mehrerer Abgeordneter sind häufig. Dementsprechend hat es jede Kammer mit mehreren Tausend Initiativen pro Legislaturperiode zu tun. In der 10. bis 13. Legislaturperiode (1987-2001) wurden 25.135 Gesetzesinitiativen bearbeitet (im Schnitt ca. 190 pro Monat) und 2.009 Gesetze verabschiedet (im Schnitt mehr als 15 pro Monat).[20] Zum Vergleich: Der Deutsche Bundestag bearbeitete in der 1. bis 14. Legislaturperiode (1949-2002) lediglich 9.411 Initiativen (im Schnitt ca. 15 pro Monat) und verabschiedete 5.993 Gesetze (im Schnitt knapp 10 pro Monat).[21]

Die abschließende Behandlung solcher Initiativen in Ausschüssen war somit eine mehr oder weniger notwendige Reaktion auf diese Flut. Dabei sind die Erfolgsaussichten durchaus unterschiedlich: Kamen 2002 89% der behandelten Gesetzentwürfe aus dem Parlament und nur 10% von der Regierung, sieht es bei den letztlich verabschiedeten Gesetzen genau umgekehrt aus: In der 13. Legisla-

---

[19]   Vgl. Massai 1996, S. 86-93. Die Entwicklung der letzten Dekade bestätigt diesen Sachverhalt.
[20]   Capano / Giuliani 2001a.
[21]   Schindler 1999 Bd. II, S. 2388f., Bd. III, S. 4377 und http://dip.bundestag.de/gesta/14 /StatistischerÜberblick.pdf (Stand: 28.10.2005); eigene Berechnungen.

turperiode gingen ca. 77% der Gesetze auf Regierungsinitiativen zurück, ca. 19% auf parlamentarische.[22]

Der Weg einer Initiative stellt sich wie folgt dar:[23] Gesetzentwürfe können in jeder der beiden Kammern eingebracht werden. Dort werden sie zunächst an einen zuständigen Ausschuss weitergeleitet, entweder zur Prüfung oder zur Beschlussfassung. Wird der Ausschuss nur prüfend tätig, überweist er die Vorlage zurück an das Plenum, das darüber entscheidet; nimmt das Plenum den Entwurf an, wird er an die zweite Kammer weitergeleitet. Ist der Ausschuss zur Beschlussfassung ermächtigt, stimmt er über die Vorlage ab, die bei Annahme gleich an die zweite Kammer übermittelt wird. In der zweiten Kammer durchläuft der Entwurf noch einmal dieselbe Prozedur. Die Beratung im Plenum ist dabei zweigeteilt: Zunächst erfolgt eine generelle Debatte über den Gesetzentwurf. Danach wird noch einmal über jeden einzelnen Artikel des Gesetzes debattiert, über eventuelle Änderungsanträge und danach über den betreffenden Artikel selbst abgestimmt. Eine Abstimmung über alle Artikel eines Gesetzes en bloc ist nicht vorgesehen. Bei der Abstimmung müssen mehr als die Hälfte der Abgeordneten bzw. Senatoren anwesend sein.

Dabei muss von Abgeordnetenkammer und Senat eine identische Version des Gesetzes verabschiedet werden. Nimmt die Kammer, die als zweite mit der Vorlage befasst wird, daran Änderungen vor, geht sie wieder zurück an die erste Kammer. Ein Vermittlungsverfahren für den Fall von Unstimmigkeiten zwischen den Kammern (wie z.B. in Deutschland mit dem Vermittlungsausschuss von Bundestag und Bundesrat) existiert nicht. So kann es vorkommen, dass Gesetzentwürfe mehrmals zwischen den Kammern hin und her pendeln, wenn jede der beiden wieder etwas daran ändert.[24] Solche *navette* („Schiffchen") sind das augenfälligste Beispiel für die Schwerfälligkeit des Gesetzgebungsprozesses im *bicameralismo perfetto*. Das Ziel der Verfassungsväter, mit einer Verdoppelung der parlamentarischen Beratung eines Gesetzes auch die Qualität des legislativen Output zu erhöhen, wird allgemein als nicht erreicht angesehen. Stattdessen ist die Umständlichkeit und Schwerfälligkeit dieser Ausgestaltung des Zweikammersystems seit Jahrzehnten in der Kritik und Gegenstand von Reformüberlegungen. Auch erhöhte diese Verdoppelung des Gesetzgebungsprozesses die

---

[22] Vgl. zu den genauen Daten, auch im Folgenden, die Statistiken auf der Internetseite der Abgeordnetenkammer: http://www.camera.it/chiosco.asp?content=/_dati/leg14/lavori/datistatistici/ (Stand: 02.11.2005). Zu den Erfolgsaussichten solcher Initiativen in früheren Legislaturperioden vgl. die Tabelle bei Della Sala 1998, S. 91.

[23] Vgl. zum Folgenden die detaillierte Schilderung bei Massai 1996, S. 86-166.

[24] Allerdings können sich die Kammern nur zu den Änderungswünschen der jeweils anderen Kammer äußern; die nicht beanstandeten Teile können nicht Gegenstand erneuter Änderungen sein; vgl. Massai 1996, S. 93.

Anlaufpunkte für partikulare Interessen, sei es durch klientelistische Ansinnen der Abgeordneten oder durch den Einfluss von Interessengruppen.[25]

Ist ein Gesetz von beiden Kammern in identischer Form gebilligt worden, wird es vom Staatspräsidenten verkündet. Dieser kann allerdings das Gesetz zur erneuten Beratung an das Parlament zurückverweisen. Dies muss begründet sein, doch die Verfassung schreibt keine besonderen Gründe vor. Wenn die Kammern den Text erneut beschließen, muss er schließlich verkündet werden. Der Staatspräsident verfügt damit über ein suspensives Veto.[26]

Ein weiterer, die zügige Verabschiedung von Gesetzesvorlagen behindernder Faktor ist bzw. war die geheime Abstimmung im Plenum (*voto segreto*). Diese war als Abwehrrecht der Parlamentarier gegen die Exekutive bereits im *Statuto Albertino* verankert und gehörte für viele zum Selbstverständnis des italienischen Parlamentarismus. Andererseits hatten viele Abgeordnete und Senatoren die Möglichkeit genutzt, unter dem Deckmantel der geheimen Abstimmung gegen die Parteilinie zu stimmen und hatten damit die Organisation von Mehrheiten beträchtlich erschwert. Im Ergebnis wurde damit nicht nur die Fraktionsdisziplin aufgeweicht, sondern auch zahlreiche Gesetzesvorhaben verwässert, weil man aufgrund der sog. *franchi tiratori* („Heckenschützen") oft auf zusätzliche Unterstützung von Seiten der Opposition angewiesen war und dieser inhaltlich entgegenkommen musste. Nach langen Diskussionen wurde der *voto segreto* 1988 weitgehend abgeschafft und findet nur noch in relativ wenigen Fällen Anwendung.[27]

Verfassungsändernde Gesetze unterliegen einem besonderen Verfahren: Sie müssen von beiden Kammern je zweimal in identischer Form verabschiedet werden, wobei zwischen der ersten und der zweiten Abstimmung jeweils ein Zeitraum von mindestens drei Monaten liegen muss. Zudem ist in der zweiten Abstimmung die absolute Mehrheit der Stimmen erforderlich. Wird in der zweiten Abstimmung nicht in jeder Kammer eine Zweidrittelmehrheit erreicht, kann von 500.000 Wahlberechtigten, fünf der zwanzig Regionalräte oder einem Fünftel der Mitglieder einer Kammer eine Volksabstimmung über das Gesetz verlangt werden. In dieser Volksabstimmung entscheidet die einfache Mehrheit der gültigen Stimmen ohne Beteiligungsquorum (Art. 138). Gesetze, die nach die-

---

[25] Auch die Gesetzgebung in Ausschüssen und die geheime Abstimmung erleichterten den Zugang von organisierten Interessen; vgl. Della Sala 1999.

[26] In Anbetracht der erheblichen Koordinationsleistung, die die instabilen Mehrheitsverhältnisse erfordern, ist dies allerdings nicht zu unterschätzen, da bei einer Zurückweisung durch den Staatspräsidenten die schwierige Mehrheitsbildung ein zweites Mal zu erfolgen hat. Dies war z.B. der Fall bei dem neuen Mediengesetz im Dezember 2003 (vgl. Kapitel Regierung).

[27] Dass diese wenigen Fälle aber nach wie vor eine gewichtige Rolle spielen, zeigen einige empfindliche Abstimmungsniederlagen der Regierung Berlusconi II, z.B. über das neue Mediengesetz im April 2003.

sem Verfahren verabschiedet werden, erhalten die Bezeichnung Verfassungsgesetz (*legge costituzionale*). Diese beinhalten meist Änderungen, Präzisierungen oder Ergänzungen der Verfassung, aber auch andere Inhalte von verfassungsmäßiger Bedeutung, wie z.B. die Einsetzung von Kommissionen zur Verfassungsreform.

Einen beträchtlichen Teil der parlamentarischen Arbeit nimmt auch die Konversion von Regierungsdekreten (*decreti-legge*) in Gesetze ein (Vgl. Tabelle 6.3). Diese verfallen, wenn sie nicht innerhalb von 60 Tagen in ein Gesetz umgewandelt werden. Da einer Erneuerung der Dekrete durch den Verfassungsgerichtshof Riegel vorgeschoben wurden, spielt diese Tätigkeit des Parlaments eine wichtige Rolle für die Umsetzung der Regierungspolitik (vgl. Kapitel Regierung). So betrafen z.B. in der 13. Legislaturperiode von den 695 erfolgreichen Gesetzesinitiativen der Regierung 174 die Umwandlung von Dekreten in Gesetze.

Tabelle 6.3:   Verabschiedete Gesetze nach Initiative 1987-2001

Initiative durch:	X. Legislaturperiode 1987-1992; 57,7 Monate)	XI. Legislaturperiode (1992-1994; 23,7 Monate)	XII. Legislaturperiode (1994-1996; 24,7 Monate)	XIII. Legislaturperiode (1996-2001; 60,7 Monate)
Regierung, davon:	704 (65,42%)	231 (73,57%)	261 (88,47%)	695 (76,79%)
Umwandlung von Dekreten	185 (17,20%)	118 (5,73%)	122 (41,35%)	174 (19,23%)
Finanzgesetze	32 (2,97%)	11 (3,50%)	10 (3,39%)	37 (4,09%)
Ratifikation von Verträgen	193 (17,94%)	65 (20,70%)	115 (38,98%)	284 (31,38%)
andere Gesetzentwürfe	294 (27,32%)	37 (11,87%)	14 (4,75%)	200 (22,10%)
Parlament	287 (26,67%)	75 (23,88)	28 (9,49%)	174 (19,23%)
Gemeinsame Initiative	85 (7,90%)	8 (2,55%)	6 (2,03%)	36 (3,98%)
Gesamt	1076	314	295	905

Quelle: http://www.camera.it/_dati/leg13/lavori/datistatistici/
(Stand: 24.03.2006); eigene Berechnungen

In den 1980er Jahren wurde die Arbeit der Kammern durch Reformen der Geschäftsordnung erheblich gestrafft. Zuvor waren unbeschränktes Rederecht und ausufernde Debatten über einzelne Gesetzesartikel Einfallstore für Obstruktion gewesen.[28] Allerdings blieb das Bestreben, den parlamentarischen Prozess effizienter zu gestalten und die Steuerungsfähigkeit zu erhöhen, permanent auf der Agenda. Weitere Änderungen der Geschäftsordnungen in den Jahren 1990 und 1997 sollten es der Regierung erleichtern, ihr legislatives Programm voranzutreiben, und die Position der parlamentarischen Mehrheit stärken. Z.B. wurde ein Komitee für Gesetzgebung eingerichtet, das die Ausschüsse in technischen Fragen unterstützen soll. Allerdings blieb die Reichweite der Änderungen begrenzt und ihr Erfolg gering.[29]

Insgesamt zeichnet sich das italienische Parlament durch eine im internationalen Vergleich äußerst hohe legislative Aktivität aus. Ein kurzer Blick auf die Zahlen macht schnell die Dimensionen klar: In den dreizehn Legislaturperioden bis 2001 wurden 14.759 Gesetze verabschiedet (s. Tabelle 6.4), das sind grob gerechnet ca. 278 Gesetze pro Jahr.[30] Noch einmal zum Vergleich: Der Deutsche Bundestag produzierte 1949-2002 nur 5.993 Gesetze (s.o.). Dabei ist seit Beginn der elften Legislaturperiode schon ein deutlicher Rückgang der Gesetzgebungsaktivität zu verzeichnen, selbst wenn die Kürze der elften und zwölften Legislaturperiode in Rechnung gestellt wird.

---

[28] Vgl. Müller-Wirth 1992.
[29] Vgl. zur Entwicklung der Geschäftsordnungen den Beitrag von Mazzoni Honorati in Labriola 1999, S. 247-276.
[30] Laut einem Regierungsbericht waren 1993 in Italien ca. 90.000 Gesetze und gleichwertige Normen in Kraft, während der Vergleichswert für Frankreich 7.325 und für Deutschland 5.587 (ohne Ländergesetze) betrug (Ginsborg 2001, S. 217). Andere Schätzungen liegen deutlich höher, z.B. 150.000 bei Recchi / Verzichelli 2003, S. 228.

Tabelle 6.4:   Verabschiedete Gesetze 1948-2001

Legislaturperiode	Jahre	Gesetze
I	1948-1953	2317
II	1953-1958	1897
III	1958-1963	1796
IV	1963-1968	1768
V	1968-1972	841
VI	1972-1976	1128
VII	1976-1979	666
VIII	1979-1983	963
IX	1983-1987	793
X	1987-1992	1076
XI	1992-1994	314
XII	1994-1996	295
XIII	1996-2001	905
Summe		14759

Quelle: Grub 1996 S. 237 (für I-IX),
http://www.camera.it/_dati/leg13/lavori/datistatistici/ (für X-XIII;
Stand: 24.05.2006).
Anmerkung: Die Zahlen variieren z.T. beträchtlich zwischen den verschiedenen
Quellen und der Sekundärliteratur, was offensichtlich auf unterschiedliche Zählweisen zurückzuführen ist. Die ungefähren Größenverhältnisse bleiben jedoch
konstant.

Die hohe Anzahl der verabschiedeten Gesetze ist zum einen durch die Gesetzgebung in Ausschüssen zu erklären; auf dem normalen Wege im Plenum wäre
diese Menge schon organisatorisch gar nicht zu bewerkstelligen gewesen. Zum
anderen stellt ein Großteil dieser Gesetze keine Regelungen von nationalem
Interesse dar. Beim Löwenanteil dieser Gesetzesflut handelt es sich vielmehr um
so genannte „kleine Gesetze" (*leggine*), die darauf zugeschnitten sind, der Klientel eines Parlamentariers oder einer Gruppe von Parlamentariern zugute zu
kommen. Dementsprechend ist der Geltungsbereich dieser Normen auch meist
extrem klein, so dass von mikrosektoriellen Gesetzen gesprochen wird. Auch
dieses Phänomen ist nur vor dem Hintergrund einer klientelistischen politischen
Kultur und einer konsensuellen Handlungsorientierung der parlamentarischen

Akteure verstehbar: Als Gegenleistung für die Zustimmung zu einem solchen Gesetz für die eigene Klientel musste man auch den Initiativen anderer Kollegen zustimmen, mit denen diese wiederum ihre eigene Klientel versorgten. Von diesem do ut des-Prinzip waren auch die Oppositionsparteien nicht ausgeschlossen, da man wie bereits erwähnt zumindest auf deren guten Willen angewiesen war. Die geringere öffentliche Aufmerksamkeit bei der Verabschiedung von *leggine* stellt für eine solche klientelistische Gesetzgebung eine günstige Rahmenbedingung dar. Die hohe Zahl an Gesetzen kann auch als Indikator dafür betrachtet werden, wie viele partikulare Anliegen aus der Gesellschaft das Parlament erreichen, ohne vorher z.B. von Parteien und Interessengruppen selektiert und gebündelt zu werden. Die direkte Verbindung des einzelnen Politikers zu seiner Klientel und niedrige institutionelle Hürden bilden hierfür die idealen Rahmenbedingungen.

Die deutlich kleinere Anzahl neuer Gesetze seit 1992 ist vor allem auf den Austausch des parlamentarischen Personals und die neue konfrontative Haltung zwischen Regierungs- und Oppositionsparteien zurückzuführen. Nicht nur klientelistische Verbindungen mit etablierten Parteigrößen oder „Lokalfürsten" brachen ab, auch die Bereitschaft der Opposition, die schnelle und leise Ausschussgesetzgebung zu tolerieren, ist bei weitem nicht mehr in dem Ausmaß vorhanden wie zuvor. Allerdings ist festzustellen, dass nach wie vor die meisten Gesetze konsensuell, d.h. mit weit größerer Mehrheit als nur der der Regierungsparteien, verabschiedet werden.[31]

6.5 Kontrolle und Opposition

Zur Ausübung seiner Kontrollfunktion gegenüber der Regierung sind dem italienischen Parlament einige Instrumente an die Hand gegeben.[32] Die wichtigsten sind:

- Die Aussprache bzw. der Entzug des Vertrauens. Da bereits ein Misstrauensvotum in einer der beiden Kammern zum Sturz der Regierung genügt und im Unterschied zum konstruktiven Misstrauensvotum keine gleichzeitige Wahl eines neuen Regierungschefs erforderlich ist, kann man hier von einer eher starken formalen Position des Parlaments sprechen. Die Hürden für einen Misstrauensantrag sind eher niedrig: Er muss nur von einem Zehntel der Mitglieder einer Kammer unterzeichnet werden. Die Abstimmung

---

[31]   Capano / Giuliani 2003.
[32]   Vgl. zum Folgenden detailliert Massai 1996, S. 205-239.

findet dann namentlich statt. Allerdings spielt das Parlament bei der Regierungsbildung nur eine marginale Rolle.

- Das Haushaltsrecht des Parlaments, das den staatlichen Ausgaben mit dem Haushaltsgesetz zustimmen muss.
- Die Einrichtung eines Untersuchungsausschusses (*inchiesta parlamentare*). Da hierfür allerdings Mehrheiten erforderlich sind (s. o.), kann kaum von einer Waffe der Minderheit gesprochen werden (wie z.B. in Deutschland).
- Die Anfrage an die Regierung (*interrogazione*) zu einem speziellen Fall oder Vorgang, die der Information dient. Die Antwort der Regierung erfolgt je nach Fall mündlich unmittelbar im Plenum oder in einem Ausschuss oder schriftlich.
- Die Interpellation (*interpellazione*), in der die Regierung Rede und Antwort über die Motive und Absichten ihrer Politik geben muss. Bei diesem bedeutenderen Instrument ist nur die mündliche Antwort im Plenum vorgesehen. Ein Großteil der zahlreichen Anfragen und Interpellationen bleibt allerdings letztlich unbeantwortet, so dass diese Instrumente in der Praxis weniger der Information oder Aufdeckung von Missständen dienen als der Kritik, die auf diese Weise „aktenkundig" wird.[33]
- Resolutionen im Plenum oder in Ausschüssen.
- Anträge (*mozioni*), über die im Plenum diskutiert und abgestimmt wird.

Darüber hinaus können Ausschüsse Regierungsvertreter anhören oder öffentliche Untersuchungen zu Informationszwecken (*indagini conoscitivi*) durchführen. Außerdem sind die parlamentarischen Kontrollkommissionen zu nennen, z.B. zur Überwachung der Geheimdienste.

Dabei muss beachtet werden, dass im parlamentarischen Regierungssystem die Kontrolllinie funktionslogisch weniger zwischen Parlament und Regierung als Institutionen verläuft, sondern eher zwischen Regierung und Parlamentsmehrheit auf der einen Seite und Parlamentsminderheit auf der anderen. Diese idealtypische Mechanik des parlamentarischen Regierungssystems wurde im italienischen Fall allerdings von der starken Stellung der Parteien weitgehend konterkariert. Da sich weder Regierung noch Parlamentsfraktionen als ernstzunehmende Machtzentren etablieren konnten, wurde die Regierung eher von den Zentralen der sie tragenden Parteien kontrolliert und übten die Oppositionsparteien ihre Kontrollfunktion weniger parlamentarisch denn außerparlamentarisch aus.

Die Instrumente der Opposition sind weniger in expliziten parlamentarischen Minderheitsrechten oder Kontrollinstrumenten zu suchen, sondern vielmehr in den schwer kalkulierbaren Mehrheitsverhältnissen und inneren Zerstrit-

---

tenheiten der Regierungsmehrheit. So sprangen oppositionelle Kräfte ganz in Sinne des althergebrachten *trasformismo* mehr als einmal für unsichere oder unwillige Koalitionspartner ein und konnten dafür einige Zugeständnisse in anderen Fragen erringen. Niedrige Hürden für die Gesetzesinitiative und die Erfordernis von Gesetzgebung in Ausschüssen versetzten die Opposition eher in die Lage eines Partners, der bei Laune zu halten war, sollte er nicht empfindlich Sand ins Getriebe streuen.[34]

6.6 Reformperspektiven

Die Diskussion um eine Reform des mit so vielen Eigenheiten behafteten Parlaments dauert seit Jahrzehnten an. Die Strategie, mit einfachen Änderungen der Geschäftsordnungen die unerwünschten Defekte zu beheben, wurde bereits mehrfach versucht. Allerdings gingen die Reformen immer wieder in andere Richtungen und zeigten bislang nur mäßigen Erfolg. Die Reformdiskussion hat sich spätestens seit Beginn der 1990er Jahre in Richtung grundlegender Verfassungsänderungen bewegt.[35]

Dringliche Reformgegenstände sind z.B. die Gesetzgebung in Ausschüssen und der *bicameralismo perfetto*, für den grob zwei Reformwege diskutiert werden: Zum einen eine Funktionsdifferenzierung zwischen den beiden Kammern, nach der in erster Linie die Abgeordnetenkammer für den Großteil der Gesetzgebung und die Stützung der Regierung verantwortlich wäre und der Senat für einige der bislang gemeinsam ausgeübten Wahl- und Kontrollfunktionen. Zum anderen soll der Senat in eine echte regionale Kammer umgewandelt werden, ähnlich wie der US-Senat oder mit Vertretern der regionalen und kommunalen Gebietskörperschaften besetzt; dafür soll er allerdings die volle Gleichberechtigung mit der Abgeordnetenkammer verlieren. Eine groß angelegte Verfassungsreform, die Vorschläge in dieser Richtung enthalten hätte, scheiterte 1998. Ein neues, ähnlich geartetes Reformpaket der Regierung Berlusconi nahm zwar die parlamentarischen Hürden, doch scheiterte es im Juni 2006 bei einer Volksabstimmung.

---

[34] Vgl. Pizzorno 1997.
[35] Vgl. Köppl 2003.

7 Regierung

In diesem Kapitel wird nicht nur die Regierung im engeren Sinne (Regierungs-chef und Minister bzw. Kabinett) behandelt, sondern auch die ebenfalls wichti-gen Akteure der Exekutive Staatspräsident und Verwaltung. An der Spitze stehen der Staatspräsident und der Regierungschef, was zuweilen als duale bzw. bi-kephale (d.h. zweiköpfige) Exekutive bezeichnet wird. Wie in den folgenden Ausführungen deutlich werden wird, waren die Verfassungsväter bestrebt, eine exekutive Machtkonzentration möglichst zu vermeiden, was sich zusammen mit anderen Gründen in den sprichwörtlichen Problemen politischer Steuerung in Italien niederschlug.

7.1 Staatspräsident

Der Staatspräsident bzw. Präsident der Republik (*Presidente della Repubblica*, oft auch als *Capo dello Stato*, d.h. Staatschef bezeichnet, was aber eine zu große Machtfülle suggeriert) ist das formal höchste Amt der Republik Italien.[1]

Er wird von den beiden Parlamentskammern in gemeinsamer Sitzung und geheimer Abstimmung auf sieben Jahre gewählt. Zusätzlich nehmen an der Wahl für jede Region drei vom Regionalrat gewählte Vertreter teil. Es wird der Kandi-dat gewählt, der zwei Drittel der Stimmen auf sich vereinigen kann. Erreicht kein Kandidat in den ersten drei Wahlgängen diese Mehrheit, so genügt ab dem vier-ten Wahlgang die absolute Mehrheit. Schon an diesem Wahlverfahren ist zu erkennen, dass der Präsident der Republik von der Verfassung als möglichst breit legitimierte und über den Parteien stehende Institution gedacht ist, die die Ein-heit der Nation repräsentieren soll.

Wählbar sind Bürger, die das 50. Lebensjahr vollendet haben. Das Amt des Staatspräsidenten ist mit jedem anderen Staatsamt unvereinbar.

---

[1]   Im Folgenden werden die Bezeichnungen Staatspräsident bzw. Präsident der Republik syn-onym verwendet. Vgl. zur Bezeichnung und als allgemeinen Überblick mit Portraits der bishe-rigen Präsidenten Fiorillo 2002. Eine detailliertere Behandlung des Staatspräsidenten in seinem Verhältnis zu anderen Verfassungsorganen liefert der Sammelband Luciani / Volpi 1997.

Tabelle 7.1:   Präsidenten der Republik 1946-2006

Präsident	Partei	Amtszeit
Enrico De Nicola (provisorisch)	PLI	28.06.1946 – 11.05.1948
Luigi Einaudi	PLI	12.05.1948 – 10.05.1955
Giovanni Gronchi	DC	11.05.1955 – 10.05.1962
Antonio Segni	DC	11.05.1962 – 06.12.1964
Giuseppe Saragat	PSDI	28.12.1964 – 23.12.1971
Giovanni Leone	DC	24.12.1971 – 15.06.1978
Sandro Pertini	PSI	09.07.1978 – 29.06.1985
Francesco Cossiga	DC	03.07.1985 – 28.04.1992
Oscar Luigi Scalfaro	DC	28.05.1992 – 15.05.1999
Carlo Azeglio Ciampi	parteilos	18.05.1999 – 14.05.2006
Giorgio Napolitano	DS	15.05.2006 –

Quelle: Trautmann / Ullrich 2003, S. 556; eigene Aktualisierung.

Dem Präsidenten der Republik werden von der Verfassung zahlreiche Aufgaben zugewiesen:

- Nach Art. 74 kann er im Gesetzgebungsverfahren ein suspensives (aufschiebendes) Veto einlegen: Er darf die Unterzeichnung eines vom Parlament verabschiedeten Gesetzes verweigern und es an die Kammern zurückverweisen. Dabei kann er nicht nur formale, sondern auch inhaltliche Gründe anführen. Nehmen die Kammern das Gesetz allerdings erneut an, ist er zur Unterzeichnung verpflichtet. Deshalb kann der Präsident Gesetze lediglich bremsen, aber nicht endgültig verhindern, wenn die Reihen der Parlamentsmehrheit geschlossen stehen. Da diese Bedingung aber in Italien nicht immer erfüllt war bzw. ist, kann das suspensive Veto durchaus erfolgreich Sand ins Getriebe streuen, indem es die komplizierte Mehrheitsbildung ein zweites Mal erforderlich macht. Weitaus höher ist jedoch die moralisch-symbolische Wirkung zu werten, wenn der Präsident der Republik ein Gesetz der Regierungsmehrheit inhaltlich zurückweist. Carlo Azeglio Ciampi, 1999-2006 im Amt, hat von diesem Instrument sechs Mal Gebrauch gemacht und somit als mahnende Instanz gegenüber der Regierung Berlusconi fungiert. Besonderes öffentliches Echo fanden seine Einsprüche gegen das neue Mediengesetz (sog. *legge Gasparri*) im Dezember 2003 und gegen die umstrittene Justizreform im Dezember 2004.

- Der Staatspräsident kann Botschaften an die Kammern richten. Diese sind zwar meist feierlichen Charakters und haben keine direkten Folgen, können aber auch die Aufmerksamkeit auf ein Thema lenken und die politische Diskussion beeinflussen[2].. Allerdings wird von diesem Instrument nur selten Gebrauch gemacht; Äußerungen in den Medien haben sich als effektiveres Kommunikationsmittel erwiesen.

- Art. 87 weist ihm zahlreiche kleinere Aufgaben zu wie die Verkündung von Gesetzen, Ernennung besonderer Staatsbeamter, Anberaumen der Parlamentswahlen, Oberbefehl über die Streitkräfte, Vorsitz im Obersten Rat des Richterstandes und das Begnadigungsrecht.

- Eines der wichtigsten Instrumente des Staatspräsidenten ist die vorzeitige Auflösung der Parlamentskammern, falls sie nicht arbeitsfähig sind (z.B. bei Fehlen klarer Mehrheiten) oder es ihnen an Legitimation gebricht (so die vorzeitige Parlamentsauflösung nach den Korruptionsskandalen). Dazu muss er vorher die Präsidenten der beiden Kammern anhören. Eine Ausübung dieser Befugnis ist ihm allerdings in den letzten sechs Monaten seiner Amtszeit untersagt.

- Schließlich spielt der Präsident der Republik eine wichtige Rolle bei der Regierungsbildung.[3] Er ernennt den Regierungschef und auf dessen Vorschlag die Minister. Zu Zeiten der permanenten DC-geführten Koalitionsregierungen gingen dieser Ernennung ausgedehnte Konsultationen mit den Koalitionsparteien voraus, in denen dem Präsidenten zuweilen eine bedeutende Moderatorenrolle zukam. Diese ist allerdings nicht überzubewerten, denn letztlich hängt das Schicksal der ernannten Regierung von den Parlamentskammern und damit von den Parteien ab. Die größte Bedeutung erhält der Präsident bei unklaren parlamentarischen Mehrheiten; dann ist es seine Aufgabe, einen mehrheitsfähigen Kandidaten zu finden und diesem den Auftrag zur Regierungsbildung (*mandato incarico*) zu erteilen: Dies zeigte sich besonders bei den Technikerkabinetten Ciampi und Dini. Seit bei den Parlamentswahlen allerdings Parteienbündnisse mit herausgehobenen Spitzenkandidaten antreten, hat diese Funktion des Staatspräsidenten deutlich an Bedeutung verloren. Allerdings ist durchaus zu beobachten, dass bei der

---

[2] So z.B. die Botschaft von Carlo Azeglio Ciampi über den Medienpluralismus vom 23.07.2002.
[3] Vgl. Armaroli 1995.

Auswahl der Regierungsmannschaft und bei der Besetzung wichtiger Ministerien Rücksicht auf eventuelle Bedenken des Staatsoberhauptes genommen wird, um Konflikten aus dem Weg zu gehen.[4]

Eine sehr weite Auslegung und ausführlichen Gebrauch erfuhren diese Kompetenzen (v.a. das suspensive Veto und die Botschaften an die Kammern) unter der Präsidentschaft Francesco Cossigas, der sich – oft in Opposition zu den meisten politischen Kräften – intensiv in inhaltliche Fragen einmischte und auch eine Staatsreform nach seinen Vorstellungen herbeizuführen versuchte. Dieses Verhalten brachte ihm das bislang einzige Anklageverfahren gegen einen Staatspräsidenten wegen „Angriffs auf die Verfassung" (Art. 90) ein, das allerdings mit seinem Rücktritt beendet wurde.[5] Angriff auf die Verfassung und Hochverrat sind auch die beiden einzigen Ausnahmen von der Immunität des Präsidenten; in diesen Fällen kann er vom Parlament in gemeinsamer Sitzung mit absoluter Mehrheit unter Anklage gestellt werden.

Die Amtshandlungen des Staatspräsidenten bedürfen der Gegenzeichnung durch die zuständigen Minister oder in besonderen Fällen durch den Regierungschef. Sollte er verhindert sein, werden seine Aufgaben vom Präsidenten des Senats übernommen.

Als Bestandteil des Proporzsystems geriet die Besetzung des Amtes mehr als einmal zum Gezerre der unterschiedlichen Parteien und *correnti* der DC, so dass es schwer war, eine Mehrheit zu organisieren, und wie bei der Gesetzgebung auch auf Stimmen der Opposition zurückgegriffen werden musste. Die mühsame Wahl des DC-Kompromisskandidaten Oscar Luigi Scalfaro 1992 in insgesamt sechzehn Wahlgängen spiegelte schon die Erosion des etablierten Parteienkartells wider.

Eine deutlichere Betonung der Überparteilichkeit des Amtes war Folge der Umbrüche der 1990er Jahre, als in Folge der Korruptionsskandale die etablierten Parteien untergingen und das entstehende Machtvakuum durch den Staatspräsidenten Scalfaro gefüllt wurde. Dieser formte in Absprache mit den parlamentarischen Kräften Kabinette aus weitgehend parteilosen sog. „Technikern" und fungierte damit mitten in den Wirren als Garant der politischen Handlungsfähigkeit. Hier erwies sich der Staatspräsident als zentraler Akteur bei der Überwindung der Krise. Mit dem ehemaligen Zentralbankpräsidenten Ciampi zog einer dieser Techniker 1999-2006 in den Quirinalspalast[6] ein, erwarb sich als erster Parteiloser in diesem Amt viel Anerkennung über die politischen Lager hinweg und erwies sich vor allem in Auseinandersetzung mit der Regierung Berlusconi als

---

4   Vgl. Campus 2002, S. 291f.
5   Vgl. Luther 1995, S. 500f. Zur Bilanz der Cossiga-Präsidentschaft vgl. Della Sala 1993.
6   Der Palazzo del Quirinale ist der Amtssitz des Präsidenten der Republik.

anerkannte Kontrollinstanz bezüglich des Interessenkonflikts des Regierungschefs und als mahnender Wahrer der Verfassungsordnung.

7.2 Kabinett

7.2.1 Grundzüge

Laut Verfassung (Art. 92) ernennt der Staatspräsident zunächst den Regierungschef und dann auf dessen Vorschlag die Minister. Doch damit ist die Regierung
noch nicht sicher im Sattel. Sie muss sich innerhalb von zehn Tagen nach der
Ernennung den Parlamentskammern zur Vertrauensabstimmung stellen. Die
beiden Abstimmungen finden getrennt voneinander und nacheinander statt, wobei die Regierung gewöhnlich diejenige Kammer zuerst um das Vertrauen bittet,
in der sie die breitere Mehrheit hinter sich zu haben glaubt. Bemerkenswert ist,
dass für einen Erfolg nicht die absolute, sondern nur die einfache Mehrheit der
Stimmen erforderlich ist. Damit wird das Fernbleiben von der Abstimmung zu
einem nicht unbedeutenden taktischen Instrument.

Da die Regierung das Vertrauen beider Kammern benötigt (Art. 94), bedeutet die Verweigerung des Vertrauensvotums durch eine Kammer schon ihr Scheitern. Ebenso kann die Regierung jederzeit durch ein Misstrauensvotum in einer
Kammer gestürzt werden. Ein konstruktives Misstrauensvotum wie in Deutschland, d.h. der Sturz der Regierung durch die gleichzeitige Wahl einer neuen, ist
nicht vorgesehen. Bemerkenswert ist, dass nicht nur der Regierungschef, sondern
die gesamte Regierung das Vertrauen des Parlaments benötigt, wodurch die
kollektive Verantwortlichkeit der Regierung sichergestellt werden sollte.[7]

Die Regierung im engeren Sinne ist der Ministerrat (*Consiglio dei Ministri*),
der die Minister und den Regierungschef (Präsident des Ministerrates; *Presidente
del Consiglio*) umfasst.[8] Hinzu kommen die Staatssekretäre (*sottosegretari*).

Innerhalb des Ministerrats ist nochmals eine Unterscheidung erforderlich,
nämlich zwischen Ministern mit oder ohne Portefeuille. Die Minister mit Portefeuille stehen einem eigenen Ministerium (z.B. Finanz-, Verteidigungs- oder
Gesundheitsministerium) vor, während diejenigen ohne Portefeuille (*ministri
senza portafoglio*) zwar einen bestimmten Aufgabenbereich (z.B. institutionelle
Reformen oder im Ausland lebende Italiener), aber kein eigenes Ministerium
haben. Es versteht sich, dass in der internen Kabinettshierarchie die ersteren über
den letzteren stehen.

---

[7] Vgl. zu Regierungsbildung, -praxis und -sturz sowie allgemein zum Folgenden die datenreiche
Darstellung von Verzichelli / Cotta 1997 sowie Hine 1993, S. 197-224 und Weber 2002.

[8] Im Folgenden werden die Bezeichnungen Regierung bzw. Regierungschef verwendet.

Den Ministern sind die Staatssekretäre als Unterstützung zur Seite gestellt, die ihnen untergeordnet sind und bis auf wenige Ausnahmen auch nicht an den Sitzungen des Ministerrats teilnehmen. Die Anzahl der beigeordneten Staatssekretäre variiert je nach Größe des Aufgabenbereichs. So finden sich die meisten Staatssekretäre im Wirtschafts- und Finanzministerium, während mancher Minister ohne Portefeuille auch ohne Staatssekretär auskommen muss (vgl. Tabelle 7.2). Seit 2001 kommt noch die Abstufung der Vizeminister hinzu, die jedoch faktisch nichts anderes als herausgehobene Staatssekretäre darstellen.[9]

Diese Regierungsämter werden nach Proporz auf die Parteien der Regierungskoalition verteilt, wobei die Parteien peinlich genau darauf bedacht sind, sich ein möglichst großes Stück vom Kuchen zu sichern. Dabei hat der designierte Regierungschef nur geringen Einfluss auf die Auswahl der Personen; diese werden vielmehr von ihren Parteien ausgewählt und in die Regierung entsandt. Ebenso ist die Ressortverteilung Gegenstand zäher Verhandlungen zwischen den Koalitionsparteien.

Um die Wünsche aller Beteiligten erfüllen zu können, ist die Ausweitung der Verteilungsmasse ein beliebter Weg. So hat sich die Anzahl der Staatssekretärs- und Ministerposten kontinuierlich erhöht. Da für die Einrichtung eines Ministeriums ein Gesetz nötig ist, bietet sich als Alternative die Ernennung von Ministern ohne Portefeuille an. Ebenso wie sie sind die Staatssekretäre oder Vize-Regierungschefs weder in der Verfassung erwähnt noch anderweitig gesetzlich geregelt, so dass es hier besonders leicht ist, für einen Koalitionspartner, der sich zu kurz gekommen wähnt, einfach noch den einen oder anderen neuen Posten hinzuzuerfinden. Auf diese Weise haben einige der im Laufe der Zeit geschaffenen Regierungsposten ihren Hauptdaseinsgrund in der Versorgung verdienter Parteivertreter. Vor allem bei den beiden sog. „Technikerkabinetten" der 1990er Jahre (Dini und Ciampi) war das Bestreben zu erkennen, diesem Postenwachstum Einhalt zu gebieten. Doch schon mit der Regierungsübernahme durch die Mitte-Links-Koalition 1996 brachen die alten Verhaltensmuster wieder hervor. Der Versuch, zumindest die Anzahl der Ministerien (und damit der „vollwertigen" Minister) gesetzlich auf maximal zwölf festzulegen, scheiterte: Die entsprechende Regelung von 1999[10] wurde 2001[11] von der neuen Regierungskoalition einfach geändert, so dass nun vierzehn Ministerien existieren. Dass die Praxis, Regierungskrisen über die Neuschaffung von Posten beizulegen, bis heute andauert, zeigt das dritte Kabinett Berlusconis nach der Regierungskrise im April 2005: Mit 99 Mitgliedern erreichte es fast einen Rekordumfang

---

[9]   Die Vizeminister wurden mit Gesetz Nr. 81 vom 26.03.2001 eingeführt.

[10] Decreto legislativo Nr. 300 vom 30.07.1999.

[11] Gesetz Nr. 317 vom 03.08.2001, mit dem die Ministerien für Gesundheit und Kommunikation hinzugefügt wurden.

(1 Regierungschef, 2 Vize-Regierungschefs, 24 Minister, 9 Vize-Minister, 63 Staatssekretäre).[12] Dies wurde vom Kabinett Prodi II (im Amt seit Mai 2006) trotz gegenteiliger Ankündigungen noch übertroffen, so dass es mit 102 Mitgliedern (1 Regierungschef, 25 Minister, 9 Vizeminister und 67 Staatssekretäre) einen Rekord aufstellte.[13]

Zu erwähnen ist auch die übliche Praxis, die Minister- und Staatssekretärsposten eines Ressorts mit Vertretern unterschiedlicher Parteien zu besetzen.[14] Dies geschieht vor allem zur Kontrolle, da die einzelnen Parteien ihren Einfluss möglichst weit streuen wollen und eifersüchtig über ihre Koalitionspartner zu wachen bestrebt sind. Eine von der Parteizugehörigkeit unabhängige Loyalität der Staatsekretäre ihrem Minister gegenüber konnte sich bislang allerdings nicht etablieren, so dass nur zu oft die inhaltlichen Vorstellungen des Ministers und seiner Staatssekretäre differieren – was einer kohärenten Politik innerhalb des Ministeriums, aber auch nach außen, oft abträglich ist.

Da die Regierung relativ leicht zu Fall gebracht werden kann, genießen in diesem Ringen um Posten die kleineren Koalitionsparteien eine vergleichsweise starke Stellung. Dies schlug sich über die gesamte Nachkriegsgeschichte hinweg in dem Umstand nieder, dass die kleinen Parteien im Vergleich zu ihrem recht geringen Stimmenanteil bei Wahlen in der Regierung personell überproportional vertreten waren. Hinzu kommt das Faktum, dass die schwierige Mehrheitsbildung im Parlament (u.a. bedingt durch schwache Fraktionsdisziplin; vgl. Kapitel Parlament) die politischen Akteure oft veranlasste, so genannte übergroße Koalitionen zu bilden. Diese beinhalten nicht nur diejenigen Parteien, die für eine rein rechnerisch minimale Mehrheit im Parlament erforderlich sind, sondern es werden auch noch darüber hinaus Parteien aufgenommen. Auf diese Weise wird die parlamentarische Basis der Regierung verbreitert, die Möglichkeit zur Durchsetzung von Regierungsvorlagen erhöht und die Gefahr von Abstimmungsniederlagen vermindert.[15]

Seit Mitte der 1990er ist ein Trend zu parteilosen Experten zu beobachten, die gleichwohl anhand ihrer politischen Orientierung bzw. Nähe in das Proporzkalkül eingerechnet werden. Darin kann eine Reaktion auf die starke Parteien-

---

[12] http://www.governo.it/Governo/Ministeri/ministri_gov.html (Stand: 28.04.2005). Durch die doppelte Zählung von Gianfranco Fini, der gleichzeitig Vize-Regierungschef und Außenminister ist, verringert sich zwar nicht die Anzahl der Posten, aber die Anzahl der Personen auf 98.

[13] Bislang hatte das 101köpfige Kabinett Andreotti VII den Rekord gehalten; vgl. Governo a quota 102: record delle poltrone battuto, in: Corriere della Sera vom 10.06.2006.

[14] In den Großen Koalitionen Österreichs bezeichnete man eine solche Vorgehensweise als „Kreuzstichverfahren".

[15] Vgl. zur Kabinettsbildung allgemein Schönrock 1997, S. 136-140, zu den übergroßen Koalitionen S. 279-282.

verdrossenheit in der Bevölkerung gesehen werden, die allerdings eher auf das öffentliche Erscheinungsbild abzielt und weniger eine Minderung des Einflusses der Parteien darstellt.

Seit Inkrafttreten des neuen Wahlrechts hat die Frage, welche Parteien nach der Wahl in die Koalition aufgenommen werden, an Bedeutung verloren. Wurde darüber jahrzehntelang erst nach den Wahlen entschieden, hat sich dieser Prozess nun nach vorne verlagert. Denn seitdem formieren sich die Koalitionen als Wahlbündnisse schon vor der Wahl, und das siegreiche Wahlbündnis erringt für gewöhnlich auch die Mehrheit der Parlamentssitze. Gleichwohl ist das Ringen um Posten und Einfluss innerhalb dieser Bündnisse nach wie vor auch zwischen den Wahlen zu beobachten (s.u.). Als Beispiele seien die drei Regierungsneubildungen während der *Ulivo*-Koalition 1996-2001 angeführt sowie die Berufung des UDC-Chefs Marco Follini zum Vize-Regierungschef und Gianfranco Finis zum Außenminister Ende 2004, die beide aufbegehrende Koalitionspartner beruhigen sollten; schließlich ist die Regierungsumbildung im April 2005 ebenfalls in diesem Kontext zu sehen. Auch hat sich seither die Anzahl der Parteien, die in der Regierung vertreten sind, nicht verringert, sondern vielmehr erhöht. Damit wird die genaue Austarierung des Proporz-Gleichgewichts unter den Koalitionspartnern komplexer. Immerhin ist die parteipolitische Zusammensetzung der Regierungskoalition nach der Einführung des Mehrheitswahlrechts 1993 mehr vom Wählervotum abhängig als zuvor: Zwar werden die Wahlbündnisse am grünen Tisch von den Parteichefs geschmiedet, doch hat der Wähler wenigstens die Auswahl zwischen zwei Koalitionen, die beide reelle Siegchancen haben. Seit der Wahlrechtsreform von 2005 kann der Wähler sogar Einfluss auf die Gewichte innerhalb der siegreichen Koalition nehmen.

Die Aufteilung von Posten und Einflusssphären unter den Parteien beschränkt sich nicht nur auf die Regierungsämter. Vor allem zu Zeiten der „Ersten" Republik fand der parteipolitische Verteilungsschlüssel auch in der Verwaltung, in halbstaatlichen und staatlichen Betrieben, Aufsichtsgremien etc. Anwendung. Dabei teilten nicht nur die Regierungsparteien das staatliche und gesellschaftliche Patronagepotential unter sich auf, sondern ließen auch die Opposition, vor allem die Kommunisten, an diesem System teilhaben – war man doch in vielen Bereichen auf deren Kooperation angewiesen (vgl. Kapitel Parlament). Als Unterkategorie des allgemeinen Phänomens der *partitocrazia* (Parteienherrschaft) wurde diese Praxis als *lottizzazione* (in etwa: Parzellierung) bezeichnet – ein Begriff, der neben anderen zum Symbol für die Missstände in der italienischen Nachkriegspolitik wurde (vgl. Kapitel Parteien und Parteiensystem).

Am illustrativsten ist das Beispiel der staatlichen Fernsehsender: Der größte Kanal RAI 1 war unbestrittenes Einflussgebiet der Christdemokraten, RAI 2 „gehörte" den Sozialisten und der kleinste Sender RAI 3 wurde den Kommunisten zugestanden. Die *lottizzazione* konnte sich nur unter den Bedingungen jahrzehntelanger parteipolitischer Stabilität entwickeln: Da sich weder die Rollenverteilung von Regierung und Opposition noch die Kräfteverhältnisse zwischen den Parteien wesentlich änderten, konnten sich fest gefügte Verteilungsschlüssel, Ansprüche und „Reviere" entwickeln.[16] Die Kehrseite der Medaille war, dass erstens die Parteizugehörigkeit für die Besetzung eines Postens weit wichtiger war als fachliche Kompetenz und zweitens Verwaltungsapparate und -gremien übermäßig aufgebläht wurden, um neue Verteilungsmasse zu gewinnen. Beide Aspekte stellen wichtige Gründe für die Ineffizienz und Unwirtschaftlichkeit nicht nur von Administration und Staatsbetrieben, sondern auch der politischen Führung selbst dar.[17]

Allerdings haben sich die Rahmenbedingungen durch den Zusammenbruch des Parteienkartells schlagartig verändert. Zum einen kam es zu einem massiven Austausch des politischen Personals, zum anderen ist es durch die vielen Regierungswechsel seit 1993 bedeutend schwieriger gewonnen, dauerhafte Einflusssphären zu etablieren. Zwar versuchen die siegreichen Parteien nach wie vor möglichst viele Posten mit eigenen Leuten zu besetzen (insbesondere die Regierung Berlusconi II trat hier nach der Devise „the winner takes all" hervor), doch sind die Netzwerke nun bedeutend fragiler. Auch ist das Feld politischer Patronage durch die weitgehende Privatisierung von Staatsbetrieben beträchtlich geschrumpft. Zu diesem Punkt liegen zwar kaum Forschungsergebnisse vor, doch ist es aus genannten Gründen plausibel anzunehmen, dass die Hochzeiten der *lottizzazione* unterhalb der genuin politischen Posten vorbei sind.[18]

Tabelle 7.2: Zusammensetzung der Regierung Berlusconi III (Stand: 28.04.2005)

Amt bzw. Ressort			Partei	Staatssekretäre
Präsident des Ministerrates	Silvio Berlusconi		FI	2
Vize-Präsident des Ministerrates	Gianfranco Fini		AN	
Vize-Präsident des Ministerrates	Giulio Tremonti		parteilos	
Minister mit Portefeuille				
Auswärtige Beziehungen	Gianfranco Fini		AN	5
Inneres	Giuseppe Pisanu		FI	5

---

[16] Für die Verteilung wurde sogar Ende der 1960er Jahre ein mathematischer Schlüssel entwickelt, das so genannte *Manuale Cencelli*. Damit konnten durch ein Punktesystem die jeder Partei und jeder *corrente* zustehenden Ministerien errechnet werden.

[17] Vgl. Pasquino 1995b und die plakative Schilderung bei Wieser / Spotts 1988, hier vor allem S. 183-203.

[18] Bardi 2002, S. 65-68, Weber 2002.

Justiz	Roberto Castelli	LN	4
Wirtschaft und Finanzen	Domenico Siniscalco	Partei-los	4, 2 Vizemi-nister
Produktion (Industrie)	Claudio Scajola	FI	4, 1 Vizemi-nister
Bildung, Universitäten und Forschung	Letizia Moratti	Partei-los	2, 2 Vizemi-nister
Arbeit und Soziales	Roberto Maroni	LN	6
Verteidigung	Antonio Martino	FI	4
Landwirtschaft	Giovanni Alemanno	AN	3
Umwelt	Altero Matteoli	AN	2, 1 Vizemi-nister
Infrastruktur und Transport	Pietro Lunardi	Partei-los	6, 2 Vizemi-nister
Gesundheit	Francesco Storace	AN	4
Kultur	Rocco Buttiglione	UDC	2, 1 Vizemi-nister
Kommunikation	Mario Landolfi	AN	2
Minister ohne Portefeuille			
Regionalangelegenheiten	Enrico La Loggia	FI	2
Verwirklichung des Regie-rungsprogramms	Stefano Caldoro	Nuovo PSI	1
Öffentliche Aufgaben	Mario Baccini	UDC	1
Italiener im Ausland	Mirko Tremaglia	AN	-
Innovation und Technologie	Lucio Stanca	Partei-los	-
Gleichstellung	Stefania Prestigiacomo	FI	-
Europapolitik	Giorgio La Malfa	PRI	-
Institutionelle Reformen und Devolution	Roberto Calderoli	LN	2
Beziehungen zum Parlament	Carlo Giovanardi	UDC	2
Entwicklung und territoriale Kohäsion	Gianfranco Miccichè	FI	-
Gesamt:	24 Minister 1 Ministerpräsident zusätzlich 1 Vize-Ministerpräsident ohne Ministeramt (Tremonti)		63 Staats-sekretäre, 9 Vize-minister

Quelle: http://www.governo.it/governo/ministeri/ministri_gov.html
(Stand: 28.04.2005).

Nimmt man als Beispiel die Regierung Berlusconi III nach der Regierungskrise im April 2005 in den Blick, wird das Gesagte deutlich illustriert (vgl. Tabelle 7.2): Die elaborierte Abstufung in Regierungschef, Vize-Regierungschefs, Minister mit und ohne Portefeuille, Vizeminister und Staatssekretäre ist klar zu erkennen. Ebenso verhält es sich mit der sehr hohen Anzahl vergebener Posten: allein die 24 Minister, 9 Vizeminister und 63 Staatssekretäre sprechen für sich. Nur zum Vergleich: Zum selben Zeitpunkt umfasste die deutsche Bundesregierung 13 Minister, den Bundeskanzler nicht mitgerechnet.[19] Auch die neuere Praxis, parteilose Experten zu berufen, ist erkennbar, z.B. an dem Ökonomen Domenico Siniscalco, der allerdings – obwohl parteilos – der FI zuzurechnen ist.

Die Mechanismen der Kabinettsbildung blieben auch nach dem Sieg der Mitte-Links-Koalition im April 2006 dieselben, so dass die Aussagen über das Kabinett Berlusconi III auch für das Kabinett Prodi II gültig bleiben.[20]

7.2.2 Instabilität oder Stabilität?

Der in der Verfassung vorgesehene Weg für einen Sturz der Regierung ist das Misstrauensvotum, mit dem eine der beiden Parlamentskammern der Regierung das Vertrauen entzieht. Doch ist bislang nur einmal eine Regierung durch ein Misstrauensvotum zum Rücktritt gezwungen worden (Prodi 1998). Anlass für eine Regierungskrise war vielmehr meist die Intervention einer oder mehrerer Parteien der Regierungskoalition, die erklärte(n), der Regierung das Vertrauen entziehen zu wollen. Die Bestätigung dieser Absicht wurde gemeinhin nicht abgewartet; die Regierungen kamen durch Rücktritt ihrer Absetzung zuvor.

Das dazu komplementäre Instrument ist die Vertrauensfrage, die der Regierungschef stellen und auch mit der Abstimmung über ein Gesetz verbinden kann. Die Vertrauensfrage wird oft eingesetzt, um die Parlamentarier der Regierungskoalition zu disziplinieren. So benutzte Silvio Berlusconi dieses Instrument seit seiner Amtsübernahme Mitte 2001 bis zum Ende des Jahres 2004 nicht weniger als dreiundzwanzig Mal.[21] Auch bei den Vorgängerregierungen war dieses Vorgehen in den meisten Fällen erfolgreich, doch ist dieses Schwert in Italien stumpfer als in vergleichbaren Regierungssystemen, da die Regierung hier lediglich

---

[19] Die Vergleichszahl der deutschen parlamentarischen Staatssekretäre bzw. Staatsminister lag zum genannten Zeitpunkt bei 27.

[20] Vgl. zur aktuellen Zusammensetzung des Kabinetts Prodi II http://www.governo.it/Governo/ Ministeri/ministri_gov.html (Stand: 26.06.2006).

[21] Vgl. die Tabelle zu den Gesetzesvorhaben der Regierung Berlusconi und ihren Weg im Parlament auf http://www.governo.it/Rapp_Parlamento/stato_iter.html (Stand: 26.03.2005). Zum Vergleich: Die Vertrauensfrage, mit der Bundeskanzler Gerhard Schröder am 01.07.2005 Neuwahlen herbeiführte, war erst die fünfte in der Geschichte der Bundesrepublik.

mit Rücktritt droht, nach einer verlorenen Abstimmung aber nicht zurücktreten muss. Wichtig bei der Verknüpfung der Vertrauensfrage mit einem Gesetzentwurf ist, dass damit sämtliche Änderungsanträge aus dem Parlament umgangen werden und nur noch über die ursprüngliche Vorlage abgestimmt wird – dieses Instrument hat also nicht nur disziplinierende, sondern auch beschleunigende Funktion.

Der Entzug des Vertrauens muss durch einen eigens dafür vorgesehenen Antrag geschehen. Auch werden ganz allgemein verlorene Abstimmungen über Regierungsvorlagen aufgrund der spezifischen parlamentarischen Verhältnisse in Italien bei weitem nicht in diesem Maße als Krisenerscheinungen gesehen wie in anderen parlamentarischen Regierungssystemen.

Auf den ersten Blick erscheinen die italienischen Regierungen seit 1945 extrem instabil: Insgesamt 61 Kabinette, die durchschnittlich weniger als ein Jahr im Amt waren (vgl. Tabelle 7.3). Manche mussten schon nach wenigen Tagen wieder zurücktreten. Das am längsten regierende Kabinett war lange Zeit das Kabinett Craxi IX mit 1058 Tagen Amtsdauer. Erst Silvio Berlusconi brach diesen Rekord mit seinem zweiten Kabinett (Juni 2001 bis April 2005).[22]

Tabelle 7.3:   Italienische Regierungen seit 1945

Nr.	Regie-rungschef		Partei	Amtszeit von	bis	Regierungsparteien
1	Parri		PdA		24.11.1945	PdA, DC, PCI, PSIUP, PLI, PDL
2	De Gasperi	I	DC	09.12.1945	01.07.1946	DC, PCI, PSIUP, PLI, PDL, PdA
3	De Gasperi	II	DC	13.07.1946	02.02.1947	DC, PCI, PSIUP, PRI, PLI
4	De Gasperi	III	DC	02.02.1947	31.05.1947	DC, PSI, PCI
5	De Gasperi	IV	DC	31.05.1947	23.05.1948	DC, PRI, PSLI, PLI
6	De Gasperi	V	DC	23.05.1948	27.01.1950	DC, PRI, PSLI, PLI
7	De Gasperi	VI	DC	27.01.1950	26.07.1951	DC, PRI, PSLI

---

[22]   Dabei gibt es mehrere unterschiedliche Zählweisen, z.B. beginnen manche erst mit dem Kabinett De Gasperi II, dem ersten nach den Wahlen zur Verfassunggebenden Versammlung 1946; auch der Beginn der ersten Legislaturperiode kann als Ausgangspunkt genommen werden, dann begänne die Zählung mit De Gasperi V. Das Zählproblem betrifft auch die Amtszeit der Regierungen: So trat die Regierung mit der kürzesten Amtszeit (Andreotti I) zwar schon nach neun Tagen wieder zurück, doch folgte darauf eine Regierungskrise, d.h. Suche nach einem neuen Kabinett, mit 121 Tagen Dauer, in der die alten Amtsinhaber die Geschäfte noch kommissarisch weiterführten (vgl. Tabelle 7.3).

8	De Gasperi	VII	DC	26.07.1951	16.07.1953	DC, PRI
9	De Gasperi	VIII	DC	16.07.1953	17.08.1953	DC (Minderheits-regierung)
10	Pella		DC	17.08.1953	18.01.1954	DC (Minderheits-regierung)
11	Fanfani	I	DC	18.01.1954	10.02.1954	DC (Minderheits-regierung)
12	Scelba		DC	10.02.1954	06.07.1955	DC, PSDI, PLI, PRI
13	Segni	I	DC	06.07.1955	19.05.1957	DC, PSDI, PLI
14	Zoli		DC	19.05.1957	01.07.1958	DC (Minderheits-regierung)
15	Fanfani	II	DC	01.07.1958	15.02.1959	DC, PSDI
16	Segni	II	DC	15.02.1959	25.03.1960	DC (Minderheits-regierung)
17	Tamborini		DC	25.03.1960	26.07.1960	DC (Minderheits-regierung)
18	Fanfani	III	DC	26.07.1960	21.02.1962	DC (Minderheits-regierung)
19	Fanfani	IV	DC	21.02.1962	21.06.1963	DC, PSDI, PRI (PSI enthält sich)
20	Leone	I	DC	21.06.1963	04.12.1963	DC (Minderheits-regierung)
21	Moro	I	DC	04.12.1963	22.07.1964	DC, PSI, PSDI, PRI
22	Moro	II	DC	22.07.1964	23.02.1966	DC, PSI, PSDI, PRI
23	Moro	III	DC	23.02.1966	24.06.1968	DC, PSI, PSDI, PRI
24	Leone	II	DC	24.06.1968	12.12.1968	DC (Minderheits-regierung)
25	Rumor	I	DC	12.12.1968	05.08.1969	DC, PSI, PSDI, PRI
26	Rumor	II	DC	05.08.1969	27.03.1970	DC (Minderheits-regierung)
27	Rumor	III	DC	27.03.1970	06.08.1970	DC, PSI, PSDI, PRI
28	Colombo		DC	06.08.1970	16.02.1972	DC, PSI, PSDI, PRI
29	Andreotti	I	DC	16.02.1972	25.06.1972	DC (Minderheits-regierung)
30	Andreotti	II	DC	25.06.1972	07.07.1973	DC, PSDI, PLI
31	Rumor	IV	DC	07.07.1973	14.03.1974	DC, PSI, PSDI, PRI
32	Rumor	V	DC	14.03.1974	02.10.1974	DC, PSI, PSDI
33	Moro	IV	DC	02.10.1974	10.02.1976	DC, PRI
34	Moro	V	DC	10.02.1976	29.07.1976	DC (Minderheits-regierung)
35	Andreotti	III	DC	29.07.1976	19.03.1978	DC (PCI, PSI enthalten sich)
36	Andreotti	IV	DC	19.03.1978	29.03.1979	DC (mit Unterstützung von PCI, PSI, PSDI, PRI)

37	Andreotti	V	DC	29.03.1979	04.08.1979	DC, PSDI, PRI
38	Cossiga	I	DC	04.08.1979	04.04.1980	DC, PSDI, PLI
39	Cossiga	II	DC	04.04.1980	18.10.1980	DC, PSI, PRI
40	Forlani		DC	18.10.1980	28.06.1981	DC, PSI, PSDI, PRI
41	Spadolini	I	PRI	28.06.1981	23.08.1982	PRI, DC, PSI, PSDI, PLI
42	Spadolini	II	PRI	23.08.1982	01.12.1982	PRI, DC, PSI, PSDI, PLI
43	Fanfani	V	DC	01.12.1982	02.02.1983	DC, PSI, PSDI, PLI, PRI
44	Craxi	I	PSI	04.08.1983	27.07.1986	DC, PSI, PSDI, PLI, PRI
45	Craxi	II	PSI	01.08.1986	03.03.1987	DC, PSI, PSDI, PLI, PRI
46	Fanfani	VI	DC	17.04.1987	28.04.1987	DC (Minderheits-regierung)
47	Goria		DC	28.07.1987	11.03.1988	DC, PSI, PSDI, PLI, PRI
48	De Mita		DC	13.04.1988	19.05.1989	DC, PSI, PSDI, PLI, PRI
49	Andreotti	VI	DC	23.07.1989	29.03.1991	DC, PSI, PSDI, PLI, PRI
50	Andreotti	VII	DC	13.04.1991	24.04.1992	DC, PSI, PSDI, PLI, PRI
51	Amato	I	PSI	28.06.1992	22.04.1993	DC, PSI, PSDI, PLI
52	Ciampi		partei-los	29.04.1993	13.01.1994	DC, PSI, PSDI, PLI, PDS (kurzfristig), Grüne, 9 parteilose „Experten"
53	Berlusconi	I	FI	11.05.1994	22.12.1994	FI, AN, LN, CCD, UdC, 4 parteilose „Experten"
54	Dini		partei-los	17.01.1995	11.01.1996	Vertrauensabstimmung unterstützt durch: PDS, LN, PPI, Democratici, Union Valdotaine, SVP, ex-RC
55	Prodi		PPI	17.05.1996	11.10.1998	PDS, PPI, UD, RI, Verdi, SVP, Union Valdotaine, parlamentarische Unter-stützung durch RC
56	D'Alema	I	DS	27.10.1998	18.12.1999	DS, PPI, RI, UDR, SDI, PdCI, Verdi
57	D'Alema	II	DS	22.12.1999	19.04.2000	DS, PPI, UDEUR, Democratici, RI, Verdi, PdCI und 1 parteiloser „Experte"
58	Amato	II	Partei-los	25.04.2000	31.05.2001	DS, PPI, UDEUR, Democratici, RI, Verdi, PdCI, SDI und parteilose „Experten"
59	Berlusconi	II	FI	11.06.2001	20.04.2005	FI, AN, LN, CCD, CDU, Nuovo PSI und parteilose „Experten"

| 60 | Berlusconi | III | FI | 23.04.2005 | 02.05.2006 | FI, AN, LN, UDC, Nuo-vo PSI und parteilose „Experten" |
| 61 | Prodi | II | Partei-los | 17.05.2006 | | DS, Margherita, RC, PdCI, Verdi, UDEUR, Italia dei Valori, Rosa nel Pugno, parteilose „Experten" |

Quelle: Trautmann / Ullrich 2003, S. 564f., ergänzt durch Verzichelli / Cotta 1997 (dort auch die Angabe der Lebenszeit in Tagen) und eigene Ergänzungen. Vgl. zur genauen personellen Zusammensetzung der Kabinette http://www.governo.it/governo/governi/governi.html (Stand: 06.06.2006).

Da es sehr leicht ist, die Regierung zu stürzen, reichte oft schon das Ausscheren eines Koalitionspartners oder auch nur eines DC-Flügels, um eine Regierungs-krise auszulösen. Aufgrund der Besonderheiten des Parteiensystems war das Risiko, das ein Koalitionspartner mit diesem Verhalten einging, recht gering: Durch den Ausschluss von Kommunisten und Neo-Faschisten fehlten die Alter-nativen und selbst diejenigen, die die Regierung mit gestürzt hatten, konnten davon ausgehen, dass sie auch im neuen Kabinett wieder am Tisch sitzen wür-den. Eine Parlamentsauflösung mit Neuwahlen war bei Regierungskrisen nicht unbedingt üblich und selbst im Falle von Neuwahlen war an den Urnen keine Bestrafung für die Abtrünnigen zu erwarten, da in den Augen der Wähler ein Koalitionsbruch bis heute offenbar ein Kavaliersdelikt darstellt.

Diese Rahmenbedingungen haben sich nach der Neuformierung des Partei-ensystems nur teilweise geändert. Zwar führte das Ausscheren der LN aus der ersten Berlusconi-Regierung 1994 zum Regierungssturz und danach zu einem gänzlich neuen Kabinett, doch war dies vor allem der Ausnahmesituation im Umbruch geschuldet. Der Staatspräsident griff auf die Option einer Technikerre-gierung zurück, die vor Neuwahlen zentrale Probleme regeln sollte. Der „Übeltä-ter" LN wurde bei den folgenden Wahlen nicht abgestraft, sondern eher mit einem Zugewinn belohnt. Schon in der Periode der Mitte-Links-Regierungen 1996-2001 brachen die alten Verhaltensweisen innerhalb der Koalition wieder durch: Insgesamt drei Regierungen wurden durch abtrünnige Koalitionspartner (bzw. durch die tolerierende RC) gestürzt, ohne dass es zu Neuwahlen kam. Vielmehr drehte sich das Personalkarussell erneut und der „Störenfried" konnte in den Verhandlungen zur Regierungsbildung sogar weitere Zugeständnisse herausschlagen.[23] Erst in der Regierung Berlusconi II konnte die Drohung des

---

[23]   Auch ohne selbst in die Regierung einzutreten, erreichte der PRC im Gegenzug für ihre Tole-rierung der Mitte-Links-Kabinette einige inhaltliche Zugeständnisse. Bei den Wahlen 2001 verlor der PRC zwar deutlich im Vergleich zu 1996, doch ist dies in erster Linie auf die Ab-

Regierungschefs mit Neuwahlen disziplinierende Wirkung auf die rebellierenden Koalitionsparteien entfalten. Immerhin konnte damit die Koalition über drei Jahre zusammengehalten werden. Ob sich dies auf lange Sicht etablieren und dadurch die Regierungsstabilität erhöhen wird, ist allerdings gegenwärtig noch nicht abzusehen, zumal im April 2005 auch dieses Kabinett kurzzeitig einer Regierungskrise nach bekanntem Muster zum Opfer fiel.

Auf den zweiten Blick hingegen scheinen die Verhältnisse erstaunlich stabil: Nicht nur waren über einen langen Zeitraum hinweg immer dieselben Parteien an der Regierung beteiligt, sondern wenn man die genaue Verteilung der einzelnen Posten über die Jahre betrachtet, stellt man auch eine starke personelle Kontinuität fest. So fand eine Studie von 1980 heraus, dass zwischen 1946 und 1976 eine Gruppe von 152 Personen insgesamt 1331 Minister- und Staatssekretärsposten eingenommen hatte, d.h. ein Drittel all jener, die in diesem Zeitraum ein Regierungsamt innehatten, besetzte zwei Drittel der Stellen. Nimmt man aus der großen Anzahl die 480 wichtigsten Positionen heraus, so stellt man eine noch größere Kontinuität fest, denn diese blieben innerhalb eines Kreises von insgesamt 31 Personen.[24] Im Ergebnis bedeutet dies, dass bei der Bildung eines neuen Kabinetts nur relativ wenige Personen ausschieden, viele nur den Posten wechselten und manche sogar ihr Amt behielten.

Es gibt auch Grund zur Annahme, dass einige der Regierungskrisen lediglich Regierungsumbildungen waren, denn da der italienische Regierungschef keine Minister entlassen kann, war der Rücktritt des Regierungschefs und damit der gesamten Regierung die einzige Möglichkeit, unliebsame Minister gegen ihren Willen aus ihren Posten zu entfernen. Vor diesem Hintergrund sind die mit italienischer Politik oft verbundenen Klischees von Chaos und Instabilität nicht allein zu relativieren, sondern ganz im Gegenteil: Parteipolitisch und personell gesehen gehört das Nachkriegsitalien eindeutig zu den stabilen Demokratien; wirkliche Machtwechsel gibt es erst seit den 1990er Jahren.

7.2.3 Steuerungsprobleme

Es ist unschwer nachzuvollziehen, dass die eben behandelte formale Instabilität der Kabinette durch häufige Amtswechsel und mehr oder weniger lange Perioden ohne politische Führung negative Auswirkungen auf die Qualität und Kohä-

---

spaltung der regierungstreuen PdCI zurückzuführen. Da trotz dieser Abspaltung dem PRC der Wiedereinzug in das Parlament gelang (auch ohne Wahlbündnis), kann von einer Bestrafung für den Koalitionsbruch nicht gesprochen werden.

[24]   Calise / Mannheimer 1982.

renz politischer Steuerung hatte. Hinzu kommen weitere Probleme, die ein effizientes und effektives Regieren bis heute erschweren und sowohl innerhalb wie außerhalb des Kabinetts zu suchen sind: die Schwäche des Regierungschefs, der geringe Zusammenhalt der Regierungsmannschaft und die schwierige Mehrheitsfindung im Parlament.[25]

Der Regierungschef: Führungsfigur oder primus inter pares?

Art. 95 der Verfassung weist dem Regierungschef[26] auf den ersten Blick weit gefasste Kompetenzen zu: Er leitet die Politik der Regierung und trägt dafür die Verantwortung. Zudem soll er die einheitliche Führung von Politik und Verwaltung durch Koordination der Minister und Ministerien gewährleisten. Allerdings verfügt er kaum über Instrumente zur Erfüllung dieser Aufgaben. Seine verfassungsmäßige Richtlinienkompetenz kollidiert mit der Ressortverantwortlichkeit der Minister und unterliegt für gewöhnlich in diesem Konflikt, denn im Unterschied zu vergleichbaren Regierungssystemen ist es dem italienischen Regierungschef nicht möglich, unliebsame Minister zu entlassen. Damit fehlt ihm das wichtigste Mittel zur Disziplinierung des Kabinetts und zur Durchsetzung seines Führungsanspruches. Dementsprechend stellt der *Presidente del Consiglio* vielmehr einen primus inter pares statt einer starken Führungsfigur dar. Aus genannten Gründen fungieren auch der bzw. die Vize-Regierungschefs weniger als Vertraute oder Helfer, sondern vielmehr als interne Konkurrenten.

Die im internationalen Vergleich sehr schwache Stellung des italienischen Regierungschefs[27] wurzelt in institutionellen Gründen und in der speziellen Beschaffenheit des Parteiensystems. Institutionell verweigert ihm schon die Verfassung eine starke Position: Über die Führungsaufgabe hinaus werden dem Regierungschef keine weiteren Funktionen oder Kompetenzen zugewiesen, worin sich erneut die Abneigung der Verfassungsväter gegen jegliche Form der Machtkonzentration offenbart. Ein von der Verfassung gefordertes Gesetz über die Organisation des Ministerrates und dessen Vorsitz wurde jahrzehntelang verschleppt. So fehlte lange die gesetzliche Grundlage für eine Regierungszentrale, die als konzeptionelles und administratives Führungsinstrument hätte fungieren können. Der Regierungschef verfügte offiziell weder über ein eigenes Budget noch über einen administrativen Mitarbeiter- oder Beraterstab und hatte nur Mittel zur unmittelbaren Organisation der Regierungsarbeit. Zwar fanden sich Umwege

---

[25]   Vgl. zu diesem ganzen Abschnitt Hine 1993, Fabbrini 2000.
[26]   Vgl. zum italienischen Regierungschef bis Ende der 1980er Jahre Hine / Finocchi 1991 und die neuere Untersuchung von Barbieri 2001.
[27]   Barbieri 2001, S. 216.

und informelle Mechanismen, um ihn trotzdem mit einem umfangreichen persönlichen Stab auszustatten – doch blieb dieser weit hinter Institutionen wie dem deutschen Bundeskanzleramt zurück und widmete sich weitgehend administrativen statt politikkoordinierenden Tätigkeiten. Erst 1988 wurde dieser gesetzgeberische Missstand behoben, doch handelte es sich eher um eine symbolische denn wirkliche Stärkung, da durch das Gesetz vor allem bereits etablierte Verfahrensweisen institutionalisiert und kaum echte Innovationen etabliert wurden. Die institutionelle Stärkung des Regierungschefs blieb bis dato auf der Agenda der Reformdiskussion, doch konnten nur geringe Verbesserungen, vor allem durch Dekrete erreicht werden (vgl. Abschnitt Reformen). Substantielle Verfassungsreformen scheiterten mehrmals.

Noch mehr als institutionelle Faktoren schwächten strukturelle Merkmale der italienischen Koalitionsregierungen die Position des Regierungschefs. Unter den Bedingungen komplexer Mehrparteienkoalitionen, in denen der Sturz der Regierung leicht fällt und die Akteure keine Bestrafung durch die Wähler fürchten müssen, steht für den Präsidenten des Ministerrates vor allem das Schlichten innerkoalitionärer Streitigkeiten im Vordergrund. Er legitimierte sich in den Augen der Minister und der Parteiführer in erster Linie durch Moderation, nicht durch Entscheidungen. Dass der Inhaber dieses Postens meistens Mitglied der dominierenden Regierungspartei DC war, erschwerte diese Aufgabe eher als sie zu erleichtern: Denn neben den bis zu vier Koalitionspartnern kamen auch noch die zahlreichen christdemokratischen *correnti* als Akteure im Gerangel um Posten und Gesetze hinzu. So konnte der Regierungschef nur sehr selten mit einer eigenen Hausmacht im Rücken auftreten und wurde stattdessen nur zu oft zwischen den Fronten zerrieben. Neben dem Regierungschef existierten stets noch eine beträchtliche Anzahl weiterer politischer Akteure mit Führungsanspruch. Die nicht zuletzt durch die komplexe Zusammensetzung der Koalitionen begründeten häufigen Wechsel in den Regierungsämtern waren ein weiterer Faktor, der verhinderte, dass der jeweilige Regierungschef sich als politische Führungsfigur etablieren konnte – schließlich war stets mit seiner baldigen Ablösung zu rechnen. Allen voran versuchte Bettino Craxi, der erste Sozialist auf dem Stuhl des Regierungschefs, in seiner Regierungszeit zwischen 1983 und 1987 unter dem Schlagwort des *decisionismo* einen neuen Regierungsstil zu etablieren und sowohl der Regierung als Institution als auch sich selbst als Person größere autonome Entscheidungsspielräume zu verschaffen – allerdings mit mäßigem Erfolg.

Nach dem Zusammenbruch des Parteiensystems der „Ersten" Republik veränderte sich diese Lage nur zum Teil: Zwar konnten sich die „Techniker"-Regierungschefs Ciampi und Dini von den Parteien emanzipieren, doch nur für kurze Zeit und mit begrenztem Mandat. Schon die Regierungschefs der *Ulivo*-Koalition 1996-2001 hatten mit denselben Problemen zu kämpfen wie ihre Vorgänger:[28] Vor allem Romano Prodi hatte nur geringe eigene Machtressourcen innerhalb der Koalition und sah sich schnell Konkurrenten aus den anderen Parteien gegenüber. Die Berufung auf die Legitimation, die er als Spitzenkandidat in den Wahlen erhalten hatte, zählte im Ringen um Posten und Programme nach den Wahlen nur noch wenig. Eine partiell andere Situation ist mit der Regierungsübernahme Silvio Berlusconis eingetreten: Er hat seine eigene Partei geschlossen hinter sich und auch die Koalitionspartner sind intern weniger fragmentiert als manche Partei des Mitte-Links-Lagers. Doch führen schon die Anzahl der Koalitionspartner sowie ihr selbstbewusstes Auftreten dazu, dass auch der Führer der *Casa delle libertà* einen Großteil seiner Energie für das Schlichten lagerinterner Konflikte aufzuwenden hatte. Die zahlreichen Versuche Berlusconis, an den Parteien vorbei eine eigene quasi-plebiszitäre Legitimation zu etablieren, fruchteten zwar teilweise an den Wahlurnen – doch nach den Wahlen zählen Stimmen im Parlament, und diese werden von den Parteiführern kontrolliert. Immerhin wurde Berlusconis Position durch den Faktor gestärkt, dass ohne ihn und seine „eigene" Partei politische Erfolge des Mitte-Rechts-Lagers nicht denkbar waren und dadurch seine Person weit weniger angreifbar bzw. ersetzbar war als dies für seine zahlreichen Vorgänger zutraf.

Seit einiger Zeit ist allerdings ein Trend in Richtung *leadership* zu erkennen mit der Zielvorstellung, dass elektoral legitimierte Führungspersönlichkeiten, ausgestattet mit entsprechenden Kompetenzen, ihr Programm verwirklichen und sich erst wieder bei den nächsten Wahlen mit ihrer Leistungsbilanz verantworten. Referenzmodell dieser Vorstellung ist Großbritannien. Hatte in den 1980er Jahren noch Bettino Craxi versucht, auf informellem Wege möglichst viel Macht in den Händen des Regierungschefs zu konzentrieren, suchten die Wahlrechtsreformer der 1990er Jahre, diesem Modell durch institutionelle Veränderungen näher zu kommen.

Nicht nur die versuchte Einführung eines reinen Mehrheitswahlrechts (mit der erhofften Folge eines Zweiparteiensystems) wies in diese Richtung, sondern auch die neue Direktwahl der Bürgermeister in Städten ab 15.000 Einwohner sowie der Provinz- und Regionalpräsidenten. Wenn auch die Ziele der Reforminitiatoren bezüglich des Parteiensystems nicht erreicht wurden, so hat doch ein deutlicher Personalisierungsschub in der italienischen Politik eingesetzt. Dies gilt nicht nur für die Wahlkämpfe, sondern auch für den politischen Prozess zwischen den Wahlen. Auf regionaler und kommunaler Ebene führten die Veränderungen zu einer deutlichen Aufwertung der jeweiligen Ämter. Sie stehen nun mehr im Fokus der Öffentlichkeit und als Kandidaten werden von den beiden Lagern deutlich profiliertere Persönlichkeiten in das Rennen geschickt. Auch

---

[28]   Vgl. Pasquino 2001.

stellen lokale und regionale Ämter nach der Übertragung von Kompetenzen auf diese Ebenen nun attraktivere Posten dar, auf denen man deutlich an Sichtbarkeit gewinnen kann.[29]

Auf nationaler Ebene hat zwar die von vielen gewünschte Direktwahl des Regierungschefs (noch) nicht Einzug gehalten, aber durch die Formierung der Wahlbündnisse inklusive Nominierung eines Spitzenkandidaten haben auch nationale Parlamentswahlen deutliche Züge von Personalwahlen angenommen. Das hat auch Konsequenzen für den Regierungsalltag: Der siegreiche Spitzenkandidat (und spätere Regierungschef) kann sich nicht nur wie bisher auf die im Parlament hinter ihm stehenden Parteien stützen, sondern gewinnt ein zweites Standbein hinzu: das der plebiszitären Legitimation durch das Wahlvolk.

Vor allem Silvio Berlusconi setzte sehr stark auf dieses zweite Standbein, insbesondere wenn es darum ging, seinen Führungsanspruch gegen widerspenstige Koalitionspartner zu behaupten. Er konnte mit Fug und Recht behaupten, dass die Legitimation der Regierungskoalition untrennbar mit seiner Person verbunden war. Zudem war er als Chef und „Besitzer" der größten Regierungspartei mit erheblichem Drohpotential ausgestattet, da bei Neuwahlen ohne ihn das Mitte-Rechts-Bündnis chancenlos gewesen sein dürfte. Damit kann zumindest im speziellen Fall Berlusconi von einer erheblichen Stärkung des Regierungschefs durch Personalisierung gesprochen werden. Die Rekordamtszeit seines zweiten Kabinetts (Juni 2001 bis April 2005) ist nicht zuletzt hierauf zurückzuführen. Allerdings ist auch zu beobachten, wie Berlusconis Stärke bei ausbleibendem Erfolg nach und nach erodierte, bis hin zur Regierungskrise im April 2005, ausgelöst durch die Niederlage des Mitte-Rechts-Bündnisses bei Regionalwahlen, und zur schließlichen Abwahl 2006.[30]

Anders stellt sich die Situation im Mitte-Links-Lager dar: Bislang konnte sich hier keine eindeutige Führungsfigur als Gegenspieler zu Berlusconi herauskristallisieren. Der Erfolg des Spitzenkandidaten Romano Prodi an den Wahlurnen im Jahre 1996 vermochte diesen nur kurz zu stärken, so dass er bereits nach zweieinhalb Jahren einem Konkurrenten aus dem eigenen Lager weichen musste. Auch der Mitte-Links-Spitzenkandidat von 2001, Francesco Rutelli, konnte von seiner herausgehobenen Stellung im Wahlkampf nur wenig Führungsanspruch auf die Oppositionsbank mitnehmen und sich nicht als Oppositionsführer etablieren. Im Vorfeld der Wahlen 2006 wurde Romano Prodi als Spitzenkandidat reaktiviert, doch sieht sich dieser auch nach dem Wahlsieg den bekannten Problemen

---

[29]   Recchi / Verzichelli 2003.

[30]   Wie sehr die Position des Regierungschefs durch die zahlreichen Wahlniederlagen in Mitleidenschaft gezogen wurde, lässt sich daran ablesen, dass der UDC-Chef Marco Follini sofort nach Bildung des dritten Berlusconi-Kabinetts verlauten ließ, es sei keineswegs sicher, mit welchem Spitzenkandidaten das Mitte-Rechts-Bündnis in die nächsten Parlamentswahlen ziehe.

und zahlreichen Konkurrenten innerhalb seines Lagers gegenüber – obwohl sich die Wahlkampagne sehr stark auf seine Person konzentriert hatte und damit auch der Wahlsieg unmittelbar als persönlicher Erfolg zu sehen ist.

Tabelle 7.4: Spitzenkadidaten der Wahlbündnisse seit 1994

Wahljahr	Spitzenkandidat Mitte-Links	Spitzenkandidat Mitte-Rechts
1994	-	Silvio Berlusconi
1996	Romano Prodi	Silvio Berlusconi
2001	Francesco Rutelli	Silvio Berlusconi
2006	Romano Prodi	Silvio Berlusconi

Hier ist zu erkennen, dass sich die Bipolarisierung der Parteienlandschaft seit 1994 durchaus auf die Regierungen auswirkt (vgl. Kapitel Parteien und Parteiensystem). Bezogen diese ihre Legitimation zuvor ausschließlich aus den sie stützenden Parteien, ist nun ein zweites, dem ersten widerstreitendes Legitimationsprinzip hinzugekommen. Auf der einen Seite finden sich die Verteidiger der ausschließlichen parlamentarischen (und damit über die Parteien vermittelten) Legitimation der Regierung, auf der anderen Seite die Verfechter des plebiszitären Wählerauftrages an eine bestimmte Person. Wer in dieser Auseinandersetzung zwischen Person und Parteien die Oberhand gewinnt, scheint bislang davon abzuhängen, wie wichtig die jeweilige Person für die Erfolgschancen der gesamten Koalition gesehen wird, wie stark die Person in ihrer eigenen Partei ist und wie stark die Partei im Bündnis ist.[31]

Allerdings stellten sich grundsätzlich auch Silvio Berlusconi dieselben Probleme wie seinen Vorgängern, von Roland Höhne treffend auf den Punkt gebracht: „Die Gegensätze innerhalb der Regierungskoalition zwingen Berlusconi, ständig zwischen den verschiedenen Positionen zu vermitteln. Er braucht nicht nur die Zustimmung der Parteiführer, sondern auch die der Minister, der Fraktionschefs und Meinungsführer. Unter diesen gibt es Herzöge, Grafen und Ritter. Jeder will ernst genommen werden, jeder hat seine eigene Meinung. Auch die einfachen Parlamentarier, die Hinterbänkler, wollen beachtet werden, denn von ihnen hängt die parlamentarische Mehrheit ab. Ein Land lässt sich nicht wie ein großes Unternehmen führen, Italien ist nicht die Fininvest."[32] Von der erneuten Regierungsübernahme Romano Prodis im Mai 2006 bleibt in dieser Hinsicht ein deutlicher Stilwechsel zu erwarten.

---

[31] Vgl. Bull / Newell 2002, Cotta / Verzichelli 2003.
[32] Höhne 2003a, S. 83.

Inhaltliche Heterogenität und geringe Kabinettsdisziplin

Ein weiteres Problem für die politische Steuerung Italiens durch die Regierung besteht in den Schwierigkeiten, durch Koalition und Kabinett ein kohärentes Programm zu definieren und koordiniert umzusetzen.[33]

Schon bei den Verhandlungen zur Regierungsbildung stehen weniger politische Sachfragen und Programme im Mittelpunkt als vielmehr das Ringen um möglichst viele und möglichst wichtige Posten (*lottizzazione*, s.o.). Da zunächst letztere Frage entschieden wird und danach die Parteien die ausgehandelten Ministersessel autonom mit eigenen Leuten besetzen, verwundert es nicht, dass die Loyalität der einzelnen Minister ausschließlich der eigenen Parteiführung[34] gilt. So ist das Kabinettsprinzip in Italien traditionell äußerst schwach ausgeprägt. Die Minister und Staatssekretäre verstehen sich nicht als Teil eines Teams, dessen Politik sie nach außen, unter Umständen auch gegenüber der eigenen Partei, zu vertreten haben, sondern eher als Interessenvertreter ihrer Partei bzw. in eigener Sache, die keine Scheu haben, sich auf Kosten ihrer Kollegen, des Regierungschefs oder auch der ganzen Regierung zu profilieren. Mächtige und ehrgeizige Minister haben somit oft gar kein Interesse an einer kohärenten Regierungspolitik und verfolgen stattdessen eine eigene Agenda. Zudem zogen sich parteipolitische Grabenkämpfe auch quer durch die Regierung, so dass sich oft Minister explizit gegenseitig oder auch den Regierungschef bekämpften. Dies galt nicht nur zwischen den einzelnen Parteien, sondern auch parteiintern, da das Kabinett regelmäßig zum Schlachtfeld rivalisierender *correnti*-Führer wurde.

Gegen diese permanente Rivalität der Kabinettsmitglieder untereinander hatte der Regierungschef auch keinerlei Sanktionsmöglichkeiten (z.B. Entlassung) in der Hand. Druck in Richtung Kabinettsdisziplin war lange auch von den Parteiführungen nicht zu erwarten: Erstens war – zumindest bis Mitte der 1990er Jahre – eine effektive Regierungspolitik keine Voraussetzung für den Verbleib an der Macht (vgl. Kapitel Parteien und Parteiensystem). Zweitens hielten sich politische Schwergewichte und Parteiführer oft von Ministerämtern fern, um taktisch freier agieren, politische Gegner leichter kritisieren und sich selbst besser ins Rampenlicht setzen zu können.

---

[33] Vgl. zum Folgenden statt vieler Weber 2002.

[34] Wenn in diesem Abschnitt von Parteien gesprochen wird, so ist immer auch der Aspekt der innerparteilichen Strömungen (*correnti*) mit zu bedenken. So wie die Parteien auf Kabinettsebene handelten auch die einzelnen *correnti*, z.B. der DC, ihren Anteil aus. Somit ergibt sich, dass die Minister unter Umständen gar nicht der offiziellen Parteiführung, sondern lediglich einer *corrente* ihr Amt verdankten – mit allen negativen Konsequenzen für eine einheitliche Führung (vgl. Kapitel Parteien und Parteiensystem).

Obwohl sich Silvio Berlusconi größtenteils erfolgreich[35] bemühte, die Parteichefs als Minister oder Vize-Regierungschefs in seine Kabinette einzubinden, hat sich an diesem Punkt nur wenig geändert. Vollends dieselben Verhältnisse wie zur Zeit der „Ersten" Republik waren während der Mitte-Links-Regierungen 1996-2001 zu beobachten, als die Spitzen der Koalitionsparteien nicht müde wurden, von außen Kritik zu üben und immer neue Forderungen aufzustellen. Zu wichtigen Koordinationsgremien haben sich somit die informellen Koalitionsgipfel (*vertici di maggioranza*) entwickelt, an denen in erster Linie die Parteichefs teilnehmen.

Verstärkt werden diese Probleme durch die ideologische Heterogenität der Koalitionen, die sich in teils diametral entgegengesetzten inhaltlichen Zielen niederschlägt. So fanden sich in den Koalitionen der Mitte zu Zeiten der „Ersten" Republik sowohl kirchlich Orientierte wie überzeugte Laizisten und Vertreter eines reinen Wirtschaftsliberalismus wie gemäßigte Sozialisten. Hinzu kamen die unterschiedlichen Klientelgruppen, auf die verschiedene Parteien und Personen Rücksicht nehmen mussten; es sei nur an die völlig gegensätzlichen Interessen des mittelständisch geprägten Nordens und des agrarischen Südens erinnert.

Seit jeher wurden Koalitionen nicht aufgrund inhaltlicher oder programmatischer Nähe geschlossen, sondern sie stellten reine Zweckbündnisse dar, um die Regierung zu besetzen. Die Technik des *trasformismo*, also der Kooperationen und Bündnisse über Lagergrenzen hinweg, auch der Lagerwechsel von Personen oder Parteien, gehört nach wie vor zur alltäglichen Regierungspraxis.

Auf den ersten Blick könnte man meinen, dies habe sich seit den Wahlrechtsreformen geändert, da sich nun die Regierungen jeweils deutlich links oder rechts einordnen lassen. Doch ist das Gegenteil der Fall: Hier zeigt sich einmal mehr die Untauglichkeit eines eindimensionalen Links-Rechts-Schemas. Nun treten bunt zusammengewürfelte Wahlbündnisse an, deren inhaltliche Breite bei der Ansprache möglichst großer Wählerschichten zwar von Vorteil ist, sich beim Regieren aber als Hemmschuh erweist. Wie sehr die Mitte-Rechts-Koalition Berlusconis inhaltlich gespalten war, wurde spätestens in der Regierungskrise im April 2005 deutlich; denn durch das Bündnis zogen sich mindestens folgende Konflikte, mit jeweils unterschiedlichem Frontverlauf: Arbeit vs. Kapital, Nord vs. Süd, Zentralismus vs. Föderalismus, „Erste" Republik vs. „Zweite" Republik (vgl. Kapitel Parteien und Parteiensystem).

Die äußerliche Instabilität der italienischen Regierungen hatte auch Wirkungen nach innen. So waren die manchmal nur kurze Zeit in ihren Ämtern ver-

---

[35]   Im Kabinett Berlusconi II waren mit Umberto Bossi (Reformen) und Gianfranco Fini (Vize-Regierungschef, später auch Außenminister) und ihm selbst von Anfang an die wichtigsten Parteichefs eingebunden. Im Dezember 2004 folgte nach langem Zögern auch der UDC-Chef Marco Follini (Vize-Regierungschef).

weilenden Minister ihren Ministerialbeamten gegenüber oft sehr schwach und wenig durchsetzungsstark. Die ständige Rotation erschwerte zudem eine koordinierte und kohärente Politik, produzierte stattdessen *muddling through* und einen Politikstil des „Kleinklein" von unkoordinierten Einzelmaßnahmen, die dazu dienten, einen der Koalitionspartner (oder gar nur einen Parteiflügel) vorübergehend zufrieden zu stellen. Das bei Regierungsparteien meist anzutreffende Dilemma zwischen Sachzwängen, knappen Finanzen und unbequemen Entscheidungen im Sinne des Gemeinwohls auf der einen Seite und Klientelpolitik, Verteilung von Wahlgeschenken etc. im Sinne des Parteiwohls auf der anderen Seite wird damit traditionell zugunsten der letzteren aufgelöst.

Im Ergebnis fehlt in Italien die für parlamentarische Regierungssysteme so typische wie funktionslogisch erforderliche Verschmelzung von Regierungspartei, Parlamentsmehrheit und Regierung zu einer koordinierten Handlungseinheit. Stattdessen begünstigen die strukturellen Eigenheiten des Parteiensystems und der Institutionenordnung koalitionäre Disziplinlosigkeit und eine bleibende Fragmentierung des zentralen politischen Entscheidungssystems. Anders ausgedrückt: Es mangelt nicht an Möglichkeiten für Parteien und Bevölkerung, partikulare Interessen an das Entscheidungszentrum heranzutragen und durchzusetzen; andererseits fehlt die Fähigkeit des politischen Systems, diese Partikularinteressen zu selektieren, zu aggregieren und im Sinne politischer Führung und Steuerung auch unbequeme Entscheidungen durchzusetzen.

Probleme parlamentarischer Mehrheitsbildung

Dass Italien oft mit dem Verdacht der Unregierbarkeit belegt wurde, hat seine Gründe nicht nur in den Problemen, innerhalb der Regierung zu kohärenten Entscheidungen zu kommen, sondern auch in dem langwierigen und blockadeanfälligen parlamentarischen Gesetzgebungsprozess. Da sich Regierungspolitik in erster Linie in verabschiedeten Gesetzen niederschlägt, stellen die schwer kalkulierbaren – weil schwer disziplinierbaren – Mehrheiten im Parlament ein ernsthaftes Hindernis für die Verwirklichung politischer Vorhaben dar.[36] Dass die Regierung mit eigenen Vorschlägen im Parlament scheitert, ist durchaus nicht ungewöhnlich.[37] Die Erfolgsrate von Regierungsvorlagen fiel seit den Anfängen der Republik kontinuierlich von ca. 90% in der ersten Legislaturperiode bis auf

---

[36]   Es sei nur an die geringe Fraktionsdisziplin, die Möglichkeit geheimer Abstimmungen und das doppelte Verfahren in Abgeordnetenkammer und Senat erinnert (vgl. Kapitel Parlament).

[37]   In Deutschland hingegen gilt eine Abstimmungsniederlage der Regierungskoalition mindestens als peinliche Panne, wenn nicht als eindeutiges Krisensymptom.

um die 50% in den 1980er und 1990er Jahren.[38] Seit Silvio Berlusconis Amtsantritt 2001 hatte sich in diesem Punkt allerdings einiges geändert: Zwar kam es nach wie vor zu vielen Abstimmungsniederlagen, doch brachte die Regierung letztlich fast alle ihre Vorlagen durch das Parlament.[39] Es bleibt abzuwarten, ob sich dieses Phänomen fortsetzt oder ob es sich bei der Geschlossenheit der Mitte-Rechts-Koalition nur um eine Ausnahme handelt und unter der Mitte-Links-Regierung Romano Prodis ab Mai 2006 sich die Abstimmungsniederlagen wieder häufen.

Hinzu kommt, dass nur ein Teil der verabschiedeten Gesetze aus Initiativen der Regierung oder wenigstens der Regierungsmehrheit hervorgeht und die Umsetzung programmatischer Vorstellungen darstellt. Ein Großteil der Gesetze, insbesondere die zahlreichen *leggine* (in Ausschüssen beschlossene Gesetze mit geringer Reichweite), gehen auf Initiativen einzelner oder weniger Parlamentarier zurück und haben einzig und allein den Zweck, eine bestimmte Klientel, oftmals nur in einem bestimmten Wahlkreis zu begünstigen (vgl. Kapitel Parlament und die Ausführungen zum Klientelismus im Kapitel Politische Kultur.). In diesem Wust an Gesetzen finden sich dann auch zahlreiche Bestimmungen, die den Intentionen der Regierung zuwiderlaufen.[40]

Schließlich ist die Regierung zur Umsetzung eigener Initiativen oftmals auf die Mitwirkung von Teilen der Opposition angewiesen, was wiederum zur inhaltlichen Verwässerung führt oder dazu, dass im Austausch bestimmte Vorhaben der Opposition unterstützt werden müssen.

Kurzum: Die Gesamtheit der in Italien verabschiedeten Gesetze kann in weit geringerem Maße als in anderen parlamentarischen Systemen der Regierung oder ihrer Parlamentsmehrheit zugeschrieben werden. Auch ist die Suche nach einem Konzept oder einer großen Linie darin meist vergeblich.

Allerdings haben sich hier die Gewichte verschoben. Seit Mitte der 1990er Jahre hat die Regierung einen deutlich größeren Anteil an der Gesetzgebung gewonnen, was z.T. auf die beiden Techniker-Regierungen, aber vor allem auf einen gewachsenen Gestaltungswillen seitens der Regierung, die ja nun abgewählt werden kann und stärker an einer erfolgreichen Politik interessiert ist, zurückzuführen ist.[41]

---

[38]   In den turbulenten zwei Legislaturperioden zwischen 1992 und 1996 lag dieser Wert sogar unter 30%, was aber den speziellen Umständen geschuldet war. Vgl. zu den Zahlen Capano / Giuliani 2001c, S. 19.

[39]   Vgl. die Übersicht auf http://www.governo.it/Rapp_Parlamento/stato_iter.html (Stand: 16.03.2005).

[40]   Vgl. exemplarisch zur 10. bis 13. Legislaturperiode die Übersicht bei Capano / Giuliani 2001c, S. 22.

[41]   Capano / Giuliani 2001c.

Trotzdem bleibt nach wie vor das Grundproblem bestehen: In parlamentarischen Regierungssystemen erfordert die Funktionslogik für stabiles und effizientes Regieren die Koordination bzw. Verschmelzung von Regierung und Parlamentsmehrheit zu einer Handlungseinheit, wobei idealtypisch Regierungs-, Fraktions- und Parteiführung personell konzentriert sind (s.o.). In Italien jedoch gab es dafür nicht zuletzt durch die jahrzehntelange Suspendierung des Parteienwettbewerbs keinen Anreiz. Hinzu kommt, dass die Regierung institutionell dem Parlament schwach gegenübersteht und sich kaum als eigenständiges Machtzentrum etablieren konnte. Die eigentlichen Bestimmungsfaktoren blieben die Parteien bzw. die einzelnen Anführer der verschiedenen Parteiflügel. Damit stehen sich Regierung und Parlament unkoordiniert gegenüber, beide wesentlich bestimmt durch den Zugriff der Parteien, die aber gleichzeitig nicht in der Lage sind, die Koordination als verbindende Klammern herzustellen.

7.2.4 Dekrete und Verordnungen als wichtiges Regierungsinstrument

Über die gewöhnliche Regierungsbefugnis hinaus, Verordnungen ohne Gesetzeskraft (*regolamenti*) zu erlassen, ist die Übertragung von Regelungskompetenzen auf die Regierung nach Art. 76 der Verfassung ein Instrument, mit dem die Regierungsarbeit erleichtert werden kann.[42] Verabschiedet das Parlament ein entsprechendes Gesetz (sog. *legge delega*), kann die Regierung in einem durch das Gesetz festgelegten Bereich und ggf. Zeitraum Verordnungen mit Gesetzeskraft erlassen (sog. *decreti legislativi*). Die Einbringung eines *legge delega*-Entwurfs ist für die Regierung natürlich verlockend: In diesem Entwurf kann man sich detaillierte Regelungen sparen, die eventuelle Gegner auf den Plan treten lassen; bei Erfolg entgeht man dem langwierigen Gesetzgebungsprozess und muss sich nur noch innerhalb der Regierung über die Verordnungen verständigen. Allerdings geben die Parlamentarier ihre Entscheidungskompetenzen nur ungern aus der Hand, so dass die meisten dieser Gesetzentwürfe nicht erfolgreich sind.[43]

Um die Probleme des parlamentarischen Entscheidungsprozesses (s.o.) zu umgehen, steht den italienischen Regierungen außerdem ein Hintertürchen offen, mit dem sie ihre Vorstellungen zumindest vorläufig umsetzen können: Art. 77 der Verfassung sieht vor, dass „die Regierung in Fällen außergewöhnlicher Not-

---

[42]   Vgl. zur Unterscheidung von Verordnungen ohne Gesetzeskraft (*regolamenti*), Verordnungen mit Gesetzeskraft aufgrund Ermächtigung (*decreti legislativi*) und Notverordnungen (*decretilegge*) Selle 2000.

[43]   Vgl. hierzu auch mit neueren Zahlen Capano / Giuliani 2003, S. 146-148. Eine Liste der *decreti legislativi* seit der 13. Legislaturperiode ist verfügbar auf http://www.camera.it/parlam/leggi/ (Stand: 03.03.2005).

wendigkeit und Dringlichkeit in eigener Verantwortung provisorische Anordnungen mit Gesetzeskraft" erlassen kann.[44] Die Interpretation von Fällen außergewöhnlicher Dringlichkeit und Notwendigkeit, in denen sich die Regierung
genötigt sah, solche Dekrete (*decreti-legge*) zu erlassen, wurde dabei im Laufe
der Zeit immer laxer gehandhabt: Während die Zahl solcher Dekrete pro Legislaturperiode bis zur fünften noch zweistellig blieb, stieg sie bis in die 1990er Jahre
stetig an; schon in den 1980er Jahren können die Dekrete als normales Steue-
rungsinstrument der Regierung angesehen werden. Darin zeigen sich die zahlreichen Bestrebungen, politische Gestaltungsmacht aus Parteizentralen und Parlament abzuziehen und stattdessen in den Händen der Regierung zu konzentrieren.
In den turbulenten Umbruchjahren 1992-1996 erreichte die Praxis der Dekrete
wegen der unsicheren parlamentarischen Verhältnisse mit ca. 1000 Dekreten in
vier Jahren ihren Höhepunkt. In der 13. Legislaturperiode (1996-2001) wurden
wieder knapp 500 Dekrete erlassen. Die Regierung Berlusconi II verhielt sich
hier zwar etwas zurückhaltender (175 Dekrete von Juni 2001 bis März 2005) –
was hauptsächlich auf die relativ stabile Regierungsmehrheit im Parlament zurückzuführen ist; doch sind auch heute die Dekrete aus der Regierungspraxis
nicht wegzudenken.[45]

Allerdings bedeutet das nicht, dass die Regierung uneingeschränkt am Parlament vorbei regieren kann. Die *decreti-legge* sind nicht von Dauer, da sie ja als
Notstandsmaßnahmen gedacht sind. Art. 77 der Verfassung schreibt vor, dass sie
noch am Tage ihrer Verabschiedung den Kammern vorgelegt werden müssen,
die dann über ihre Umwandlung in reguläre Gesetze (*conversione di decreti-
legge*) beraten. Werden die Dekrete nicht innerhalb von 60 Tagen per Parla-
mentsbeschluss umgewandelt, verlieren sie rückwirkend ihre Gültigkeit; dabei
kann das Parlament auch noch inhaltliche Änderungen vornehmen. Die Regierungskoalition muss sich also bemühen, für die Regelung doch noch eine Mehrheit zu organisieren. Die verfassungsmäßige Frist kann sich dabei durchaus dis-
ziplinierend auf unsichere Parlamentarier auswirken. So nehmen umgewandelte
Dekrete einen erheblichen Anteil am legislativen Output ein, z.B. knapp 20% in
der 13. Legislaturperiode. Die Erfolgsrate von Regierungsdekreten in diesem
Konversionsverfahren kann auch als Indikator für den parlamentarischen Rückhalt der Regierung gesehen werden. So ist zu beobachten, dass sowohl die Er-
folgsquote von gewöhnlichen Gesetzentwürfen der Regierung als auch von Dekreten von 1948 bis 1992 fast im Gleichschritt fällt. Ebenso verhält es sich mit

---

[44] Vgl. zum Folgenden Kreppel 1997, Selle 2000 und Volcansek 1999.
[45] Die Zahlen bis 1998 sind zu finden bei Volcansek 1999, S. 102; seit der 13. Legislaturperiode
      aktuelle Statistiken auf http://www.camera.it/chiosco.asp?content=/_dati/leg13/lavori/datist a-
      tistici/) bzw. http://www.camera.it/chiosco.asp?content=/_dati/leg14/lavori/datistatistici/
      (Stand: 03.03.2005).

dem Anteil der Dekrete, die vor der Umwandlung noch vom Parlament geändert werden; diese steigt im genannten Zeitraum stetig. In der 10. Legislaturperiode (1987-1992) war nur noch die Hälfte der Regierungsvorlagen erfolgreich und 40% der Dekrete, von denen wiederum fast 80% vom Parlament geändert wurden. Diese Zahlen zeigen, dass die Probleme der Regierbarkeit in Italien auch durch den Umweg der Regierungsdekrete nur bedingt gelindert werden konnte.

Die geringe Umwandlungsquote von Dekreten wurde seit 1964 wiederum teilweise durch eine zweifelhafte Praxis umgangen: Zog sich das parlamentarische Verfahren in die Länge, wurde nach 60 Tagen einfach ein identisches Dekret durch die Regierung erlassen. Mit dieser so genannten *iterazione* (Erneuerung) wurden Regelungen zum Teil bis zu drei Jahre lang hinweg aufrechterhalten.

Kritik an dem übermäßigen Gebrauch von Dekreten wurde von vielen Seiten und vor allem aus dem Parlament geübt. Ein Versuch von 1988, diesen Missstand durch gesetzliche Richtlinien einzudämmen, zeigte allerdings keine Wirkung. Im selben Jahr befand auch der italienische Verfassungsgerichtshof, der sich der Kritik mehrmals angeschlossen hatte, die Erneuerung von Dekreten teilweise für verfassungswidrig. Die Praxis der *iterazione* fand allerdings erst ein Ende, als das Gericht 1996 in einem äußerst deutlichen Urteil jegliche Erneuerung für unzulässig erklärte. Dass dieser Weg der Notstandsdekrete, der offensichtlich am eigentlichen Sinn der Norm vorbeiläuft, dennoch so intensiv beschritten wurde und selbst nach klarer Kritik durch den Verfassungsgerichtshof noch beschritten wird, ist nicht ohne Rückgriff auf eine politische Kultur zu erklären, die formalen Regelungen und Richtersprüchen einen weniger absoluten Status einräumt als beispielsweise die deutsche.[46]

7.2.5   Resumee: Verhandeln statt Entscheiden

Trotz der Dekret- und Verordnungspraxis zeigen die obigen Ausführungen, dass Regieren in Italien kaum als Entscheiden und Steuern in einem hierarchischen Sinne verstanden werden kann. Zwar ist dies in Demokratien generell nicht der Fall (auch in Deutschland suggeriert der Begriff der „Kanzlerdemokratie" lediglich eine vorgestellte Autonomie des Regierungschefs und verschleiert das komplexe Werben um Unterstützung, wie es sich in der Realität vollzieht), doch zwingen die Besonderheiten des italienischen Regierungssystems seine Akteure in besonderem Maße zur Verhandlung, wenn sie ein politisches Projekt umsetzen wollen. Die starke Zerstreuung von Einflussmöglichkeiten, bedingt sowohl durch

---

[46]   Vgl. zur Auseinandersetzung um die Regierungsdekrete mit Schwerpunkt auf der Rolle des Verfassungsgerichtshofs Volcansek 2000, S. 34-51.

institutionelle Faktoren wie Eigenheiten des Parteienwettbewerbs oder internalisierte Verhaltensweisen der handelnden Personen, führt zu einem hochkomplexen Gewirr von Kräften. In dieses bringen eine Vielzahl von Akteuren ihr Machtquantum ein, ohne jedoch im Normalfall die große Linie bestimmen zu können. Resultat ist meist der kleinste gemeinsame Nenner oder ein bunt gemischtes Kompromisspaket.

Daraus ergibt sich, dass der politische Willensbildungs- und Entscheidungsprozess in Italien noch mehr als in anderen Ländern als ständiges Verhandeln begriffen werden muss. Im Mittelpunkt stehen also das gütliche Einvernehmen, der Konsens und die Berücksichtigung aller Teilnehmer. Das Beharren auf partikularistischen Positionen wird im Umkehrschluss als legitim angesehen. Dies hat Rückwirkungen auf die Handlungsorientierungen der politischen Eliten: In jahrzehntelanger Sozialisation hat sich eine Einstellung herausgebildet, die als *consociativismo* (vgl. Kapitel Politische Kultur) bezeichnet wird. Dies macht auch Verhandlungen über tiefe Lagergräben hinweg möglich – ebenso wie punktuelle Bündnisse oder sogar informelle große Allparteienkoalitionen. In der Zusammenschau mit der historischen Praxis des *trasformismo* (Übergang politischer Kräfte oder Individuen von einem Lager zum anderen, oft erkauft durch Zugeständnisse) und der Parzellierung des Staates unter den Parteien ergibt sich somit eine auffällige Diskrepanz zwischen der öffentlich gepflegten scharfen Rhetorik und der einvernehmlichen täglichen Zusammenarbeit am großen Verhandlungstisch. Nicht zuletzt diese Diskrepanz ließ den Italienern die Politik als großes Elitenkartell zur Ausbeutung des Staates durch die Politiker erscheinen.

7.3 Reformansätze

Fast so alt wie die Republik ist die Diskussion um die Frage, wie durch institutionelle Reformen die genannten Steuerungsprobleme entschärft und die Regierungseffizienz gesteigert werden kann. Insbesondere seit den 1980er Jahren zeitigt diese Diskussion auch Wirkung. Der wichtigste Schritt war das Gesetz Nr. 400 vom 23.08.1988, mit dem eine seit Beginn bestehende Regelungslücke bezüglich der inneren Organisation der Regierung gefüllt wurde:[47]

- Ein Sekretariat (*Ufficio di segreteria*) wurde eingeführt, das die Aktivitäten der verschiedenen Ministerien koordinieren soll.
- Ebenso wurde eine Art innerer Führungszirkel eingerichtet, der *Consiglio di gabinetto* (Kabinettsrat); er besteht aus dem Regierungschef, den wichtigsten Ministern und den Vize-Präsidenten des Ministerrates.

---

[47] Vgl. Fabbrini 2000.

- Mehrere interministerielle Koordinationsgremien sollten dabei helfen, eine einheitlichere Regierungspolitik zu erreichen.
- Dem Regierungschef wurde ein eigener Apparat zur Verfügung gestellt: das *Ufficio presidenziale* mit ausgedehnter Ressortstruktur und das *Segretario generale*: Beide sollen den Präsidenten des Ministerrates bei der Führung des Kabinetts und Koordination des Regierungsprogramms unterstützen.
- Zusätzlich wurde die Möglichkeit für den Regierungschef festgeschrieben, ad hoc-Kommissionen, Arbeitsgruppen und sog. *task forces* mit speziellen Aufgabenbereichen einzurichten.
- Ein Novum war schließlich auch der Posten des Vize-Regierungschefs, der zwischen den Koalitionspartnern vermitteln soll.

Allerdings mangelte es dieser nach langem Ringen verabschiedeten Reform an inhaltlicher Kohärenz. Sie traf keine klare Entscheidung zwischen den Strategien Stärkung der Kollegialität, Etablierung einer Oligarchie und Orientierung am britischen *prime minister* und stellte vielmehr die Festschreibung und Rationalisierung der bisherigen Praxis, aber keinen Übergang zu neuen Prinzipien dar. Die Neuerungen konnten – wenn auch nur in geringem Umfang – erst ab Mitte der 1990er Jahre in die gewünschte Richtung wirken, als sowohl die „Technikerregierungen" als auch Romano Prodi und schließlich Silvio Berlusconi gewillt waren, davon Gebrauch zu machen.

Auch nach 1988 wurde mehrfach versucht, durch Modifikationen an der Organisation die Regierungsfähigkeit zu verbessern, so z.B. durch die Zusammenlegung des Wirtschafts- und des Finanzministeriums.[48] Herauszuheben sind hierbei die Dekrete Nr. 300 und Nr. 303 des Jahres 1999, die den Regierungschef im Ablauf der Regierungsarbeit stärkten, die Anzahl der Ministerien auf zwölf begrenzten (inzwischen auf vierzehn erhöht), die Vizeminister einführten und die Minister von administrativen Aufgaben entlasteten.[49]

Allerdings zeigten diese Reformen bislang nur geringe oder gar keine Wirkungen. Nach wie vor bleiben die informellen Gespräche zwischen den Parteiführern die wichtigsten Runden, in denen politische Richtungsentscheidungen getroffen werden. Institutionelle Anreize für Kabinettsdisziplin oder effiziente Entscheidungsprozesse fehlen weiterhin.

So bleibt die Stärkung der Regierung auch ein Dauerthema bei der mittlerweile über zwanzig Jahre andauernden Diskussion um eine breit angelegte Verfassungsreform. Mehrere Strategien und Maßnahmen wurden diskutiert, z.B. die Einführung des konstruktiven Misstrauensvotums zur Stabilisierung der Regie-

---

[48]   Eine Übersicht über die zahlreichen Gesetze und Dekrete zur Regierungsorganisation findet sich auf http://www.governo.it/Presidenza/normativa/index.html (Stand: 06.05.2005).
[49]   Vgl. Barbieri 2003.

rungen oder die Möglichkeit, Minister durch den Regierungschef zu entlassen. Dabei orientierte man sich meist am Beispiel Deutschlands oder Großbritanniens. Der vorletzte größere Reformentwurf sah sogar die Übernahme des semipräsidentiellen Regierungssystems nach französischem Vorbild mit direkt gewähltem Staatspräsidenten und dem Parlament verantwortlicher Regierung vor. Doch alle Reformversuche scheiterten bisher.[50]

Die Mitte-Rechts-Koalition diskutierte seit 2001 über einen erneuten Anlauf und brachte sogar einen Reformentwurf bis zur Verabschiedung im Parlament. Unter anderem sollte der Regierungschef quasi direkt gewählt werden, Minister entlassen und das Parlament auflösen können. Zudem sollte die Regierung nur noch vom Vertrauen der Abgeordnetenkammer abhängen und diese im Falle eines Misstrauensvotums ebenfalls aufgelöst werden. Die Zielrichtung dieser Vorschläge war wohlbekannt: Stabilisierung der Regierung und Stärkung des Regierungschefs. Allerdings scheiterte das Projekt im Juni 2006 bei einer Volksabstimmung.

7.4 Verwaltung

Auch die Verwaltung ist eine wichtige Instanz des Regierens. Sollen doch hier Gesetze und Regierungsbeschlüsse konkret umgesetzt werden und dadurch ihre Wirksamkeit entfalten. Allerdings setzen sich im italienischen Fall hier die Probleme effizienten Regierens fort, wenn auch in anderer Form, so dass die italienische Verwaltung[51] weniger als Aktivposten denn vielmehr als Hemmschuh angesehen werden muss. Geradezu automatisch werden mit der italienischen Verwaltung – trotz Ausnahmen leider größtenteils zu Recht – Langsamkeit, umständliche und übertriebene Bürokratie sowie mangelnde Funktionserfüllung, kurz: Ineffizienz assoziiert.[52]

7.4.1 Struktur- und Effizienzprobleme

Gemäß des im Zuge des Einigungsprozesses übernommenen piemontesischen Staatsmodells sind (trotz aller inzwischen erfolgter Regionalisierungsschritte) Staats- und Veraltungsorganisation hochgradig zentralistisch geprägt. So werden Entscheidungen oft mit sehr großem räumlichem Abstand von den Betroffenen

---

50   Vgl. Köppl 2003.
51   Vgl. zur italienischen Verwaltung allgemein und zum Folgenden Hine 1993, S. 225-256 und Ginsborg 2001, S. 215-224.
52   Vgl. für eine illustrative, wenn auch ältere Schilderung der Problemlage Wieser / Spotts 1983, S. 183-203.

getroffen und setzen meist lange Kommunikationsprozesse mit den zentralen Behörden und Ministerien voraus. Hinzu kommt eine starke formalistisch-legalistische Tradition, die großen Wert auf die strikte Einhaltung der Buchstaben des Gesetzes legt und oft mangelnde Realitätsnähe zur Folge hat. Durch Tradition erhalten hat sich auch das obrigkeitsstaatliche Selbstbild des Beamten (*funzionario*), der sich selbst als Vertreter des Staates und den Bürger als Bittsteller und potentiellen Störfaktor sieht.

Diesem legalistischen Modell entspricht, dass die Handlungen der öffentlichen Administration de jure minutiös durch das detaillierte Verwaltungsrecht reguliert werden, das den Bürger eigentlich vor bürokratischer Willkür schützen soll. De facto führte diese Überregulierung jedoch dazu, dass die Verwaltung ihre Aufgaben nur extrem langsam und mit großem Aufwand bzw. mit großer Umständlichkeit erfüllen kann. Der Ermessensspielraum im Sinne einer effektiven Problemlösung wird dadurch einerseits eingeschränkt. Andererseits geben die oft widersprüchlichen Vorschriften dem einzelnen Beamten beträchtlichen Spielraum in dem Sinne, dass er entscheidet, welche Regeln angewendet oder nicht angewendet werden; so kann er Verwaltungsprozesse erheblich verzögern oder beschleunigen, was wiederum der Versuchung Vorschub leistet, den Beamten durch Bestechung günstig zu stimmen (vgl. Kapitel Korruption und Kriminalität). Mark Donovan spricht von "institutional incentives to illegality, self-interested action and the helping of others on improper, friendship and clan bases".[53]

Schließlich kam lange Zeit insbesondere auf unteren Ebenen das Problem des Absentismus (*assenteismo*) hinzu: Zahlreiche Beamte hatten Zweitjobs und vernachlässigten ihre eigentlichen Aufgaben.

Bereits auf der obersten Ebene sind viele Probleme durch Fragmentierung, unklare Kompetenzzuordnung und Eifersüchteleien angelegt. Durch die Vielzahl von Ministerien sind für die meisten Gegenstandsbereiche mehrere Häuser zuständig. So ist für das Thema Industrie nicht nur das entsprechende Ministerium für Produktion (Industrie) zuständig, sondern auch die Ressorts Wirtschaft und Finanzen, Infrastruktur und Transport, Innovation und Technologie sowie natürlich der Minister für die Umsetzung des Regierungsprogramms. Allerdings ist dies eine Beschreibung des schon verbesserten Zustandes. Bis zur Reduzierung der Ministerien im Jahre 1999 kamen noch die Ressorts für Staatsbeteiligungen, Außenhandel, Tourismus, Entwicklung des Südens und weitere hinzu. Wie bereits ausgeführt, gab es für solche Fälle weder effiziente Koordinationsmechanismen noch eine Instanz, die eventuelle Konflikte hierarchisch hätte entscheiden können (wie z.B. in Deutschland Bundeskanzler und Bundeskanzleramt). Dies setzt sich auf unteren Ebenen fort. Die nicht zuletzt aus Patronagegründen

---

[53]   Donovan 2003b, S. 27.

jahrzehntelang vorangetriebene Differenzierung des Verwaltungsapparates führte zu einem System, in dem weit mehr Zeit für Koordinationsgespräche zwischen den vielen zuständigen Stellen als für die eigentliche Problemlösung bzw. Aufgabenerfüllung aufgewendet wird.[54] Da die Ministerien und nachgeordneten Behörden durch die *lottizzazione* hoch politisiert sind, kommen oft noch politische Auseinandersetzungen auch auf eigentlich unpolitischen Verwaltungsebenen hinzu.

Allerdings gibt es auch Bereiche, die autonom von den Ministerien verwaltet werden und den genannten Zentralismus- und Kompetenzproblemen weniger unterliegen. Dies betrifft z.B. den in weiten Zügen regional und auch lokal organisierten Nationalen Gesundheitsdienst (*Servizio Sanitario Nazionale*, SSN) und die von der Regierung völlig autonome Selbstverwaltung des Richterstandes (vgl. Kapitel Justiz). Hervorzuheben ist hier auch die italienische Notenbank (*Banca d'Italia*), die über vergleichsweise weite Kompetenzen verfügt und sich als selbständiger Akteur in der Finanzpolitik etabliert hat, inzwischen aber in das System der europäischen Zentralbanken eingegliedert ist.[55]

Für die sprichwörtliche Ineffizienz der italienischen Verwaltung können im Wesentlichen sechs Gründe angeführt werden:[56]

- Erstens die legalistische Kultur, die mehr Augenmerk auf die strikte Einhaltung des Buchstabens des Gesetzes richtet als auf die Aufgabenerfüllung bzw. Bereitstellung der nachgefragten Dienstleistungen. Aufgrund der mannigfach vorhandenen Gesetze und Verordnungen führt diese Kultur zwangsläufig zu Komplikationen und Verzögerungen. Für den einzelnen Verwaltungsbeamten ergibt sich damit ein starres Korsett, das Eigeninitiative oder unkonventionelle Lösungen unmöglich oder sehr risikoreich macht. So konnte sich auch keine Dienstleistungs- oder Kundenorientierung entwickeln, da der Fokus des Systems weniger nach außen als nach innen, d.h. auf die Einhaltung der eigenen Regeln gerichtet ist.
- Zweitens die starke zentralistische Tradition, die mit der Frankreichs vergleichbar ist. Dies bedeutet eine Konzentration von Macht und Entscheidungskompetenz in den zentralen Ministerien in Rom. Im Umkehrschluss verblieben den unteren Ebenen nur geringe autonome Handlungsspielräume. Bis in die späten 1980er Jahre hinein konnten sich nicht einmal Museen selbst verwalten, sondern wurden aus dem zuständigen Ministerium geleitet.
- Hinzu kommt das Misstrauen, das Staat und Volk gegeneinander hegen. Die Wurzeln des tiefen Misstrauens der Bevölkerung gegenüber dem Staat und

---

54   Vgl. Hine 1993.
55   Vgl. Hine 1993, 245-255.
56   Vgl. Ginsborg 2001, S. 217-219.

seinen Institutionen können bis zur Gründung des Nationalstaates zurück-
verfolgt werden (vgl. Kapitel zur Geschichte und Politische Kultur). Auf der
anderen Seite zeigte der Staat kaum Vertrauen in seine Bürger; so mussten
Unterschriften in vielen Fällen notariell beglaubigt und Bewerbungen für
den öffentlichen Dienst mit zahlreichen Zertifikaten versehen werden. Dieses beiderseitige Misstrauen schlug sich sowohl in Verwaltungsregeln als
auch im Verhalten der Bürger nieder.

- Viertens ist festzustellen, dass das Personal des öffentlichen Dienstes oft
  wenig sinnvoll verteilt ist, weder geographisch noch zwischen den Aufgabenbereichen. Während an vielen Stellen ein bürokratischer Wasserkopf mit
  zahlreichen Beschäftigten existiert, fehlt anderswo dringend benötigtes Personal. Als Beispiel kann die Agrarverwaltung genannt werden, die trotz ge-
  sunkener Bedeutung des zu verwaltenden Sektors und Abwanderung von
  Kompetenzen nach Brüssel kaum Personalabbau zu verzeichnen hat. Auf
  der anderen Seite wurde der wachsenden Bedeutung des Umweltschutzes
  kaum durch entsprechenden Personalzuwachs Rechnung getragen. Aufgrund politischer Patronage sind insbesondere die oberen Ebenen der Hie-
  rarchie stark aufgebläht.[57]

- Außerdem kam es nie zum Aufbau einer administrativen Elite mit entspre-
  chendem Selbstverständnis wie Unparteilichkeit, Gemeinwohlorientierung,
  Expertise oder Dienstleistungsorientierung. Stattdessen fungierte der öffentliche Dienst als Stellenreservoir für klientelistische Patronage. Trotz zahlreicher Regularien über den Zugang war die Personalrekrutierung durch-
  setzt von persönlicher Bevorzugung von Verwandten, Freunden oder parteipolitischer Klientel. So gerieten Sachkompetenz und Professionalität als
  Kriterien für Einstellung immer mehr in den Hintergrund und die Verwaltung wurde weniger als Institution gesehen, die Aufgaben zu erfüllen hat,
  sondern vielmehr als großer Kuchen, von dem es sich ein Stück abzu-
  schneiden gilt.

- Last but not least ist zu erwähnen, dass Kontrollmechanismen fehlten oder
  wirkungslos blieben. Sowohl Dienstaufsicht wie Verwaltungsgerichtsbarkeit kämpften mit denselben Problemen wie ihr zu kontrollierendes Objekt
  selbst. Gewichtiger allerdings ist die fehlende Kontrolle auf der politischen
  Ebene anzusetzen: Zu lange waren Regierungswechsel ausgeschlossen und
  dadurch kein Anreiz zu effektiver Problemlösung gegeben. Erst nachdem
  nicht zuletzt die massive Unzufriedenheit der Italiener die politische Konstellation in Bewegung gebracht hatte, wurden ernsthafte Verwaltungsreformen in Angriff genommen.

---

[57] Vgl. zur Patronage in der Verwaltung auch Golden 2003.

7.4.2 Reformansätze

Ebenso lang anhaltend wie die bürokratische Ineffizienz mit ihren Gründen sind die Versuche, sie durch Reformen zu bekämpfen. Allerdings wurden nur wenige Vorschläge auch Gesetz und selbst dieses nur zögerlich. Ein großer Teil der Gesetzgebung zur Verwaltung betraf zudem lediglich Laufbahn- und Versorgungsfragen der Beamten.[58]

Ein erster Höhepunkt der Reformbemühungen gelang 1990, als zwei weit gehende Gesetze verabschiedet wurden. Das erste (Gesetz Nr. 142 vom 08.06.1990) betraf die Reorganisation der lokalen Verwaltung und übertrug dieser neue Rechte. Außerdem wurde eine genaue Aufgabenverteilung zwischen lokalen Politikern und Verwaltungsbeamten festgeschrieben: Erstere sollten sich auf Kontrolle und strategische Planung beschränken, letztere die Verantwortung für die Ausführung übernehmen. Das zweite Gesetz (Nr. 241 vom 07.08.1990) regelte administrative Vorgänge und den Zugang zu öffentlichen Dokumenten. Danach wurden die staatlichen Behörden dazu verpflichtet, die Öffentlichkeit über die voraussichtliche Dauer eines Vorgangs zu unterrichten, einen einzelnen dafür verantwortlichen Beamten zu nennen und öffentlichen Zugang zu den entsprechenden Dokumenten zu gewähren. Allerdings scheiterte insbesondere das zweite Gesetz am Widerstand der Bürokratie: Zum einen wurde es nur vereinzelt umgesetzt und zum anderen setzten die Behörden die Dauer für Verwaltungsvorgänge äußerst hoch an. So wurden die Ziele dieser Reform nicht erreicht.

Seit 1993 ist das Thema der Verwaltungsreform nicht mehr von der politischen Agenda verschwunden. Zentrale Ideen sind Verschlankung des Apparates, mehr Effizienz für weniger Geld und vor allem eine Dezentralisierung der Entscheidungskompetenzen. Eine große Reformbaustelle ist auch das Personalwesen; hier wurden Neuerungen bezüglich Entlohnung, Tarifverhandlungen und eine Reform des Status der öffentlich Bediensteten eingeführt.

Einen wichtigen Reformschritt unternahm Ende der 1990er Jahre die Mitte-Links-Regierung mit den nach dem zuständigen Minister so genannten Bassanini-Gesetzen der Jahre 1997-1999.[59] Ein Kernpunkt sind Regelungen mit der Zielsetzung, Schneisen in den Gesetzesdschungel zu schlagen: Statt der exzessiven Verabschiedung von Gesetzen soll möglichst viel durch sekundäres Recht, also Verordnungen geregelt werden. Die zweite Stoßrichtung ist die Verlagerung von Verwaltungsfunktionen auf die lokale Ebene. Dies betraf weite Bereiche wie Gesundheit, Erziehung, Stadtplanung, Umweltschutz und das kulturelle Erbe. Schließlich wurde die Regierung ermächtigt, geeignete Schritte zur Verwal-

---

[58]   Einen guten Überblick über die Reformszenerie mit ihren Fehlschlägen gibt Capano 1992.
[59]   Konkret die Gesetze Nr. 59/1997, 127/1997, 191/1998, 50/1999 und 340/2000.

tungsvereinfachung zu unternehmen und diesbezüglich Verordnungen mit Gesetzeskraft zu erlassen. Wichtig in diesem Zusammenhang ist auch die Verfassungsreform von 2001, die einen weiteren Schritt zur Föderalisierung darstellte (vgl. Kapitel Regionen, Provinzen und Kommunen).

Allerdings gestaltete sich die Umsetzung dieser Reformen schwierig und nahm viel Zeit in Anspruch. Auch die Mitte-Rechts-Regierung seit 2001 war mit diesem Thema weiterhin beschäftigt. Zum gegenwärtigen Zeitpunkt ist schwer zu sagen, ob der Durchbruch zu einer effizienteren Verwaltung geschafft ist.[60]

7.4.3 Staatswirtschaft

Ein weiterer Punkt, der hier leider nicht vertieft behandelt werden kann, sind die zahlreichen staatlichen Beteiligungen an Unternehmen. Der Sektor staatlicher Betriebe und die Rolle des Staates in der Wirtschaft waren in Italien lange Zeit einzigartig unter vergleichbaren westlichen Industriestaaten. Der große Einfluss des Staates auf das Wirtschaftsgeschehen reicht bis in die Anfänge des 20. Jahrhunderts zurück und wurde unter dem Faschismus noch mehr ausgeweitet. Später stellten die vielen Unternehmen unter staatlicher Kontrolle ein beträchtliches Einfluss- und Patronagepotential dar, auf das Politiker und Parteien nicht verzichteten. So kam es neben allen politischen Institutionen und Posten zu einem weit verzweigten Parallelsystem in der Staatswirtschaft, das eine Art Nebenregierung (oder italienisch *sottogoverno* für „Unterregierung") darstellte. Größter Bestandteil dieses staatlichen Sektors war das *Istituto per la Ricostruzione Industriale* (Institut für industriellen Wiederaufbau, IRI), das in Krisenzeiten Betriebe in Schwierigkeiten aufkaufte und so zwar Arbeitsplätze sicherte, aber auch Risiko und Schulden dem Staatshaushalt aufbürdete. So wurde das IRI zum größten Staatskonzern der Welt, in dem sich die verschiedensten Branchen versammelten. Wichtigste Beteiligungen besaß das IRI z.B. an der Fluglinie ALITALIA, dem staatlichen Rundfunk RAI, Alfa Romeo und mehreren wichtigen Banken. Als weiteres Beispiel kann die *Ente Nazionale Idrocarburi* (Staatsunternehmen für Brennstoffe, ENI) angeführt werden, die über AGIP hinaus weite Teile der Erdöl- und petrochemischen Industrie Italiens kontrollierte.

Da wirtschaftlicher Erfolg bei den Staatsbetrieben nicht an erster Stelle stand, verwundert es nicht, dass sie im Laufe der Zeit gigantische Schulden anhäuften und der Ruf nach Privatisierung immer lauter wurde. Auch die europäische Integration übte einen Druck in diese Richtung aus und die hohe Staatsverschuldung verlangte nach Einnahmen. 1992 wurden IRI und ENI in Aktienge-

---

[60]   Vgl. Drüke 2000, S. 227- 232 und Della Cananea 2002.

sellschaften umgewandelt und größtenteils privatisiert, wie im Laufe der 1990er Jahre auch viele andere Staatsbetriebe und -beteiligungen.[61]

---

[61] Vgl. als Überblick die Stichworte *Privatizzazione* und *PS/Partecipazioni Statali* in Brütting 1997 sowie Locke 1995 und Zamagni 2000.

8   Regionen, Provinzen und Kommunen

Ein wichtiger Aspekt eines jeden politischen Systems sind die Ebenen unterhalb der nationalen. Diesen wird zwar meist bei den klassischen föderalen Staaten wie den USA, Kanada, der Schweiz oder Deutschland die gebührende Aufmerksamkeit geschenkt, doch in anderen Fällen werden sie oft stiefmütterlich behandelt. In Italien ist dieses Feld besonders interessant, da hier einige Dynamik festzustellen ist.

In der Verfassung von 1948[1] wird Italien als Einheitsstaat beschrieben (Art. 5: „eine Einheit und unteilbar"); gleichzeitig schreibt aber Titel V (Art. 114-133) die subnationalen Gebietskörperschaften fest: Regionen, Provinzen und Kommunen.[2] Italien besteht somit aus 20 Regionen, 103 Provinzen und 8104 Kommunen (vgl. Tabelle 8.1). Insbesondere die Kompetenzverteilung und die Beziehungen zwischen nationaler Ebene und den Regionen sind spätestens seit den 1990er Jahren ein zentraler Gegenstand der italienischen Politik, weshalb bei den folgenden Ausführungen darauf der Schwerpunkt zu setzen sein wird.

Die Bedeutung der subnationalen Ebenen in Italien wird vor dem Hintergrund deutlich, dass der Nationalstaat für die Italiener nur ein schwacher Bezugspunkt für ihre Identifikation darstellt, ganz im Unterschied zur lokalen Umgebung (vgl. Kapitel Politische Kultur). Während Provinzen und Gemeinden meist über Jahrhunderte gewachsen sind, entstanden viele Regionen erst mit ihrer Installation 1970. Doch konnten sie sich in dieser relativ kurzen Zeit als

---

[1]   Vgl. zur historischen Entwicklung Grasse 2000 sowie als Überblick zum Folgenden Grasse 2004.

[2]   Hinzu kommen die *Comunità montane* („Bergkommunen") und die *Città metropolitane* („Großstadtbezirke"), die hier nicht weiter behandelt werden können. Die *Comunità montane* wurden 1971 durch ein einfaches Gesetz eingerichtet, um auf die besonderen Strukturprobleme von Bergregionen zu reagieren (Gesetz Nr. 1102 vom 03.12.1971). Sie können aus Kommunen unterschiedlicher Provinzen gebildet werden und haben eigene Legislativ- und Exekutivorgane sowie Befugnisse u.a. im Bereich Transport und Infrastruktur. Vgl. http://www.uncem.it (Stand: 26.03.2006). Die *Città metropolitane* basieren auf einem Gesetz aus dem Jahre 1990 (Gesetz Nr. 142 vom 08.06.1990) und sollen die Steuerung großstädtischer Ballungsräume verbessern, sind aber noch in Planung. Durch die Verfassungsreform von 2001 wurden sie jedoch in die Neufassung des Art. 114 als konstitutive Bestandteile der Republik aufgenommen. Vgl. Grasse 2005, S. 74 sowie die Abbildungen auf den Seiten 78f.

feste Größen im Bewusstsein der Bürger etablieren und sogar Ausgangspunkt für eine beträchtliche Reformdynamik werden.[3]

Tabelle 8.1: Die italienischen Regionen und autonomen Provinzen

Regionen (italienischer Name)	Hauptort	Statut	Bevölkerung (in Mio)	Gemeinden
Piemont (*Piemonte*)	Turin	Normalstatut	4,27	1209
Aostatal (*Val d'Aosta*)	Aosta	Sonderstatut	0,12	74
Lombardei (*Lombardia*)	Mailand	Normalstatut	9,25	1546
Trient-Südtirol (*Trento-Alto Adige*)	Bozen	Sonderstatut	9,62	339
Bozen	Bozen	autonome Provinz	0,47	116
Trient (*Trento*)	Trient	autonome Provinz	0,49	223
Venetien (*Veneto*)	Venedig	Normalstatut	4,62	580
Friaul-Julisch Venetien (*Friuli-Giulia Venezia*)	Pordenone	Sonderstatut	1,20	219
Ligurien (*Liguria*)	Genua	Normalstatut	1,58	235
Emilia Romagna (*Emilia Romagna*)	Bologna	Normalstatut	4,08	341
Toscana (*Toscana*)	Florenz	Normalstatut	3,57	287
Umbrien (*Umbria*)	Perugia	Normalstatut	0,85	92
Marken (*Marche*)	Ancona	Normalstatut	1,50	246
Latium (*Lazio*)	Rom	Normalstatut	5,20	377
Abruzzen (*Abruzzi*)	Ascoli	Normalstatut	1,29	305
Molise (*Molise*)	Pescara	Normalstatut	0,32	136
Kampanien (*Campania*)	Neapel	Normalstatut	5,76	551
Apulien (*Puglia*)	Bari	Normalstatut	4,04	258
Basilikata (*Basilicata*)	Matera	Normalstatut	0,60	131
Kalabrien (*Calabria*)	Catanzaro	Normalstatut	2,01	409
Sizilien (*Sicilia*)	Catania	Sonderstatut	5,00	390
Sardinien (*Sardegna*)	Cagliari	Sonderstatut	1,64	377
Italien gesamt			57,89	8102

Quelle: Drüke 2000, S. 219; aktualisiert und ergänzt nach ISTAT 2004.

---

[3]   Vgl. Grasse 2005, S. 119-139.

Die italienischen Regionen

☐ Regionen mit Normalstatut
▨ Regionen mit Sonderstatut

Quelle: Grasse 2005, S. 75

8.1 Regionen

8.1.1 Zentralstaat mit schwachen Regionen

Die Regionen wurden wie Verfassungsgerichtshof und Referendum auch als Instrumente der Gewaltenteilung trotz Verfassungsauftrag erst verspätet eingeführt. Den schon bestehenden Regionen mit Sonderstatut wurden erst im Jahre 1970 die restlichen 15 Regionen mit Normalstatut hinzugefügt. Die Verzögerung ist in erster Linie dadurch zu erklären, dass die DC-geführten Zentralregierungen kein Interesse an einer Beschneidung ihres Einflusses hatten und das überkommene zentralistische Denken noch vorherrschte. Eine zweite Zäsur in der Entwicklung des italienischen Regionalstaates war die Verfassungsreform des Jahres 2001, die wiederum als eine Etappe in einem längeren und noch andauernden Reformprozess zu sehen ist. Dieser Abschnitt muss folglich zunächst die Entwicklung der Regionen von 1970 bis zum Einsetzen der Reformdynamik in den 1990er Jahren behandeln und dann über die schrittweisen Veränderungen bis zur aktuellen Diskussion vorstoßen.

Anders als in klassischen föderalen Systemen wie den USA oder Deutschland haben die italienischen Regionen nicht selbst Staatscharakter und keine eigenen Verfassungen im strengen Sinne, weshalb hier auch der Begriff „Gliedstaaten" zu vermeiden ist. Kompetenzen und innere Angelegenheiten werden durch so genannte Statute geregelt, wobei zwischen Regionen mit Normalstatut (*Regioni di diritto comune*) und Regionen mit Sonderstatut (*Regioni a statuto speciale*) zu unterscheiden ist. Die fünf Regionen mit Sonderstatut wurden aufgrund besonderer Gegebenheiten (v.a. ethnisch-sprachliche Minderheiten) zwischen 1944 und 1948 eingerichtet und genießen eine spezielle Autonomie, die auch in der Verfassung verankert ist (Art. 116). Es sind die Regionen Aostatal, Trentino-Südtirol,[4] Friaul-Julisch Venetien, Sizilien und Sardinien.

Alle Regionen verfügen über ein eigenes Parlament, den Regionalrat (*Consiglio regionale*), der auf fünf Jahre gewählt wird. Aus seiner Mitte wird wiederum der Regionalausschuss (*Giunta regionale*) gewählt, der exekutive Aufgaben hat. An der Spitze dieser „Regionalregierung" steht der Präsident der Region (*Presidente della Regione*), der seit der Wahlrechtsreform 1993 direkt vom Volk gewählt wird.

Bereits die Verfassung von 1948 zählte die Bereiche auf, in denen den Regionen mit Normalstatut Gesetzgebungs- und Verwaltungskompetenzen zukommen (Art. 117, alte Fassung), darunter:

---

[4]   Die Autonomie für Südtirol bezieht sich streng genommen nicht auf die Region, sondern auf die beiden autonomen Provinzen Trient und Bozen, die durch ihre weitgehenden Rechte den Regionen quasi gleichgestellt sind.

- regionale Verwaltungsordung bzw. -struktur,
- lokale Polizei,
- öffentliche Wohlfahrt, Gesundheitsversorgung und Krankenhauswesen,
- berufliche Bildung und Schulfürsorge,
- Städtebau, Raumordnung und Regionalentwicklung,
- Tourismus und Hotelgewerbe,
- Transport und Verkehrswege,
- Land- und Forstwirtschaft.[5]

Hinzu kommen gewisse Möglichkeiten, in den Außenbeziehungen tätig zu werden, z.b. durch transnationale Kooperationen oder Interessenvertretung auf europäischer Ebene.[6] Zusätzlich konnte Rom den Regionen weitere Legislativ- und Ausführungskompetenzen übertragen, wovon auch Gebrauch gemacht wurde. So gewannen die Regionen im Laufe der Zeit immer mehr Befugnisse hinzu, z.b. in den Bereichen Soziales und Umwelt. Allerdings handelte es sich dabei bis zur Verfassungsreform 2001 (s.u.) lediglich um konkurrierende Gesetzgebung in den Grenzen nationaler Rahmengesetze. Die Regionen mit Sonderstatut verfügen im Unterschied dazu über ausschließliche Gesetzgebungskompetenzen und weitere zusätzliche Tätigkeitsfelder, z.b. Kultur, Wirtschaft und Hochschulen sowie eine weitgehende Finanzhoheit. Da die einzelnen Autonomiestatute jeweils auf die ganz spezielle Situation und Geschichte der jeweiligen Region angepasst sind, ergeben sich hier z.T. erhebliche Unterschiede.

Beträchtlich eingeschränkt wurde der Handlungsspielraum der Regionen (auch derjenigen mit Sonderstatut) allerdings dadurch, dass die Regionalgesetze einer zentralstaatlichen Kontrolle unterlagen im Hinblick auf ihre Vereinbarkeit mit

- der Zuständigkeitsverteilung,
- den Prinzipien der Verfassung,
- staatlichen Grundsatznormen,
- nationalen Interessen und
- Interessen anderer Regionen.

Diese präventive Kontrolle, die bis 2001 durch einen in Rom ernannten Regierungskommissar (*Commisario di Governo*) ausgeübt wurde, führte zu einigen Streitfällen zwischen den Ebenen, von denen nicht wenige vor dem Verfassungsgerichtshof landeten (vgl. den entsprechenden Abschnitt im Kapitel Jus-

---

[5]   Grasse 2005, S. 80; dort auch die vollständige Liste.
[6]   Vgl. hierzu ausführlich Grasse 2005, S. 89-119.

tiz).[7] Um es nicht auf diese letzte Instanz und jahrelange Verfahren ankommen zu lassen, zogen die Akteure meist Verhandlungen im Vorfeld der regionalen Gesetzgebung vor.

Die Stellung der Regionen wurde darüber hinaus noch durch zahlreiche weitere Faktoren geschwächt: Ihre Verwaltungstätigkeiten wurden der Kontrolle seitens des Zentralstaats durch eine Koordinierungs- und Richtlinienkompetenz unterworfen und Rom machte ausgiebig von der Möglichkeit Gebrauch, Kompetenzen der Regionen den Provinzen und Kommunen zu übertragen. Auch legte der Verfassungsgerichtshof lange eine Rechtsprechung an den Tag, die die nationale Ebene begünstigte. Hinzu kam eine Finanzordnung, die die Regionen mit Normalstatut fast ausschließlich von Zuweisungen aus Rom abhängig machte, die beispielsweise im Jahre 1994 87% ihrer Einnahmen ausmachten.[8]

Den umfangreichen Einflussmöglichkeiten des Zentralstaats standen kaum Mitwirkungsrechte der Regionen an der nationalen Politik gegenüber. Hier sind lediglich Initiativrechte bei Gesetzgebung und Referenden sowie gewisse Beratungs- und Anhörungsrechte zu nennen. Da der Senat nur eine regional angemessene Repräsentation mit Senatoren, aber keine Vertretung der Regionen als Institutionen kennt, stellt dieser keine echte Regionalkammer dar. Alexander Grasse fasst dies so zusammen: „In der Folge all dessen gerieten die italienischen Regionen mit Normalstatut schließlich primär zu administrativen Funktionsträgern und erst sekundär zu eigenverantwortlichen Legislativorganen und politischen Akteuren."[9] Auch ist anzuführen, dass die meisten Regionen aus den geringen, aber doch vorhandenen Gestaltungsmöglichkeiten recht wenig gemacht haben und nicht zuletzt wegen schweren Mängeln in der Administration den Bürgern gegenüber kaum ihre Existenzberechtigung zeigten.[10]

8.1.2 Reformen in Richtung Föderalismus

Für die in den 1990er Jahren einsetzenden Reformbemühungen in Richtung Föderalismus[11] – in der italienischen Diskussion auch als Devolution[12] bezeichnet – können mehrere Gründe angeführt werden: Die massiven Probleme der

---

[7]   Ein weiterer Streitgegenstand war hier auch oft die Kompetenzüberschreitung der nationalen Ebene, gegen die die Regionen klagten.
[8]   Zahl bei Grasse 2005, S. 87f.
[9]   Grasse 2005, S. 84.
[10]   Vgl. Grasse 2005, S. 321-340.
[11]   Vgl. zum Folgenden als ausgezeichneten Überblick Grasse 2005, S. 357-378.
[12]   Der Begriff wird auch in Großbritannien für die Einrichtung von Regionalparlamenten und schrittweise Kompetenzübertragung von der Zentralregierung in London auf die Regionen Schottland, Wales und Nordirland verwendet, wenngleich es sich hierbei um völlig unterschiedliche Prozesse handelt.

italienischen Verwaltung (vgl. Kapitel Regierung) ließen den Gedanken aufkommen, durch eine Übertragung von Aufgaben auf untere Ebenen könne mehr Effizienz und Bürgernähe erreicht werden. Hinzu kam das Drängen einiger Regionen nach mehr Kompetenzen. Schließlich verlieh das Entstehen regionalpopulistischer Bewegungen und Parteien im Norden (z.B. LN; vgl. Kapitel Parteien und Parteiensystem) dem Thema Regionalisierung eine beträchtliche Aufmerksamkeit. Wenn auch die Maximalforderungen der LN nach einer Dreiteilung Italiens mit einem autonomen „Padanien" (Norditalien) inzwischen Geschichte sind, sorgte dieser Faktor doch dafür, dass das Thema beständig auf der politischen Agenda blieb und aus der allgemeinen Reformdiskussion seit Ende der 1980er Jahre nicht wegzudenken ist.[13]

Allerdings waren die Rahmenbedingungen für zielgerichtete Reformen aufgrund der Turbulenzen zwischen 1992 und 1996 zunächst denkbar ungünstig. In dieser Periode kam es lediglich im Zuge der generellen Wahlrechtsdiskussion 1995 zu einer Reform des Wahlrechts der Regionen, nachdem das der Provinzen und Kommunen bereits zwei Jahre zuvor reformiert worden war. Zuvor galt seit Gründung der Republik auf allen Ebenen das Verhältniswahlrecht, was dazu führte, dass sich die Parteienzersplitterung und Regierungsinstabilität der nationalen Ebene auch in den Regionen widerspiegelte. Nach 1995 konnten die Bürger neben den Listen nach Proporzsystem auch eine Stimme für die Direktwahl des Regionalpräsidenten abgeben; die Liste des siegreichen Direktkandidaten erhielt danach im Regionalrat einen Mehrheitsbonus von max. 20% der Sitze, um die Regierungsfähigkeit zu gewährleisten. In einer zweiten Reformstufe wurde 1999 (Neufassung des Art. 122)[14] die Direktwahl des Regionalpräsidenten als Normalfall festgeschrieben, gleichzeitig aber die Wahlmodalitäten generell in die Regelungskompetenzen der Regionen übertragen. So wurden in allen Regionen Mehrheitssysteme installiert, die erstmals bei den Regionalwahlen im April 2000 zur Anwendung kamen.

Nach dem Wahlsieg des *Ulivo* gingen die Mitte-Links-Regierungen systematischer an eine Dezentralisierung des Landes. Im Rahmen einer Verwaltungsreform sollten mit den nach dem zuständigen Minister benannten „Bassanini-Gesetzen" ab 1997 die Grundsätze der Einfachheit, Effizienz und Subsidiarität verwirklicht und damit auch das Verhältnis zwischen den Ebenen neu geordnet werden.[15] Umfangreiche Regelungs- und Verwaltungsaufgaben samt entsprechender Ressourcen wurden auf die Regionen übertragen, z.B. in den Bereichen Gesundheit, Wirtschaft, Tourismus, Transport und Verkehr, wobei es allerdings

---

[13]   Vgl. Köppl 2003.
[14]   Verfassungsgesetz Nr. 1 vom 22.11.1999.
[15]   Vgl. zu den Bassanini-Gesetzen Gilbert 2000.

bei der Umsetzung der Reformen bzw. Weitergabe der Aufgaben an Provinzen und Gemeinden zu erheblichen Schwierigkeiten und Verzögerungen kam. Unmittelbar damit verbunden war eine Neuordnung der Finanzverfassung in den Jahren 1999 und 2000. Die staatlichen, größtenteils zweckgebundenen Transferleistungen, von denen die Regionen abhängig waren, wurden durch eine prozentuale Beteiligung (25,7%) der Regionen am Mehrwertsteueraufkommen sowie ein horizontales Finanzausgleichssystem ersetzt, das zur Bekämpfung der enormen Entwicklungsunterschiede beitragen soll. Diese Reformschritte brachten den Regionen einen beträchtlichen Zugewinn an finanzieller Autonomie, der allerdings gleich nach Regierungsübernahme der Mitte-Rechts-Koalition im Jahre 2001 durch eine rigide Sparpolitik auf Kosten der unteren Ebenen wieder eingeschränkt wurde.

Nachdem der letzte Versuch einer durchgreifenden Verfassungsreform im lagerübergreifenden Konsens gescheitert war, wurden Reformschritte auch punktuell in der Verfassung vorgenommen. Im Jahr 1999 wurden die Artikel 121, 122, 123 und 126 des Titels V geändert, die neben der schon erwähnten Reform des Wahlrechts auch die innere Ordnung der Regionen betreffen: Die Aufgabenverteilung zwischen Regionalrat, Regionalregierung und Präsident der Region wurde klarer gefasst und die Exekutive wesentlich gestärkt. Der Präsident hat nun eine Art Richtlinienkompetenz und eine deutlich stärkere Stellung, da ein erfolgreicher Misstrauensantrag, sein freiwilliger Rücktritt oder auch der Rücktritt der Mehrzahl der Mitglieder des Regionalausschusses automatisch die Auflösung des Regionalrates nach sich ziehen – eine Regelung, die die Stabilität und Durchsetzungsfähigkeit der Regierungen erheblich erhöht.

Schließlich verabschiedete die Mitte-Links-Koalition im März 2001 ein Verfassungsgesetz, das den bislang größten Schritt in Richtung Föderalismus darstellt. Obwohl es wesentlich auf den allseits begrüßten Vorschlägen der vorangegangenen Verfassungsreformkommission[16] beruhte, wurde es von der Opposition heftig als unzureichend kritisiert. Die Bestätigung der Reform durch das Wahlvolk in einer Volksabstimmung fiel jedoch mit 64,2% Befürwortern[17] deutlich aus, so dass die Änderungen am 09.11.2001 – bereits unter der Regierung der Mitte-Rechts-Koalition – in Kraft traten.[18] Die Reform beinhaltet eine völlige Novellierung des Titels V der Verfassung, der sich mit Regionen, Provinzen und Gemeinden befasst.[19] Diese werden zunächst in ihrem Status aufgewertet, da sie nach der neuen Formulierung nicht mehr bloße territoriale Untereinheiten, sondern konstitutive Bestandteile der Republik sind (Art. 114). Außerdem wird nun

---

[16]   Vgl. Köppl 2003.
[17]   Da bei Referenden über Verfassungsänderungen kein Quorum gilt, genügten ca. 34% Beteiligung (vgl. Kapitel Wahlen und Abstimmungen).
[18]   Verfassungsgesetz (*legge costituzionale*) Nr. 3 vom 18.10.2001.
[19]   Vgl. zu einer detaillierten Analyse der Reform und ihrer Schwächen D'Atena 2003.

über die fünf Regionen mit Sonderstatut hinaus den restlichen Regionen die Möglichkeit eingeräumt, unter bestimmten Bedingungen besondere Selbständigkeitsformen zu erhalten (Art. 116).

Anders als in der ursprünglichen Fassung zählt der Art. 117 nun nicht mehr die Kompetenzen der Regionen auf, sondern zunächst die Politikfelder, in denen dem Zentralstaat die ausschließliche Gesetzgebung obliegt: u.a. Außenpolitik, Verteidigung, Wettbewerbsaufsicht, Zivil- und Strafrecht, Sozialfürsorge, Umweltschutz, Einwanderung, Gerichtsbarkeit und Prozessordnung.[20] Es folgen die Materien der Rahmengesetzgebung (insgesamt 22),[21] in denen die nationale Ebene nur allgemeine Grundsätze festlegen darf, die konkrete Ausgestaltung hingegen den Regionen überlassen bleibt, darunter:

- Außenhandel,
- Bildung,
- Wissenschaft, Forschung, Technologie und Innovationsförderung,
- Ernährung,
- Raumordnung,
- zivile Häfen und Flughäfen,
- Kommunikationswesen,
- Energie,
- große Transportnetze und Schifffahrtswege und
- ergänzende Sozialfürsorge.

Den Regionen bleibt die ausschließliche Legislativkompetenz auf allen Politikfeldern, die nicht ausdrücklich dem Zentralstaat zugesprochen sind. Unter diesen verbleibenden Materien sind u.a.:

- lokale Polizei,
- Industrie- und Wirtschaftspolitik,
- Landwirtschaft und
- Tourismus.

Zusätzlich wurde ein Finanzausgleich zugunsten von finanzschwachen Gebieten vorgeschrieben sowie den Regionen und weiteren Gebietskörperschaften Finanzautonomie gewährt (Art. 119); beides steht allerdings bis dato nur auf dem Pa-

---

[20] Vgl. auch die vollständige Auflistung der Kompetenzverteilung bei Grasse 2005, S. 367f.
[21] Diese wird in der Verfassung zwar als konkurrierende Gesetzgebung bezeichnet, stellt jedoch faktisch eine Rahmengesetzgebung dar, weil die Grundsatzgesetzgebung auf diesen Feldern ausdrücklich dem Zentralstaat vorbehalten ist.

pier, da ein entsprechendes Implementierungsgesetz zur Neuregelung der Finanzverfassung nicht verabschiedet wurde.

Die Verfassungsreform von 2001 ist ohne Zweifel eine entscheidende Wegmarke im Prozess der Dezentralisierung, hinter die nicht mehr zurückgegangen werden kann, zumal sie von der damaligen Mitte-Rechts-Opposition als nicht weit genug gehend kritisiert wurde. Inwieweit die neuen Bestimmungen der Verfassung tatsächlich Wirkung zeigen, bleibt allerdings noch eine offene Frage, da sehr viel auf die Implementierung, d.h. auf die entsprechenden Ausführungsgesetze und die wiederum davon abhängige Alltagspraxis ankommt. Diese Fragen lagen zu großen Teilen in der Hand der Mitte-Rechts-Regierung, die allerdings eine eigene Verfassungsreform anstrebte und wenig Interesse an der Umsetzung des Projekts der Vorgängerregierung an den Tag legte. Zumindest zeigte das Implementierungsgesetz (Gesetz Nr. 131 vom 05.06.2003) eine „sehr reduktionistische Lesart und restriktive Interpretation des neuen Verfassungstextes"[22], insbesondere im Bereich der außenpolitischen Rechte der Regionen. Auch werden den Regionen in ihren neuen Kompetenzfeldern der Rahmengesetzgebung noch die Hände gebunden, da die erforderlichen Grundsatzvorgaben von der nationalen Ebene weiter ausstehen. Schließlich wird in jeder Region mit Normalstatut anstelle des obsolet gewordenen Regierungskommissars ein Vertreter des Staates für die Beziehungen zu den Gebietskörperschaften eingesetzt, der zwar bei weitem nicht mehr die Kompetenzen des Regierungskommissars (v.a. präventive Kontrolle von Gesetzgebung und Administration) hat, aber von der Persistenz zentralistischer Einstellungen auf der nationalen Ebene zeugt.

Die große Unklarheit, die im Moment bezüglich des Verhältnisses von Zentrum und Regionen herrscht, ist nicht zuletzt auf die Ungereimtheit vieler Stellen des neuen Verfassungstextes zurückzuführen, was den zahlreichen Kompromissen im Wege seiner Entstehung geschuldet ist.[23] Dies lässt weiten Spielraum für unterschiedliche Interpretationen, was zum einen beide parteipolitischen Lager in ihrem Sinne nutzen, zum anderen auch institutionelle Spannungen zwischen den Ebenen begünstigt.[24] Hinzu kommt, dass die Mitte-Rechts-Koalition seit der Regierungsübernahme 2001 eine eigene Reform des Regionalismus diskutierte, die im Rahmen einer umfassenden Verfassungsreform stattfinden sollte. Der diesbezügliche Gesetzgebungsprozess zog sich über mehrere Jahre hin und schritt sogar bis zur Verabschiedung eines Reformpakets durch beide Parlamentskammern fort, obwohl das Projekt immer wieder in die Grabenkämpfe zwischen den Koalitionspartnern hineingezogen wurde. Vehementer Befürworter einer weitgehenden Föderalisierung war und ist die LN, der als eher

---

[22] Grasse 2005, S. 370. Vgl. zu diesem Gesetz detailliert ebenda S. 370-378.
[23] Vgl. D'Atena 2003.
[24] Vgl. Palermo / Woelk 2004.

zentralistisch orientierte Kräfte die AN und die UDC gegenüberstanden.[25] In puncto Föderalismus sah der Entwurf eine Reform des Senats vor, der allerdings nur geringfügig an die regionale Ebene gekoppelt und nicht zu einer institutionellen Vertretung der Regionen umgebaut werden sollte. Zudem sollten die Kompetenzbereiche Gesundheit, Schulwesen sowie regionale und lokale Polizei in die ausschließliche Gesetzgebung der Regionen überführt werden, andere hingegen von der Rahmengesetzgebung in die ausschließliche Kompetenz des Zentrums. Eine klare Richtung dieser Reform war nicht zu erkennen; Elemente der Dezentralisierung waren in ihr ebenso zu finden wie der Re-Zentralisierung im Vergleich zum Status quo.[26] Mit dem Scheitern des Reformpakets bei der Volksabstimmung im Juni 2006 sind diese Maßnahmen alle wieder vom Tisch; wie es auf der Baustelle Regionalismus in Italien weitergeht, bleibt abzuwarten.

Es kann aber festgehalten werden, dass zumindest die Reformen des Wahlrechts der Regionen diese durchaus gestärkt haben. Sie führten zu klareren Mehrheiten in den Parlamenten und zur Stärkung der Exekutive. Insbesondere die Direktwahl der Regionalpräsidenten hat massiv zu deren Stärkung beigetragen, so dass sie nun auch auf nationaler Ebene beachtet werden und für Politiker mit Ambitionen durchaus eine attraktive Karrierestufe darstellen. So gewann z.B. der Präsident des Latium, Francesco Storace, während seiner Amtszeit so viel nationales Gewicht, dass für ihn nach seiner Abwahl ein Platz im Kabinett der Regierung Berlusconi III gefunden werden musste. Auch haben die Regionalwahlen noch stärker als zuvor den Charakter nationaler Testwahlen angenommen haben, die sogar zum Regierungssturz führen können, wie im April 2005 geschehen – auch dies verschafft den Regionen größere Beachtung.

---

[25]   Vgl. zu dieser Diskussion Mühlbacher 2002 und Morelli 2003.
[26]   Vgl. für eine detaillierte Darstellung und Analyse des Reformentwurfes mit einiger Kritik Grasse 2005, S. 403-426.

Die politische Situation in den Regionen

Mitte-links-regierte Regionen
Mitte-rechts-regierte Regionen

Quelle: Grasse 2005, S. 455

8.2 Provinzen und Kommunen

Die Regionen stehen gemeinhin im Mittelpunkt des Interesses, wenn von subnationaler Politik die Rede ist. Gleichwohl dürfen die Provinzen und Gemeinden nicht ignoriert werden, auch wenn ihnen hier nur geringer Raum zugedacht werden kann. Schon aus Gründen der politischen Kultur sind diese unteren Ebenen den Italienern meist näher als Rom oder die Region, nicht nur räumlich sondern auch im Bewusstsein.[27]

Die politischen Institutionen der Provinzen sind ähnlich strukturiert wie die der Regionen: Der Provinzrat (*Consiglio provinciale*) wird als Legislativorgan in direkter Wahl gewählt; der Provinzausschuss (*Giunta provinciale*) mit Exekutivaufgaben geht aus seinen Reihen hervor. Der Präsident der *Giunta* wird seit der Reform von 1993 direkt vom Volk gewählt. Hinzu kommt der Präfekt, der seit 1861 von der Regierung in Rom ernannt wird und als Vertreter der nationalen Ebene die Tätigkeiten der lokalen Ebene kontrolliert. Die Provinzen haben in ihrer Zwischenstellung zwischen Regionen und Kommunen allerdings nur wenige Funktionen, soweit sie ihnen nicht von den Regionen oder der nationalen Ebene situativ abgetreten werden.

---

[27]   Vgl. zum Folgenden auch Loughlin 2004.

Die Provinzen in Italien

Quelle: Grasse 2005, S. 77

Die Kommunen bilden die unterste Ebene und stellten unter zentralstaatlichen Vorzeichen lange lediglich Verwaltungseinheiten dar, die vor allem als lokale Verankerung der Parteien und Rekrutierungszentrum für politisches Personal fungierten.[28] Doch kam auch hier einiges in Bewegung: 1993 wurde wie bei den Provinzpräsidenten auch für die Bürgermeister von Gemeinden über 15.000 Einwohner die Direktwahl eingeführt, wobei der Sieger auch die Mehrheit im Stadtrat erhält. Er beruft seine Mitarbeiter (*assessori*) autonom vom Stadtrat, übernimmt somit die volle exekutive Verantwortung für die fünfjährige Amtszeit und kann nur einmal wiedergewählt werden. Er kann nur vom Stadtrat bei gleichzeitiger Auflösung desselben abgesetzt werden. Mit diesen Reformen wurden die lokalen Ämter zu einem großen Teil aus der Parteien- und Proporzlogik herausgelöst und stellen für viele Beobachter ein Laboratorium für institutionelle Reformen auf höheren Ebenen dar.[29] Die mit direkter Legitimation ausgestatteten Bürgermeister treten nun bedeutend selbstbewusster auf, was vor allem für die Bürgermeister der größeren Städte gilt. Der ehemalige Bürgermeister Roms, Francesco Rutelli, stieg gar zum Spitzenkandidaten des Mitte-Links-Lagers 2001 auf, aber auch das Beispiel des Ex-Vizeregierungschefs und nationalen Sekretärs des PDS Walter Veltroni zeigt, dass das Amt für einen Politiker der nationalen Ebene attraktiv sein kann und keinesfalls dessen Abschied von der „hohen" Politik bedeutet.

Der neue Art. 118 der Verfassung (nach der Reform von 2001) schreibt grundsätzlich sämtliche Verwaltungsaufgaben den Kommunen zu. Wo die Notwendigkeit einheitlicher Regelungen oder die Übertragung von Kompetenzen dies erforderlich machen, gehen die Aufgaben an andere Ebenen über, wobei aber stets die Prinzipien der Subsidiarität, Differenzierung und Angemessenheit zu beachten sind. Aber schon seit 1990 haben die Kommunen im Zuge der Verwaltungsreformen (vgl. Kapitel Regierung) einen beträchtlichen Bedeutungsgewinn zu verzeichnen, insbesondere eine größere Autonomie bei der Organisation der eigenen Verwaltungsaufgaben.[30]

---

[28]   Vgl. auch die Aufgabenübersicht bei Drüke 2000, S. 224f.
[29]   Magnier 2003, S. 189-193.
[30]   Dente 1997, Magnier 2003.

Medien spielen im politischen System eine bedeutende Rolle als Vermittlungsagentur zwischen Staat und Gesellschaft. Ihnen kommen wichtige Funktionen zu wie Sozialisation, Information und Bildung, Kritik und Kontrolle, Meinungsbildung sowie generell die Herstellung von Öffentlichkeit. Gerade im Fall Italiens sind die Medien von großer Bedeutung, wie der Aufstieg eines Medienunternehmers zum Regierungschef verdeutlicht. Allerdings soll in diesem Kapitel nicht nur der „Fall Berlusconi" diskutiert, sondern vielmehr der strukturelle Hintergrund der italienischen Medienlandschaft und ihre Besonderheiten aufgezeigt werden. Da eine detaillierte Darstellung in allen Facetten aus Platzgründen nicht möglich ist, muss hier holzschnittartig vorgegangen werden, wobei nur den politisch besonders relevanten Aspekten größere Beachtung geschenkt wird.[1] Den Schwerpunkt der folgenden Ausführungen müssen folglich das Fernsehen und die Frage des Verhältnisses von Medien und Politik bilden.

9.1 Medienlandschaft

9.1.1 Printmedien

Zieht man den internationalen Vergleich heran, fällt auf, dass die Italiener sehr wenig Zeitung lesen und dafür bedeutend mehr fernsehen als die Bürger anderer westlicher Länder.[2] Das bedeutet, dass dem Medium Fernsehen in Italien eine noch größere Bedeutung zukommt als anderswo. Doch in einer Hinsicht ist auch der Medienkonsum der Italiener „normal": Der Anteil der Menschen, die ausführlich überregionale Tageszeitungen lesen, ist unter den Schichten mit hoher formaler Bildung besonders hoch, während bildungsfernere Schichten weit überdurchschnittlich dem Fernsehen zusprechen. Für den politischen Bereich heißt das übersetzt, dass man über das Fernsehen die meisten Wähler erreichen kann, während über Zeitungen in erster Linie die Meinungsführer angesprochen wer-

---

[1]   Vgl. zu allen folgenden Aspekten den detaillierten Überblick in Große / Trautmann 1997, S. 153-198.

[2]   Vgl. Große / Trautmann 1997, S. 167 und Italien – Land der Zeitungsmuffel, in: NZZ vom 06.09.2001.

den.[3] Die politische Bedeutung der Zeitungen darf folglich nicht unterschätzt werden.[4]

Führende, d.h. auflagenstärkste, und politisch als neutral anzusehende Tageszeitung ist der in Mailand erscheinende *Corriere della Sera*, gefolgt von der eher linksliberalen *La Repubblica* und der vom Unternehmerverband herausgegebenen, ebenfalls als neutral einzustufenden, Zeitung *Il Sole 24 Ore* sowie der von Fiat kontrollierten *La Stampa*. Zu nennen sind auch noch der traditionsreiche *Il Messagero* und die sich im Besitz von Silvio Berlusconis Bruder Paolo befindliche Zeitung *Il Giornale*. Eine so in keinem anderen Land zu findende italienische Besonderheit ist die starke Marktposition reiner Sporttageszeitungen wie der *Gazzetta dello Sport* und des *Corriere dello Sport*. Den Markt politischer Wochenmagazine dominieren *L'Espresso* (in etwa mit dem deutschen Spiegel vergleichbar) und *Panorama* (im Besitz von Silvio Berlusconi).[5]

Auf dem Printmediensektor herrscht wie beim Fernsehen eine starke Konzentration, wenn auch anders gelagert: Die wichtigsten Druckerzeugnisse befinden sich in der Hand weniger großer Konzerne und Unternehmer wie der Fiat-Gruppe, Berlusconi und De Benedetti. Dementsprechend hat ein relativ großer Einfluss wirtschaftlicher Akteure auf die Presse in Italien Tradition. Gleichzeitig ist der Medienmarkt beständig im Fluss und der Kauf bzw. Verkauf von Anteilen an Zeitungen und Verlagen durch den einen oder anderen Konzern immer wieder ein Thema in der öffentlichen Diskussion.[6]

Charakteristisch für die meisten italienischen Tageszeitungen ist auch, dass ihnen bekanntermaßen eine bestimmte politische Richtung zugeordnet werden kann. Beispiele sind *Il Giornale* (im Besitz von Paolo Berlusconi) und *Il manifesto* (ehemals Parteizeitung kommunistischer Splittergruppen, jetzt der äußersten Linken zuzurechnen). Dem entspricht die vergleichsweise hohe Präsenz und Auflagenstärke von Parteizeitungen wie *L'Unità* (1924-1991 offizielles Parteiorgan des PCI, jetzt unter Kontrolle der DS), *Secolo d'Italia* (AN) und *La Padania* (LN). So ist es nicht verwunderlich, dass zwischen vielen Zeitungen und ihren Lesern starke politisch-ideologische Bindungen bestehen, die auch nach der Erosion der politisch-kulturellen Subkulturen (vgl. Kapitel Politische Kultur) teilweise noch stark sind.[7]

---

[3]   Vgl. die detaillierte Analyse des Medienkonsums der Italiener von Gazzelloni 2001.

[4]   Grossi 2001.

[5]   Ein detaillierter Überblick findet sich in Große / Trautmann 1997, S. 164-174.

[6]   Vgl. ausführlich Weber 1997, S. 51-140. Vgl. auch die immer wieder aufkeimenden Spekulationen über einen Einstieg Silvio Berlusconis in die den *Corriere della Sera* besitzende RCS-Holding über Strohmänner.

[7]   Vgl. mit Schwerpunkt zu Presse und politischer Ausrichtung von Zeitungen Agostini 2004.

9.1.2 Fernsehen

Die italienische Fernsehlandschaft stellt sich als Duopol dar, in dem sich die staatliche Rundfunkanstalt RAI (*Radio Audizioni Italia* bis 1954, heute *Radiotelevisione Italiana*) und der Mediaset-Konzern Silvio Berlusconis[8] mit je drei Kanälen gegenüberstehen. Diese beiden Senderfamilien teilen sich ca. 85-90% des italienischen Fernsehmarktes. Dazwischen konnten sich nur wenige andere Sender halten, die lediglich kleinere Marktanteile erringen (vgl. Tabelle 9.1).

Tabelle 9.1: Zuschaueranteile der italienschen Fernsehkanäle zu ausgewählten Sendezeiten im Dezember 2005 (Angaben in Prozent)

Kanal	12.00 bis 15.00 Uhr	20.30 bis 22.30 Uhr
RAI 1	21,81	23,74
RAI 2	14,44	10,74
RAI 3	8,43	10,59
Gesamt RAI	*44,67*	*45,07*
Canale 5	22,54	22,07
Italia 1	11,24	10,53
Rete 4	9,27	8,05
Gesamt Mediaset	*43,06*	*40,65*
La Sette	2,96	2,33
Odeon	0,15	0,23
Canale Italia	0,10	0,08
Andere Satellitenkanäle	4,20	5,69
Andere terrestrische Kanäle	4,85	5,95
Alle Kanäle	100,00	100,00

Quelle: http://www.auditel.it/flash_dati_mese.htm (Stand: 02.03.2006).

Bei den politisch besonders relevanten Hauptnachrichtensendungen stellt sich das Verhältnis allerdings etwas anders dar: An der Spitze stehen die Flaggschiffe

---

[8] Auch wenn der Berlusconi-Anteil an dem Konzern inzwischen verringert wurde, sind die Restanteile immer noch als beherrschend anzusehen, vgl. Berlusconi-Familie verkauft Anteile an Medienkonzern, in: Spiegel online vom 13.04.2005 (http://www.spiegel.de/wirtschaft/ 0,1518,351058,00.html; Stand: 13.04.2005).

von RAI 1 und Canale 5 in etwa gleichauf, doch zeigt die Übersicht der sechs meistgesehenen Nachrichtensendungen eine klare Dominanz der RAI (vgl. Tabelle 9.2).

Tabelle 9.2:   Zuschauer der sechs beliebtesten TV-Nachrichtensendungen
(Telegiornali; Tg) 2004 (Durchschnittswerte)

Sendung	Sendetermin	Zuschauer (in Tausend)	Einschaltquote (%)
Tg1 (RAI 1)	20.00	6,380	31,3
Tg5 (Canale 5)	20.00	6,081	27,7
Tgr (RAI 3)	19.30	3,187	17,3
Tg2 (RAI 2)	20.30	2,521	10,3
Telegiornale Tre (RAI 3)	19.00	2,426	15,7
Telegiornale 4 (Rete 4)	19.00	1,291	8,3
Gesamt		22,336	

Quelle: CENSIS, Rapporto Annuale 2005 (abrufbar unter http://www.censis.it; Stand: 09.03.2006).

Der staatliche Rundfunk RAI nahm 1954 den ersten Fernsehsender Italiens in Betrieb.[9] 1961 folgte mit RAI 2 der zweite Kanal. Nachdem auf dem Rundfunkmarkt lange das staatliche Monopol Bestand hatte, kam in den 1970er Jahren erste private Konkurrenz auf, als der Verfassungsgerichtshof private Rundfunkprogramme zuließ, aber nur auf lokaler Ebene. Daraus folgte ein Verbot landesweiter Privatsender, was aber vor allem von Silvio Berlusconi systematisch umgangen wurde, z.B. durch die zeitgleiche Ausstrahlung desselben Programms auf einem Netz lokaler Fernsehstationen. Auf diese Weise wucherte das private Fernsehen an der Rechtslage vorbei. Regierung und Parlament sahen dem zunächst tatenlos zu und beschränkten sich darauf, durch Dekrete und provisorische Gesetze den Status quo nach und nach zu legalisieren. Dieser fast rechtsfreie Raum, in dem sich das quasi-Monopol Silvio Berlusconis auf dem privaten Fernsehsektor entwickeln konnte, ist im wesentlichen auf politische Protektion durch den Berlusconi-Freund und langjährigen Regierungschef Bettino Craxi zurückzuführen.[10]

---

[9]   Vgl. zur RAI Hibberd 2001.
[10]   Vgl. für die Entwicklung des Rundfunks ausführlich Weber 1997, S. 141-275.

Ausfluss dieser guten Beziehungen zu Regierung und Gesetzgeber war auch das erste Rundfunkgesetz von 1990, die nach dem zuständigen Minister benannte *legge Mammì*.[11] Die wichtigste Bestimmung neben einer Begrenzung der Werbung bestand darin, dass niemand mehr als drei nationale Fernsehsender besitzen durfte. Was auf den ersten Blick eine kartellrechtliche Begrenzung zu sein scheint, zementierte in Wirklichkeit die entstandene Monopolstruktur, weil sie die Dominanz der Berlusconi-Sender *Italia 1, Canale 5* und *Rete 4* nachträglich gesetzeskonform machte. Lediglich die Tageszeitung *Il Giornale* musste Berlusconi (an seinen Bruder) verkaufen, weil der gleichzeitige Besitz von drei Fernsehendern und einer Tageszeitung nicht mehr erlaubt war; Zeitschriften waren davon allerdings nicht betroffen. Damit hatte das Gesetz kaum nennenswerte Auswirkungen.

Auf der anderen Seite entwickelte sich die RAI als staatliche Rundfunkanstalt unter Vorzeichen des Klientelismus zu einem aufgeblähten Apparat mit über 10.000 Beschäftigten. Sie war von Anfang an in das System der *lottizzazione* miteinbezogen und wurde als Reservoir für Patronage durch Postenvergabe (vgl. Kapitel Regierung) benutzt. So verwundert es auch nicht, dass es zu einer parteipolitischen Aufteilung der Einfußsphären kam: RAI 1 „gehörte" den Christdemokraten, RAI 2 den Sozialisten und der kleinste Sender RAI 3 den oppositionellen Kommunisten.

Die RAI wird seit 1975 von einer besonderen parlamentarischen Kontrollkommission (*Commissione di Vigilanza RAI*)[12] aus beiden Parlamentskammern beaufsichtigt. Durch die Schaffung dieser Kommission wurde die Kontrolle über die RAI dem ausschließlichen Zugriff der Regierung entzogen und dem Parlament übergeben, was aber die Eingliederung der staatlichen Rundfunkanstalt in das Patronagesystem der Parteien (vgl. Kapitel Parteien und Parteiensystem) nicht verhinderte. Der Vorsitzende der Kommission wird von ihren Mitgliedern mit 3/5-Mehrheit gewählt; wird diese verfehlt, genügt im fünften Wahlgang die einfache Mehrheit.

An der Spitze der RAI steht der 1975[13] geschaffene Verwaltungsrat (*Consiglio d'amministrazione*), der wichtige Entscheidungen trifft, z.B. über Einstellung, Entlassung, Beförderung und Versetzung leitender Mitarbeiter. Außerdem beaufsichtigt er die gesendeten Programme und berichtet der parlamentarischen Kontrollkommision (s.o.), mit der er zusammen auch den Haushalt aufstellt. Der Verwaltungsrat wird seit jeher durch politische Institutionen besetzt. Seit 1993 – und bis zum Inkrafttreten des neuen Mediengesetzes 2005 (*legge Gasparri*, s.u.)

---

[11]   Gesetz Nr. 223 vom 06.08.1990; vgl. dazu Pfeifer 1999, S. 41-50 und Geffert 2004, S. 89-101.

[12]   Die korrekte vollständige Bezeichnung ist *Commissione parlamentare per l'indirizzo generale e la vigilanza dei servizi radiotelevisivi* (Parlamentarische Kommission für allgemeine Fragen und Aufsicht der Rundfunkdienste).

[13]   Im Rahmen einer grundlegenden RAI-Reform durch das Gesetz Nr. 103 vom 14.04.1975.

– nominierten die Präsidenten der beiden Parlamentskammern das fünfköpfige Gremium, wobei der Forderung des Gesetzes nach neutralen Fachleuten – wie auch schon zuvor – nur selten nachgekommen wurde. Im Normalfall wurde der Verwaltungsrat nach Parteienproporz besetzt, wobei den Regierungsparteien drei und der Opposition zwei Sitze zustanden. Der Präsident des Verwaltungsrates wurde aus dessen Mitte gewählt, ebenso wie der Generaldirektor, der für die operative Leitung der RAI zuständig ist.

Bei der Bestellung des Verwaltungsrates sieht das neue Mediengesetz seit 2005 eine Abkehr von der bisherigen alleinigen Nominierungskompetenz der beiden Präsidenten der Parlamentskammern vor: Künftig werden sieben Mitglieder des nun neunköpfigen Gremiums von der *Commissione di Vigilanza RAI* gewählt, wobei der Mehrheitskoalition vier und der Opposition drei Posten zustehen sollen. Die restlichen zwei Mitglieder werden von der Regierung (genauer: vom Finanzminister, der die staatliche Aktienmehrheit an der RAI verwaltet) benannt, darunter der Präsident des Rates, der allerdings vom Parlamentsausschuss mit Zweidrittelmehrheit bestätigt werden muss, so dass es sich hierbei um einen neutralen Kandidaten handeln wird, der keinem der Lager zugerechnet werden kann.

Wie sehr diese Regelungen die Wahrung der Kontrolle und des Einflusses der politischen Kräfte ermöglichen,[14] zeigte sich schon bei ihrer ersten Anwendung in den Monaten Juli bis Oktober 2005, die hier zur Illustration der typischen Mechanismen exemplarisch rekonstruiert werden: Vierzehn Monate war nach dem Rücktritt von Lucia Annunziata[15] der Posten des Verwaltungsratschefs vakant geblieben, bis nach langem Tauziehen schließlich Claudio Petruccioli, Vorsitzender der parlamentarischen Kontrollkommission und Mitglied der größten Oppositionspartei DS, einstimmig an die Spitze der RAI gewählt wurde. Der nach Proporz den Regierungsparteien zustehende Posten des Vizepräsidenten war sofort unter diesen Gegenstand heftiger Auseinandersetzungen. Auch verweigerten die Oppositionsvertreter ihre Zustimmung zu dem UDC-Kandidaten Alfredo Meocci für das Amt des Generaldirektors, der wie bisher vom Verwaltungsrat gewählt wird. Hier brauchte es langwierige Verhandlungen, bis sich schließlich doch die Mehrheit der Regierungskoalition durchsetzte und sich das nach Proporz zu erwartende Abstimmungsergebnis zeigte: Fünf Ja-Stimmen der Vertreter der Regierungsparteien, drei Nein-Stimmen von der Opposition und eine Enthaltung vom „neutralen" Präsidenten.[16] Doch war damit das Ringen

---

[14]   In dem langen Ringen um das Gesetz hatten Berlusconis Koalitionspartner zahlreiche Veränderungen in diese Richtung erwirkt, nicht zuletzt durch den Einsatz von Erpressung und die bewährte Taktik der Heckenschützen (vgl. Kapitel Parlament).

[15]   Aus Protest gegen Einflussnahme aus dem Regierungslager, vgl. Rücktritt der RAI-Präsidentin in Italien, in: NZZ vom 05.05.2004.

[16]   Vgl. Rai, passa Meocci ma senza il sì di Petruccioli, in: Corriere della Sera vom 06.08.2005.

nicht beendet: Es stellte sich die Frage nach dem neuen Vorsitzenden der parlamentarischen Kontrollkommission, wobei FI, AN und LN die Ansicht vertraten, dass dieser Posten mit einem ihrer Vertreter besetzt werden müsse, nachdem schon ein Mann der Linken an der Spitze der RAI stehe. Die widerspenstige UDC sah dies jedoch anders und unterstützte den Oppositionskandidaten. Nach vier erfolglosen Wahlgängen, in denen die erforderliche Dreifünftelmehrheit in der Kontrollkommission verfehlt worden war, genügte im fünften Wahlgang schließlich die einfache Mehrheit. Um eine peinliche Niederlage zu vermeiden, stimmten schließlich auch die restlichen Regierungsparteien für Paolo Gentiloni von der *Margherita*, so dass im Moment (April 2006) zwei der für die RAI wichtigsten Posten von der Opposition besetzt sind.[17]

Wie heftig die RAI besonders seit dem Aufbrechen der alten Proporzregeln und natürlich seit dem Einstieg des wichtigsten Medienunternehmers des Landes umkämpft ist, zeigt sich unter anderem darin, dass zwischen 1994 und 2005 nicht weniger als zehn verschiedene Präsidenten an der Spitze des Verwaltungsrates standen, eine vierzehnmonatige Vakanz eingeschlossen.[18]

Neben dem Problem der politischen Kontrolle kämpft die RAI auch mit den eigenen Problemen eines Staatssenders im Strukturwandel. Der klientelistisch aufgeblähte Apparat machte in den 1990er Jahren durchgreifende Umstrukturierungen notwendig, die auch mit massivem Personalabbau einhergingen.[19] Zudem befindet sich die RAI in harter Konkurrenz mit den privaten Berlusconi-Sendern, was sich in einem dramatischen Niveauverfall und weiterem Ausbau des ohnehin schon dominierenden Unterhaltungsprogramms zu Lasten von Informationssendungen niederschlägt.[20]

Einen wichtigen Referenzpunkt für das italienische Fernsehen stellt die Volksabstimmung vom 11.06.1995 dar. An diesem Tag sollten die Italiener unter anderem auch über vier Vorschläge abstimmen, die die Zukunft der Fernsehlandschaft betrafen:

- Die erste Abstimmungsvorlage sollte die Klausel der *legge Mammì* aufheben, wonach der Besitz von bis zu drei nationalen TV-Sendern erlaubt ist. Im Erfolgsfalle hätte Berlusconi zwei seiner drei Kanäle verkaufen müssen, was seinen Medieneinfluss massiv geschwächt hätte.
- Ein zweiter Vorschlag sah vor, die Unterbrechung von Spielfilmen im Fernsehen durch Werbung nicht mehr zu erlauben. Dies hätte die werbefinan-

---

[17] Vgl. Vigilanza, sì bipartisan a Gentiloni, in: Corriere della Sera vom 13.10.2005.
[18] Vgl. zu den Auseinandersetzungen Rauen 2003 und Hibberd 2004.
[19] Vgl. Hibberd 2001.
[20] Vgl. Im Dienstleistungsnetz der Verblödung, in: Die Zeit 30/2004.

zierten Privatsender, allen voran Berlusconis Kanäle, wirtschaftlich schwer
getroffen.

- Den Werbemarkt betraf auch eine weitere Vorlage, die vorsah, den Werbeagenturen die Tätigkeit für mehr als zwei Sender zu verbieten. Damit sollte
das Duopol der beiden Werbeagenturen *Sipra* (RAI) und *Publitalia* (Berlusconi) aufgebrochen werden.
- Schließlich sollte die Bestimmung, dass sich die RAI in Staatsbesitz befindet, aufgehoben und somit der Weg zu einer Privatisierung frei gemacht
werden.

Es ist zu erkennen, dass diese Vorschläge den politischen und Geschäftsinteres-
sen Berlusconis klar entgegenstanden – mit Ausnahme der möglichen Privatisierung der RAI. Dementsprechend gestaltete sich auch seine Einflussnahme in der
Kampagne, die der Volksabstimmung vorausging: Neben den üblichen Mitteln
wurden von Seiten der Referendumsgegner auch die Berlusconi-Sender in viel-
fältiger Weise instrumentalisiert, z.T. bis in Unterhaltungssendungen hinein und
unter mehr oder weniger subtiler Umgehung der Wahlkampfregularien, die auch
für Referendumskampagnen gelten (s.u.).[21] Nicht wenige schrieben es gerade
diesem Faktor zu, dass die drei für Berlusconi schädlichen Vorlagen an der Urne
scheiterten, während diejenige zur Privatisierung der RAI erfolgreich war. In der
Tat kann man hierin das Resultat eines großen Medieneinflusses sehen, auch
wenn sich das Wahlvolk im Jahr darauf von demselben Kampagneneinsatz unbeeindruckt zeigte und der Mitte-Links-Koalition zur Regierungsübernahme
verhalf.

9.1.3 Rechtliche Rahmenbedingungen

Vor dem Hintergrund der starken Medienkonzentration ist ein Blick auf die entsprechenden Institutionen und gesetzlichen Regelungen zu richten:[22] Zunächst
entwickelte sich die italienische Medienlandschaft frei von kartellrechtlichen
Bestimmungen. Erst 1981 trat ein Gesetz über das Verlagswesen in Kraft, das
Regeln für Transparenz und Grenzen für die Kontrolle größerer Anteile der Auflage festsetzte.[23] Die *legge Mammì* (s.o.) von 1990 sah neben der Beschränkung
des Besitzes von TV-Sendern auch die Einrichtung eines Beauftragten für das
Rundfunk- und Verlagswesen (*Garante per la radiodiffusione e l'editoria*) vor,

---

[21]   Vgl. für eine genauere Analyse der Volksabstimmung mit Vorgeschichte, Ablauf, Kampagne
und Ergebnis Capretti 2001, S. 155-166.
[22]   Vgl. zum Folgenden Pfeifer 1990 und aktueller Geffert 2004.
[23]   Gesetz Nr. 416 vom 05.08.1981.

der über den Wettbewerb auf dem Mediensektor wachen sollte. Einen ähnlichen Beauftragten hatte es zuvor schon seit 1981 für den Printmediensektor gegeben. Doch erwiesen sich beide Gesetze schnell als wenig wirkungsvoll: Während sich die Konzentration bei den Printmedien noch in Grenzen hielt, bestand das Duopol von RAI und Mediaset auf dem Fernsehmarkt weiter.

Das Monopolproblem gewann deutlich an Brisanz, nachdem Berlusconi 1994 selbst in die aktive Politik eingestiegen war. Seitdem ist seine Dominanz in den Medien und die Verbindung mit seinem politischen Engagement eines der wichtigsten Themen in der italienischen Politik. Vor diesem Hintergrund verabschiedete 1997 die regierende Mitte-Links-Koalition die *legge Maccanico*.[24] Dieses Gesetz besagte unter anderem, dass einzelne Inhaber von Fernsehkonzessionen keine Erträge, die 30% des gesamten TV-Marktvolumens überschreiten, erzielen durften; auch der Besitz von mehr als zwei landesweiten Fernsehsendern wurde verboten.[25] Außerdem wurde durch dieses Gesetz die *Autorità per le garanzie nelle comunicazioni* (Behörde für die Einhaltung der Regeln auf dem Kommunikationssektor) ins Leben gerufen.[26] Diese soll in erster Linie den Markt überwachen und auf dominante Positionen kontrollieren und erstattet jährlich dem Regierungschef Bericht. Ihr Vorsitzender wird vom Regierungschef im Einvernehmen mit dem Kommunikationsminister vorgeschlagen und die übrigen Mitglieder (*Commissari*) nach Parteienproporz von Abgeordnetenkammer und Senat gewählt; sämtliche Nominierungen müssen vom Staatspräsidenten bestätigt werden.[27] Allerdings verfügt die *Autorità* kaum über wirksame Möglichkeiten gegen Konzentrationen vorzugehen, und auch ihre Besetzung lässt nicht auf völlige Unabhängigkeit schließen. So ist festzustellen, dass auch die *legge Maccanico* kaum dazu geeignet war, die Probleme in der italienischen Medienlandschaft zu bekämpfen. Da sich die Mitte-Links-Koalitionen nicht auf weitere Maßnahmen zur Monopolkontrolle einigen konnten, blieb eine Reform des Mediensystems der Mitte-Rechts-Regierung unter Silvio Berlusconi überlassen.

---

[24] Gesetz Nr. 249 vom 31.07.1997; vgl. Geffert 2004, S.115-165.

[25] Gegen beide Bestimmungen verstieß Berlusconi, allerdings letztlich ohne Konsequenzen. Mehrere Gerichtsurteile hatten die Abgabe seines dritten Senders *Rete 4* verlangt, was sein Besitzer aber mit verschiedenen Tricks, u.a. mit Regierungsdekreten zu umgehen wusste. 2001 erzielte Berlusconis Mediaset ca. 65% der Einnahmen für Fernsehwerbung. Vgl. Rauen 2003 und Zementierung von Berlusconis Fernsehmacht. Verabschiedung eines umstrittenen Mediengesetzes, in: NZZ vom 03.12.2003.

[26] Vgl. hierzu aus juristischer Sicht Pfeifer 1999 sowie die Homepage der *Autorità*: http://www.agcom.it; oft wird in der Berichterstattung auch von der *Authority* gesprochen.

[27] Der Präsident der *Autorità* benötigt zusätzlich noch die Zustimmung des zuständigen Transportausschusses der Abgeordnetenkammer mit 2/3-Mehrheit, wodurch die Mitsprache der Opposition gesichert ist.

Nach langer interner Diskussion, massiver Kritik aus der Opposition und einer Zurückweisung durch den Staatspräsidenten verabschiedete die Parlamentsmehrheit schließlich im April 2004 ein neues Mediengesetz, die *legge Gasparri*.[28]

Wichtigster Inhalt des Gesetzes ist die Neufassung der kartellrechtlichen Bestimmungen für den Mediensektor. Wurden die Marktanteile, die ein einzelner Anbieter maximal kontrollieren durfte, zuvor noch für jeden Bereich (Rundfunk, Presse, etc.) separat festgelegt, definiert das neue Gesetz ein so genanntes Integriertes Kommunikationssystem (SIC; *Sistema Integrato delle Comunicazioni*). Dieses umfasst Rundfunk, Tages- und Wochenpresse, Kino, Buchverlage, Werbung und sogar Teile des Internet. In diesem gesamten SIC darf nun ein einzelner Akteur maximal 20% des Ertragsvolumens kontrollieren. Hier ist der kritische Punkt des Gesetzes: Zwar ist die Grenze von 20% nun niedriger als zuvor für die einzelnen Mediensparten (z.B. Fernsehen: zuvor max. 30%), bezieht sich aber auf den viel größeren Bereich des SIC. So sind nun bei einzelnen Medien, wie z.B. dem Fernsehen, bedeutend größere Akkumulationen erlaubt als zuvor, was sogar marktbeherrschende Positionen einschließt. Es verwundert nicht, dass die Kritik vor allem anführt, das Gesetz genüge ganz den Interessen Berlusconis, der sich nun nicht nur auf dem Fernsehsektor weiter ausbreiten, sondern auch auf wichtige Tageszeitungen übergreifen könne, was ihm bislang verwehrt war.[29]

Der zweite wichtige Inhalt der *legge Gasparri* ist die Privatisierung der RAI, die 1995 per Referendum erzwungen worden war (s.o.). Dabei handelt es sich aber nur um eine Scheinprivatisierung, da der Staat seinen Einfluss bei der Bestellung der RAI-Führung und auch seine Anteilsmehrheit behält. Private Anleger dürfen als Einzelpersonen höchstens ein Prozent der Aktien besitzen, als Konsortium höchstens zwei.[30]

---

[28] Gesetz Nr. 112 vom 03.05.2004, benannt nach dem zuständigen Kommunikationsminister Maurizio Gasparri; vgl. Geffert 2004, S. 165-196. Das Gesetz war nach der ersten Verabschiedung im Dezember 2003 von Staatspräsident Ciampi an das Parlament zurückverwiesen worden, weil es nicht genügend Garantien für den Medienpluralismus enthalte. Nach geringen Modifikationen wurde das Gesetz erneut beschlossen und damit das suspensive Veto des Staatsoberhauptes überstimmt (vgl. Kapitel Regierung, Abschnitt Staatspräsident).

[29] Allerdings enthält das Gesetz hier eine Übergangsregelung: Bis 31.12.2008 bleibt den Besitzern nationaler Fernsehsender der Besitz von Tageszeitungen weiterhin verboten.

[30] Vgl. zur *legge Gasparri* auch allgemein Hibberd 2004.

9.2 Medien und Politik

9.2.1 *Die Regelungen zur politischen Ausgewogenheit und das Problem der gerechten Präsenz*

Zu den rechtlichen Rahmenbedingungen für die politische Kommunikation in den Medien gehören auch zwei Gesetze, die unter dem Begriff *par condicio* Regelungen für faire Bedingungen in Wahlkämpfen, aber auch während der Legislaturperioden sorgen sollen.[31] Das ursprüngliche *par condicio*-Gesetz von 1993[32] regelt den gleichen Zugang zu Wahlwerbung und politischen Informationssendungen während des Wahlkampfes auf nationaler Ebene, also zwischen der Auflösung der Parlamentskammern und den Wahlen. Es sieht vor, dass die Medien allen Kandidaten, Listen, Parteien, Bewegungen etc. gleichen Zugang gewähren müssen. So müssen die Sender z.B. allen Parteien kostenlose Sendezeit für Wahlkampfspots zur Verfügung stellen; bezahlte Wahlwerbung ist verboten. Darüber hinaus werden Höchstgrenzen der Wahlkampfkosten der Parteien festgelegt und Regelungen zur Unparteilichkeit der politischen Berichterstattung getroffen. Das zweite Gesetz von 2000[33] regelt alle übrigen Wahlkämpfe und die Zeit zwischen den Wahlen und sieht ebenfalls gleichberechtigten Zugang zu den Medien vor. Diese Gleichberechtigung gilt bis zur Präsentation der neuen Wahlvorschläge unter den bereits in den entsprechenden Parlamenten vertretenen Gruppierungen, danach unter allen Gruppierungen, die sich mindestens einem Viertel des Elektorats zur Wahl stellen. Unter anderem verbietet das Gesetz auch die Veröffentlichung von Meinungsumfragen in den fünfzehn letzten Tagen vor der Wahl. Über die Einhaltung der Regeln wacht die *Autorità per le garanzie nelle comunicazioni* (s.o.), die auch detaillierte Ausführungsbestimmungen zu den gesetzlich verankerten Grundsätzen erlässt. Dass diese Überwachung nicht ganz zahnlos ist, wurde im Wahlkampf 2006 ersichtlich, als die zwei kleineren TV-Sender Berlusconis wegen Verletzung der *par condicio*-Regeln zu Geldstrafen von 100.000 bzw. 250.000 Euro verurteilt wurden; andererseits erhielt die linke Journalistin Lucia Annunziata eine Ermahnung, weil sie in einem Interview mit dem Regierungschef das Neutralitätsgebot für Journalisten verletzt habe.

Eine wichtige Kontrollinstanz ist auch das *Osservatorio di Pavia*, ein unabhängiges Medienforschungsinstitut, das 1994 aus Anlass der geballten Medienmacht Silvio Berlusconis gegründet wurde und seither u.a. die Entwicklung des Meinungspluralismus in den italienischen Medien beobachtet. So wird z.B. die

---

[31] Vgl. zum Folgenden vor allem die Gesetzestexte, Ausführungsbestimmungen und sonstige Regelungen, die auf der Internetseite der *Autorità per le garanzie nelle comunicazioni* abrufbar sind: http://www.agcom.it/norme_.htm (Stand: 03.03.2006) sowie Geffert 2004, S. 196-203.

[32] Gesetz Nr. 515 vom 10.12.1993.

[33] Gesetz Nr. 28 vom 22.02.2000.

Präsenz von Personen und Parteien im Fernsehen auf die Minute genau registriert. Die Daten des *Osservatorio* genießen weithin Anerkennung und werden auch von der parlamentarischen Kontrollkommission für den Rundfunk verwendet.[34]

Die angemessene Vertretung der politischen Kräfte in den Nachrichten und Informationssendungen stellt einen ständigen Streitpunkt dar. Beklagt wird ein Übergewicht der Mitte-Rechts-Parteien, insbesondere der FI und ihres Vorsitzenden Silvio Berlusconi und speziell in den Fernsehkanälen der Mediaset. Umstritten sind in dieser Diskussion auch die Maßstäbe für eine angemessene Präsenz. Von Seiten der Opposition wird oft die Maximalforderung einer genau gleichen Präsenz von Oppositions- und Regierungsparteien erhoben, die allerdings den funktionslogischen Regierungsbonus negiert, der auch in anderen Ländern nicht ungewöhnlich ist. Als entgegengesetztes Extrem ist von Berlusconi-Vertretern die so genannte Drittelregel ins Spiel gebracht worden: ein Drittel für die Regierung, ein Drittel für die Parlamentsmehrheit und ein Drittel für die Opposition. Dies ignoriert wiederum den funktionslogischen und parteipolitischen Zusammenhang von Regierung und Parlamentsmehrheit im parlamentarischen Regierungssystem. Auch eine Zwischenlösung, die Verteilung von Sendezeit entsprechend der Stärke im Parlament, wird von vielen abgelehnt. Besonders hitzig wurde die Diskussion im Vorfeld der Parlamentswahlen 2006, als Berlusconi die *par condicio* als ungerecht angriff und eine Änderung der entsprechenden Gesetze zu erwirken suchte, mit diesem Ansinnen aber am Widerstand in der eigenen Koalition scheiterte.

Zur Illustration der tatsächlichen Verhältnisse seien die Daten einer Beispielperiode (17.04.-16.09.2005) genannt:[35] In allen Nachrichtensendungen wurden den Institutionen (Staatspräsident, Präsidenten der Parlamentskammern) 13,6% der gesamten Berichterstattung eingeräumt, 39,8% der Regierung, 13,9% der Regierungskoalition *Casa delle libertà* und 30,4% den Oppositionsparteien der *Unione*. In den Informationssendungen (Magazine, Talkshows) gingen 0,2% an die Institutionen, 28,1% an die Regierung, 19,3% an die Koalition und 45,9% an die Opposition. In den Nachrichtensendungen wurde 1,4% der Zeit über die Institutionen berichtet, 19,9% über die Regierung, 26,5% über die Koalition und 47,4% über die Opposition.

Eine Gegenüberstellung der Präsenz von Regierungsparteien (also Regierung und Regierungskoalition zusammen) und Opposition in den drei Nachrichtensendungen der RAI zeigt folgende Relationen: In Tg1[36] (RAI 1) stehen 55%

---

[34]   Vgl. die Homepage des Instituts auf http://www.osservatorio.it.
[35]   Petruccioli: nuove regole sui politici in Rai, in: Corriere della Sera vom 28.09.2005; die Daten beziehen sich auf das Fernsehen.
[36]   Tg steht für *Telegiornale*, also Fernsehnachrichten, und ist die Bezeichnung der Hauptnachrichtensendungen.

der Regierungsparteien 28% der Opposition gegenüber, in Tg2 (RAI 2) 60% zu 24% und in Tg3 (RAI 3) 46% gegen 24% – worin sich deutlich die überwiegende Ausrichtung der drei Sender zeigt, die der zu Hochzeiten der *lottizzazione* nicht unähnlich ist.

Die Untersuchung der Bildschirmpräsenz von Regierungschef Silvio Berlusconi und Oppositionsführer Romano Prodi in den RAI-Nachrichtensendungen zeigt folgende Relation: 1349 Minuten war Berlusconi zu sehen, 466 Minuten Prodi. Auch wenn sich das Verhältnis bei Betrachtung einer kürzeren Periode (01.-23.09.2005) etwas anders darstellt (253 zu 131 Minuten), ist die Gewichtsverteilung doch eindeutig. Sie mag auf den ersten Blick nach extremer Unfairness aussehen, aber wenn man bedenkt, dass Berlusconi zu diesem Zeitpunkt Regierungschef und Parteivorsitzender war, während Prodi kein Amt bekleidete, keiner Partei angehörte und sogar als Oppositionsführer umstritten war, ist das Missverhältnis bis zu einem bestimmten Grade auch ohne bewusste Manipulation erklärbar.

Diese Daten zeigen zwei Befunde: Zum einen sind die Regierungsparteien klar dominant; der Regierungsbonus fällt in Italien also deutlich stärker aus als in anderen Ländern. Zum anderen kann aber von einer „Gleichschaltung" oder einem Nichtvorkommen der Opposition keine Rede sein.[37] Die Folgerung muss somit differenziert ausfallen: Zwar gibt es deutlich erkennbare und problematische Gewichtsverschiebungen, die zu Ungunsten einer ausgewogenen Berichterstattung ausfallen, doch sind diese Verschiebungen eher gradueller denn struktureller Art. Von einem systematischen Ausschluss bestimmter Akteure von der politischen Kommunikation sowie der politischen Willensbildung, was eine Einschränkung des Pluralismus bedeutete, kann also nicht gesprochen werden; vor allem nicht, wenn das gesamte Medienangebot, also auch die politisch besonders wichtigen Tageszeitungen, betrachtet wird.[38] Trotzdem bleibt die Gewichtsverteilung im Fernsehen mehr als kritikwürdig und insbesondere im Sinne ökonomischer Konkurrenz unakzeptabel, was im wesentlichen mit Silvio Berlusconi zusammenhängt.

9.2.2 Das „Problem" Berlusconi

Eine Darstellung der italienischen Medien kommt nicht umhin, sich auch dem größten Medienunternehmer des Landes und den damit aufgeworfenen Fragen und Problemen zu widmen. Dabei kann an dieser Stelle nicht ausführlich erörtert

---

[37] Vgl. detailliert für den Zeitraum 1997-1999 die gründliche Analyse von Sani / Legnante 2001, die zu ähnlichen Befunden kommt.
[38] So auch Agostini 2004.

werden, ob Berlusconis Medienmacht die Demokratie gefährdet oder ob Italien einen Präzedenzfall der künftigen Mediokratie darstellt; beide Fragen werden bei diesem Thema immer wieder aufgeworfen, sind jedoch kaum beantwortbar, da in der Diskussion sowohl Demokratie als auch Mediokratie weitestgehend unbestimmte Begriffe blieben.[39] Es sei hier nur festgestellt, dass Horrorszenarien wie die von manchen befürchtete Errichtung einer autoritären Diktatur[40] offensichtlich unbegründet waren und sind.

In der Tat ist die Konstellation, dass der größte Medienunternehmer des Landes gleichzeitig Parteichef und einer der wichtigsten politischen Protagonisten ist, weltweit einzigartig. Verschärft stellte sich die Situation seit 2001 dar, da sich Berlusconi mit der Regierungsübernahme auch ein bestimmter, wenn auch indirekter, Einfluss auf den staatlichen Sender RAI eröffnete.[41] Problematisch ist dies vor allem vor dem Hintergrund, dass den Medien eine Kontrollfunktion, insbesondere der Regierung gegenüber, obliegt. Diese für die Demokratie eminent wichtige Kontrollfunktion sehen viele durch die Medienkonzentration in der Hand des Regierungschefs in Gefahr bzw. eingeschränkt.[42]

Dass es Grund zur Sorge gibt, wurde bereits festgestellt: Auch wenn man die Wertungen außer Acht lässt, weist die deutlich überproportionale Präsenz der Regierungsparteien im Fernsehen eindeutig in diese Richtung (s.o.). Hinzu kommen einige Fälle, in denen Journalisten und Satiriker nach allzu bissiger Kritik am Regierungschef aus dem RAI-Programm entfernt wurden, wie Daniele Luttazzi, Michele Santoro und Enzo Biagi. Dennoch zeigen diese Beispiele auch, dass eine ex ante-Kontrolle nicht einfach durchsetzbar und Kritik durchaus möglich ist.[43]

Es kann festgestellt werden, dass der Einfluss, den Berlusconi auf seine eigenen sowie die staatlichen Medien besitzt, auch ausgeübt wird, selbst wenn er nicht umfassend ist. Somit hatte die Konzentration des Medieneinflusses in den Händen des Unternehmers mit der Regierungsübernahme 2001 ihren Höhenpunkt erreicht.

Fragt man aber nach den Wirkungen dieser beispiellosen Konstellation, so bietet sich auf den ersten Blick ein befremdendes Bild: Die Annahme, dass sich der Medieneinfluss auch in Wahlerfolgen oder zumindest in hohen Beliebtheits-

---

[39] Vgl. exemplarisch für die Debatte den Beitrag von Rusconi 2004.

[40] Vgl. Bella Berlusconia, in: Die Zeit 33/2002.

[41] 1994 war zwar Berlusconi schon einmal Regierungschef, doch nur für sieben Monate, so dass für eine wirksame und nachhaltige Beeinflussung der RAI kaum genug Zeit blieb.

[42] Vgl. hierzu als Extrem Peter Weber, der von einer „postdemokratische[n] Telekratie" spricht und davon, dass „heute in den Medien wieder ein repressives monokratisches Regime" herrsche (Die Sehnsucht nach dem starken Mann, in: Das Parlament vom 07.11.2005).

[43] Ein besonders sichtbares Beispiel in dieser Richtung war die Sendereihe RockPolitik von Adriano Celentano, die Ende 2005 vier Mal zur besten Sendezeit auf RAI 1 lief und zu einem großen Teil aus heftiger Kritik an Regierungschef und Lage der Medien bestand.

werten der Regierung und ihres Chefs niederschlagen würde, wird nicht bestätigt. Vielmehr fuhr das Mitte-Rechts-Lager in seiner Regierungszeit eine Serie schmerzhafter Niederlagen ein, sei es bei Kommunal-, Europa- oder Regionalwahlen, wobei letztere im April 2005 eine schwere Koalitionskrise zur Folge hatten und einen kurzzeitigen Rücktritt Berlusconis erzwangen. Schließlich kam es im April 2006 sogar zur Abwahl der Mitte-Rechts-Koalition, wobei gerade die FI, die vom Einfluss ihres Parteichefs besonders begünstigt wird, die mit Abstand größten Verluste verzeichnete.

Vordergründig können als Erklärung für diese im Vergleich zur vielen Annahme deutlich geringere Wirkung der Medieninstrumentalisierung u.a. die italienische Unterstützung für den Irak-Krieg der USA, interne Koalitionsquerelen und Erfolglosigkeit der Regierungspolitik angeführt werden. Dennoch lohnt sich auch eine tiefer gehende Ursachensuche:

- Der alleinige Blick auf Marktanteile beim Fernsehen führt in die Irre, da er nicht die Programminhalte berücksichtigt und auch nicht die Wirkung auf die Zuschauer. So dominieren bei den Hauptnachrichtensendungen die deutlich weniger Berlusconi-lastigen der RAI. Zudem zeigen Daten aus dem Vorfeld der Wahlen 2001, dass als Informationsquellen über Politik und Wahlen Tageszeitungen und Periodika deutlich überproportional konsultiert wurden und nur mit geringem Abstand hinter dem Fernsehen rangierten.[44] Im Wahlkampf 2006 stellten sich die wichtigsten Tageszeitungen fast unisono, an der Spitze der *Corriere della Sera*, gegen die Regierung Berlusconi und riefen mehr oder weniger offen zur Wahl des Mitte-Links-Bündnisses auf.

- Ein weiterer Faktor, der die Wirkung von Berlusconis Medieneinfluss dämpft, ist die Tendenz der Konsumenten zur selektiven Mediennutzung, d.h. Menschen tendieren dazu, sich aus denjenigen Medien zu informieren, die mit der eigenen politischen Ausrichtung eher übereinstimmen. Auch wird Inhalten, die dem eigenen (politischen) Weltbild widersprechen, mit deutlich mehr Skepsis begegnet als anderen. Es liegt auf der Hand, dass solche Verhaltensweisen unter den Bedingungen starker ideologisch-subkultureller Fragmentierung (vgl. Kapitel Politische Kultur) verstärkt auftreten und damit in Italien eine besonders starke Tradition haben, insbesondere beim Konsum von Tageszeitungen. Auch wenn die „Lager" der vergangenen Jahrzehnte stark erodiert sind, bedeutet dies immer noch, dass ein großer Teil der Wähler medialer Manipulation schlicht durch die Nicht-Nutzung bzw. innere Distanz gegenüber solchen Medien entgeht.[45] Die tra-

---

[44] Vgl. die Grafik bei Sani / Legnante 2002, S. 122. Ähnlich auch die Befunde von Grossi 2001.
[45] Vgl. Sani / Legnante 2002, hier S. 131f.

ditionell starke politische Ausrichtung der italienischen Medien dürfte zudem dazu geführt haben, dass die Italiener den Medien generell eher kritisch
gegenüber stehen.

- Die besondere politische Kultur mit ihrer tiefen Skepsis gegenüber Staat
  und öffentlichen Institutionen hat zur Folge, dass die Regierenden quasi automatisch kritisch bzw. negativ gesehen werden: Der Regierungsbonus bei
  der Medienpräsenz hat als Kehrseite einen Regierungsmalus bei der Bewertung durch die Wähler, wobei letzterer in Italien besonders stark ausfällt.
  Dieser Nachteil scheint auch mit allen Finessen der politischen Kommunikation und privilegiertem Medienzugang nicht auszugleichen zu sein.

Die Prämisse der Einschätzung, dass die Medienmacht Berlusconis eine Gefahr
für die Demokratie darstelle, ist die Annahme, dass mit der Kontrolle der Medien, die am meisten konsumiert werden, gleichzeitig die Möglichkeit gegeben
sei, die Medienkonsumenten zu einem bestimmten Wahlverhalten zu bewegen.
Über eine solch simple kausale Annahme ist die Medienwirkungsforschung
allerdings längst hinaus. Die Wechselwirkung von Medien und Wahlentschei-
dungen ist weitaus komplexer.[46] Italien seit 2001 ist dafür das beste Beispiel.

---

[46]   Vgl. generell Schenk 2002 und speziell zu dieser Kausalität bei den Wahlen in Italien 2001
         Sani / Legnante 2002.

10 Justiz

Mit Parlament, Regierung und Verwaltung wurden bereits zwei Elemente der klassischen Gewaltenteilungslehre behandelt. Das dritte, von der Politikwissenschaft meist vernachlässigte, aber dennoch eine nicht geringe Rolle spielende Element[1] ist die rechtsprechende Gewalt, die Judikative. Darunter werden hier sämtliche Gerichte, aber auch Staatsanwaltschaften und insbesondere der Verfassungsgerichtshof als Gericht für politische Fragen gefasst.

Dass die politische Institutionenordnung Italiens darauf angelegt ist, Machtkonzentration zu vermeiden und Kontrollmechanismen zu stärken, zeigte sich schon in vielen Bereichen. Bei der italienischen Justiz ist diese Zielsetzung ebenfalls klar zu erkennen. Während in den meisten Ländern Justiz und Administration in mancherlei Hinsicht verflochten sind – z.B. durch die Unterstellung in den Verantwortungsbereich der entsprechenden Ministerien – genießt die italienische Justiz eine auch im internationalen Vergleich außergewöhnlich große Autonomie.[2] Gleichzeitig ist die Judikative Italiens ein geradezu paradigmatisches Beispiel dafür, wie trotz formaler Trennung die Sphäre des Politischen auch in andere Bereiche übergreift. Nicht zuletzt die wichtige Rolle der Justiz bei den Korruptionsskandalen der 1990er Jahre und der Dauerkonflikt Silvio Berlusconis mit der Justiz verbieten es, sich bei der folgenden Darstellung auf den Verfassungsgerichtshof zu beschränken. Auch an Laufbahnfragen kann hier nicht ganz vorübergegangen werden, weil sie immer wieder lebhaft diskutierter Gegenstand in der politischen Arena sind.

---

[1] Vgl. Kranenpohl 2004.

[2] Vgl. zum Ausnahmefall Italien in dieser Hinsicht den Vergleich mit sechs anderen westlichen Demokratien bei Guarnieri / Pederzoli 2002.

10.1 Justizsystem

10.1.1 Aufbau

Das Kernstück des italienischen Justizsystems stellt die ordentliche Gerichtsbarkeit (*magistratura ordinaria*) für Zivil- und Strafsachen dar.[3] Unterhalb der eigentlichen Gerichte rangieren die ehrenamtlichen Friedensrichter (*giudici di pace*), die für Zivilsachen mit geringem Streitwert zuständig sind. Bis 1999 folgte als erste Gerichtsebene das Amtsgericht (*pretura*); diese Instanz wurde allerdings inzwischen abgeschafft. Nun stellen die Landgerichte (*tribunali*) in den Provinzhauptstädten die unterste Ebene der ordentlichen Gerichtsbarkeit dar. Die folgende Berufungsinstanz sind die Oberlandesgerichte (*Corti di appello*). Auf gleicher Ebene befinden sich die Schwurgerichte (*Corti d'assise*), die für bestimmte Strafsachen zuständig sind. An der Spitze des Instanzenweges steht schließlich der Kassationsgerichtshof (*Corte suprema di cassazione*, oft auch verkürzt als *Corte di cassazione* bezeichnet) in Rom, der als oberste Berufungsinstanz fungiert und für die korrekte und einheitliche Auslegung der Gesetze zuständig ist.

Bei jedem Gericht existiert je nach Ebene eine Staatsanwaltschaft (*procura della repubblica*) bzw. eine Generalstaatsanwaltschaft (*procura generale della repubblica*). Den Landgerichten sind außerdem die Anwaltskammern zugeordnet, in denen die Rechtsanwälte organisiert sind.

Neben der ordentlichen Gerichtsbarkeit existieren noch einige Gerichte mit besonderen Zuständigkeiten, von denen hier allerdings nur der Verfassungsgerichtshof näher behandelt werden kann. Wenigstens zu nennen sind aber die Verwaltungsgerichtsbarkeit, an deren Spitze der Staatsrat (*Consiglio di Stato*) steht, der Rechnungshof (*Corte dei conti*), die Finanzgerichte, die Militärgerichte und weitere Sondergerichte, z.B. für Jugend- oder Wasserangelegenheiten.

Die Gleichheit vor dem Gesetz und einen Schutz vor eventueller Einflussnahme soll Art. 112 der Verfassung gewährleisten, der besagt, dass die Staatsanwaltschaft zur Anklageerhebung in Strafsachen verpflichtet ist. Das bedeutet, dass nachdem von einer Straftat Kenntnis erlangt wurde, auch Ermittlungen einzuleiten und deren Ergebnisse zusammen mit einem Antrag (z.B. Anklage oder Einstellung der Ermittlungen) einem Richter zur Beurteilung vorzulegen sind. Von Rechts wegen besteht also hier kein Spielraum des Staatsanwalts. In der Tat kann unter Berufung auf diese Norm jegliche Kontrolle abgewiesen werden. Unter den Bedingungen permanenter Überlastung (s.u.) entstehen aber dennoch Situationen, in der der Staatsanwalt nicht allen Vergehen und Spuren nach-

---

[3] Zum italienischen Justizsystem vgl. Guarnieri 2001, sowie in deutscher Sprache und zum italienischen Recht allgemein Kindler 1993.

gehen kann und folglich eine Auswahl treffen muss: „die Amtspflicht zur Strafverfolgung und das überwiegende Verständnis, das dieser Grundsatz gefunden
hat, haben viel dazu beigetragen, dass die Schaffung eines wirksamen Systems
von Kontrollen verhindert und die Ermessensspielräume der Angehörigen der
Staatsanwaltschaft extrem weit ausgedehnt worden sind."[4]

10.1.2 Der Richterstand

Um mit der unrühmlichen Praxis des Faschismus zu brechen, der Richterschaft
und Staatsanwaltschaft unter der politischen Kontrolle der Exekutive gehalten
hatte, sieht die neue Verfassung der Republik die Unabhängigkeit der Staatsanwaltschaft und die Selbstverwaltung der Gerichtsbarkeit durch den Obersten Rat
des Richterstandes[5] (*Consiglio Superiore della Magistratura*; CSM) vor (s.u.).[6]

Nach Art. 107 der Verfassung sind die Richter unabsetzbar und einzig den
Entscheidungen des CSM unterworfen, die nach dem Gerichtsverfassungsgesetz
begründet werden müssen und gegen die es Einspruchsmöglichkeiten gibt. Versetzung oder Zuweisung anderer Aufgaben gegen den Willen des Richters sind
somit nur in sehr engen Grenzen möglich. In Italien gehören auch die Staatsanwälte zum Richterstand; sie werden deshalb nach den gleichen Verfahren eingestellt und genießen denselben Status wie Richter. Dementsprechend garantiert
Art. 107 auch ihnen Unabhängigkeit. Die Autonomie der Staatsanwälte gilt auch
innerhalb ihrer Behörden. Ermitteln sie in einem Fall, sind sie diesbezüglich
keinen Weisungen unterworfen, auch nicht ihren Vorgesetzten, die nur allgemeine, fallunabhängige Richtlinien vorgeben dürfen. Diese Regelungen verleihen
der italienischen Justiz eine außerordentliche Unabhängigkeit: „Italian magistrates – both judges and prosecutors – are undoubtedly the most independent of any
in the world of democracies".[7]

Der Zugang zum Richterstand ist in Art. 106 geregelt. Danach wird für die
freien Stellen (über die der CSM entscheidet) ein nationales Auswahlverfahren
(*concorso*) mit mündlichen und schriftlichen Prüfungen durchgeführt. Voraussetzung für die Teilnahme ist ein abgeschlossenes Jurastudium. Die genaueren
Modalitäten des *concorso* werden durch Gesetz geregelt und waren immer wie-

---

[4] Guarnieri 2003b, S. 149.
[5] Richterstand und Richterschaft werden hier synonym verwendet; der italienische Begriff ist
     magistratura. Mitglieder des Richterstandes sind Richter und Staatsanwälte mit Ausnahme der
     Rechtsreferendare ohne richterliche Aufgaben.
[6] Eine instruktive empirische Untersuchung zu sozialer Herkunft, Selbstverständnis etc. des
     Richterstandes, auf deren Ergebnisse hier leider aus Platzgründen nicht eingegangen werden
     kann, liefert Morisi 1999.
[7] Volcansek 1998, S. 144.

der Gegenstand von Änderungen, die das Verfahren modernisieren und vereinfachen sollten. Die ausgewählten Bewerber erlangen zunächst den Status eines Rechtsreferendars und absolvieren ein Praktikum bei einer erstinstanzlichen Justizbehörde.[8] Dauer (mindestens zwölf Monate) und Ablauf des Praktikums werden vom CSM festgelegt. Danach werden die fertigen *magistrati* gemäß der Rangliste im Auswahlverfahren und ihren Präferenzen auf die freien Stellen verteilt.

Da die Angehörigen des Richterstandes gemäß Art. 107 der Verfassung gleich sind und sich nur in ihren Aufgabenbereichen voneinander unterscheiden, sind Beförderungen nicht an die Berufung in bestimmte Dienstposten geknüpft. Vielmehr erfolgt die Beförderung in einen höheren Rang (und damit in eine höhere Besoldungsstufe) nach Dienstalter. Die Beförderung wird nach Anhörung des zuständigen Richterrates (s.u.) vom CSM beschlossen. Da diese Stellungnahmen im Normalfall positiv ausfallen, kann von einer automatischen Beförderung nach Dienstalter gesprochen werden. Die Berufung auf Stellen höherer Ebenen und mit größerem Verantwortungsbereich innerhalb des Justizsystems ist von diesem Beförderungsweg unabhängig und kann auch abgelehnt werden. Es ist also für einen Richter oder Staatsanwalt durchaus möglich, sein gesamtes Arbeitsleben auf einer niedrigen Ebene zu verbringen, wenn er dies wünscht – ohne dass ihm dadurch finanzielle Nachteile entstehen. Wenn man bedenkt, dass sich aufwendige Verfahren, z.B. gegen die Mafia, oft über viele Jahre hinziehen, zeigen sich die Vorteile dieser Regelung, da so Verzögerungen durch Versetzungen und lange Einarbeitungszeiten vermieden werden können.

10.1.3 Der Oberste Rat des Richterstandes

Die oberste Institution der italienischen Justiz ist der Oberste Rat des Richterstandes (CSM).[9] Art. 104 der Verfassung bestimmt, dass die Richter einen selbständigen und von jeder anderen Gewalt unabhängigen Stand (*magistratura*) bilden. Diese Selbständigkeit und Unabhängigkeit wären beeinträchtigt, wenn eine andere Gewalt, z.B. die Exekutive, über Laufbahn und allgemeine Stellung der Richter entschiede. Deswegen überträgt Art. 105 die Zuständigkeit für Einstellung, Aufgabenzuweisung, Versetzung, Beförderung und Disziplinarverfahren der Richter allein einem eigenen Selbstverwaltungsorgan, dem CSM als Garant für die Unabhängigkeit der Justiz. Grundlage seiner Tätigkeit sind das

---

[8]   Seit 2001 gibt es auch die Möglichkeit des Quereinstiegs für Rechtsanwälte mit mindestens fünf Jahren Berufserfahrung.

[9]   Vgl. zum CSM, zur Selbstverwaltung der Richterschaft und zu Laufbahnfragen detailliert Bruti Liberati / Pepino 1998.

Gesetz über den CSM (Gesetz Nr. 195 vom 24.03.1958) und die von ihm selbst beschlossene Geschäftsordnung.[10] Dem Rat obliegen die Verwaltung der Rechtsprechung und die Organisation der Justizbehörden.

Der CSM hat zur Zeit 27 Mitglieder. Den Vorsitz führt der Staatspräsident. Außerdem gehören dem Rat von Amts wegen der Erste Präsident und der Generalstaatsanwalt des Kassationsgerichtshofes an. Die übrigen 24 Mitglieder werden zu zwei Dritteln von allen ordentlichen Richtern selbst und zu einem Drittel vom Parlament in gemeinsamer Sitzung der beiden Kammern aus den Reihen der ordentlichen Universitätsprofessoren der Rechtswissenschaft und der Anwälte mit mehr als fünfzehn Jahren Berufserfahrung gewählt.[11] Daraus ergibt sich eine Unterscheidung der Mitglieder in die sog. *togati* (von der Toga, der Amtskleidung der Richter), die selbst aktive Richter sind, und die sog. *laici* (Laien), die dem Richterstand nicht angehören.

Die Mitglieder des Rates haben eine Amtszeit von vier Jahren und können nicht unmittelbar wiedergewählt werden. Während der Amtszeit dürfen sie nicht als Anwälte eingetragen sein und auch nicht dem Parlament oder einem Regionalrat angehören.

Der Justizminister ist nicht Mitglied des CSM, kann aber an dessen Sitzungen teilnehmen, wenn er dies für erforderlich hält, um vor dem Rat Erklärungen abzugeben. Bei den Beratungen darf er allerdings nicht zugegen sein.

Die Anzahl der Mitglieder des CSM und der Modus für die Wahl der *togati* durch die Richterschaft werden per Gesetz geregelt. Die letzte Änderung erfolgte durch Gesetz Nr. 44 vom 28.03.2002, das die Anzahl der Mitglieder von 33 auf 27 verringerte und ein neues Wahlsystem einführte. Die zur Zeit sechzehn Vertreter des Richterstandes sind wiederum den Gliederungen des italienischen Justizsystems zugeordnet und gewichtet, um eine gerechte Repräsentation zu gewährleisten: Zwei entstammen dem Kassationsgericht oder der dort angesiedelten Generalstaatsanwaltschaft, vier den (General-)Staatsanwälten bei den Land- oder Oberlandesgerichten und zehn den Richtern an den Land- oder Oberlandesgerichten (vgl. Tabelle 10.1). Seit der letzten Wahlrechtsreform 1975 bis zur Neuregelung 2002 galt hier ein kompliziertes Verhältniswahlrecht mit ausgeloster Zusammensetzung der Wahlkreise, um Pluralismus innerhalb der Richterschaft zu gewährleisten. Seit 2002 gilt ein Mehrheitswahlrecht: Für jede der drei genannten Gruppierungen gibt es einen nationalen Wahlkreis. Jedes Mitglied des Richterstandes erhält drei Stimmzettel (einen pro Wahlkreis) und darf jeweils

---

[10] Die Geschäftsordnung findet sich auf http://www.csm.it/documenti%20pdf /RegolamentoInterno.pdf (Stand: 18.06.2006).

[11] Bei der Wahl der CSM-Mitglieder durch das Parlament ist im ersten Wahlgang eine 3/5-Mehrheit der anwesenden Parlamentarier erforderlich; in einem eventuellen zweiten Wahlgang genügt die 3/5-Mehrheit der abgegebenen Stimmen.

eine Stimme abgeben. Gewählt sind in den drei Kategorien die Kandidaten mit den meisten Stimmen.

Tabelle 10.1: Zusammensetzung des Consiglio Superiore della Magistratura

	Anzahl	Herkunft
kraft Amtes	1	Staatspräsident
	2	Erster Präsident und Generalstaatsanwalt des Kassationsgerichtshofes
vom Parlament gewählt	8	ordentliche Universitätsprofessoren der Rechtswissenschaft und Anwälte mit mehr als fünfzehn Jahren Berufserfahrung
vom Richterstand gewählt	2	Richter am Kassationsgerichtshof und Generalstaatsanwaltschaft beim Kassationsgerichtshof (Mitglieder kraft Amtes)
	4	Staatsanwaltschaften bei den Landgerichten oder Generalstaatsanwaltschaften bei den Oberlandesgerichten
	10	Richter an den Landgerichten oder Oberlandesgerichten
Gesamt	27	

Quelle: Eigene Darstellung nach den gesetzlichen Regelungen.

Es ist erkennbar, dass die Richter und Staatsanwälte im CSM klar die Mehrheit stellen und auch bei den „politisch", d.h. vom Parlament, bestellten Mitgliedern einer Einflussnahme seitens der Parteien Grenzen gezogen sind.[12] Allerdings ist anzumerken, dass der CSM nur dann beschlussfähig ist, wenn mindestens 2/3 der vom Parlament und 2/3 der vom Richterstand gewählten Mitglieder anwesend sind. Das bedeutet, dass vier „politisch" Gewählte durch ein Fernbleiben das Gremium blockieren könnten (vgl. Geschäftsordnung Art. 44). Den so genannten *laici* kommt allerdings immer dann eine bedeutende Rolle zu, wenn sich die *togati* nicht einig sind, was im Hinblick auf die ideologische Heterogenität der Richterschaft (vgl. folgenden Abschnitt) nicht selten vorkommt. So wird der CSM zur zentralen Schnittstelle, an der sich die Spitzen der Richterschaft mit den Vertretern der politischen Sphäre austauschen und in der auch über die

---

[12]   Vgl. zur proportionalen Verteilung der in den CSM entsandten *laici* nach Zurechnung zu den Parteien Guarnieri 2003a, S. 150-152.

Grenze zwischen Justiz und Politik hinweg Absprachen und Vereinbarungen getroffen werden können.

Die geplante Verfassungsreform der Mitte-Rechts-Koalition sah eine geringfügige Änderung bei den vom Parlament bestellten Mitgliedern vor. Künftig sollten sie statt in gemeinsamer Sitzung jeweils zur Hälfte von den beiden Parlamentskammern getrennt gewählt werden. Doch traten diese Modifikationen nicht in Kraft, da die ganze Reform im Juni 2006 an einer Volksabstimmung scheiterte.

Der Staatspräsident führt zwar den Vorsitz des Rates, delegiert aber die Leitungsfunktionen des Tagesgeschäftes gewöhnlich an den Vize-Präsidenten, den der CSM aus den vom Parlament bestellten Mitgliedern wählt. Neben den Plenarsitzungen tagt der CSM auch arbeitsteilig in mehreren Ausschüssen, die die Beschlüsse des Plenums vorbereiten und ausführen. Zur Sicherung der Transparenz sind die Sitzungen öffentlich und müssen sämtliche Entscheidungen schriftlich begründet werden.

Unterhalb des CSM sind die Richterräte (*Consigli giudiziari*) angesiedelt, die Verwaltungsaufgaben auf den unteren Ebenen übernehmen. Sie existieren an jedem Berufungsgericht und setzen sich aus dem Präsidenten und dem Generalstaatsanwalt dieses Gerichts sowie fünf weiteren, auf zwei Jahre gewählten Mitgliedern zusammen.

10.1.4 Gruppierungen innerhalb des Richterstandes

Das Bemühen, den Richterstand durch weitgehende Selbstverwaltung möglichst von der Sphäre der Politik zu trennen, führte allerdings gleichsam durch die Hintertür doch wieder zu einer relativ starken Politisierung der *magistratura*. Denn bei der Wahl zu den Selbstverwaltungsgremien, insbesondere zum Obersten Rat des Richterstandes konkurrieren Richtergruppierungen (in Anlehnung an innerparteiliche Flügel ebenfalls *correnti* genannt) um die Mandate. Diese Gruppierungen bildeten sich innerhalb der nationalen Richtervereinigung (*Associazione nazionale della magistratura*, ANM), in der alle italienischen Richter und Staatsanwälte organisiert sind, und zwar entlang politisch-ideologischer Scheidelinien. Zwar ist es nicht möglich, einer dieser *correnti* eine bestimmte politische Partei zuzuordnen, wie es z.B. lange bei den Gewerkschaften der Fall war. Doch kann man sie – vereinfacht – anhand ihrer Programme und Verlautbarungen grob in einem Links-Rechts-Schema verorten und dadurch die „ideological, if not strictly partisan, differences within the magistrature"[13] rekonstruieren.

---

[13]   Volcansek 1998, S. 141.

Zur Zeit gibt es vier große Gruppierungen innerhalb der Richterschaft (grob von Links nach Rechts angeordnet):

- *Magistratura Democratica* (Demokratische Richterschaft; MD),
- *Movimento per la Giustizia* (Bewegung für die Gerechtigkeit; MG),
- *Unità per la Costituzione* (Einheit für die Verfassung; UC) und
- *Magistratura Indipendente* (Unabhängige Richterschaft; MI).

MD steht hierbei für die Linke und verficht eine aktive politische Rolle des Richters bei der kreativen und progressiven Auslegung des Rechts. MG ist ebenfalls ein Sammelbecken progressiver Richter, legt den Schwerpunkt aber eher auf Professionalität, organisatorische Leistungsfähigkeit und kritische Distanz zur Politik. Die UC stellt in diesem Gefüge den gemäßigten Pol dar, der mit den erreichten Garantien zufrieden ist, sich auf die Verteidigung des Besitzstandes, z.B. die automatische Beförderung, konzentriert und ein möglichst konfliktfreies Verhältnis zur Politik anstrebt. Eine konservative Gruppierung ist die MI, die eher von einer ausführenden Rolle der Richterschaft ausgeht und dementsprechend die Vorstellungen der MD scharf kritisiert, was sie aber nicht daran hindert, die richterliche Unabhängigkeit zu verteidigen und eine zuweilen auch kritische Distanz zur Politik zu wahren.

Über diese „Richterparteien" werden die Wahlen zur ANM-Spitze, insbesondere aber die Wahlen zum CSM, zum viel beachteten Politikum. Bei letzteren erhielt 1998 MD 25% der Stimmen und damit 5 der von der Richterschaft bestellten Sitze, MG 16% (3 Sitze), UC 37% (8 Sitze) und MI 22% (4 Sitze). Im Jahre 2002 traten MD und MG gemeinsam an und erhielten 46% der Stimmen (8 Sitze), UC 34% (6 Sitze) und MI 18% (2 Sitze); ein unabhängiger Kandidat erreichte 2% der Stimmen. In der Tendenz ist erkennbar, dass die in den 1970er und 1980er Jahren noch relativ schwachen progressiven Richtervereinigungen MD und seit 1990 auch MG stetig stärker wurden. Stärkster Pol bleibt noch die Mitte, besetzt von UC, deren Stimmanteile allerdings tendenziell erodieren. Die MI hat seit 1976 die Hälfte ihrer Stimmanteile verloren, so dass die noch 1990 erkennbare konservativ-gemäßigte Dominanz heute einem ausgeglichenen Verhältnis gewichen ist.[14]

---

[14]   Vgl. zu den Strömungen in der italienischen Richterschaft, deren Entstehung, Entwicklung und Programmatik ausführlich Guarnieri 2003a, S. 106-114; zu den hier genannten Zahlen die Tabelle auf S. 108.

10.1.5 Überlastung und Reformversuche

Das größte Problem der italienischen Justiz stellt weniger ihre mangelnde Unabhängigkeit sondern vielmehr ihre heillose Überlastung dar, die unter anderem auch durch ihre komplizierten und dadurch langwierigen Verfahrensweisen bedingt ist. Nach Daten des Justizministeriums dauert ein Zivilprozess in erster Instanz durchschnittlich 3,47 Jahre; beim Gang bis zur höchsten Instanz sind es neun Jahre.[15] Die italienischen Gerichte schieben einen Berg von Millionen unerledigten Verfahren vor sich her. Wegen dieser unerträglich langen Dauer von Verfahren (die auch für Strafsachen gilt) wurde Italien schon mehrfach vom Europäischen Gerichtshof für Menschenrechte verurteilt und vom Europarat ermahnt. Der langen Prozessdauer entspricht auch eine äußerst hohe Zahl an Untersuchungshäftlingen, die auf ihr Urteil warten, was wiederum überfüllte Gefängnisse zur Folge hat.

Dies ist zum einen durch Prozessordnungen bedingt, die vor allem wohlhabenden Angeklagten eine Fülle von Möglichkeiten zur Prozessverschleppung bieten, zum anderen durch einen eklatanten Personalmangel, der sich in einem Stellendefizit niederschlägt, das im Landesdurchschnitt 6,2% beträgt, an einigen Gerichten aber bedeutend höher ausfällt. Diese Unterbesetzung wird noch verstärkt durch eine unangemessene Einteilung der Gerichtsbezirke und realitätsferne Stellenpläne, so dass der hoffnungslosen Unterausstattung des einen Gerichts zuweilen eine Überausstattung des Nachbargerichts gegenüber steht.

Der Reformbedarf der italienischen Justiz ist folglich nahezu unbestritten, wobei neben der heillosen Überlastung auch die vermeintliche Politisierung der Justiz im Vordergrund der Diskussion steht. Bisherige Reformversuche, darunter eine weitgehende Strafrechtsreform im Jahre 1989, waren nicht in der Lage, die Probleme, insbesondere die Überlastung, in den Griff zu bekommen, so dass das Thema auf der Agenda bleibt.[16] Der jüngste Reformansatz der Mitte-Rechts-Koalition, vorangetrieben von Justizminister Roberto Castelli (LN), war besonders umstritten. Nicht nur die Opposition, auch die nationale Richtervereinigung ANM sah darin eine Bedrohung der Unabhängigkeit der Justiz. Dementsprechend zäh und hitzig verliefen die parlamentarischen Debatten, die sich, z.T. begleitet von Protestaktionen und insgesamt vier Streiks der Richter, über Jahre hinzogen.[17] Eine Verzögerung ergab sich auch dadurch, dass Staatspräsident Ciampi im Dezember 2004 einer ersten Version des Gesetzes die Unterschrift verweigerte und somit das Parlament zu erneuten Beratungen zwang. Im Juli

---

[15] Vgl. hierzu und zum Folgenden Paoli 2003.
[16] Zu den Reformvorschlägen im Zuge der gescheiterten Verfassungsreform 1997/1998 vgl. Volcansek 1998.
[17] Vgl. zu einem frühen Stadium der Debatte und auch zu Reformschritten der Mitte-Links-Regierungen bis 2001 Paoli 2003, S. 164-167.

2005 wurde schließlich eine geringfügig veränderte Fassung verabschiedet.[18] Die zentralen Reformpunkte sind:

- Die Laufbahnen von Richtern und Staatsanwälten werden getrennt. Fünf Jahre nach der Übernahme in den Justizdienst muss eine Wahl zwischen den Laufbahnen getroffen werden, die nur unter bestimmten Bedingungen revidiert werden kann.
- Statt automatischer Beförderungen wird ein System von Prüfungen eingeführt, die über Beförderungen entscheiden.
- Ab einem Alter von 66 Jahren dürfen Richter keine leitenden Funktionen mehr ausüben.
- Richter dürfen keiner Partei oder anderen politischen Organisationen angehören.
- Richter und Staatsanwälte dürfen Journalisten keine Interviews bezüglich laufender Verfahren geben.
- Tätigkeiten der *magistrati* außerhalb der Justiz werden veröffentlicht.[19]
- Im Rahmen der mündlichen Prüfungen wird auch die charakterliche Eignung des Bewerbers für das Richteramt geprüft.
- Die Position der Leiter der Staatsanwaltschaften wird gestärkt.

Da die Justizreform erst kürzlich verabschiedet wurde, kann über ihre Auswirkungen zum gegenwärtigen Zeitpunkt (Mai 2006) nur spekuliert werden. Es bleibt allerdings auch abzuwarten, ob die Reform überhaupt in Kraft tritt, da sie von mehreren Seiten als verfassungswidrig kritisiert wurde und dementsprechend eine Überprüfung durch den Verfassungsgerichtshof zu erwarten ist; auch die nachträgliche Annullierung durch ein abrogatives Referendum (vgl. Kapitel Wahlen und Abstimmungen) liegt im Bereich des Möglichen oder eine Änderung durch die neu gewählte Mitte-Links-Regierung.

10.2 Verfassungsgerichtshof

Der Punkt, an dem die Justiz genuin politisch wird, ist dort, wo sie über die Einhaltung der Verfassung wacht. Anders als in den USA, wo die Verfassungsgerichtsbarkeit in die normale Gerichtsbarkeit integriert ist und prinzipiell jedes Gericht über die Verfassungswidrigkeit bzw. -konformität einer Regelung ent-

---

[18]   Gesetz Nr. 150 vom 25.07.2005.
[19]   Hintergrund ist die zuweilen ausgedehnte Praxis so genannter außerrichterlicher Beauftragungen, d.h. bezahlte Aufträge von politischen Institutionen, aber auch öffentlichen und privaten Unternehmen an Richter, die auch als Kanäle der Einflussnahme benutzt wurden.

scheiden kann, gibt es hierfür in Italien – wie auch in Deutschland – eine eigene Institution, den Verfassungsgerichtshof (*Corte costituzionale*, umgangssprachlich auch oft bezeichnet als *Consulta*).[20]

Die herausgehobene Stellung des Verfassungsgerichtshofs wird schon dadurch klar, dass er in der Verfassung nicht bei der Justiz (Titel 4, Art. 101-113) behandelt wird, sondern unter der Überschrift „Verfassungsgarantien" (Titel VI, Art. 134-139) zusammen mit den Bestimmungen über Verfassungsänderungen und Verfassungsgesetze. Zusätzliche Rechtsgrundlagen stellen die zahlreichen Ausführungsgesetze sowie die Geschäftsordnung dar.[21]

Die Einrichtung eines Verfassungsgerichts war in der Verfassunggebenden Versammlung heiß diskutiert worden, allerdings mit durchsichtigen Motiven: Linke Kräfte waren der Überzeugung, dass sie die ersten Wahlen gewinnen würden und hatten somit Interesse an möglichst wenigen Kontrollmechanismen gegenüber der parlamentarischen Mehrheit. Die Bürgerlichen hingegen wollten aus genau diesem Grund möglichst viele Sicherungen einbauen. Als es anders kam, änderten die DC und ihre Koalitionspartner ihre Meinung. So dauerte es nach dem Inkrafttreten der Verfassung am 01.01.1948 noch acht Jahre, bis die *Corte costituzionale* ihre Arbeit aufnahm.[22] Dies ist aber nur teilweise dadurch zu erklären, dass das Parlament wenig Interesse an der Einrichtung einer Kontrollinstanz hatte, sondern auch dadurch, dass sich die politischen Kräfte sehr schwer damit taten, sich auf die fünf vom Parlament zu bestellenden Verfassungsrichter zu einigen. Letzteres geschah erst im November 1955, so dass die Richter am 23.01.1956 erstmals zusammenkommen konnten. Die erste öffentliche Sitzung fand am 23.04.1956 statt, das erste Urteil wurde am 14.06.1956 gesprochen.

Zusammensetzung und Bestellung des Verfassungsgerichtshofes regelt Art. 135 der Verfassung. Er setzt sich aus fünfzehn Richtern zusammen; davon werden fünf vom Staatspräsidenten per Dekret ernannt, fünf vom Parlament und die restlichen fünf von den obersten ordentlichen und Verwaltungsrichtern[23] bestellt. Die fünf vom Parlament zu bestellenden Richter werden in gemeinsamer Sitzung der beiden Kammern in geheimer Wahl gewählt; dabei ist in den ersten beiden

---

[20] Vgl. zum italienischen Verfassungsgerichtshof allgemein sowie zum Folgenden aus juristischer Sicht Dietrich 1995 und Luther 1990, aus politikwissenschaftlicher Sicht Volcansek 2000.

[21] Vgl. zum Zustandekommen der *Corte costituzionale*, zu den gesetzlichen Grundlagen und zur Organisation übersichtlich, wenn auch aus juristischer Sicht, Dietrich 1995, S. 35-74. Die einschlägigen Verfassungsartikel und Ausführungsgesetze sowie die aktuelle Version der Geschäftsordnung sind auf der Homepage des Verfassungsgerichtshofes gesammelt abrufbar unter http://www.cortecostituzionale.it/ita/testinormativi/fontididisciplina/fonti.asp (Stand: 20.06.2006).

[22] Vgl. Volcansek 2000, S. 17-19.

[23] Hier gilt ein kompliziertes Wahlverfahren durch insgesamt drei verschieden zusammengesetzte Gremien; vgl. Dietrich 1995, S. 61f.

Wahlgängen eine 2/3-Mehrheit erforderlich, ab dem dritten Wahlgang genügt eine 3/5-Mehrheit. In der Praxis waren diese qualifizierten Mehrheiten von der Regierungskoalition allein schwer zu erreichen, so dass im Normalfall ein Übereinkommen mit der Opposition gefunden werden musste.[24]

Wählbar sind Richter der obersten ordentlichen und Verwaltungsgerichte, ordentliche Universitätsprofessoren der Rechtswissenschaft und Anwälte mit mindestens 20 Jahren Berufserfahrung. Die Amtsdauer eines Verfassungsrichters beträgt neun Jahre; eine Wiederwahl ist ausgeschlossen. Sie genießen zudem Immunität und Indemnität. Für das Amt gelten darüber hinaus zahlreiche Inkompatibilitätsgebote, darunter mit dem Mandat im Parlament oder einem Regionalrat und mit der Ausübung des Anwaltsberufes. Im Falle einer Anklage gegen den Staatspräsidenten wird der Kreis der Richter um sechzehn weitere vergrößert (Art. 135 Abs. 6).

Schließlich wählen die Verfassungsrichter aus ihren Reihen für drei Jahre einen Vorsitzenden, der über beträchtliche Kompetenzen verfügt: Unter anderem bestimmt er die Berichterstatter für die Verfahren, entscheidet über die Öffentlichkeit der Verfahren und kann sogar verfahrensrechtliche Fristen bis auf die Hälfte verkürzen.

Die *Corte costituzionale* wird in vier Fällen tätig:

- An erster Stelle ist die Normenkontrolle zu nennen, d.h. die Prüfung der Verfassungsmäßigkeit von Gesetzen und Vorschriften mit Gesetzeskraft in formeller (bzgl. des Zustandekommens) und materieller (bzgl. des Inhaltes) Hinsicht. Hier sind die konkrete und die abstrakte Normenkontrolle zu unterscheiden: Bei der konkreten Normenkontrolle wird die Verfassungsmäßigkeit anhand eines konkreten Falles, der der *Corte costituzionale* von einem Gericht vorgelegt wird, geprüft. Bei der abstrakten Normenkontrolle wird das Verfahren unabhängig von einem konkreten Fall eingeleitet. Allerdings können nur die nationale Regierung Gesetze der Regionen, die Regionen Gesetze der nationalen Ebene oder anderer Regionen und die Provinzen Trient und Bozen aufgrund ihres Sonderstatus nationale und regionale Gesetze anfechten. Daraus ist erkennbar, dass es sich bei der abstrakten Normenkontrolle faktisch nur um ein Instrument der Kompetenzwahrung von Zentralstaat und Regionen handelt, zumal die jeweilige Opposition kein Klagerecht besitzt

---

[24]   Vgl. zur jüngsten Situation, in der sich Regierungsmehrheit und Opposition über einige Wahlgänge hinweg blockierten, Consulta, si punta sui tecnici, in: Corriere della Sera vom 21.01.2005.

- Zweitens verhandelt der Verfassungsgerichtshof in Kompetenzstreitigkeiten zwischen staatlichen Organen (Parlament, Regierung, Justiz, Staatspräsident), zwischen Regionen und nationaler Ebene und zwischen Regionen untereinander.
- Drittens entscheidet der Verfassungsgerichtshof bei Anklagen gegen den Staatspräsidenten wegen Hochverrat (*alto tradimento*) oder Angriff auf die Verfassung (*attentato alla Costituzione*). Ursprünglich lag auch die Zuständigkeit für Anklagen gegen Minister bei der *Corte costitzionale*. Nachdem das Gericht aber durch einige aufwendige Verfahren in Bestechungsaffären in seinen sonstigen Tätigkeiten schwer behindert worden war, wurde diese Zuständigkeit 1989 den ordentlichen Gerichten übertragen.
- Der vierte Tätigkeitsbereich ist nicht in der Verfassung festgelegt, sondern wurde dem Verfassungsgerichtshof nachträglich bei Einrichtung des abrogativen Referendums (vgl. Kapitel Wahlen und Abstimmungen) übertragen. Hier werden die Anträge auf ein Referendum auf ihre Verfassungsmäßigkeit überprüft; nach Art. 75 Abs. 2 der Verfassung sind diese nicht zulässig bei Steuer- und Haushaltsgesetzen, Amnestien und Straferlässen sowie in Sachen der Ratifizierung internationaler Verträge.

Eine Individualbeschwerde, mit der sich der einzelne Bürger bei Verletzung seiner verfassungsmäßigen Rechte an die *Corte costituzionale* wenden könnte, gib es somit nicht; ihre Einführung wird aber mitunter diskutiert.[25]

Die Entscheidungen des Verfassungsgerichtshofes werden durch Abstimmung getroffen. Kommt es zu einem Gleichstand, ist die Stimme des Präsidenten ausschlaggebend. Bei der Verkündung der Entscheidung werden weder das Abstimmungsergebnis noch etwaige abweichende Meinungen veröffentlicht. Dies soll die Unabhängigkeit wahren, indem das Verhalten einzelner Richter in bestimmten Fällen nicht nachvollzogen werden kann. Die Sprüche des Gerichts können zwei Formen annehmen: Urteile (*sentenze*), mit denen ein Fall abgeschlossen wird, oder Dekrete (*ordinanze*), die lediglich eine Frage beantworten oder eine Prozedur festlegen, nach der der entsprechende Fall weiter verhandelt werden soll.

Vollständige Daten über die Spruchpraxis der *Corte costituzionale* liegen leider nicht vor. Immerhin kann festgehalten werden, dass das Gericht mit einer beträchtlichen Anzahl an Fällen befasst wird.[26] In den Jahren 1978-1997 betrug diese Zahl zwischen 771 und 1493 Fällen jährlich. Kann bei den Entscheidungen

---

[25]   Vgl. hierzu sowie zu den genauen Modalitäten der einzelnen Verfahren detailliert Dietrich 1995.
[26]   Vgl. zu den folgenden Zahlen die Tabellen bei Luther 1990, S. 153-156 und Volcansek 2000, S. 28f.

bis Ende der 1970er Jahre noch ein deutliches Übergewicht der *sentenze* gegenüber den *ordinanze* festgestellt werden, hat sich hier seitdem ein Gleichgewicht
zwischen den Entscheidungsarten eingestellt. Punktuell verfügbare Daten zeigen,
dass ein Großteil der Fälle (um die 30-40%) als nicht zulässig abgewiesen wird.
Dennoch zeigt sich das Gericht recht aktiv bei der Verwerfung von Gesetzen,
wenn man die absoluten Zahlen betrachtet: In den ersten zehn Jahren seiner Aktivität verwarf es 108 nationale und 13 regionale Gesetze ganz oder teilweise. In
den ersten vier Monaten des Jahres 1995 waren es allein 18 Gesetze. Allerdings
relativiert sich dieser Eindruck wieder, wenn man bedenkt, dass aus der Zeit der
Monarchie und des Faschismus noch viele Gesetze gelten und sich auch das
republikanische Parlament durch eine im internationalen Vergleich extrem hohe
legislative Aktivität auszeichnet (vgl. Kapitel Parlament). Außerdem wird nur
einem kleinen Teil der letztlich zugelassenen Anträge auch stattgegeben (1982-
1988 zwischen 6% und 18% jährlich). Allerdings gibt es zur Verwerfung von
Gesetzen auch eine Alternative, von der das Gericht – ähnlich wie das deutsche
Bundesverfassungsgericht – ausgiebig Gebrauch macht: Statt das Gesetz für
verfassungswidrig zu erklären, gibt es eine verfassungskonforme Auslegung vor.
Diese Urteile haben dann faktisch Gesetzescharakter, weshalb man hier auch von
sentenze-legge („Gesetzes-Urteile") spricht.[27]

Die bedeutende Rolle des Verfassungsgerichtshofs zeigte sich bereits auf mehre-
ren Feldern: Ein wichtiger Streitpunkt zwischen der *Corte costituzionale* und den
Regierenden war die Auslegung der Notverordnungsbefugnis. Laut Art. 77 der
Verfassung darf die Regierung in Fällen außergewöhnlicher Notwendigkeit und
Dringlichkeit provisorische Anordnungen mit Gesetzeskraft (*decreti-legge*) erlassen, die allerdings innerhalb von 60 Tagen durch das Parlament in Gesetze
umgewandelt werden müssen und anderenfalls ihre Gültigkeit verlieren (vgl.
Kapitel Regierung). Aufgrund instabiler parlamentarischer Mehrheitsverhältnisse
gingen die Regierungen zunehmend dazu über, die in der Verfassung genannte
Notwendigkeit und Dringlichkeit immer weiter zu interpretieren und durch Dekrete am Parlament vorbei zu regieren. Wurden die Dekrete nicht in Gesetze
umgewandelt, erließ man einfach nach 60 Tagen ein neues Dekret identischen
Inhalts (sog. *reiterazione*). Hier versuchte der Verfassungsgerichtshof zunächst
dem Thema auszuweichen. Als die Praxis der *reiterazione* jedoch immer mehr
um sich griff, nahm das Gericht in den 1980er Jahren in mehreren Entscheidungen das Thema auf und erklärte sowohl die Verordnungspraxis als auch teilweise
die Erneuerung für verfassungswidrig. Als die Politik sich davon unbeeindruckt
zeigte, folgte allerdings eine Phase der richterlichen Zurückhaltung, in der das
Gericht Entscheidungen zu dem Thema auswich. Schließlich wurde die Zurück-

---

[27]   Vgl. Volcansek 2000, S. 30.

haltung jedoch zugunsten eines eindeutigen und definitiven Urteils aufgegeben: 1996 erklärte der Verfassungsgerichtshof definitiv alle Erneuerungen von Dekreten für verfassungswidrig, worauf zumindest die Praxis der *reiterazione* auch ein Ende fand.[28]

Ein typisches Thema, mit dem sich Verfassungsgerichte auseinanderzusetzen haben, ist das Verhältnis zwischen nationaler und sub-nationaler Ebene. Auch wenn in Italien nicht von einem voll ausgeprägten Föderalismus gesprochen werden kann, stellt die Verfassung der nationalen Ebene mit den Regionen doch Akteure gegenüber, mit denen es zu Kompetenzstreitigkeiten kommen kann (vgl. Kapitel Regionen, Provinzen und Kommunen). In mehreren Entscheidungen zu diesem Thema kann – trotz Ausnahmen – eine eher zentralistische Tendenz des Verfassungsgerichtshofes festgestellt werden, der eher dazu neigt, Aufgaben und Kompetenzen dem Zentrum zuzusprechen und weniger der Peripherie.[29] Die zahlreichen Verwaltungsreformen seit Ende der 1990er Jahre, vor allem aber die Neuordnung der Kompetenzen zwischen den Ebenen durch die Verfassungsreform 2001 brachten allerdings viel Bewegung auf diesem Feld. Über das Schicksal dieser Dezentralisierungen wird wesentlich die Spruchpraxis der *Corte costituzionale* entscheiden, deren Richtung allerdings noch nicht absehbar ist. Bemerkenswert ist aber in diesem Zusammenhang, dass die Regionen bei der Bestellung des Gerichts keine Rolle spielen, was in Anbetracht der weiter gewachsenen Rolle dieser Institution für das Verhältnis zwischen den Ebenen durchaus problematisch ist.[30]

Schließlich ist noch auf den Aufgabenbereich einzugehen, in dem der Bedeutungszuwachs des Verfassungsgerichtshofs am augenfälligsten ist: die Entscheidung über die Zulässigkeit von abrogativen Referenden. Die enorme Bedeutung dieses Instruments der direkten Demokratie, insbesondere im Verlauf der Umwälzungen im Parteiensystem, wurde bereits an anderer Stelle hervorgehoben (vgl. Kapitel Wahlen und Abstimmungen). Umso wichtiger ist die Rolle des Gatekeepers, die die *Corte costituzionale* zunehmend aktiv ausfüllte. Die Zulässigkeitskriterien, die die Verfassung vorschreibt (s.o.) sind relativ knapp gefasst. Diese präziser zu formulieren bzw. neue hinzuzufügen hat der Gesetzgeber bei der hektischen Formulierung des Ausführungsgesetzes zum abrogativen Referendum versäumt. Damit ergab sich ein Interpretationsbedarf, dem sich der Verfassungsgerichtshof bald widmete: Über die Entscheidung zur Zulässigkeit hinaus formulierte er 1978 selbständig weitere Gründe, aus denen Anträge auf ein Referendum abgelehnt werden können. Danach dürfen keine mehrfachen oder heterogenen Fragen gestellt werden (die Abstimmungsfrage muss sich folg-

---

[28] Vgl. hierzu ausführlich Volcansek 2000, S. 34-51.
[29] Vgl. Volcansek 2000, S. 52-72.
[30] Vgl. Grasse 2004, insbesondere S. 211f. und S. 237f.

lich auf eine einheitliche und abgrenzbare Materie beziehen), es darf nicht über Teile der Verfassung oder Verfassungsgesetze abgestimmt oder durch ein Referendum das Funktionieren der Verfassungsordnung in Frage gestellt werden. Nimmt man die Unzulässigkeitsgründe aus der Verfassung hinzu, insbesondere das Verbot von Abstimmungen über Haushaltgesetze, ergibt sich somit für die *Corte costituziopnale* ein beträchtlicher Entscheidungsspielraum, den sie sich in weiten Teilen selbst geschaffen hat. Das Ausmaß dieses Spielraums zeigt sich bei einer näheren Betrachtung der Entscheidungen über die Zulässigkeit von Referenden (Tabelle 10.2).

Zwischen 1972 und 2003 wurde nur knapp der Hälfte der Anträge stattgegeben, was insbesondere zu Hochzeiten der Referendumsbewegung in den 1990er Jahren bedeutete, dass ein beträchtlicher Teil der Reformimpulse bereits am Verfassungsgerichtshof scheiterte. Inwieweit dies als konservativ betrachtet werden kann oder doch die Zulassung von reformorientierten Anträgen auf eine veränderungsorientierte Rechtsprechung hindeutet, kann jedoch nur am Einzelfall entschieden werden.[31]

Es ist zu erkennen, dass der italienische Verfassungsgerichtshof in der Zeit seines Bestehens an Bedeutung gewonnen und sich als weitgehend unabhängiger Akteur etabliert hat. Dies ist auch bemerkenswert vor dem Hintergrund, dass ihm zur Durchsetzung seiner Entscheidungen keine Machtmittel zur Verfügung stehen und er somit – wie andere Verfassungsgerichte auch[32] – nur auf eine fragile Autorität bauen kann. Wie sehr seine Einflussmöglichkeiten unter den Bedingungen einer politischen Kultur, zu deren Charakteristika die Unterscheidung zwischen *paese legale* und *paese reale* gehört (vgl. Kapitel Politische Kultur), begrenzt sind, zeigt sich an den Fällen, in denen die politischen Akteure erst nach wiederholter Aufforderung reagierten, z.B. in der Frage der Notverordnungen.

---

[31] Vgl. hierzu ausführlicher Capretti 2001, S. 86-94 und Volcansek 2000, S. 91-115. Zur Rechtsprechung auf dem Feld der Medienpolitik vgl. Volcansek 2000, S. 116-140 sowie das Kapitel Medien.

[32] Vgl. Kranenpohl 2004, S. 46.

Tabelle 10.2: Entscheidungen des Verfassungsgerichtshofes zur Zulässigkeit
von Referenden 1972-2003

Urteil im Jahr	Anträge (1)	davon stattgegeben
1972	1	1
1975	1	1
1978	8	4
1981	11	6
1982	2	1
1985	1	1
1987	8	5
1990	3	3
1991	3	1
1993	14	11
1994	2	1
1995	13	7
1997	29	11
1999	1	1
2000	12	6
2003	3	2
Summe	112	62

Quelle: Eigene Zusammenstellung nach Chimenti 1999 und Volcansek 2000
sowie eigene Auszählung nach den Entscheidungen der *Corte costituzionale* auf
www.giurcost.org (Stand: 24.09.2004). Die Zählweisen in der Sekundärliteratur
variieren z.t. beträchtlich und dadurch auch die Zahlen. Hier wurden eigene
Kriterien zur Zählung zugrundegelegt.
(1) Gezählt nach Anzahl der Gesetze oder Gesetzesteile, die abgeschafft werden
sollten; sollten mehrere Teile desselben Gesetzes abgeschafft werden, wird der
Antrag nur einmal gezählt. Entscheidet das Gericht dann differenziert, wird dabei (nicht aber beim Antrag) jeder einzelne Teil gezählt.

Der Verfassungsreformentwurf der Mitte-Rechts-Koalition betraf auch die Besetzung der *Corte costituzionale* und deren Mitglieder. Künftig sollten vier der
Verfassungsrichter vom Staatspräsidenten, vier von den höchsten ordentlichen
und Verwaltungsgerichten, drei von der Abgeordnetenkammer und vier vom
(reformierten) Senat bestellt werden. Außerdem sollten die Inkompatibilitätsgebote erweitert und zeitlich auf drei Jahre nach Beendigung des Mandates ausgeweitet werden. Befürchtungen, der Verfassungsgerichtshof würde durch die

Reform weniger unabhängig, waren also kaum begründet: Die heftig kritisierte Verschiebung bei der Bestellung zugunsten des parteipolitisch geprägten Parlaments wäre eher geringfügig ausgefallen; die von „unabhängigen" Institutionen ernannten Mitglieder wären in der Mehrheit geblieben. Zudem ist weder in Italien noch in anderen Ländern zu erkennen, dass „politisch" bestellte Richter weniger unabhängig urteilten. Die erweiterten Vorschriften zur Inkompatibilität wären eher als Schritt zu größerer Unabhängigkeit zu sehen gewesen, da die Richter damit auch nicht auf künftige „Belohnungen" durch Ämterpatronage hätten spekulieren können. Allerdings scheiterte die Reform im Juni 2006 an einer Volksabstimmung, so dass diese Änderungen nicht wirksam wurden.

10.3 Justiz und Politik

Das Verhältnis von Politik und Justiz ist in Italien ein stärker politisch diskutiertes Thema als in anderen Ländern,[33] was nicht nur an Silvio Berlusconi liegt, sondern tiefere Ursachen hat:[34] Strukturell ist hier die Kopplung der richterlichen Selbstverwaltung an das politische System über den CSM und die *correnti* innerhalb der Richterschaft zu nennen. Hinzu kommt eine Wende im Selbstverständnis der *magistratura*, in der die Gruppe derjenigen, die eine aktive und explizit politische Rolle der Justiz verfechten, seit den 1970er Jahren stetig gewachsen ist. Mit diesem gewandelten Selbstverständnis ging ein beträchtlicher Bedeutungsgewinn und eine Ausweitung des Handlungsspielraums der Justiz durch die Ermittlungen gegen den Terrorismus und die organisierte Kriminalität einher – sowohl durch spezielle gesetzliche Regelungen als auch durch eine faktische Führungsrolle gegenüber der Polizei.

Den Höhepunkt politischen Einflusses der Richterschaft stellt ohne Zweifel der *Tangentopoli*-Skandal dar (vgl. Kapitel Korruption und Kriminalität). Im Zuge der massenhaften und lawinenartigen Aufdeckung politischer Korruption ergab sich eine riesige Menge an Spuren, Indizien und Beweismaterial. Da diese Menge unmöglich vollständig bearbeitet werden konnte, eröffnete sich den Richtern und Staatsanwälten ein beträchtlicher Handlungsspielraum bei der Entscheidung, welchen Spuren nachzugehen sei. Auf dem Höhepunkt des Skandals und der öffentlichen Empörung genügte oft schon die Einleitung von Ermittlungen, um einen Politiker zu stürzen. Auch das Wort von einer „Revolution der Richter" ist in der Diskussion.[35] Der Ablauf der Untersuchungen bot dann auch einigen

---

[33]   Vgl. zu diesem Thema vergleichend Guarnieri / Pederzoli 2002.
[34]   Vgl. zu den folgenden, hier nur skizzenhaft möglichen Ausführungen Guarnieri 1997 und 2003b.
[35]   Della Porta 2001.

Nährboden für Spekulationen, dass sich manche Ermittler bewusst und aus politischen Motiven auf PSI und DC konzentriert hätten: „The political sympathies of the magistrates have long been presumed to be leftist, and indeed the PDS and *Rifondazione Comunista* emerged virtually unscathed by the scandals."[36] Auch die Art und Weise des Vorgehens (z.B. der Einsatz der Untersuchungshaft und die Instrumentalisierung der Öffentlichkeit) trug dazu bei, dass das Verhältnis eines beträchtlichen Teils der politischen Eliten zur Justiz nachhaltig gestört wurde und diese auch bei weiten Teilen der Bevölkerung nicht mehr als neutrale Instanz gesehen wird. Insbesondere die Mailänder Ermittlergruppe um Antonio Di Pietro, der im Laufe von *Tangentopoli* durch seine öffentlichen Auftritte den Status eines Volkstribuns erlangte und später selbst in die Politik einstieg, wurde heftig kritisiert. Sogar das Wort von der „Partei der Richter" machte die Runde.[37]

Dieser Hintergrund muss in Rechnung gestellt werden, wenn man die zweite große Auseinandersetzung zwischen Politik und Justiz betrachtet, die sich an der Person Silvio Berlusconi entzündet. Es ist hier nicht der Ort, um die zahlreichen Ermittlungen und Verfahren Berlusconis zu diskutieren oder gar deren Berechtigung zu überprüfen. Tatsache ist, dass er sich seit über zehn Jahren im Visier der Staatsanwälte befindet und die gegen ihn laufenden Verfahren detailliert öffentlich diskutiert werden.[38] Besondere Brisanz gewann die Angelegenheit zu den Zeiten, zu denen Berlusconi Regierungschef war bzw. ist. Kritiker halten ihm nicht nur vor, der jeweiligen Vergehen schuldig zu sein, sondern führen ins Feld, dass eine unter Anklage stehende Person nicht für ein herausgehobenes politisches Amt geeignet sei. Das Lager der Berlusconi-Befürworter hält dem entgegen, dass die Verfahren stets eingestellt wurden (mitunter wegen Verjährung) oder mit Freispruch endeten und folglich die Unschuldsvermutung zu gelten habe. Ihr Hauptargument ist jedoch: Die Verfahren gegen Berlusconi seien politisch motivierte Aktionen linksgerichteter Staatsanwälte und Richter, die einen ihnen nicht genehmen, aber demokratisch gewählten Politiker auf undemokratische Weise stürzen wollten. Die Auseinandersetzung wurde zusätzlich dadurch angeheizt, dass die Mitte-Rechts-Mehrheit seit 2001 mehrere Gesetze verabschiedete, die dem Regierungschef oder seinen Umfeld bei Problemen mit der Justiz zu Hilfe kamen, z.B. durch die rückwirkende Verkürzung von Verjährungsfristen.[39]

Doch zeigt sich an diesem Punkt auch, dass die justiziellen Sicherungsmechanismen in Italien grundsätzlich funktionieren. So wurde ein Gesetz, das dem Angeklagten erlaubt, bei begründeten Zweifeln an der Unparteilichkeit des Rich-

---

[36]   Volcansek 1998, S. 141 (Hervorhebungen im Original).
[37]   Vgl. Guarnieri 2003a, S. 153-159.
[38]   Vgl. Paoli 2003.
[39]   Vgl. Italiens Regierungschef mit sich zufrieden, in: NZZ vom 15.08.2001.

ters eine Verlegung des Prozesses zu beantragen (Nutznießer der sich daraus ergebenden Verzögerung wäre u.a. Berlusconi gewesen), zwar verabschiedet – doch der entsprechende Antrag des FI-Chefs scheiterte vor dem Kassationsgerichtshof. Ein zweites Beispiel ist das Gesetz zur Immunität für die fünf höchsten Staatsämter (darunter der Regierungschef), das letztendlich am 13.01.2004 vom Verfassungsgerichtshof für nichtig erklärt wurde. Auch zeigen sich die Staatsanwälte von den Angriffen aus Regierungskreisen unbeeindruckt: Es werden immer neue Verfahren eingeleitet, so z.B. im April 2005 wegen Steuerhinterziehung, Bilanzfälschung und Missbrauch öffentlicher Gelder und auch unmittelbar vor den Wahlen im Frühjahr 2006.[40]

Die Attacken Berlusconis blieben im wesentlichen verbaler Natur, so dass sie über öffentliches Aufsehen hinaus keine substanziellen Konsequenzen nach sich zogen. Allerdings könnten sie durchaus einen weiteren und dauerhaften Ansehensverlust der Justiz zur Folge haben – mit fatalen Auswirkungen für die politische Kultur: „The law is still typically seen as something which is negotiable, and Berlusconi's self-interested denigration of parts, at least, of the judiciary is still a politically viable strategy."[41] Offene Angriffsflächen seitens der Justiz ergeben sich vor allem dann, wenn die gegen Berlusconi ermittelnden Richter und Staatsanwälte Mitglieder einer linksgerichteten *corrente* sind oder sich entsprechend äußern. Als über das Verbale hinausgehende Folge der Auseinandersetzung zwischen Politik und Justiz wird die jüngste Justizreform gesehen, in der sich die rüde Rhetorik Berlusconis allerdings kaum niedergeschlagen hat und deren Auswirkungen noch nicht absehbar sind.

---

[40]   Neues Verfahren gegen Berlusconi beantragt, in: FAZ vom 27.04.2005.
[41]   Donovan 2003b, S. 26.

11 Korruption und Kriminalität

Zwei negative Aspekte können bei einer Betrachtung des politischen Systems Italiens leider nicht übergangen werden: Korruption und organisierte Kriminalität. Die organisierte Kriminalität gehört unter dem Schlagwort Mafia geradezu zum Klischee von Italien an sich und stellt dort mehr als in den meisten anderen Ländern eine schwere Belastung der gesamten Gesellschaft dar; ihre Einflüsse liegen allerdings im Verborgenen und sind schwer direkt zu beobachten. Die politische Korruption versucht ebenso im Hintergrund zu bleiben und ist de facto überall auf der Welt zu finden. Doch stellt systematische politische Korruption als zweites, illegales System der Parteienfinanzierung ein italienisches Spezifikum dar; ihre lawinenartige Aufklärung ab 1992 wirkte sich so bestimmend auf die italienische Politik aus, dass auch noch das heutige Geschehen schwer ohne diesen Faktor zu verstehen ist.

11.1 Korruption

Beim Thema Korruption ist zunächst eine wichtige Unterscheidung zu treffen, nämlich zwischen bürokratischer und politischer Korruption. Auch ist Korruption nicht zu verwechseln mit Klientelismus, in dem die Klientel nicht Geld, sondern ihre Wählerstimmen als Gegenleistung für entsprechende „Wahlkreisarbeit" zur Verfügung stellt. Im Prinzip laufen beide Systeme parallel: In dem einen wird die Wählerstimme gegen individuelle Patronage eingetauscht, im zweiten Geld gegen eine bestimmte Entscheidung bzw. öffentlichen Auftrag. Allerdings sind die beiden Phänomene nicht gänzlich zu trennen, da das eine den Nährboden für das andere bereitet und umgekehrt.[1]

---

[1] Vgl. Golden 2003 und speziell zur Abgrenzung von Klientelismus und Korruption Ginsborg 2001, S. 183f.

11.1.1 Bürokratische Korruption

Bürokratische Korruption meint illegale Handlungen zum eigenen Nutzen durch öffentlich Bedienstete (Beamte etc.). Hinzu kommt der private Bürger, der sich durch Zuwendungen an den Beamten gewisse Vorteile, z.B. die bevorzugte Bearbeitung eines Antrages, verschafft. Diese Art von Korruption findet meist auf unteren Ebenen der Verwaltung und im kleineren Maßstab statt; die Akteure sind Einzelpersonen, die Bestechungssummen gering und der Schaden im Einzelfall klein, wenn überhaupt existent.[2]

Der Nährboden für bürokratische Korruption ist in Italien ideal: Die Überregulierung, Überlastung und Langsamkeit der Verwaltung stellen für den Bürger, der auf eine Entscheidung oder die Ausstellung eines Dokumentes angewiesen ist, einen massiven Störfaktor dar (Vgl. Kapitel Regierung, Abschnitt Verwaltung). Gleichzeitig ist es für den Beamten einfach, sich hinter den vielen Regelungen zu verstecken und Vorgänge zu verzögern. Daraus ergibt sich eine Anreizstruktur, die den Bürger leicht dazu verführt, die Dinge durch Bestechung zu beschleunigen, zumal der legale Weg unerträglich lange dauern würde. Für den Bestochenen ist es andererseits ein Leichtes, einen bestimmten Antrag aus dem Stapel von ganz unten nach ganz oben zu befördern oder aus dem Regelungsdickicht genau die Vorschrift anzuwenden, die im Sinne des Bestechers liegt. Hinzu kommen als begünstigende Faktoren die schlechte Bezahlung der niederen öffentlich Bediensteten und eine politische Kultur, die Gesetzen und staatlichen Institutionen ohnehin skeptisch gegenübersteht.

Die Versuchung ist also groß und das Unrechtsbewusstsein fehlt häufig. Schließlich muss der Beamte oft gar kein geltendes Recht verletzen, um jemanden zu begünstigen; es genügt die bevorzugte und schnelle Erledigung unter Ausnutzung des gegebenen Spielraums. Auch für den Bürger ist die bürokratische Korruption ein Kavaliersdelikt: Schließlich erkauft er sich damit nur, was ihm aus seiner Sicht ohnehin zusteht. Aus seiner Sicht stellen die Trinkgelder für Beamte ein notwendiges Übel dar, an dem der Staat und die Politiker Schuld sind. Einen Schritt weiter gedacht ergibt sich für die Verwaltung sogar ein Anreiz, die Vorgänge zu verzögern, da damit die Aussicht auf Bestechungszuwendungen steigt.[3]

Bürokratische Korruption ist schwer zu fassen und bleibt in den meisten Fällen unentdeckt, so dass hier kaum Aussagen über das Ausmaß getroffen werden können. Allerdings ist es wohl mehr als ein Klischee, dass diese Art der

---

[2]   Allerdings kann bürokratische Korruption immensen Schaden verursachen, wenn man die Einzelfälle aggregiert und die Auswirkungen auf das Institutionenvertrauen der Bürger berücksichtigt.

[3]   Vgl. zur bürokratischen Korruption, ihren Ursachen und Gegenmaßnahmen Della Porta / Vannucci 1999.

„kleinen Korruption" in Italien verbreiteter ist als in vergleichbaren westlichen Ländern. Einen Anhalt mag der Corruption Perceptions Index der Anti-Korruptions-Organisation Transparency International geben: Im Jahre 2004 rangiert hier Italien mit einem Wert von 4,8 auf dem geteilten 42. Platz von 146 untersuchten Ländern.[4]

11.1.2 Politische Korruption

Unter politische Korruption fällt die Bestechung von gewählten Politikern durch Unternehmen, mit dem Ziel öffentliche Aufträge und staatliche Subventionen zu erhalten. Hier werden sowohl punktuelle Entscheidungen (z.b. über staatliche Aufträge) wie auch die Gesetzgebung beeinflusst.

Auch diese Art der Korruption ist in Italien weiter verbreitet als in vergleichbaren Industrieländern. Das Besondere an Italien ist, dass sich hier die politische Korruption so verzweigt und verfestigt hat, dass man sie schon systematisch nennen kann. Im Laufe der Zeit etablierte sie sich als Verhaltensweise, die nicht nur ein offenes Geheimnis war, sondern auch von allen Beteiligten stillschweigend gebilligt wurde. In der Preiskalkulation der Unternehmen wurden ganz selbstverständlich fünf bis fünfzehn Prozent des Auftragsvolumens als Schmiergelder (*tangenti*) einkalkuliert. Durch entsprechend höhere Preise holte man sich dieses Geld aus den öffentlichen Kassen wieder zurück. Auf der anderen Seite bildete sich bei Politikern und Parteien eine Art Anspruchsdenken heraus, so dass auf dem Höhepunkt der Entwicklung kaum ein öffentlicher Auftrag ohne entsprechende Zahlungen vergeben wurde und die *tangenti* quasi als anerkannte Provisionen fungierten. Da im politischen System Italiens Entscheidungen selten von einem Akteur allein getroffen werden können, wurde die Bestechungssumme folglich nach Proporz auf die beteiligten Parteien – auch die der Opposition – aufgeteilt, wozu die Parteien eine ausgeklügelte interne Verwaltung der Schwarzgelder aufbauten. Zu den verborgenen Geldflüssen gehörte auch ein inoffizielles Geflecht persönlicher Beziehungen und Abhängigkeiten, das mit dem System der innerparteilichen *correnti* zusammenhing und wichtiger war als die offizielle Parteihierarchie.

Auf diese Weise entstand ein System illegaler Parteienfinanzierung, das von der lokalen bis auf die nationale Ebene reichte und sich bis in die Parteispitzen und höchsten Positionen in Staat und Wirtschaft erstreckte, wie später die Er-

---

[4]   Zum Vergleich: An der Spitze steht Finnland (9,7), am untersten Ende Bangladesh und Haiti (jeweils 1,5). Deutschland rangiert mit einem Wert von 8,2 auf Platz 15. Noch vor Italien werden z.B. Chile, Uruguay, Botswana, Jordanien und Tunesien eingeordnet. Vgl. auch zu den Daten früherer Jahre http://www.transparency.org/surveys/index.html (Stand: 27.06.2006).

mittlungen zeigten. Nicht nur kleine Mittelständler und Lokalpolitiker waren darin verwickelt, sondern auch Großindustrielle und Bankiers sowie Parteivorsitzende, Minister und Regierungschefs.[5] Diesem System entspricht der Typus des „Geschäftspolitikers", der von der Politik lebt und dem es weniger um politische Inhalte als vielmehr um Zugang zu öffentlichen Ressourcen, Geschäfte und den eigenen Aufstieg geht.[6]

Nun stellt sich die Frage, warum es zu einem so umfassenden Korruptionssytem kam. Es wäre zu einfach, die grassierende Korruption einzig und allein auf persönliche Raffgier zurückführen zu wollen. Zwar landete ein Teil der *tangenti* in privaten Taschen, doch der größte Teil floss nachweislich in die Schwarzgeldkassen der Parteien zum Zwecke der Kampagnenfinanzierung.

In der Tat unterhielten die italienischen Parteien relativ große und aufwendige Apparate, die finanziert werden mussten, vor allem in Zeiten teurer Wahlkämpfe und Kampagnen. Die 1974 per Gesetz eingeführte staatliche Parteienfinanzierung reichte dafür bei weitem nicht aus. Zudem entzog dieses Gesetz den Parteien zwei wichtige Einnahmequellen: Da Parteispenden ab einer bestimmten Höhe veröffentlicht werden mussten, sank die Motivation vieler Spender, die lieber im Hintergrund bleiben wollten, erheblich. Hinzu kam das Verbot von Spenden an Parteien durch Unternehmen, an denen der Staat beteiligt war; aufgrund der weit verzweigten Staatsbeteiligungen fiel damit ein großer potentieller Spenderkreis aus. So machten sich die Parteien verstärkt auf die Suche nach illegalen Wegen der Mittelbeschaffung. Diese Erklärung wird durch Befunde gestützt, nach denen sich die politische Korruption in Italien erst im Laufe der 1970er und 1980er Jahre zum System entwickelte.[7]

Ein ähnlicher Erklärungsansatz argumentiert, dass den italienischen Parteien seit den 1970er Jahren zunehmend ihre Basis in der Gesellschaft wegbrach. Die Auflösung traditioneller Bindungen (z.B. der DC an die katholische Basis) und Entideologisierung führten zu einer schleichenden institutionellen Schwächung der Parteien: Sie konnten Wähler und Parteimitglieder immer weniger mit politischen Inhalten oder Weltbildern an sich binden. Das führt zum einen zu Ressourcenknappheit im politischen Alltagsbetrieb (da zunehmend weniger Personal aus genuin politischen Motiven zur Verfügung steht) und zum anderen zu einem Anstieg des Anteils derer, die sich nur aus Karrieregründen in den Parteien engagieren (Geschäftspolitiker). Im Ergebnis steigt sowohl der Bedarf an materiellen Ressourcen als auch das Potential an krimineller Energie, das für die Errichtung eines Korruptionssytems erforderlich ist. Somit wäre nicht die Stärke, son-

---

[5] Vgl. für eine kompakte Schilderung des Korruptionssystems sowie seiner Aufdeckung Petersen 1995, S. 141-167 sowie detaillierter Della Porta 1995 und Rhodes 1997. Siehe auch das Stichwort *tangenti* in Brütting 1997 sowie Ginsborg 2001, S. 179-190.

[6] Vgl. Pizzorno / Della Porta 1993 und Bellgini 1995.

[7] Vgl. Golden 2003 und Rhodes 1997.

dern die Schwäche der italienischen Parteien die tiefere Ursache für das Ausmaß politischer Korruption.[8]

Hinzu kommt, dass die Rahmenbedingungen günstig waren: Das politisch-kulturell verankerte geringe Vertrauen in abstrakte Normen und die starke Orientierung an persönlichen Bindungen stellten einen begünstigenden Hintergrund dar.[9] Das Fehlen von Machtwechseln setzt einerseits wichtige Kontrollmechanismen außer Funktion und sorgt andererseits für parteipolitische und personelle Kontinuität, was wiederum zur Verfestigung eines Systems beiträgt.

Obwohl in der Geschichte der Republik immer wieder spektakuläre Einzelfälle aufgedeckt wurden – z.B. musste Staatspräsident Giovanni Leone 1978 wegen Verstrickung in einen Bestechungsskandal durch die Firma Lockheed zurücktreten – ist doch festzustellen, dass der Löwenanteil politischer Korruption zumindest bis 1992 verborgen blieb. Dies ist unter anderem darauf zurückzuführen, dass auch die auf den ersten Blick Geschädigten, die Unternehmen, bei näherem Hinsehen von dem System profitierten. Denn es war einfacher, sich Aufträge zu kaufen anstatt sich echtem Wettbewerb auszusetzen. Außerdem wurden die Bestechungsgelder in die Auftragskalkulation eingepreist, so dass sie letztlich größtenteils zu Lasten des Steuerzahlers gingen. Es handelte sich also vielmehr um eine Symbiose von Politik und Wirtschaft, welche die gern vorgebrachte simple Unterscheidung in Täter und Opfer fragwürdig macht.

Denn die natürlichen Feinde der Korruption, die Strafverfolgungsbehörden und insbesondere die Justiz, nahmen sich dieses Themas nur ungenügend an. Dies befremdet vor allem, wenn man die außergewöhnlich große Autonomie der italienischen Justiz in Betracht zieht; Möglichkeiten der Vertuschung von Seiten der Politik durch direkte Einflussnahme auf die Untersuchungen sind kaum vorhanden (vgl. zum Folgenden auch das Kapitel Justiz). Allerdings ist dies nur der formal-institutionelle Aspekt. Auf der informalen Seite sind dagegen zahlreiche Punkte zu finden, die die Kontrollfunktion der Justiz gegenüber der Politik beeinträchtigen: Ein Korpsgeist mit allgemein anerkannten Normen, der eine Barriere gegen Einflüsse von außen hätte darstellen können, konnte sich in der italienischen Richterschaft nicht etablieren. So konnten Faktoren wie gemeinsame Klassenzugehörigkeit, gemeinsame Interessen oder politische Orientierungen der einzelnen Richter die Art und Weise, wie man mit politischer Korruption umging, beeinflussen. Aus Sicht eines strikten Antikommunismus z.B. konnte Korruption auf Seiten der Parteien der Mitte als Kavaliersdelikt und notwendiges Übel im Kampf gegen den Kommunismus gesehen werden. Die ebenfalls außergewöhnlich starke Politisierung der italienischen Justiz wirkte sich somit auch auf die Ermittlungstätigkeit aus – sowohl zugunsten als auch schließlich gegen

---

[8]   Vgl. Belligni 1995 und Rhodes 1997.
[9]   Ginsborg 2001, S. 182-186.

die Korruption, wie das Beispiel *Mani pulite* zeigt. Zudem sind informelle Einflüsse auf Vorgesetzte oder auch direkte Korruption innerhalb der Justiz Wege, um unliebsame Untersuchungen zu vermeiden.[10] Als Rahmenbedingung ist auch noch die chronische Überlastung des italienischen Justizsystems in Rechnung zu stellen, das eine effiziente Strafverfolgung nicht nur im Bereich der Korruption erschwert.

11.1.3 Tangentopoli: Die Aufdeckung politischer Korruption

Zumeist wurden nur die „kleinen Fische" ertappt und verurteilt, die sich allerdings sicher sein konnten, dass sie nach Verbüßung ihrer Strafe wieder in das Patronagesystem aufgenommen und so versorgt wurden – unter der Bedingung, dass sie eisern schwiegen. Solange dieses Schweigegebot eingehalten wurde, blieb es bei Einzelfällen und das größere Netzwerk blieb unerkannt. Gelang es aber, jemanden zum Reden zu bringen, war alles in Gefahr.

Genau dies passierte Anfang 1992, als der Mailänder Lokalpolitiker Mario Chiesa (PSI) bei der Annahme von Schmiergeldern in flagranti erwischt und verhaftet wurde. Als sich abzeichnete, dass seine Parteigenossen ihn fallen lassen würden (Parlamentswahlen standen vor der Tür), packte er aus und enthüllte den Ermittlern weitreichende Details und Namen aus dem Mailänder Schmiergeldsystem. Damit begann die Aufdeckung des größten Skandals der italienischen Nachkriegsgeschichte, der als *Tangentopoli* in die Annalen eingehen sollte. *Tangentopoli* (wörtlich: Schmiergeld-Stadt) stand dabei unabhängig vom konkreten Fall Mailand als Chiffre für jede Stadt, in der ohne *tangenti* nichts ging. Vorangetrieben wurde die Aufdeckung von einer Gruppe Mailänder Untersuchungsrichter um Antonio Di Pietro, die sich *Mani pulite* (Saubere Hände) nannte und fest entschlossen war, sich nicht beirren oder aufhalten zu lassen. Entschlossenheit, Zusammenhalt und koordiniertes Vorgehen dieser Ermittlergruppe waren dann auch entscheidende Bedingungen für den Erfolg der Aktion.

Der Skandal weitete sich schnell aus. Vor allem Schreibtischtäter aus Unternehmen brachen unter dem Druck von Untersuchungshaft und Öffentlichkeit zusammen und versuchten sich durch umfangreiche Aussagen zu retten. So gerieten bald alle Bereiche und Ebenen der Mailänder Parteien in das Visier der Fahnder. Wie bei einem Schneeball, der zur Lawine wird, reichten die Ermittlungen rasch weit über Mailand hinaus und erfassten das ganze Land. Von dem gewaltigen Medienecho und der entrüsteten Bevölkerung angespornt, gingen weitere Untersuchungsrichter in anderen Städten nach dem Vorbild von *Mani*

---

[10]   Vgl. zu den zahlreichen informalen Wegen der Einflussnahme sowie zu politischen Motiven der Richterschaft Della Porta 2001.

pulite vor. Parallel zur geographischen Ausdehnung wurden auch immer höhere Ebenen der Parteien erfasst. In Mailand hatte der mehrjährige Regierungschef und PSI-Kopf Bettino Craxi seine Machtbasis und war folglich auch tief in die Machenschaften verstrickt; er wurde später zur Symbolfigur für *Tangentopoli* und entzog sich nur durch Flucht ins Ausland einer Haftstrafe. Paradigmatisch war seine Verteidigungsstrategie: In der Abgeordnetenkammer erklärte er, das hätten doch alle gemacht und wer ohne Schuld sei, möge den ersten Stein werfen. Neben Craxi rückten auch DC-Chef Arnaldo Forlani und zahlreiche aktuelle und ehemalige Parteivorsitzende, Regierungschefs und Minister ins Visier der Ermittler; als Beispiele seien nur die früheren Parteichefs Giorgio La Malfa (PRI), Renato Altissimo (PLI) und Carlo Vizzini (PSDI) erwähnt, sowie die Minister Claudio Martelli (DC), Giovanni Goria (DC) und Francesco De Lorenzo (PLI), die allesamt zurücktraten. Überhaupt kam es zu einer beispiellosen Rücktrittswelle, die auf allen Ebenen zu einem weitgehenden personellen Austausch auf Führungspositionen führte. Das Ausmaß des Skandals wird bei einem Blick auf die Zahlen schnell deutlich: Allein bis Ende März 1993 gab es schon 1356 Verhaftungen und über 1000 Ankündigungen weiterer Ermittlungsverfahren; der Löwenanteil der Beschuldigten war in den Reihen von DC und PSI zu finden. Nach italienischem Recht muss eine Person unterrichtet werden, sobald Ermittlungen gegen sie aufgenommen werden (durch einen so genannten *avviso di garanzia*). Obwohl dies nicht-öffentlich geschehen muss, erfuhren die Medien während *Tangentopoli* offenbar leicht davon. Zwar sagt die Aufnahme von Ermittlungen noch gar nichts über die Schuld des Betroffenen aus, doch wirkte die Zustellung eines *avviso* in Verbindung mit der Darstellung durch die Medien und die aufgeheizte Stimmung faktisch wie eine Vorverurteilung, so dass dies meist schon das Ende der politischen Karriere bedeutete.[11]

Die Öffentlichkeit zeigte sich sehr entrüstet und sah in den Mailänder Untersuchungsrichtern Helden. Ihr Kopf, Antonio Di Pietro, wurde vor den Kameras zur Symbolfigur für den mutigen Kampf von *Mani pulite*. Ende 1992 wurde er zum beliebtesten Italiener gewählt und belegte bei einer Umfrage vom Mai 1993 nach der mächtigsten Person des Landes den ersten Platz mit großem Vorsprung vor dem Papst, Medienmogul Silvio Berlusconi und Regierungschef Carlo Azeglio Ciampi.[12]

Doch waren nicht nur Einzelpersonen betroffen – die Ermittlungen und Erkenntnisse brachten faktisch die gesamte politische Elite der regierenden Parteien und auch die Parteien selbst in Verruf. Schnell zeigten sich erste Zerfallserscheinungen wie Parteiaustritte und Rufe nach Neugründungen oder Abspaltungen. So gingen der PSI und die drei laizistischen Parteien in den Wirren völlig

---

[11]   Guarnieri 1997, S. 168.
[12]   Petersen 1995, S. 152.

unter. Die DC löste sich 1994 offiziell auf; zurück blieben mehrere kleine Splitterparteien als Nachfolger. *Tangentopoli* hinterließ denn auch im Parteiensystem
seine dauerhaftesten Spuren: Die Parteien, die jahrzehntelang und auch 1992
noch einmal die Regierung gestellt hatten, waren 1994 verschwunden. Profiteure
der Implosion des alten Parteiensystems waren diejenigen politischen Kräfte, die
zuvor von der Macht ausgeschlossen waren. Dies trifft zum einen für die Nachfolger des PCI zu, die zwar hinter den Kulissen voll in das Proporzsystem von
lottizzazione und *sottogoverno* (vgl. Kapitel Regierung) integriert waren und
auch ihren Anteil an den Schmiergeldern hatten, aber wegen der Konzentration
der Ermittlungen auf DC und PSI relativ unbelastet erschienen. Zum anderen
standen mit LN und MSI zwei Parteien am rechten Rand bereit, das Vakuum zu
füllen – die einen, weil sie von Anfang an aus dem Kreis der etablierten Parteien
ausgeschlossen waren und die anderen, weil sie neu auf der politischen Bühne
waren und sich explizit den Kampf gegen die korrupten alten Parteien auf die
Fahnen geschrieben hatten. Eine dritte Kraft, die aus dem Zusammenbruch der
alten Parteien Kapital schlug, war die von Silvio Berlusconi aus dem Boden
gestampfte *Forza Italia* (vgl. Kapitel Parteien und Parteiensystem).

Doch zeigen sich hier auch Grauzonen: Gerade Silvio Berlusconi, dem Be
sitzer eines umfangreichen Wirtschaftsimperiums, fällt es schwer zu glauben, er
sei nicht in die Bestechungen verwickelt gewesen. So kam es auch nicht überra-
schend, dass die Ermittlungen Ende 1994 ebenfalls den frisch gebackenen Regierungschef erreichten; nachdem er einen *avviso* erhalten hatte, musste er bald
zurücktreten. Allerdings bleiben seine Machenschaften und die Ermittlungen
gegen ihn bis dato ebenso ein Dauerthema auf der politischen Bühne wie das
Verhältnis von Politik und Justiz (vgl. Kapitel Justiz).[13]

Es stellt sich schließlich die Frage, warum gerade ab 1992 die plötzliche Aufdeckung des über lange Zeit stabilen Korruptionssystems möglich war. Hier sind
mehrere Faktoren zu nennen, die bei einer Erklärung in Betracht gezogen werden
müssen:[14]

- Zum einen verschärfte sich nicht zuletzt aufgrund von Globalisierung und
  europäischer Integration die Wettbewerbssituation der italienischen Unternehmen. Zusammen mit der Wirtschaftskrise Anfang der 1990er Jahre führte dies dazu, dass die Unternehmen schlicht nicht mehr ausreichend Geld
  hatten, um ohne Murren die *tangenti* zu zahlen.

---

[13] Die genauen Ereignisse der Jahre 1992-1995 aufzuschlüsseln ist hier leider aus Raumgründen
      nicht möglich. Vgl. die Schilderung bei Petersen 1995 sowie detaillierter die sehr nützliche
      Chronologie in den jeweiligen Bänden der Reihe Italian Politics, hier Hellman / Pasquino
      1993, Mershon / Pasquino 1995 und Katz / Ignazi 1996.
[14] Vgl. Sassoon 1995 und Guarnieri 1997, S. 166-169.

- Eine politische Hintergrundbedingung war, dass das etablierte Parteienkartell bereits ins Wanken geraten war. Der Zusammenbruch des Kommunismus und die rasch wachsende Unzufriedenheit der Italiener stellten die Legitimität der Dauerregierung des *pentapartito* Frage. Konkreten Ausdruck fand dies zum einen im Aufstieg der LN, die sich dem Kampf gegen die korrupte Politik in Rom verschrieben hatte, zum anderen im Ergebnis des Referendums von 1991, als sich das Wahlvolk massiv gegen die politischen Eliten gestellt hatte. Die etablierten Parteien waren also bereits seit einiger Zeit geschwächt; das Gewitter lag schon in der Luft.

- Es bedurfte einer Gruppe innerhalb der Justiz, die fest entschlossen war, die rechtlichen Instrumente wie Kronzeugenregelung und Untersuchungshaft bis an ihre Grenzen auszureizen und gegebenenfalls auch politischem Druck von außen zu widerstehen. Eine solche Gruppe fand sich mit den Mailänder Untersuchungsrichtern. Die institutionelle Unabhängigkeit der italienischen Justiz von politischen Weisungen stellte dafür die Voraussetzungen bereit (vgl. Kapitel Justiz).

- Für den Handlungsspielraum und Erfolg von *Mani pulite* war auch die Unterstützung durch die Öffentlichkeit ein unverzichtbarer Faktor. Die kurz aufeinander folgenden Mordanschläge auf die Richter Giovanni Falcone und Paolo Borsellino hatten 1992 eine Solidaritätswelle der Bevölkerung zugunsten der Untersuchungsbehörden allgemein zur Folge, an welche die Mailänder anknüpfen konnten. Hinzu kam eine geschickte PR-Arbeit und auch die gezielte Instrumentalisierung der Medien, z.B. indem man den Zeitpunkt spektakulärer Verhaftungen oder einzelne Untersuchungsergebnisse durchsickern ließ. Die allgemeine öffentliche Empörung über die korrupten Politiker führte schnell zu einem – wenn auch fragwürdigen (s.o.) – Gut-Böse-Schema, in dem die Untersuchungsrichter eindeutig auf der Seite des Guten und der betrogenen Bürger standen und folglich eine unantastbare Position erreichten. Die öffentliche Bloßstellung wiederum trug dazu bei, dass viele Verdächtige zur Aussage bereit waren. Trauriger Höhepunkt in dieser Hinsicht waren die kurz aufeinander folgenden Selbstmorde der Spitzenmanager Gabriele Cagliari und Raul Gardini im Juli 1993.[15] Die Stärke des öffentlichen Drucks ist auch daran zu erkennen, dass zwei Versuche der Politik, die Lawine einzudämmen, kläglich misslangen: Ein so genanntes „Schwamm drüber"-Dekret (nachträgliche Legalisierung illegaler Parteienfinanzierung) scheiterte im März 1993 am Widerstand des Staatspräsidenten Scalfaro und ein Dekret des Justizministers Biondi, das die Untersuchungshaft neu regeln und dadurch ihren exzessiven Gebrauch einzuschränken

---

[15] Insgesamt ist im Zuge des *Tangentopoli*-Skandals von ca. zwei Dutzend Selbstmorden auszugehen.

sollte, wurde im Juli 1994 sechs Tage nach seiner Verabschiedung wieder zurückgezogen.[16]

- Schließlich kam als Auslöser hinzu, dass mit Mario Chiesa endlich ein Vertreter des Korruptionssystems umfangreich aussagte. Zwar war dieser nur ein „kleiner Fisch", doch über die Namen, die er nannte, ergaben sich für die Ermittler neue Verdächtige, die wiederum mit den genannten Mitteln zur Aussage gebracht wurden. So ergab sich eine Kettenreaktion, die sehr schnell die höchsten Positionen in Staat und Wirtschaft erreichen konnte.

Mit einigem zeitlichen Abstand zu den turbulenten Geschehnissen der 1990er Jahre ist eine zwiespältige Bilanz zu ziehen. Zwar kann davon ausgegangen werden, dass eine ähnlich systematische Korruption zur illegalen Parteienfinanzierung heute aufgrund der veränderten Rahmenbedingungen nicht mehr möglich ist wie vor 1992, doch ist die von manchen erhoffte umfassende moralische Erneuerung der italienischen Politik ausgeblieben. Auch erwies sich manch spektakulärer Fall als vorschnelle Verdächtigung: viele Untersuchungen verliefen im Sande und einige erstinstanzliche Urteile wurden in Berufungsverfahren wieder aufgehoben. Nicht zuletzt die rabiaten Untersuchungsmethoden erwiesen sich oft als zweischneidiges Schwert und Einfallstor für Kritik am Vorgehen der Untersuchungsrichter. Schließlich kam es sogar zu einer parlamentarischen Untersuchungskommission, die klären sollte, inwieweit im Zuge von *Tangentopoli* die Grenzen des Rechtsstaates überschritten wurden und politische Motive im Spiel waren. Auch das öffentliche Gebaren der Ermittler als Volkstribune und der Gang Antonio Di Pietros in die aktive Politik ließen einen bitteren Nachgeschmack entstehen, der die Justiz in ihrem Verhältnis zur Politik bei vielen Italienern nachhaltig diskreditierte (vgl. Kapitel Justiz).[17]

11.2 Organisierte Kriminalität

Ein zweites, permanent im Hintergrund mitschwingendes Problem für Staat und Gesellschaft in Italien ist die starke organisierte Kriminalität, für die gemeinhin das Synonym Mafia gebraucht wird. Dabei steht der Begriff Mafia für ein ganzes Konglomerat unterschiedlicher krimineller Vereinigungen und Familienclans, die sich mitunter auch heftig bekämpfen. Als wichtigste sind zu nennen die eigentliche Mafia (oder auch *Cosa Nostra*), die ihr Stammland auf Sizilien hat, die

---

[16] Vgl. Petersen 1995, S. 164-167.
[17] Vgl. zur Bilanz von *Mani pulite* nach zehn Jahren die Spezialausgabe des Magazins L'Espresso vom 07.02.2002 und die tiefere Analyse bei Della Porta / Vannucci 1999.

Camorra in Kampanien, die *N'drangheta* in Kalabrien und die *Sacra Corona Unita* in der Region um Lecce.[18]

Die Mafia ist allerdings weit mehr als ein strafrechtlich relevantes Phänomen oder eine reine Verbrecherbande. Ihre Ursprünge reichen weit in das Sizilien des 19. Jahrhunderts hinein. Die Schwäche der staatlichen Institutionen, aber auch der Großgrundbesitzer, ließ Raum für das Entstehen informeller Machthaber, die eigene Gefolgschaften um sich scharten und den Bauern einen Teil ihrer Ernte als Schutzgebühr abpressten – unter Einsatz brutaler Gewalt. In Abwesenheit der Autorität des Staates bildete sich so eine parallele Machtstruktur heraus, welche die staatliche an Bedeutung bei weitem übertraf. Die Mafia wurde so zunehmend zum Ansprechpartner für diejenigen, die Schutz suchten: sowohl für die Großgrundbesitzer, die Revolten verarmter Bauern fürchteten, als auch für die Bauern selbst, die von frei (d.h. außerhalb der Mafia) marodierenden Banditen bedroht waren – wobei dieser Schutz teuer erkauft werden musste. Dabei wurden die Mafiosi sowohl respektiert als auch gefürchtet, genossen jedenfalls höhere Legitimität als der ferne Staat. Die Staatsskepsis, der Primat des Privaten und die hohe Gewaltbereitschaft, besonders auf Sizilien und im Süden verbreitet, waren für eine derartige Entwicklung der perfekte Nährboden. Auch für den Staat erfüllte die Mafia durchaus eine wichtige Funktion, garantierte sie doch die öffentliche Ordnung auch in Landstrichen, wohin sich Vertreter des Staates nur in Ausnahmefällen wagten. So kann das Verhältnis von Staat und Mafia am Ende des 19. Jahrhunderts durchaus als symbiotisch bezeichnet werden, denn die Ausweitung des Wahlrechts sicherte letzterer über die Kontrolle einer großen Wählerklientel auch Einfluss auf die gewählten Politiker: „Where public ethics had never been created with any force, it was all too natural for clientelistic practice to finish in a Mafia embrace."[19] (vgl. Kapitel Politische Kultur). Die Mafia hatte sich somit informell in allen Bereichen von Staat und Gesellschaft festgesetzt und war zu einem wichtigen Element des sizilianischen Lebens geworden.[20]

Eine Wende in dieser Konstellation trat mit dem Faschismus ein, der nach seiner Konsolidierung den eigenen Machtanspruch auch auf Sizilien durchsetzte – mit massivem Einsatz von Staatsterror und Gewalt. In dieser Zeit wurde die Mafia durch die staatliche Repression fast ausgeschaltet. Ihre feste gesellschaftliche Verankerung zeigte sich allerdings, als sie sich nach der Besetzung Siziliens durch die Alliierten 1943 und nicht zuletzt mit deren Hilfe schnell reorgani-

---

[18]   Vgl. als Überblick und zum Folgenden Dickie 2006, Petersen 1995, S. 69-102 und die entsprechenden Stichworte, v.a. Mafia, in Brütting 1997. Eine soziologisch inspirierte und sehr illustrative Darstellung liefert Ginsborg 2001, S. 195-212. Ebenfalls soziologisch und auch heute noch sehr instruktiv, insbesondere für die Entstehung und das Innenleben der Mafia, der „Klassiker" von Hess 1986.

[19]   Ginsborg 2001, S. 202.

[20]   Vgl. Ginsborg 2001, S. 195f.

sieren konnte.[21] Nach dem Krieg orientierte sich die Mafia um: Statt der Kontrolle der Gesellschaft stand nun der möglichst schnelle materielle Reichtum im Vordergrund. Es wurden neue „Geschäftsfelder" erschlossen wie z.B. der Bausektor, durch den man von den Fördergeldern für den Süden profitieren konnte. So kann die Entwicklung mancher krimineller Organisation parallel zum Fortgang bestimmter Investitionsprojekte (z.B. Bau einer Autobahn) verfolgt werden. Hinzu kam seit den 1970er Jahren das Rauschgiftgeschäft, das sehr schnell enorme Gewinne ermöglichte, aber auch zu schweren Konflikten zwischen den einzelnen Familien führte. Auch im normalen Wirtschaftsgeschehen spielt die Mafia mit weitgehend legal agierenden Unternehmen eine Rolle, die vor Bestechung und Einschüchterung nicht zurückschrecken. Mit dieser Entwicklung gingen blutige Clankriege und eine rapide Zunahme der Gewalt einher, nun auch gegen Staatsvertreter wie Richter, Polizisten und Politiker.[22]

Diese Eskalation rief auch von Seiten des Staates eine Umorientierung hervor. Markanter Beginn dieser Phase war die Entsendung des Carabinieri-Generals Carlo Alberto Dalla Chiesa, der sich schon in der Terrorismusbekämpfung einen Namen gemacht hatte, nach Sizilien. Zwar wurde Dalla Chiesa bald ermordet, doch wurde dieser nun zu einem Volkshelden und zur Symbolfigur für den Widerstand gegen die Mafia, der nicht nur vom Staat, sondern auch von der breiten Gesellschaft getragen wird. Auch die spektakulären Morde an den Antimafia-Ermittlern Giovanni Falcone und Paolo Borsellino im Jahre 1992 erwiesen sich als Bumerang, da sie dem gesellschaftlichen Widerstand immer mehr Auftrieb verschafften.[23] Schrittweise wurden Ermittlungsapparate und strafrechtliche Instrumente ausgebaut; z.B. mit einem eigenen Antimafia-Gesetz, das schon die Zugehörigkeit unabhängig von einzelnen Verbrechen unter Strafe stellt, und 1992 mit einem noch schärferen Antimafia-Gesetz, das für Verdächtige Haftverschonung und die Inanspruchnahme einiger der teils sehr liberalen Bestimmungen des Strafrechts ausschließt. Weiterhin wurden seit 1963 schon mehrere parlamentarische Untersuchungskommissionen eingesetzt.[24] Als wirksames Mittel im Kampf gegen das organisierte Verbrechen erwies sich die eigentlich gegen den Terrorismus gerichtete Kronzeugenregelung. Immer mehr so genannte „reuige" Mafiosi (*pentiti*) brachen ihr Schweigen und lieferten detaillierte Erkennt-

---

[21] Vgl. Petersen 1995, S. 75-77.
[22] Vgl. Ginsborg 2001, S. 199-205.
[23] Vgl. zur Bedeutung des Jahres 1992 als Wendepunkt bei der Bekämpfung der Mafia Catanzaro 1993 und Stille 1997.
[24] Vgl. exemplarisch zur Antimafia-Kommission der 13. Legislaturperiode (1996-2001) die Dokumentation auf http://www.camera.it/chiosco_parlamento.asp?content=/_bicamerali/antimafia/home.htm (Stand: 10.06.2006) und zur entsprechenden Kommission der 14. Legislaturperiode ab 2001 http://www.parlamento.it/Bicamerali/antimafia/sommariobicamerali.htm (Stand: 10.06.2006).

nisse über das Innenleben der Organisation, wodurch ansehnliche Ermittlungser-
folge möglich wurden.[25] Im so genannten „Maxiprozess" 1986/87 wurden 344
Angeklagte verurteilt, teilweise zu lebenslangen Haftstrafen; Höhepunkte dieser
Erfolge waren 1993 die Verhaftung des mutmaßlichen Kopfes der sizilianischen
Mafia, Salvatore Riina, und 2006 seines Nachfolgers, Bernardo Provenzano.[26]

Der volkswirtschaftliche Schaden, den die Mafia anrichtet, ist ohne Zweifel
enorm, aber kaum seriös zu beziffern. 1990 schätzte der italienische Geheim-
dienst ihren Jahresgewinn auf ca. 100 Mrd. DM. 1993 schätzte der Vorsitzende
der parlamentarischen Antimafia-Kommission den Anteil der Mafia am Brutto-
inlandsprodukt auf 4,4%, so dass sie nach dem Industriekonglomerat IRI die
zweitgrößte italienische Firma darstelle.[27] Neuere Quellen nennen ca. 100 Mrd.
Euro.[28] Auch wenn diese Schätzungen mit großer Unsicherheit behaftet sind, so
zeigen sie doch die Größenordnungen auf, in denen das organisierte Verbrechen
in Italien operiert und als Wirtschaftsfaktor zu Buche schlägt.

Zahlreiche Ermittlungsergebnisse bestätigen die nahe liegende Vermutung,
dass die Mafia nicht davor zurückschreckt, direkten Einfluss auf die italienische
Politik zu nehmen. Der Umstand, dass viele Urteile gegen Mafia-Größen, z.B.
aus dem „Maxiprozess", in letzter Instanz vom Kassationsgerichtshof aufgehoben oder abgemildert wurden, legt hier eine Einflussnahme nahe. Es gibt auch
ernst zu nehmende Hinweise auf ihre Verstrickung in den Terrorismus und die
geheime Freimaurerloge P2 (vgl. Kapitel Politische Kultur) sowie weitgehende
direkte Verbindungen zu Politikern, vor allem zu der im Süden starken DC.
Salvatore Lupo stellt für die frühen Jahre der Republik fest: „The close ties
between the Mafia and the majority political party triggered what is probably a
unique phenomenon in the centuries-old relations between organized crime and a
national state: the total suspension of any attention or alarm on the part of the
authorities."[29] 1993 sprach ein Bericht der parlamentarischen Antimafia-
Kommission davon, dass Staat und Mafia sich jahrzehntelang wie zwei souverä-
ne Mächte gegenüberstanden seien: Solange jeder in seiner Sphäre blieb, gab
es einen modus vivendi, der größere Auseinandersetzungen vermied.[30] Wie
schwer es allerdings ist, hier zu gesicherten Erkenntnissen zu gelangen, zeigt das
Beispiel Giulio Andreotti: Der mehrfache Regierungschef und Minister wurde
mehrmals wegen Verbindungen zur Mafia angeklagt und teilweise sogar schul-

---

[25] Vgl. Stichworte Antimafia, Dalla Chiesa, Maxiprocesso, Pentiti in Brütting 1997.
[26] Zur Konfrontation zwischen Staat und Mafia und den Fortschritten im Kampf gegen die organisierte Kriminalität vgl. als Überblick Ginsborg 2001, S. 205-209.
[27] Ginsborg 2001, S. 201.
[28] Mafia macht doppelt so viel Umsatz wie der Fiat-Konzern, in: Spiegel Online vom 20.01.2005.
[29] Lupo 2000, S. 157.
[30] Zum Verhältnis von Mafia und Politik vgl. Ginsborg 2001, S. 201-205.

dig gesprochen – doch in höheren Instanzen endeten die Verfahren stets mit endgültigem Freispruch.[31]

---

[31] Vgl. Mafia, definitiva l' assoluzione di Andreotti, in: Corriere della Sera vom 16.10.2004.

12 Organisierte Interessen

Neben Medien und Parteien stellen Interessengruppen die dritte Vermittlungs-agentur zwischen der Gesellschaft und dem zentralen politischen Entscheidungs-system dar. Sie erfüllen wichtige Funktionen wie Interessenvertretung, Integrati-on, Legitimation, Partizipation und sozioökonomische Selbstregulierung.[1] Inte-ressengruppen umfassen in modernen Gesellschaften ein weites thematisches wie organisatorisches Spektrum, das hier nicht in aller Breite erörtert werden kann.[2] Der Schwerpunkt der folgenden Ausführungen wird daher auf den Fel-dern Wirtschaft und Arbeit liegen sowie bei der Rolle des Katholizismus, die eine italienische Besonderheit darstellt.[3]

12.1 Rahmenbedingungen

Die italienische Zivilgesellschaft weist seit jeher einen stark fragmentierten Cha-rakter auf (vgl. Kapitel Politische Kultur). Die Gründe hierfür sind nicht zuletzt in der Geschichte zu suchen. Italienischen zivilgesellschaftlichen Akteuren ist es nur in geringem Maße gelungen, sich von der politischen Sphäre und von sozio-kulturellen Lagereinteilungen zu emanzipieren und eine lagerübergreifende ei-genständige Rolle zu spielen.

Gleichzeitig bewegen sich italienische Interessengruppen in einer unüber-sichtlichen institutionellen wie parteipolitischen Landschaft. Wollen sie ihren Standpunkt berücksichtigt sehen, müssen sie im Labyrinth der beiden Parla-mentskammern, zahlreicher Regierungsmitglieder, vieler Parteien und mannig-faltiger staatlicher Behörden an vielen Punkten parallel ansetzen, wenn sie alle relevanten Entscheidungsträger erreichen wollen. Gleichzeitig hält das zentrale politische Entscheidungssystem auch eine Vielzahl von Einfallstoren für Partiku-larinteressen bereit, vor allem im Parlament, wo bereits ein einzelner Mandats-träger genügt, um eine bestimmte Angelegenheit auf die Agenda zu setzen (vgl. Kapitel Parlament).

---

[1] Vgl. Sebaldt / Straßner 2004, S. 59-71 und die Illustration ebenda auf S. 139-241.
[2] Vgl. für Deutschland Sebaldt / Straßner 2004, S. 97-138.
[3] Vgl. für einen umfassenderen und historisch inspirierten Überblick Trentini / Zanetti 2001.

Ein Verbändegesetz, das die Tätigkeit von Interessengruppen regelte, gibt es in Italien wie in Deutschland nicht. Rechtliche Grundlage ist die Vereinigungsfreiheit, die in Artikel 18 der italienischen Verfassung festgeschrieben ist. Ansonsten ist das Verbandswesen durch das Zivilrecht und die dortigen vereinsrechtlichen Bestimmungen geregelt. Darüber hinaus existieren einige gesetzliche Regelungen für soziale und gemeinnützige Organisationen. Die industriellen Beziehungen wurden lange Zeit kaum geregelt, mit Ausnahme eines Arbeiterstatuts (*Statuto dei lavoratori*); doch beginnt sich dies seit den 1990er Jahren zu ändern (s.u.).[4]

12.2 Wirtschaft und Arbeit

Die Landschaft der Interessengruppen auf den Politikfeldern Wirtschaft und Arbeit stellt in gewisser Weise ein Pendant zum Parteiensystem dar: Beide sind durch eine vergleichsweise große Zersplitterung gekennzeichnet. Ebenso wie bei den Parteien hat dies bei Wirtschaftsverbänden und Gewerkschaften historische wie politisch kulturelle Ursachen: Wechselnde politische Frontstellungen wie die ideologische Fragmentierung der Gesellschaft schlugen sich in den Organisationen nieder, die die zahlreichen Lager und Strömungen widerspiegelten. Insbesondere die Spaltungen in katholische, kommunistische und laizistische Subkulturen hinterließen Spuren, die bis heute sichtbar sind (vgl. Kapitel Politische Kultur).[5]

12.2.1 Gewerkschaften

Der entscheidende Kristallisationspunkt für die Gewerkschaftslandschaft der Nachkriegszeit war 1948 das Auseinanderbrechen der Einheitsgewerkschaft, die nach dem Fall des Faschismus gegründet worden war. Ähnlich wie im Parteiensystem hatte das Ende des Zweiten Weltkrieges die Klammer des gemeinsamen Gegners gelöst und das Heraufziehen des Kalten Krieges die ideologischen Gräben aufbrechen lassen. Es entstanden nach diesem Bruch drei große Gewerkschaften mit unterschiedlicher politischer Ausrichtung:[6]

---

[4]   Vgl. Trentini / Zanetti 2001, S. 222-224.

[5]   Vgl. zu den historischen Aspekten der Entwicklung ausführlicher Trentini / Zanetti 2001 m.w.N. sowie zu den folgenden Ausführungen über die Beziehungen im Dreieck Wirtschaft – Gewerkschaften – Politik Hellman 2002, S. 437-456.

[6]   Vgl. zu den einzelnen Gewerkschaften und Wirtschaftsverbänden die entsprechenden Artikel in Brütting 1997.

- die *Confederazione Generale Italiana del Lavoro* (CGIL, den Kommunisten und Sozialisten nahe stehend, ca. 5,5 Millionen Mitglieder);
- die *Confederazione Italiana dei Sindacati dei Lavoratori* (CISL, katholisch und damit der DC nahe stehend, ca. 4,3 Millionen Mitglieder);
- die *Unione Italiana del Lavoro* (UIL, den laizistischen Parteien wie PSDI und PRI nahe stehend, ca. 1,9 Millionen Mitglieder).[7]

Die politische Spaltung der Gewerkschaften zog ihre Schwächung nach sich; sie waren zunächst stark von den jeweiligen Parteien abhängig. Die größte der drei Gewerkschaften, die CGIL, verlor bis in die 1970er Jahre hinein massiv an Mitgliedern zugunsten der CISL, blieb aber dennoch dominant bei den Industriearbeitern. Der Mitgliederrückgang kann unter anderem als Folge der anfänglich starren ideologischen Haltung gesehen werden, die die CGIL quasi als Transmissionsriemen des PCI im Kampf gegen den Kapitalismus einnahm; erst im Laufe der 1960er Jahre begann sie, einen eigenständigeren Kurs einzuschlagen.

Eine wichtige Wegmarke in der Entwicklung der italienischen Gewerkschaften stellte der so genannte „Heiße Herbst" 1969 dar. Die Protestbewegung dieser Zeit blieb in Italien nicht auf die Studenten beschränkt, sondern erfasste auch breite Schichten der Gesellschaft, insbesondere die Arbeiter. In der Folge koordinierten die Gewerkschaften ihre Aktionen bis hin zu umfassenden Generalstreiks und erreichten im Laufe der 1970er Jahre eine massive Verbesserung bei Löhnen und Arbeitsbedingungen. Eine der wichtigsten Errungenschaften dieser Zeit war im Jahre 1975 die Einführung der automatischen Lohnsteigerung in Höhe der Inflationsrate (sog. *scala mobile*, Rolltreppe), die später bei hoher Inflation schwere ökonomische Probleme verursachte. Allerdings war die Einigkeit unter den Gewerkschaften nicht von Dauer, was ihre Position wieder schwächte. In den 1980er Jahren spalteten sie sich an der Frage einer Deckelung der *scala mobile*, wobei die CGIL zusammen mit dem PCI in die Isolation geriet.

Organisatorisch haben die italienischen Gewerkschaften mit einigen Herausforderungen zu kämpfen: Die Führungen der großen *Confederazioni* (Gewerkschaftsverbände) haben keinen handfesten Einfluss auf die Entscheidungen der lokalen Führungen; sie können nur rhetorisch mit Appellen und Argumenten einwirken. Das Streikrecht ist für jedes einzelne Individuum gesetzlich verbrieft und damit nicht an eine gewerkschaftliche Organisation gebunden. Es gibt auch keine gesetzlichen Regelungen, die die Autonomie der Arbeitnehmervertreter in den einzelnen Betrieben bei ihren Verhandlungen in irgendeiner Weise einschränken. Allerdings räumte das Arbeiterstatut von 1970[8] den repräsentativsten

---

[7]   Die angegebenen Mitgliederzahlen beziehen sich auf 2005 und entstammen den Internetseiten der Gewerkschaften.

[8]   Gesetz Nr. 300 vom 20.05.1970.

Gewerkschaften (de facto den drei großen) gewisse Privilegien ein, wie das Recht auf Versammlungen während der Arbeitszeit oder die bezahlte Freistellung für Gewerkschaftsaktivitäten. Diese Privilegien wurden allerdings 1995 durch ein Referendum abgeschafft.

Wie in den meisten vergleichbaren Ländern gehen auch in Italien die Zahlen der Gewerkschaftsmitglieder seit den 1980er Jahren tendenziell zurück. Hintergrund ist unter anderem der Strukturwandel in der Wirtschaft mit einem Rückgang des Anteils der klassischen Industriearbeiterschaft, die traditionell das größte Reservoir für die Gewerkschaften darstellte. So fiel der Organisationsgrad der drei großen Gewerkschaften zwischen 1985 und 1995 von 42% auf 37,2%. Dabei verlor vor allem die CGIL ca. 600.000 Mitglieder und auch die CISL musste von ca. 250.000 Mitgliedern Abschied nehmen; nur die kleine UIL konnte 30.000 neue Mitglieder gewinnen. Unter den in einer dieser drei Gewerkschaften organisierten Arbeitnehmern stellten sich die Gewichte 1995 so dar: CGIL 43%, CISL 36% und UIL 21%.[9]

Mit dem Abstieg der traditionellen Gewerkschaftstrias CGIL-CISL-UIL setzte eine neuere Entwicklung ein: Vor allem im öffentlichen Sektor entstanden kleinere autonome Gewerkschaften, die die etablierten Organisationen als zahnlos kritisieren und in Tarifauseinandersetzungen eine deutlich härtere Gangart an den Tag legen. Noch militanter und kaum kalkulierbar sind die so genannten Basiskomitees (*Comitati di base*, Cobas), die in den 1990er Jahren vor allem in den Bereichen Eisenbahn, Medizin und Bildung entstanden und für zahlreiche „wilde" Streiks verantwortlich sind.

12.2.2 Unternehmerverbände

Obwohl es eine Unterscheidung zwischen Unternehmer- und Arbeitgeberverbänden wie in Deutschland in Italien nicht gibt, ist die Zersplitterung hier noch größer als bei den Gewerkschaften. Die mit Abstand wichtigste Unternehmervereinigung Italiens ist die 1910 gegründete *Confederazione Generale dell'Industria Italiana*, kurz *Confindustria*. Sie repräsentiert ca. 120.000 Unternehmen mit ca. 4,5 Millionen Beschäftigten[10] und stellt auch in der italienischen Öffentlichkeit eine gewichtige Stimme dar.

---

[9]   Baccaro 2002, S. 336-339.
[10]   Daten von der Homepage http://www.confindustria.it (Stand: 08.06.2006).

Die Zersplitterung der Unternehmerverbände ist auf vier Faktoren zurückzuführen:[11]

- Erstens organisieren sich die italienischen Unternehmen nach Branchen; so gibt es für Handwerk, Industrie, Dienstleistungen, Landwirtschaft etc. je mindestens einen Verband.
- Zweitens gibt es eine Differenzierung nach Betriebsgröße: In jeder Branche entstanden eigene Vereinigungen speziell zur Vertretung der Interessen kleinerer Betriebe.
- Drittens lässt sich die Art der Arbeitgeber unterscheiden: Aufgrund des äußerst großen Umfangs staatlicher Betriebe bildeten sich in Italien auch für sie spezielle Verbände, die lange eine wichtige Rolle spielten. Nach den großen Privatisierungswellen der 1980er und 1990er Jahre verlor die Unterscheidung zwischen Privat- und Staatswirtschaft jedoch an Bedeutung und die Verbände der staatlichen Betriebe schlossen sich der *Confindustria* an.
- Schließlich ist noch die politische Orientierung ein Unterscheidungskriterium: Je nach Nähe zur DC oder zu den linken Parteien gibt es auch hier verschiedene Organisationen, die nach wie vor weiter bestehen, auch wenn sich die parteipolitische Frontstellung inzwischen aufgelöst hat.

Zwei Beispiele sollen illustrieren, welche Aspekte bei der Verortung in der Landschaft der italienischen Interessengruppen eine Rolle spielen: Bei der *Coldiretti* (*Confederazione Nazionale Coltivatori Diretti*) handelt es sich um den Verband der kleinen landwirtschaftlichen Betriebe, der vor den Umwälzungen im Parteiensystem der DC nahe stand. Die *Confesercenti* (*Confederazione Italiana Esercenti Attività Commerciali, Turistiche e dei Servizi*) hingegen ist die Organisation der kleinen Betriebe des Handels, die dem PCI verbunden war.

Die Wirtschaftsverbände, allen voran die *Confindustria*, konnten seit den 1980er Jahren beträchtliche Erfolge in der Auseinandersetzung mit den Gewerkschaften verbuchen, z.B. die Abschaffung der *scala mobile* 1992. Dabei gibt ihnen die ökonomische Entwicklung Rückenwind, die unter den Vorzeichen des internationalen Wettbewerbs die lange künstlich abgeschottete italienische Wirtschaft zu Reformen zwingt.

Eine gewisse Nähe zur DC und auch zum PLI, die die Wirtschaftsverbände lange pflegten, war in erster Linie aus der Not geboren. Denn die DC war im Gegensatz zum PLI nie eine wirklich unternehmerfreundliche bürgerliche Partei, da sie stets in den Unterschichten verankert blieb und von der katholischen Soziallehre geprägt war; damit hatte sie keine Scheu vor staatlichen Eingriffen in das Wirtschaftsleben und Umverteilung. Da sie aber das einzige Bollwerk gegen den

---

[11]   Trentini / Zanetti 2001, S. 234f.

PCI war, wurde sie nolens volens von den Wirtschaftsverbänden in ihrer beherr-
schenden Position gestützt. Dieses Argument für eine Unterstützung der DC
löste sich in den 1980er Jahren, spätestens Anfang der 1990er Jahre völlig auf,
als offensichtlich wurde, dass die kommunistische Gefahr nicht mehr existierte.
Gleichzeitig erhöhte sich drastisch der internationale Druck auf das italienische
Wirtschaftssystem durch Währungskrisen und die europäische Integration, was
seitens der Unternehmen die Manövrierspielräume erheblich einschränkte und
auch Praktiken wie die institutionalisierte Korruption immer weniger akzeptabel
werden ließen.

Der Kollaps der etablierten Parteien nach 1992 zerstörte endgültig jede Basis für stabile Beziehungen zwischen Wirtschaft und Politik, was neue Formen
der Kommunikation und Kooperation erforderlich machte. Die *Confindustria*
hatte sich schon zuvor von der DC gelöst und als eigenständiger Akteur im politischen Kräftefeld verortet.[12] Eine Rolle dabei mag auch der Strukturwandel
innerhalb der *Confindustria* gespielt haben: War sie anfangs noch dominiert von
der Großindustrie, gewannen im Laufe der Zeit immer mehr die Vertreter der in
Italien äußerst zahlreichen kleinen und mittelständischen Unternehmer an Bedeutung. Auch die massiven Privatisierungen hatten hier zu Gewichtsverschiebungen im Verband geführt.

Heute lässt sich die *Confindustria* politisch keinem der beiden aktuellen Lager zuordnen. Hatte sie 2001 noch deutliche Sympathien für die marktliberalen
Positionen vor allem der FI gehegt und sich im Wahlkampf dem Mitte-Rechts-
Bündnis geneigt gezeigt, änderte sich die Position nach der Regierungsübernahme Silvio Berlusconis. Nachdem dieser nur wenige seiner Versprechungen ein-
gelöst und die erwarteten liberalen Reformen kaum angepackt hatte, entwickelte
sich die *Confindustria* mit ihrem Vorsitzenden Luca di Montezemolo zu einem
der schärfsten Kritiker der Mitte-Rechts-Koalition und unterstützte im Wahlkampf 2006 kaum verhohlen die Opposition unter Romano Prodi.

12.2.3 Staat und Verbände

Zu tripartistischen Absprachen zwischen Gewerkschaften, Wirtschaftsverbänden
und dem Staat im Sinne einer Konzertierung von Wirtschafts-, Lohn- und Sozialpolitik kam es in Italien anders als in vergleichbaren Ländern sehr lange so gut
wie gar nicht.[13] Ein Hauptgrund dafür war die ideologische Zersplitterung der
Gewerkschaften. So überlagerte stets die parteipolitische Logik die Logik der

---

[12]   Mattina 1992.
[13]   Vgl. die Tabelle mit verschiedenen internationalen Korporatismus-Rankings bei Baccaro 2002,
      S. 330.

Interessenvertretung. Dies änderte sich mit dem Untergang der etablierten Parteien Anfang der 1990er Jahre. Insbesondere die neutralen Technikerregierungen Ciampi und Dini suchten für ihre Reformen Unterstützung bei Gewerkschaften und Wirtschaftsverbänden.[14]

Vor allem zwei Reformen gelten hier als bahnbrechend: die Institutionalisierung der Lohnpolitik und die Rentenreform.[15] Das zwischen Gewerkschaften, Arbeitgebern und Regierung ausgehandelte Reformwerk vom Juli 1993 über die Lohnpolitik wurde von den Gewerkschaftsmitgliedern in einer Abstimmung angenommen – eine Premiere in der Geschichte der italienischen Arbeiterbewegung. Es bestätigte die Abschaffung der automatischen Lohnerhöhung (*scala mobile*) und verankerte die Beteiligung der Gewerkschaften bei der makroökonomischen Politik auf nationaler Ebene. Ausdrücklich werden zwei Ebenen der Tarifpolitik anerkannt: die nationale und die betriebliche. Die Rentenreform der Regierung Dini vom Mai 1995 wurde ebenfalls mit den Gewerkschaften ausgehandelt und in einer Abstimmung bestätigt. Die Renten werden seitdem nicht mehr automatisch nach dem früheren Einkommen berechnet, sondern ergeben sich nun aus den akkumulierten Beitragszahlungen.

Ab 2001 stellten sich die Gewerkschaften fast geschlossen gegen Berlusconi, was sämtliche Ansätze zur Konzertierung von vorne herein ausscheiden ließ. Wie es nach 2006 weitergeht, wird sich zeigen.

12.3 Katholische Kirche und katholische Organisationen

Auch Kirchen zählen im politikwissenschaftlichen Sinn zu Interessengruppen. Im Falle Italiens, wo sich – zumindest formal – der überwältigende Teil der Bevölkerung zum Katholizismus bekennt, liegt es nahe, einen besonders großen Einfluss der katholischen Kirche zu vermuten. In der Tat spielen der Glaube und der Klerus in Italien eine größere Rolle als in vergleichbaren Ländern – besonders der Papst, der mit dem Vatikan auch geographisch im Herzen Italiens verortet ist.[16] Sichtbares Zeichen sind die Lateranverträge, die, 1929 mit Mussolini geschlossen, 1948 in die republikanische Verfassung eingingen und Italien formal zu einem katholischen Staat machten.

Der Streit um den Status der katholischen Kirche und ihr Verhältnis zum italienischen Staat ist alt (vgl. Kapitel zur Geschichte), hinterließ bis hin zur Herausbildung von Subkulturen tiefe Spuren in der Gesellschaft (vgl. Kapitel Politische Kultur) und bildete eine zentrale Konfliktlinie im Parteiensystem (vgl.

---

[14]   Braun 1996, Regini 1997.
[15]   Vgl. Baccaro 2002.
[16]   Vgl. zum Folgenden in komparativer Perspektive Warner 2002.

Kapitel Parteien und Parteiensystem). Die massive Unterstützung der DC durch die katholische Kirche bei der ersten Parlamentswahl 1948 trug zu essentiellen Weichenstellungen bei; und der Antiklerikalismus der Kommunisten war ein wichtiges Argument für ihren Ausschluss von der Regierung. Nach wie vor werden Äußerungen von Bischöfen und des Papstes in Italien stärker politisch diskutiert als in anderen Ländern.

Dennoch wäre es zu einfach, von einem direkten Einfluss der katholischen Kirche auf die italienische Politik auszugehen. Katholische Werte und Normen sowie die Bedeutung der Kirche rhetorisch im Munde zu führen, sich als Verbündeter und Verteidiger der Kirche und des Papstes gegen die Kommunisten zu gerieren – das ist das Eine, um Unterstützung und Stimmen aus der katholischen Wählerschaft zu gewinnen. Doch der Kirche bzw. dem Papst ein echtes Mitspracherecht bei politischen Entscheidungen einzuräumen – das ist eine ganz andere Sache.[17]

Der kirchliche Einfluss wurde und wird schon dadurch stark abgemildert, dass die Regierungen stets auch auf die Unterstützung dezidiert laizistischer Kräfte angewiesen waren (die DC konnte nie allein regieren); lediglich die Berlusconi-Regierungen der letzten Vergangenheit waren hier eine Ausnahme. Auch wurde der PCI trotz seines Ausschlusses von der Regierung parlamentarisch immer wieder gebraucht, was ihm ein beträchtliches Verhandlungspotenzial in die Hand gab, das wiederum gegen einen allzu starken klerikalen Einfluss in Stellung gebracht werden konnte. Selbst die explizit katholische DC behauptete dem Vatikan gegenüber eine relativ autonome Stellung, da sie zur Legitimation nicht auf den Katholizismus angewiesen war: Sie konnte sich ihre Wählerbasis auch durch Patronage und Klientelismus sowie durch ihre Funktion als Hauptbollwerk gegen den Kommunismus sichern. „The DC was not the ‚long-arm of the Church'."[18] Deutlichste Beispiele hierfür sind die Gesetze, die in den 1970er Jahren Scheidung und Abtreibung erlaubten und gegen den erbitterten Widerstand des Vatikans zustande kamen. 1984 beendete eine Konkordatsrevision auch formal den „katholischen Staat" Italien.

Die aus der DC hervorgegangenen kleineren Parteien mit katholischem Selbstverständnis (z.B. der in der *Margherita* aufgegangene PPI, die UDC und die kleine UDEUR) genießen diesbezüglich einen geringeren Handlungsspielraum: Sie können weder umfangreich Patronage betreiben, noch erfüllen sie unverzichtbare Funktionen. So sind sie auf die weltanschauliche Bindung der katholischen Wählerschaft angewiesen und können sich deshalb nicht so leicht gegen den Vatikan stellen, wie es der DC möglich war.

---

[17]   Vgl. zum Verhältnis zwischen katholischer Kirche und italienischer Politik sowie zu den folgenden Ausführungen die ausgezeichnete Darstellung von Donovan 2003a.

[18]   Donovan 2003a, S. 101.

Gleichzeitig hat die Kirche aufgrund der Spaltung des christdemokratischen Zentrums keinen natürlichen Verbündeten mehr im italienischen Parteiensystem. Jede Unterstützung gleich welcher Art für eine der DC-Nachfolgeparteien würde unweigerlich in die Auseinandersetzung zwischen den Lagern Mitte-Rechts und Mitte-Links gezogen.[19]

Dennoch stellt der Katholizismus als Weltanschauung und soziale Bewegung einen zentralen Faktor in der italienischen Verbändelandschaft und ein Spezifikum im Vergleich zu anderen Ländern dar.[20] Über die rein religiösen Gemeinschaften wie Orden und Kongregationen hinaus existiert ein dichtes Netz katholischer Organisationen, die sich zu einem großen Teil der Wohlfahrtspflege widmen, aber auch auf anderen Feldern wie Kultur, Jugend und Sport tätig sind. Die beiden wichtigsten sind die *Azione Cattolica* (Katholische Aktion, AC) und die *Comunione e Liberazione* (Kommunion und Befreiung, CL), die beide über eine starke Verankerung an Schulen und Universitäten verfügen. Als Beispiele seien außerdem der Katholische Pfadfinderverband (*Associazione degli Scout Cattolici Italiani*) und die katholische Gewerkschaft CISL (s.o.) angeführt.

Dieses Netz erwies sich als wichtiger Faktor für die Herausbildung und Persistenz der katholischen Subkultur und für die gesellschaftliche Auseinandersetzung mit dem linken Lager, die in den 1950er Jahren ihren Höhepunkt erlebte. War die katholische Subkultur während des Konflikts zwischen Königreich und Papst noch gegen den Staat gerichtet, begann sie nach dem Zweiten Weltkrieg zusammen mit der DC zunehmend den Staat zu kolonisieren. Für die DC wiederum stellten die katholischen Verbände eine wichtigere Verankerung in der Gesellschaft dar, als es eine Allianz mit dem Vatikan je hätte sein können. So gewannen die katholischen Verbände enormen Einfluss auf die Politik und damit Zugriff auf die staatliche Ressourcenverteilung.

Die auch vor Italien nicht haltmachende Säkularisierung hat allerdings zu einer schleichenden Schwächung der katholischen Verbände geführt. Hinzu kamen die Umbrüche im Parteiensystem mit dem Ende der DC, so dass die katholischen Verbände nun ebenso wie die Kirche auf keinen natürlichen Verbündeten mehr im italienischen Parteiensystem zurückgreifen können und sich im unsicheren Terrain des gespaltenen Zentrums bewegen müssen.

---

[19] Obwohl die Kirche ihren Priestern jede politische Parteinahme verbietet, halten sich nicht alle daran: beide Lager haben ihre mehr oder weniger offenen Sympathisanten im Priestergewand (Kollisionen auf dem Weg des Herrn, in: SZ vom 06.04.2006, S. 3).

[20] Vgl. hierzu Trentini / Zanetti 2001, S. 224-227.

13 Außenpolitik

Eine Einführung in ein politisches System muss nicht notwendigerweise Ausführungen zur Außenpolitik des betreffenden Landes beinhalten. Im Hinblick auf die zunehmende Verflechtung von Politik im Innern eines politischen Systems mit der internationalen Ebene ist es dennoch ratsam zum Abschluss auch einen kurzen Blick über die nationalen Grenzen hinaus zu werfen. Im Falle Italiens ist dies sogar besonders geboten, nicht zuletzt wegen der europäischen Integration, an der Italien seit ihren Anfängen teilnimmt; auch die besondere Rolle als Land, in dem sich lange die ideologische Konfrontation des Kalten Krieges bis in das Parteiensystem hinein abbildete, macht seine Verortung im internationalen Gefüge zu einem wichtigen Gegenstand.

13.1 Bestimmungsfaktoren italienischer Außenpolitik seit 1945

Wie im Kapitel zur Geschichte des Landes bereits vorausgeschickt, konnte Italien nach dem Ende des Imperium Romanum für lange Zeit keine eigenständige Rolle in der großen europäischen bzw. Weltpolitik spielen. Nach Jahrhunderten der Fremdherrschaft blieb auch der neu entstandene Nationalstaat schwach, wie die Geschehnisse um den Ersten Weltkrieg zeigten. Der Faschismus Mussolinis wollte dagegen unter anderem mit seinen kolonialen Ambitionen an das Erbe des Römischen Weltreiches anknüpfen, spielte aber auch in der Allianz mit Nazi-Deutschland und im Zweiten Weltkrieg bestenfalls die Rolle des Juniorpartners. Zwar konnte Italien durch die Selbstbefreiung vom Faschismus mit anschließendem Wechsel der Fronten nach Kriegsende am Katzentisch der Siegermächte Platz nehmen, musste aber im Wesentlichen von anderen gefällte Entscheidungen hinnehmen. In gewissem Maße setzte sich diese Position in der „zweiten Reihe" auch in den folgenden Jahrzehnten fort.[1]

Ein Grund dafür, dass die italienische Außenpolitik Beobachtern und Partnern oft eher unberechenbar und unkoordiniert, bisweilen sogar widersprüchlich erscheint, ist auch in den wechselhaften und komplizierten Gegebenheiten der Innenpolitik zu suchen (vgl. Kapitel Regierung). An erster Stelle ist hier die

---

[1] Vgl. Kempis / Gorawantschy 2006, zu den verteidigungspolitischen Aspekten Nuti 2000.

Instabilität der Regierungen zu nennen, die in allen Ressorts eine stringente, langfristig und strategisch konzipierte Amtsführung erschwerte: 1948-2006 regierten nicht weniger als 56 Kabinette, wobei auch während der Amtszeit eines Kabinetts mehrmals ein neuer Hausherr in die *Farnesina*, seit 1959 Sitz des italienischen Außenministeriums, einziehen konnte. So wechselte der für das Ressort Verantwortliche in diesem Zeitraum nicht weniger als 70 Mal. Allerdings beinhaltet diese Zahl auch die vielen Kabinettsneubildungen, nach denen die meisten Positionen wieder mit den selben Personen besetzt blieben. Insgesamt können in dem besagten Zeitraum noch 30 verschiedene Außenminister gezählt werden. Dennoch finden sich inmitten dieser Instabilität Phasen, in denen trotz zahlreicher Regierungskrisen ein und dieselbe Person für längere Zeit dieses Amt innehatte, z.B. Emilio Colombo 1980-1983, Giulio Andreotti 1983-1989 und Lamberto Dini 1996-2001.[2] Allerdings können auch diese Phasen kaum als Gelegenheitsfenster für langfristig orientierte Außenpolitik betrachtet werden, da der Amtsinhaber fast permanent mit dem Wechsel in ein anderes Ressort rechnen und folglich seine Aufmerksamkeit auch auf die Innenpolitik richten musste: So wurde z.B. während der Amtszeit Giulio Andreottis in der *Farnesina* das Kabinett vier Mal neu gebildet. Nur in geringem Maße wurde dies durch dem Umstand gemildert, dass oft die Außenminister in das Amt des ebenfalls Außenpolitik betreibenden Regierungschefs wechselten und umgekehrt bzw. dass das Amt zuweilen auch in Personalunion mit dem Regierungschef ausgeübt wurde, z.B. von Alcide De Gasperi 1951-1953, Amintore Fanfani 1958/59 und Silvio Berlusconi 2002.

Vor diesem Hintergrund verwundert es nicht, dass das Außenministerium sich kaum als Hort kontinuierlicher und strategisch orientierter Politik entwickeln konnte: „Die *Farnesina* war Ruheposten oder Wartesaal für große Innenpolitiker, kein Ort, an dem eine starke Persönlichkeit mit langem Atem ihren Ehrgeiz darauf verwandt hätte, eine kohärente Außenpolitik durchzusetzen."[3] So stellt der prestigereiche Posten in erster Linie Verteilungsmasse im Personalpoker der Koalitionsparteien dar. In diesem Lichte muss auch die erstmalige Ernennung eines Ministers für die Angelegenheiten der Europäischen Gemeinschaft im Jahre 1980 (Kabinett Cossiga II) gesehen werden: Da es sich hierbei um einen Minister ohne Portfolio, d.h. ohne eigenes Ministerium, handelt, stellt diese Personalie kaum eine nennenswerte Verstärkung der italienischen Außenpolitik dar.

Ein zweiter innenpolitischer Faktor, der die Formulierung einer konsistenten außenpolitischen Linie behindert, ist die starke parteipolitische Fragmentie-

---

[2]   Vgl. die Liste der bisherigen Amtsinhaber auf der Homepage des italienischen Außenministeriums auf http://www.esteri.it/ita/2_14.asp (Stand: 01.06.2006).

[3]   Kempis / Gorawantschy 2006, S. 11 (Hervorhebung im Original).

rung der Regierungskoalitionen, die im Wesentlichen Kompromisse zwischen den durchaus sehr unterschiedlichen inhaltlichen Vorstellungen der Koalitionsparteien erfordert. Das Bestreben, außenpolitisch auch möglichst im Konsens mit der Opposition zu agieren, verkompliziert die Lage noch zusätzlich – ein Umstand, der insbesondere zu Zeiten der starken informalen Einbindung des PCI Gewicht hatte.

Diese Faktoren können zum Teil erklären, warum Italien trotz seiner großen ökonomischen Bedeutung nicht einmal auf europäischer Ebene mit Frankreich, Deutschland und Großbritannien auf Augenhöhe agieren konnte. Dementsprechend werden aus Rom regelmäßig kritische Stimmen laut, wenn sich z.B. die deutsch-französische Achse allzu sehr als Führungsduo profiliert. Ausdruck dieses Gefühls, in der „zweiten Reihe" zu stehen, ist auch das Bestreben, möglichst überall „dabei zu sein", was oft als *presenzialismo* bezeichnet wird. Dies schlägt sich unter anderem auch darin nieder, dass Italien besonders oft Truppen für internationale Friedenseinsätze bereitstellt. Erhebliche Rückwirkungen auf die Innenpolitik hatte der *presenzialismo*, als die Teilnahme am Start der europäischen Gemeinschaftswährung auf dem Spiel stand: Zur Erfüllung der Stabilitätskriterien mussten harte fiskalische und sozialpolitische Maßnahmen ergriffen werden, die in diesem Ausmaß wohl nur mit dem Hinweis auf ein drohendes Abseitsstehen durchgesetzt werden konnten.[4]

Strategisch liegen die Interessen Italiens im Mittelmeerraum und auf dem Balkan. Während des Zerfalls Jugoslawiens versuchte hier Italien quasi als Nachbarland konfliktdämpfend zu wirken – nicht zuletzt wegen der vielen Flüchtlinge, die über die Adria den Kriegswirren zu entkommen suchten. Gleiches gilt für Albanien, dem eine der größten Gruppen sich auf italienischem Boden befindlicher Flüchtlinge entstammt. Zunehmend sieht sich Italien auch als Hauptanlaufpunkt für illegale Einwanderer aus Nordafrika, die mit Booten über das Mittelmeer die südlichsten italienischen Inseln ansteuern. Vor diesem Hintergrund ist Rom treibende Kraft einer EU-einheitlichen Flüchtlingspolitik und eines koordinierten Schutzes der Küsten.

Die wohl wichtigste Grundentscheidung italienischer Außenpolitik fiel nach dem Zweiten Weltkrieg unter der Führung Alcide De Gasperis zugunsten einer strikten Westbindung, wie sie auch Deutschland unter Konrad Adenauer verfolgte. Dazu gehörte die Partnerschaft mit den USA sowie die Einbindung als Gründungsmitglied in die NATO (1949) und die Europäischen Gemeinschaften (1957).[5]

Insbesondere der NATO-Beitritt zeigte, wie sehr Italien durch den beginnenden Kalten Krieg gespalten war – allerdings nicht geographisch, wie

---

[4]   Vgl. Ferrara / Gualmini 2000 und Gohr 2001.
[5]   Vgl. Rusconi 2003.

Deutschland, sondern innenpolitisch, wo Kommunisten, Sozialisten und andere Kräfte bis hin zu linken Katholiken die Anlehnung an die USA und den Eintritt in das westliche Bündnis teils erbittert bekämpften. Die größte kommunistische Partei außerhalb des Ostblocks existierte immerhin in Italien und machte es sowohl für die antikommunistischen Kräfte Italiens als auch für die westlichen Nachbarn und die USA zu einer wichtigen Aufgabe, das Land vor einem Abdriften nach Osten zu bewahren. So ist auch ersichtlich, warum insbesondere die DC als antikommunistisches Bollwerk auf Unterstützung aus Washington zählen konnte.[6]

Als Brücke zwischen den Fronten dieses Konflikts konnte weitgehend die europäische Integration fungieren. Eine europafreundliche Orientierung wurde von weiten Teilen der Bevölkerung und im Grundsatz auch von fast allen politischen Kräften geteilt (vgl. Kapitel Politische Kultur), so dass sich in diesem Punkt ein außenpolitischer Konsens etablieren konnte. Auch die Gegner der Westbindung konnten sich mit der europäischen Kooperation anfreunden, da sie darin auch ein selbständiges Element unabhängig von den USA sahen.[7] Die unbedingte Europa-Euphorie der ersten Jahrzehnte wird zwar seit den 1990er Jahren von skeptischen Tönen begleitet, die auch die äußeren Restriktionen aus Brüssel und den Souveränitätsverlust ansprechen; aber dennoch kann aus Rom auch künftig kaum mit Störmanövern im Integrationsprozess gerechnet werden.[8]

Der bestimmende Einfluss, den die Ost-West-Konfrontation auf die außenpolitische Situation Italiens ausgeübt hatte, schwand mit der Wende 1989/90.[9] Die folgende Umbruchphase mit dem Erstarken Deutschlands und der Hinwendung der europäischen wie atlantischen Partner nach Osteuropa ließen Italien völlig in den Hintergrund treten. Gleichzeitig fesselten die innenpolitischen Umwälzungen, die nicht zuletzt auch auf die äußeren Entwicklungen zurückzuführen sind (vgl. Kapitel Parteien und Parteiensystem) die Aufmerksamkeit der italienischen Politiker.[10]

---

[6]   Vgl. zum zentralen Einfluss der Ost-West-Konfrontation auf die italienische Innenpolitik Gualtieri 2004.

[7]   Vgl. allerdings zum Widerstand der Kommunisten gegen die Europäische Verteidigungsgemeinschaft Risso 2006.

[8]   Vgl. Caciagli 2004.

[9]   Vgl. zu den Konsequenzen dieses Einschnitts Nuti 2000.

[10]   Vgl. Missiroli 1998.

13.2 Die Außenpolitik der Regierung Berlusconi 2001-2006

Die Regierung Berlusconi, im Ausland wegen ihrer parteipolitischen Zusammensetzung von Anfang an mit Misstrauen betrachtet, überraschte zunächst mit der Ernennung Renato Ruggieros zum Außenminister. Der parteilose und international anerkannte Ruggiero geriet wegen seines weltoffenen und EU-freundlichen Kurses jedoch bald unter Beschuss durch einige seiner Kabinettskollegen, vor allem der LN, und trat schließlich schon im Januar 2002 entnervt zurück.[11]

Nachdem Regierungschef Berlusconi selbst interimistisch (jedoch für immerhin zehn Monate) als Außenminister fungiert hatte, zog Franco Frattini (FI) in die *Farnesina* ein. Als Frattini im November 2004 Mitglied der Europäischen Kommission wurde, folgte ihm AN-Chef Gianfranco Fini nach, der dieses Amt schon lange angestrebt hatte, aber bislang in diesem Ansinnen auf Berlusconis Widerstand gestoßen war. Neben dem jeweiligen Außenminister setzte aber vor allem der Regierungschef Akzente. So hinterließen Berlusconis ausgesprochen starke atlantische Orientierung und latente EU-Skepsis deutliche Spuren in der außenpolitischen Positionierung Italiens.

Ersteres schlug sich in einem sehr guten persönlichen Verhältnis Berlusconis zu US-Präsident George W. Bush nieder. Eine Konsequenz war die klare Unterstützung der USA in ihrem Kampf gegen den internationalen Terrorismus und bei ihrer Position in der Irak-Frage. Italien beteiligte sich zwar nicht bei der Invasion des Zweistromlandes, schickte aber nach dem Ende der unmittelbaren Kampfhandlungen Truppen zur Sicherung der Lage. Hier schlug der Regierung massiver gesellschaftlicher Protest entgegen; die italienischen Städte sahen Friedensdemonstrationen, die weltweit zu den größten gehörten.

Das Verhältnis zur EU und zu den europäischen Partnern wurde vor allem atmosphärisch durch undiplomatische und europhobe Äußerungen belastet, die zum größten Teil aus den Reihen der LN kamen. Dabei ist die EU-Kritik der LN für die italienische Rechte höchst untypisch: Die UDC sieht sich in der Nachfolge Alcide De Gasperis und die AN unterstützt die europäische Integration ebenfalls, wenn auch eher als Europa der Vaterländer; Gianfranco Fini hatte sich schon vor seiner Zeit als Außenminister auf diplomatischem Parkett viel Anerkennung erworben, sei es z.B. durch seinen Besuch in Israel oder als stellvertretender Vorsitzender des Europäischen Verfassungskonvents. Aber auch Silvio Berlusconi selbst trug zu atmosphärischen Störungen bei. Neben manchen unverständlichen Ausrutschern, z.B. vor den Europäischen Parlament,[12] erlag er nur

---

[11] Vgl. zum Folgenden Croci 2005.
[12] Im Juli 2003 hatte Berlusconi bei einer Rede vor dem Europäischen Parlament zum Antritt der Ratspräsidentschaft Italiens einem Abgeordneten nahe gelegt, er solle doch in einem Film die Rolle eines KZ-Aufsehers spielen.

zu leicht der Versuchung, die Unzufriedenheit der Italiener mit der ökonomischen Lage auf die EU und vor allem die Währungsunion abzulenken. Hinzu kamen die Spannungen mit dem Vorsitzenden der EU-Kommission Romano Prodi als ehemaligem und zukünftigem innenpolitischen Gegner der Regierungskoalition. Die italienische Ratspräsidentschaft in der Europäischen Union (zweites Halbjahr 2003) hinterließ eine magere Bilanz: unter anderem gelang es nicht, die Verhandlungen zum Europäischen Verfassungsvertrag zum Abschluss zu bringen.[13] Auch mit seinem Bestreben, eine eigenständige italienische Rolle auf der Bühne der großen Weltpolitik zu etablieren, eckte Silvio Berlusconi bei den europäischen Partnern an. So versuchte er z.b. als Vermittler zwischen Ost und West zu fungieren, was ihn zu Russland und dessen Präsidenten Wladimir Putin eine ähnlich freundliche Position einnehmen ließ wie den deutschen Kanzler Gerhard Schröder.

13.3 Außenpolitik unter Prodi: ein Ausblick

Obwohl die Berlusconi-Regierung bei genauerer Betrachtung mehr in Stilfragen und weniger inhaltlich vom bisherigen italienischen Kurs abgewichen war,[14] erwarteten Beobachter nach dem Regierungswechsel 2006 außenpolitisch doch eine deutliche Kurskorrektur. In wie weit dies auch eintrifft, ist zum gegenwärtigen Zeitpunkt (Juni 2006) nicht einfach zu sagen. Dennoch zeichnen sich gewisse Konturen ab: Aussagen Prodis und führender Exponenten des Mitte-Links-Lagers lassen vermuten, dass der zentrale Bezugspunkt der italienischen Außenpolitik unter dem neuen Außenminister Massimo D'Alema (DS) wieder die EU sein wird. Im Umkehrschluss ist eine Abkühlung des Verhältnisses zu den USA zu erwarten. In der Gretchenfrage zwischen atlantischer und kontinentaleuropäischer Orientierung wird sich die Waage wohl zugunsten letzterer neigen. Auch wird im Konzert der europäischen Bündnispartner Italien künftig wohl deutlich pflegeleichter auftreten, schon weil die neue Regierung bestrebt sein dürfte, einen sichtbaren Kontrapunkt zu Berlusconis „neuem Selbstbewusstsein" zu setzen.

Bündnispolitisch kann zumindest ein kleines Fragezeichen gesetzt werden. Zwar steht die Bündnistreue der meisten Mitte-Links-Parteien nicht in Frage, aber schon 1999 führte die Frage einer Beteiligung Italiens am Kosovo-Krieg die Mitte-Links-Regierung unter Massimo D'Alema in eine Zerreißprobe: Einerseits unterstützte sie die Militäraktion, andererseits erklärten kommunistische Bestandteile der Koalition ihre Solidarität mit Slobodan Milosevic. Ähnliches kann

---

[13]   Vgl. detailliert Quaglia 2004.
[14]   So Croci 2005.

für künftige Operationen im Rahmen von UNO und/oder NATO nicht ausgeschlossen werden. In der Irak-Frage zeichnen sich nach dem Regierungswechsel nur geringfügige Änderungen ab. Schon die Berlusconi-Regierung hatte geraume Zeit vor der Wahl dem innenpolitischen Druck nachgegeben, das italienische Kontingent merklich reduziert und einen endgültigen Truppenabzug bis Ende des Jahres 2006 angekündigt. Die neue Regierung dürfte daran kaum etwas ändern, zumal man sich in Zeitpunkt und Umfang eines Truppenabzugs schon zu Oppositionszeiten nicht einig war. Der Status quo dürfte somit einen gangbaren gemeinsamen Nenner darstellen, allenfalls könnte sich der Abzug beschleunigen.

Anhang

Wahlergebnisse 1948-2006

Abgeordnetenkammer (Camera dei deputati)

Camera dei deputati – Sitze, %, Wahlbeteiligung 1948 – 1992									
Datum	18.04.1948		07.06.1953		25.05.1958		28.04.1963		19.05.1968	
Wahlbeteiligung	92,2		93,8		93,8		92,9		92,8	
Partei	%	Sitze	%	Sitze	%	Sitze	%	Sitze	%	Sitze
DC	48,5	305	40,1	263	42,2	273	38,3	260	39,1	266
PCI	31,9	183	22,6	143	22,7	140	25,3	166	26,9	177
PSI	-	-	12,7	75	14,2	84	13,8	87	19,9	114
PLI	3,8	19	3,0	13	3,5	17	7,0	40	5,8	31
PSDI	7,1	33	4,5	19	4,6	22	6,1	33	-	-
PRI	2,5	9	1,6	5	1,4	6	1,4	6	2,0	9
MSI	2,0	6	5,9	29	4,8	24	5,1	27	4,5	24
PR	-	-	-	-	-	-	-	-	-	-
Monarchisten	2,8	14	6,9	40	4,8	25	1,7	8	1,8	9
Lega lombarda	-	-	-	-	-	-	-	-	-	-
La Rete	-	-	-	-	-	-	-	-	-	-
Verdi	-	-	-	-	-	-	-	-	-	-
Sonstige	2,3	5	2,6	3	1,7	5	1,3	4	1,0	0

Camera dei deputati – Sitze, %, Wahlbeteiligung 1948 – 1992											
Datum	07.05.1972		20.06.1976		03.06.1979		26.06.1983		14.06.1987		05.04.1992	
Wahlbeteiligung	93,2		93,4		90,6		89,0		88,9		87,2	
Partei	%	Sitze	%	Sitze	%	Sitze	%	Sitze	%	Sitze	%	Sitze
DC	38,7	266	38,7	263	38,3	262	32,9	225	34,3	234	29,7	206
PCI	27,1	179	34,4	227	30,4	201	29,9	198	26,6	177	21,7	142
PSI	11,5	61	9,6	57	9,8	62	11,4	73	14,3	94	13,6	92
PLI	3,9	20	1,3	5	1,9	9	2,9	16	2,1	11	2,8	17
PSDI	5,1	29	3,4	15	3,8	20	4,1	23	2,9	17	2,7	16
PRI	2,9	15	3,1	14	3,0	16	5,1	29	3,7	21	4,4	27
MSI	8,7	56	6,1	35	5,3	30	6,8	42	5,9	35	5,4	34
PR	-	-	1,1	4	3,5	18	2,2	11	2,7	14	1,2	7
Monarchisten	-	-	-	-	-	-	-	-	-	-	-	-
Lega lombarda	-	-	-	-	-	-	-	-	3,0	14	8,7	55
La Rete	-	-	-	-	-	-	-	-	-	-	1,9	12
Verdi	-	-	-	-	-	-	-	-	-	-	2,8	16
Sonstige	2,0	4	2,3	10	3,9	12	4,7	13	4,5	13	5,1	6

Stimmanteile (in %) und Sitze

Quelle: Bonini, Francesco 1993: Storia costituzionale della Repubblica. Profilo e documenti (1948-1992), Roma, S. 312-335; eigene Zusammenstellung

Anmerkungen:
PLI 1948 als Blocco nazionale
PSDI 1948 als Unità Socialista
PCI 1948 zusammen mit PSI als Fronte Democratico Popolare
Monarchisten: PNM (1948, 1953), PNM+PMP (1958), PDIUM (1963, 1968), ab 1972 mit MSI vereinigt
PSI 1968 und 1972 incl. Stimmen der erfolglosen Abspaltung PSIUP (1968 4,4%, 23 Sitze; 1972 1,9%, keine Sitze)
PSI 1968 zusammen mit PSDI als PSU
MSI 1972 als MSI-PDIUM (Zusammenschluß MSI-Monarchisten)
MSI 1976 bis 1986 als MSI-DN
Lega lombarda und Lega Veneta 1987 zusammengerechnet (werden später zur Lega Nord)
PCI 1992: PDS und RC zusammengerechnet (PDS 16,1%, 107 Sitze; RC 5,5%, 35 Sitze)
PR 1992 als Lista Pannella
Sonstige = u.a. SVP, UV, DP

Senat (Senato della Repubblica)

Senato della Repubblica - Sitze, %, 1948 - 1992

Datum	18.04.1948		07.06.1953		25.05.1958		28.04.1963		19.05.1968	
Partei	%	Sitze	%	Sitze	%	Sitze	%	Sitze	%	Sitze
DC	48,1	131	39,9	113	41,2	123	36,5	129	38,3	135
PCI	30,8	72	20,2	51	21,8	59	25,2	84	30,0	-
PSI	-	-	11,9	26	14,1	35	14,0	44	15,2	46
PSDI	4,2	8	4,3	4	4,4	5	6,3	14	-	-
PLI	5,4	7	2,9	3	3,9	4	7,4	18	6,8	16
PRI	2,6	4	1,1	0	-	-	0,7	4	2,2	2
MSI	0,7	0	6,1	9	4,4	8	6,9	16	5,9	13
PNM	1,7	3	6,5	14	1,9	2	-	-	-	-
PR	-		-		-		-		-	
Leghe	-		-		-		-		-	
Sonstige	6,5	12	7,3	17	8,3	10	3,6	10	1,6	2

Senato della Republica - Sitze, %, 1948 - 1992

Datum	07.05.1972		20.06.1976		03.06.1979		26.06.1983		14.06.1987		05.04.1992	
Partei	%	Sitze	%	Sitze	%	Sitze	%	Sitze	%	Sitze	%	Sitze
DC	38,1	135	38,9	135	38,3	138	32,4	120	33,6	125	27,3	107
PCI	28,1	94	33,8	116	31,5	109	30,8	107	28,3	101	23,5	84
PSI	10,7	33	10,2	29	10,4	32	11,4	38	10,9	36	13,6	49
PSDI	5,4	11	3,1	6	4,2	9	3,8	8	2,4	5	2,6	3
PLI	4,4	8	1,4	2	2,2	2	2,7	6	2,2	3	2,8	4
PRI	3,0	5	2,7	6	3,4	6	4,7	10	3,9	8	4,7	10
MSI	9,1	26	6,6	15	5,7	13	7,3	18	6,5	16	6,5	16
PNM	-	-	-	-	-	-	-	-	-	-	-	-
PR	-	-	0,8	0	1,3	2	1,8	1	1,8	3	0,5	0
Leghe	-	-	-	-	-	-	0,3	1	1,3	3	8,2	25
Sonstige	1,2	3	2,2	6	3,0	5	3,5	6	9,1	17	9,3	17

Stimmanteile (in %) und Sitze

Quelle: Bonini, Francesco 1993: Storia costituzionale della Repubblica. Profilo e documenti (1948-1992), Roma, S. 312-335; eigene Zusammenstellung

Anmerkungen:
PRI 1963 zus. mit Teilen der DC
MSI: 1972 zusammen angetreten mit PDIUM; 1963 und 1968 MSI und PDIUM zusammengerechnet
PCI: 1948 zusammen mit PSI als Fronte Democratico Popolare (FDP)
Leghe: 1983 Lega veneta, 1987 Lega lombarda und Lega veneta, 1992 Lega lombarda
PCI 1992 = PDS und RC zusammengerechnet (PDS 17%, 64 Sitze; RC 6,5%, 20 Sitze)
PR 1992 = Lista Pannella
PSI 1962 zusammen mit PSDI
Sonstige = u.a. SVP, UV, DP, Verdi

Wahlergebnisse 1994-2001

Abgeordnetenkammer (Camera dei deputati)

Abgeordnetenkammer 1994-2001 Stimmanteile (%), Sitze, Sitzanteil (%)						
Listen und Koalitionen	**1994**					
	Stimmen Mehr- heitswahl	**Sitze Mehr- heitswahl**	**Stimmen Verhält- niswahl**	**Sitze Verhält- niswahl**	**Sitze Gesamt**	**Sitzanteil Gesamt**
PDS			20,3	37		
PRC			6,0	12		
Verdi			2,7	0		
PSI			2,2	0		
La Rete			1,9	0		
AD			1,2	0		
Patto solida- rietà			0,0	0		
Gesamt Progressisti	*32,7*	*164*	*34,4*	*49*	*213*	*33,8*
Sonstige *centrosinistra*	0,4	0,0			0,0	0,0
Gesamt ***centrosinistra***	**33,1**	**164**		**49**	**213**	**33,8**
PPI		4	11,1	29	33	5,2
Patto Segni		0	4,7	13	13	2,1
Gesamt Patto per l'Italia	*15,6*	*4*	*15,8*	*42*	*46*	*7,3*
Gesamt Zentrum	**15,6**	**4**	**15,8**	**42**	**46**	**7,3**
FI			21,0	32		
AN			13,5	22		
LN			8,4	10		
Lista Panella			3,5	0		
Polo delle libertà	22,8	164				
Polo del buon governo	14,9	129				
Gesamt Poli	*37,7*	*293*	*46,4*	*64*	*357*	*56,7*
Sonstige *centrodestra*	9,7	9			9	1,4
Gesamt ***centrodestra***	**47,4**	**302**	**46,4**	**64**	**366**	**58,1**
SVP	0,5	3	0,6	0	3	0,4

Lista Valle d'Aosta	0,1	1	-		1	0,2
Lega d'azione meridionale	0,1	1	0,2	0	1	0,2
Sonstige	3,1	0	2,7	0	0	0,0
Gesamt Sonstige	*3,9*	*5*	*3,5*	*0*	*5*	*0,8*
Summen	100,0	475	100,0	155	630	100,0
Wahlbeteiligung: 86,1%						

Listen und Koalitionen	1996					
	Stimmen Mehr- heitswahl	**Sitze Mehr- heitswahl**	**Stimmen Verhält- niswahl**	**Sitze Verhält- niswahl**	**Sitze Gesamt**	**Sitzanteil Gesamt**
PDS			21,1	26		
Popolari			6,8	4		
RI			4,3	8		
Verdi			2,5	0		
Partito Sardo d'Azione			0,1	0		
PRC			8,6	20		
Gesamt Ulivo	*44,9*	*262*	*43,4*	*58*	*320*	*50,8*
SVP	0,5	3			3	0,5
Gesamt centrosinistra	45,4	265	43,4	58	323	51,3
FI			20,6	37		
AN			15,7	28		
CCD-CDU			5,8	12		
Lista Panella- Sgarbi			1,9	0		
Gesamt Polo per le libertà	*40,3*	*169*	*44,0*	*77*	*246*	*39*
Lista Panella- Sgarbi	0,2	0,0			0,0	0,0
LN	10,8	39	10,0	20	59	9,4
Gesamt centrodestra	51,3	208	54	97	305	48,8
Lista Valle d'Aosta	0,1	1	-	0	1	0,2
Lega d'Azione Meridionale	0,2	1	0,2	0	1	0,2
Sonstige	3,0	0	2,4	0	0	0,0

Gesamt Sonstige	3,3	2	2,6	0	2	0,3
Summen	100,0	475	100,0	155	630	100,0

Wahlbeteiligung: 82,9%

Listen und Koalitionen	2001					
	Stimmen Mehr-heitswahl	**Sitze Mehr-heitswahl**	**Stimmen Verhält-niswahl**	**Sitze Verhält-niswahl**	**Sitze Gesamt**	**Sitzanteil Gesamt**
DS			16,6	31		
Margherita			14,5	27		
Girasole			2,2	0		
PdCI			1,7	0		
Gesamt Ulivo	*43,8*	*189*	*35*	*58*	*247*	*39,2*
PRC			5,0	11	11	1,8
SVP	0,5	3	0,5	0	3	0,5
Gesamt *centrosinistra*	44,3	192	40,5	69	261	41,5
FI			29,5	62		
AN			12,0	24		
Biancofiore			3,2	0		
Nuovo PSI			1,0	0		
LN			3,9	0		
Gesamt Casa delle libertà	*45,4*	*282*	*49,6*	*86*	*368*	*58,4*
Gesamt *centrodestra*	45,4	282	49,6	86	368	58,4
Vallée d'Aoste	0,1	1	-	-	1	0,1
Lista Di Pietro	4,0	0	3,9	0	0	
Democrazia Europea	3,5	0	2,4	0		
Lista Panella-Bonino	1,2	0	2,2	0		
MSFT	0,4	0	0,4	0		
Sonstige	1,1	0	1,0	0		
Gesamt Sonstige	*10,3*	*1*	*9,9*	*0*	*1*	*0,1*
Summen	100,0	475	100,0	155	630	100,0

Wahlbeteiligung: 81,4%

Quelle: D'Alimonte, Roberto / Bartolini, Stefano (Hg.) 2002: Maggioritario finalmente? La transizione elettorale 1994-2001, Bologna, S. 381-403
Vgl. zu den Wahlbündnissen das Kapitel Parteien und Parteiensystem

Senat (Senato della Repubblica)

Senat 1994-2001 Stimmanteile (%), Sitze, Sitzanteil (%)					
Listen und Koalitionen	1994				
	Stimmen	Sitze Mehr-heitswahl	Sitze Verhält-niswahl	Sitze Gesamt	Sitzanteil Gesamt
Progressisti	33,1	97	26	123	39,0
Sonstige *centrosinistra*	0,3	0	0	0	0,0
Gesamt *centro-sinistra*	33,4	97	26	123	39,0
Patto per l'Italia	16,7	3	28	31	9,8
Gesamt Zentrum	16,7	3	28	31	9,8
Polo delle libertà	19,9	74	8	82	26,0
Polo del buongoverno	13,7	54	10	64	20,4
Gesamt Poli	*33,6*	*128*	*18*	*146*	46,4
Sonstige *centrodestra*	9,1	0	10	10	3,2
Gesamt *centrodestra*	42,7	128	28	156	49,6
SVP	0,7	3	0	3	1,0
Lega Alpine Lumbarda	0,7	0	1	1	0,3
Lista Valle d'Aosta	0,1	1	0	1	0,3
Sonstige	5,7	0	0	0	0,0
Gesamt Sonstige	*7,2*	*4*	*1*	*5*	1,6
Summen	100,0	232	83	315	100,0

Listen und	1996				
Koalitionen	Stimmen	Sitze Mehr- heitswahl	Sitze Verhält- niswahl	Sitze Gesamt	Sitzanteil Gesamt
Ulivo- Progressisti	44,1	144	23	167	53,3
PRC	0,0	0	0	0	0,0
SVP	0,5	2	0	2	0,7
Gesamt *centro- sinistra*	44,6	146	23	169	53,7
Polo per le libertà	37,3	67	49	116	36,8
Lista Panella- Sgarbi	1,6	0	1	1	0,3
LN	10,4	18	9	27	8,6
Gesamt *centrodestra*	49,3	85	59	144	45,7
Lista Valle d'Aosta	0,1	1	0	1	0,3
MSFT	2,3	0	1	1	0,3
Sonstige	3,7	0	0	0	0,0
Gesamt Sonstige	6,1	*1*	*1*	*2*	0,6
Summen	100,0	232	83	315	100,0

Listen und Koalitionen	2001				
	Stimmen	Sitze Mehr- heitswahl	Sitze Verhält- niswahl	Sitze Gesamt	Sitzanteil Gesamt
Ulivo	39,2	77	51	128	40,6
PRC	5,0	0	4	4	1,3
SVP	0,4	2	0	2	0,6
Gesamt *centro- sinistra*	44,6	79	55	124	42,5
Casa delle libertà	42,5	152	24	176	55,9
Gesamt *centrodestra*	42,5	152	24	176	55,9
Vallee d'A- oste	0,1	1	0	1	0,3
Alleanza Lombarda Autonoma	0,9	0	1	1	0,3
Lista Di Pietro	3,4	0	1	1	0,3
Democrazia Europea	3,4	0	2	2	0,7
Lista Panella- Bonino	2,0	0	0	0	0,0
MSFT	1,0	0	0	0	0,0
Sonstige	2,1	0	0	0	0,0
Gesamt *Sonstige*	12,9	1	4	5	1,6
Summen	100,0	232	83	315	100,0

Quelle: D'Alimonte, Roberto / Bartolini, Stefano (Hg.) 2002: Maggioritario finalmente?
La transizione elettorale 1994-2001, Bologna, S. 381-403
Vgl. zu den Wahlbündnissen das Kapitel Parteien und Parteiensystem

Wahlergebnis 2006

Abgeordnetenkammer (Camera dei deputati)

09./10.04.2006 – Stimmanteile (in %), Sitze	Stimmanteil	Sitze
FI	23,7	137
AN	12,3	71
UDC	6,8	39
LN	4,6	26
AS	0,7	0
MSFT	0,6	0
DC-Nuovo PSI	0,7	4
Sonstige Casa delle libertà	0,2	0
Gesamt Casa delle libertà (centrodestra)	*49,7*	*277*
L'Ulivo (DS+Margherita)	31,3	220
PRC	5,8	41
UDEUR Popolari	1,4	10
Comunisti Italiani	2,3	16
Verdi	2,1	15
Italia dei Valori	2,0	16
Rosa nel Pugno	2,6	18
Sonstige Unione	2,0	4
Gesamt Unione (centrosinistra)	*49,8*	*340*
Sonstige	0,5	0

Hierin nicht enthalten die Daten von Aostatal (spezielles Wahlverfahren).

Auslandswahlkreise		
	Stimmanteil	**Sitze**
Fiamma Tricolore	20,8	3
UDC	6,7	0
LN	2,1	0
Per Italia nel mondo	7,5	1
MSFT	0,1	0
AS	0,7	0
Gesamt centrodestra	*37,9*	*4*
UDEUR Popolari	1,0	0
L'Unione	43,3	6
Italia dei Valori	2,8	1
Gesamt	*47,1*	*7*
Associazione Italiani Sud America	10,5	1
Sonstige	4,4	0

Wahlbeteiligung: 83,6%

Senat (Senato della Repubblica)

09./10.04.2006 – Stimmanteile (in %), Sitze		
	Stimmanteil	**Sitze**
FI	24,0	78
AN	12,4	41
UDC	6,8	21
LN	4,5	13
AS Mussolini	0,6	0
MSFT	0,6	0
DC-Nuovo PSI	0,6	0
Sonstige Casa delle libertà	0,8	0
Gesamt Casa delle libertà (centrodestra)	*50,2*	*153*
DS	17,5	62
Margherita	10,7	39
PRC	7,3	27
UDEUR Popolari	1,4	3
Insieme con l'Unione (Verdi, PdCI Consumatori Uniti)	4,2	11
IdV Di Pietro	2,9	4
Rosa nel Pugno	2,5	0
L'Ulivo (nur in Molise)	0,2	1
Sonstige Unione	2,2	1
Gesamt Unione (centrosinistra)	*49,0*	*148*
Sonstige	0,7	0

Hierin nicht enthalten die Daten von Valle d'Aosta und Trient-Südtirol (spezielles Wahlverfahren).

Auslandswahlkreise		
	Stimmanteil	**Sitze**
FI	21,1	1
UDC	6,5	0
LN	2,1	0
Per Italia nel mondo	7,2	0
MSFT	1,0	0
Gesamt centrodestra	*37,8*	*1*
UDEUR Popolari	1,5	0
L'Unione	44,0	4
Italia dei Valori	3,0	0
Gesamt centrosinistra	*48,5*	*4*
Associazione Italiani Sud America	9,6	1
Sonstige	4,1	0

Quelle: Internetseite des italienischen Innenministeriums
(http://politiche.interno.it/politiche/ind_poli.html; Stand: 16.07.2006); eigene Zusammenstellung

Links

(Stand: 23.06.2006)

Institutionen

Innenministerium (Wahlen):	http://elezioni.interno.it/
Kassationsgerichtshof:	http://www.cortedicassazione.it/
Parlament:	www.parlamento.it
Regierung:	www.governo.it
Regierungschef:	www.palazzochigi.it
Staatspräsident:	www.quirinale.it
Verfassungsgerichtshof:	www.cortecostituzionale.it (nicht offiziell, aber sehr nützlich: www.giurcost.org)
Zentralbank:	www.bancaditalia.it

Parteien

http://www.popolariudeur.it/
http://www.nuovopsi.com/
http://www.udc-italia.it/
http://www.leganord.org/
http://www.forza-italia.it/
http://www.alleanzanazionale.it/an/
http://www.margheritaonline.it/
http://www.socialisti.org/ (SDI)
http://www.comunisti-italiani.it/ (PdCI)
http://www.rifondazione.it/
http://www.dsonline.it/
http://www.fiammatricolore.net/
http://www.antoniodipietro.it/ (Italia dei Valori)
http://www.azionesociale.net/ (Azione Sociale)
http://www.pri.it/
http://www.movimentorepubblicanieuropei.org/
http://www.rosanelpugno.it/rosanelpugno/http://www.verdi.it/apps/news.php

Parteienbündnisse

http://www.ulivo.it/
http://www.casadelleliberta.net/
http://www.unioneweb.it/

Gewerkschaften und Wirtschaft

http://www.cgil.it/ (Confederazione Generale Italiana del Lavoro)
http://www.cisl.it/ (Confederazione Italiana dei Sindacati dei Lavoratori)
http://www.uil.it/ (Unione Italiana del Lavoro)
http://www.confindustria.it/ (größter Arbeitgeberverband Confindustria)

Regionen

http://www.regioni.it/ (Seite der Konferenz der Präsidenten der Regionen und autonomen Provinzen)

Weitere nützliche Links

http://www.italien-politik.de (Website über italienische Politik, Literatur, Links und Aktuelles)
http://www.osservatorio.it (Osservatorio di Pavia, unabhängiges Medienforschungsinstitut)
http://www.sondaggipoliticoelettorali.it/ (Verzeichnis von politischen Umfragedaten)
http://www.arts.mun.ca/congrips/ (Conference Group on Italian Politics and Society)
http://www.psa.ac.uk/spgrp/italian/italian.asp (Specialist Group Italian Politics der UK Political Studies Association)
http://www.istcattaneo.org/ (politikwissenschaftliches Institut)
http://www.istat.it/ (Istituto Nazionale di Statistica)
http://www.censis.it/ (statistisches Institut)

Literatur

Agnew, John A. 2002: Place and Politics in Modern Italy, Chicago / London.

Agostini, Angelo 2004: Giornalismi – Media e giornalisti in Italia, Bologna.

Almond, Gabriel A. / Verba, Sidney 1963: The Civic Culture. Political Attitudes and Democracy in Five Nations, Princeton.

Altgeld, Wolfgang (Hg.) 2002: Kleine italienische Geschichte, Stuttgart.

Armaroli, Paolo 1995: Italiens Regierungen – Im Schatten des Quirinal-Palastes, in: Ferraris, Luigi Vittorio Graf / Trautmann, Günter / Ullrich, Hartmut (Hg.): Italien auf dem Weg zur „zweiten Republik"? Die politische Entwicklung Italiens seit 1992, Frankfurt et al., S. 73-105.

Baccaro, Lucio 2002: The Construction of "Democratic" Corporatism in Italy, in: Politics & Society 30, S. 327-357.

Barbera, Augusto / Morrone, Andrea 2003: La Repubblica dei referendum, Bologna.

Barbieri, Cristina 2001: Il capo del governo in Italia. Una ricerca empirica, Milano.

Barbieri, Cristina 2003: Dentro il cabinet. Novità istituzionali nei rapporti tra ministri, in: Dies. / Verzichelli, Luca (Hg.): Il governo e i suoi apparati, Genova, S. 103-152.

Bardi, Luciano 2002: Italian Parties. Change and Functionality, in: Webb, Paul / Farrell, David / Holliday, Ian (Hg.): Political Parties in Advanced Industrial Democracies, Oxford, S. 46-76.

Bartolini, Stefano / Chiaramonte, Alessandro / D'Alimonte, Roberto 2004: The Italian Party System between Parties and Coalitions, in: WEP 27, S. 1-19.

Belligni, Silvano 1995: Die „schmutzigen Jahre": Die Ent-Institutionalisierung der italienischen Parteien, in: Nedelmann, Birgitta (Hg.): Politische Institutionen im Wandel (KZfSS-Sonderheft 35), Opladen, S. 167-187.

Bellucci, Paolo / Bull, Martin 2002: After the 'Honourable Defeat': The DS, Margherita and Ulivo, in: Dies. (Hg.): Italian Politics. The Return of Berlusconi, New York / Oxford 2002, S. 85-104.

Bellucci, Paolo / Maraffi, Marco / Segatti, Paolo 2000: PCI, PDS, DS. La trasformazione dell'identità politica della sinistra di governo, Roma.

Besson, Jean / Bibes, Geneviève 1993: The general elections of April 1992, in: Hellman, Stephen / Pasquino, Gianfranco (Hg.): Italian Politics. A Review, Vol. 8, London / New York, S. 13-33.

Beyme, Klaus von 1970: Das politische System Italiens, Stuttgart.

Beyme, Klaus von 1973: Die parlamentarischen Regierungssysteme in Europa, München.

Bonini, Francesco 1993: Storia costituzionale della Repubblica. Profilo e documenti (1948-1992), Roma.

Bordon, Frida 1997: Lega Nord im politischen System Italiens. Produkt und Profiteur der Krise, Wiesbaden.

Braun, Michael 1994: Italiens politische Zukunft, Frankfurt.

Braun, Michael 1996: The Confederated Trade Unions and the Dini Government: „The Grand Return to Neo-corporatism?", in: Caciagli, Mario / Kertzer, David I. (Hg.): Italian Politics. The Stalled Transition, Boulder / Oxford, S. 205-221.

Bruti Liberati, Edmondo / Pepino, Livio 1998: Autogoverno o controllo della magistratura? Il modello italiano di Consiglio superiore, Milano.

Brütting, Richard (Hg.) 1997: Italien-Lexikon, Berlin.

Bull, Martin J. / Newell, James L. 2002: Italian Politics after the 2002 General Election: Plus ça change, plus c'est la même chose?, in: PA 55, S. 626-642.

Caciagli, Mario / Kertzer, David I. (Hg.) 1996: Italian Politics. The Stalled Transition, Boulder / Oxford.

Caciagli, Mario 1987: Ein „roter" Bezirk in der „roten" Toskana. Entstehung und Persistenz politischer Subkulturen, in: ZParl 18, S. 512-522.

Caciagli, Mario 1997: Clientelismo, in: Brütting, Richard (Hg.): Italien-Lexikon, Berlin, S. 190.

Caciagli, Mario 2004: Italien und Europa. Fortdauer eines Verhältnisses von Zwang und Ansporn, in: APuZ, B35/36, S. 26-31.

Calise, Mauro / Mannheimer, Renato 1982: Governanti in Italia. Un trentennio repubblicano 1946-1976, Bologna.

Campus, Donatella 2002: La formazione del governo Berlusconi, in: Pasquino, Gianfranco (Hg.): Dall'Ulivo al governo Berlusconi, Bologna, S. 275-294.

Capano, Giliberto / Giuliani, Marco 2001a: I labirinti del legislativo, in: Dies. (Hg.): Parlamento e processo legislativo in Italia: Continuità e mutamento, Bologna, S. 13-54.

Capano, Giliberto / Giuliani, Marco (Hg.) 2001b: Parlamento e processo legislativo in Italia: Continuità e mutamento, Bologna.

Capano, Giliberto / Giuliani, Marco 2001c: Governing Without Surviving? An Italian Paradox: Law-Making in Italy, 1987-2001, in: Journal of Legislative Studies 7, S. 13-36.

Capano, Giliberto / Giuliani, Marco 2003: The Italian Parliament twixt the Logic of Government and the Logic of Institutions (Much Ado about Something – but What Exactly?), in: Blondel, Jean / Segatti, Paolo (Hg.): Italian Politics. The Second Berlusconi Government, New York / Oxford, S. 142-161.

Capano, Giliberto 1992: L'improbabile riforma. Le politiche di riforma amministrativa nell'Italia repubblicana, Bologna.

Capretti, Anna 2001: Öffnung der Machtstrukturen durch Referenden in Italien. Eine pluralismustheoretische Analyse, Frankfurt.

Caramani, Daniele / Legnante, Guido 2002: Participazione elettorale e astensionismo, in: D'Alimonte, Roberto / Bartolini, Stefano (Hg.): Maggioritario finalmente? La transizione elettorale 1994-2001, Bologna, S. 131-163.

Catanzaro, Raimondo 1993: A watershed year for both the Mafia and the state, in: Hellman, Stephen / Pasquino, Gianfranco (Hg.): Italian Politics. A Review, Vol. 8, London / New York, S. 134-150.

Ceccanti, Stefano / Vassallo, Salvatore (Hg.) 2004: Come chiudere la transizione. Cambiamento, apprendimento e adattamento nel sistema politico italiano, Bologna.

Chiaramonte, Alessandro / D'Alimonte, Roberto 2004: Dieci anni di (quasi) maggioritario. Una riforma (quasi) riuscita, in: Ceccanti, Stefano / Vassallo, Salvatore (Hg.): Come chiudere la transizione. Cambiamento, apprendimento e adattamento nel sistema politico italiano, Bologna, S. 105-123.

Chimenti, Anna 1999: Storia dei referendum – dal divorzio alla riforma elettorale, Roma.

Cotta, Maurizio / Verzichelli, Luca 2003: The Second Berlusconi Government Put to the Test: A Year of Complications, in: Blondel, Jean / Segatti, Paolo (Hg.): Italian Politics. The Second Berlusconi Government, New York / Oxford, S. 37-58.

D'Alimonte, Roberto / Bartolini, Stefano (Hg.) 2002: Maggioritario finalmente? La transizione elettorale 1994-2001, Bologna.

D'Alimonte, Roberto 2001: Mixed Electoral Rules, Partisan Realignment, and Party System Change in Italy, in: Shugart, Matthew S. / Wattenberg, M. P. (Hg.): Mixed-Member Electoral Systems: The Best of Both Worlds?, Oxford, S. 323-350.

D'Atena, Antonio 2003: Die Verfassungsreform des italienischen Regionalismus, in: JöR NF 51, S. 531-552.

De Crescenzo, Luciano 1989: oi dialogoi. Von der Kunst miteinander zu reden, Zürich.

De Felice, Renzo 1965-97: Mussolini. 8 Bde., Turin.

Della Cananea, Giacinto 2002: The regulation of public services in Italy, in: International Review of Administrative Sciences 68, S. 73-93.

Della Porta, Donatella / Diani, Mario 2004: „Contro la guerra senza se né ma": le proteste contro la guerra in Iraq, in: Della Sala, Vincent / Vassallo, Salvatore (Hg.): Politica in Italia. I fatti dell'anno e le interpretazioni. Edizione 2004, Bologna, S. 249-269.

Della Porta, Donatella / Vannucci, Alberto 1999: Un paese anormale. Come la classe politica ha perso l'occasione di Mani Pulite, Roma / Bari.

Della Porta, Donatella 1988: Protestbewegung und Terrorismus in Italien, in: APuZ B39, S. 20-34.

Della Porta, Donatella 1995: Political Parties and Corruption: Reflections on the Italian Case, in: Modern Italy 1, S. 97-114.

Della Porta, Donatella 2001: A judges' revolution? Political corruption and the judiciary in Italy, in: EJPR 39, S. 1-21.

Della Sala, Vincent 1993: The Cossiga legacy and Scalfaro's election: in the shadow of presidentialism?, in: Hellman, Stephen / Pasquino, Gianfranco (Hg.): Italian Politics. A Review, Vol. 8, London / New York, S. 34-49.

Della Sala, Vincent 1998: The Italian Parliament: Chambers in a Crumbling House?, in: Norton, Philip (Hg.): Parliaments and Government in Western Europe, London / Portland, S. 73-96.

Della Sala, Vincent 1999: Parliament and Pressure Groups in Italy, in: Norton, Philip (Hg.): Parliaments and Pressure Groups in Western Europe, London / Portland, S. 67-87.

Della Sala, Vincent 2002: Parliament and Citizens in Italy: A Distant Relationship, in: Norton, Philip (Hg.): Parliaments and Citizens in Western Europe, London / Portland, S. 66-88.

Dente, Bruno 1997: Sub-national Governments in the Long Italian Tradition, in: WEP 20 (Special Issue: Crisis and Transition in Italian Politics), S. 176-193.

Di Maio, Tiziana 2001: Zwischen Krise des liberalen Staates, Faschismus und demokrati-scher Perspektive. Die Partito Popolare Italiano 1919-1926, in: Gehler, Michael / Kaiser, Wolfram / Wohnout, Helmut (Hg.): Christdemokratie in Europa im 20. Jahr-hundert, Wien et al., S. 122-142.

Di Nolfo, Ennio 1993: Von Mussolini zu De Gasperi. Italien zwischen Angst und Hoff-nung 1943-1953, Paderborn.

Di Virgilio, Aldo 2004: La politica delle alleanze: stabilizzazione senza coesione, in: Ceccanti, Stefano / Vassallo, Salvatore (Hg.): Come chiudere la transizione. Cambiamento, apprendimento e adattamento nel sistema politico italiano, Bologna, S. 187-204.

Diamanti, Ilvo 2003: Bianco, rosso, verde ... e azzurro. Mappe e colori dell'Italia politica, Bologna.

Dickie, John 2006: Cosa Nostra. Die Geschichte der Mafia, Frankfurt.

Dietrich, Michael 1995: Der italienische Verfassungsgerichtshof. Status und Funktionen, Berlin.

Donovan, Mark 2000: The End of Italy's Referendum Anomaly?, in: Gilbert, Mark / Pasquino, Gianfranco (Hg.): Italian Politics. The Faltering Transition, New York / Oxford, S. 51-66.

Donovan, Mark 2002: The processes of alliance formation, in: Newell, James (Hg.): The Italian general election of 2001. Berlusconi's victory, Manchester / New York, S. 105-123.

Donovan, Mark 2003a: The Italian State: No Longer Catholic, no Longer Christian, in: WEP 26 (Special Issue: Church and State in Contemporary Europe. The Chimera of Neutrality), S. 95-116.

Donovan, Mark 2003b: A Second Republic for Italy?, in: Political Studies Review 1, S. 18-33.

Donovan, Mark 2004: Il governo della coalizione di centro-destra, in: Della Sala, Vincent / Vassallo, Salvatore (Hg.): Politica in Italia. I fatti dell'anno e le interpretazioni. Edizione 2004, Bologna, S. 101-123.

Drüke, Helmut 2000: Italien – Wirtschaft, Gesellschaft und Politik, Opladen.

Fabbrini, Sergio / Gilbert, Mark 2000: When Cartels Fail: The Role of the Political Class in the Italian Democratic Transition, in: GO 35, S. 27-48.

Fabbrini, Sergio / Gilbert, Mark 2001: The Italian Election of 13 May 2001: Democratic Alternation or False Step?, in: GO 36, S. 519-536.

Fabbrini, Sergio 2000: Parlamento, governo e capo del governo: quali cambiamenti, in: Di Palma, Giuseppe / Ders. / Freddi, Giorgio (Hg.): Condannata al successo? L'Italia nell'Europa integrata, Bologna, S. 45-78.

Fabbrini, Sergio 2001: Has Italy rejected the referendum path to change? The failed referenda of May 2000, in: JMIS 6, Nr. 1, S. 38-56.

Ferrara, Maurizio / Gualmini, Elisabetta 2000: Reforms Guided by Consensus: The Welfare State in the Italian Transition, in: WEP 23, S. 187-208.

Ferraresi, Franco 1996: Threats to Democracy: The Radical Right in Italy After the War, Princeton.

Fiorillo, Mario 2002: Il Capo dello Stato, Roma / Bari.

Fix, Elisabeth 1999: Italiens Parteiensystem im Wandel. Von der Ersten zur Zweiten Republik, Frankfurt / New York.

Fritzsche, Peter 1987: Die politische Kultur Italiens, Frankfurt / New York.

Gazzelloni, Saverio 2001: La lettura dei quotidiani: alcuni confronti a livello europeo e un approfondimento sulla situazione italiana, in: Sani, Giacomo (Hg.): Mass media ed elezioni, Bologna, S. 73-126.

Geffert, Alexandra 2004: Medienkonzentrations- und Medienwettbewerbsrecht in Italien, Bern.

Gianfelici, Paolo 2003: „Forza Italia" oder „Forza Berlusconi"? Bemerkungen zu einem neuen Partei-Modell, in: Rill, Bernd (Hg.): Italien im Aufbruch – eine Zwischenbilanz, München, S. 41-54.

Gilbert, Mark / Pasquino, Gianfranco (Hg.) 2000: Italian Politics. The Faltering Transition, New York / Oxford.

Gilbert, Mark 2000: The Bassanini Laws: A Half-Way House in Local Government Reform, in: Hine, David / Vassallo, Salvatore (Hg.): Italian Politics. The Return of Politics, New York / Oxford, S. 139-155.

Ginsborg, Paul 2001: Italy and Its Discontents. Family, Civil Society, State 1980-2001, London.

Giovagnoli, Agostino 1996: Il partito italiano. La Democrazia Cristiana dal 1942 al 1994, Roma / Bari.

Gohr, Antonia 2001: Maastricht als Herausforderung und Chance – Die Auswirkungen der europäischen Integration auf den italienischen Wohlfahrtsstaat, Zentrum für Sozialpolitik, Arbeitspapier 8/01, Bremen.

Golden, Miriam A. 2003: Electoral Connections: The Effects of the Personal Vote on Political Patronage, Bureaucracy and Legislation in Postwar Italy, in: British Journal of Political Science 33, S. 189-212.

Grasmück, Damian 2005: Die Forza Italia Silvio Berlusconis. Geburt, Entwicklung, Regierungstätigkeit und Strukturen einer charismatischen Partei, Frankfurt.

Grasse, Alexander 2000: Italiens langer Weg in den Regionalstaat, Opladen.

Grasse, Alexander 2004: Italien – Ein Bundesstaat in der Entstehung oder: Föderalisierung als Modernisierungspolitik, in: Piazolo, Michael / Weber, Jürgen (Hg.): Föderalismus. Leitbild für die Europäische Union?, München S. 200-249.

Grasse, Alexander 2005: Modernisierungsfaktor Region. Subnationale Politik und Föderalisierung in Italien, Wiesbaden.

Griffin, Roger 1997: Italy, in: Eatwell, Roger (Hg.): European Political Cultures. Conflict or Convergence?, London / New York, S. 139-156.

Große, Ernst Ulrich / Trautmann, Günter 1997: Italien verstehen, Darmstadt.

Grossi, Giorgio 2001: Al voto coi giornali. Il ruolo della stampa nelle campagne elettorali, in: Sani, Giacomo (Hg.): Mass media ed elezioni, Bologna, S. 159-188.

Grub, Henning 1996: Die Parlamentsausschüsse in den Kammern des italienischen Parlaments und ihre Funktion im Gesetzgebungsverfahren, Berlin.

Gualtieri, Roberto 2004: The Italian political system and détente (1963-1981), in: JMIS 9, S. 428-449.

Guareschi, Giovanni 1951: Don Camillo und Peppone, Salzburg.

Guarino, Mario / Ruggeri, Giovanni 1994: Berlusconi. Showmaster der Macht, Berlin.

Guarnieri, Carlo / Pederzoli, Patrizia 2002: The Power of Judges. A comparative study of courts and democracy, Oxford.

Guarnieri, Carlo 1997: The Judiciary in the Italian Political Crisis, in: WEP 20 (Special Issue: Crisis and Transition in Italian Politics), S. 157-175.

Guarnieri, Carlo 2001: La giustizia in Italia, Bologna.

Guarnieri, Carlo 2003a: Giustizia e politica. I nodi della Seconda Repubblica, Bologna.

Guarnieri, Carlo 2003b: Die Politisierung der Gerichtsbarkeit in Italien, in: Rill, Bernd (Hg.): Italien im Aufbruch – eine Zwischenbilanz, München, S. 145-153.

Hellman, Stephen / Pasquino, Gianfranco (Hg.) 1993: Italian Politics: A Review Vol. 8, London / New York.

Hellman, Stephen 2002: Italy, in: Kesselman, Mark / Krieger, Joel (Hg.): European Politics in Transition, Boston / New York, S. 411-512.

Hess, Henner 1986: Mafia, Tübingen.

Hess, Henner 1988: Italien: Die ambivalente Revolte, in: Ders. (Hg.): Angriff auf das Herz des Staates, 2. Band, Frankfurt, S. 9-166.

Hibberd, Matthew 2001: The reform of public service broadcasting in Italy, in: Media, Culture & Society 23, S. 233-252.

Hibberd, Matthew 2004: La Rai e il governo di centro-destra: quale futuro per 50 anni di televisione pubblica?, in: Della Sala, Vincent / Vassallo, Salvatore (Hg.): Politica in Italia. I fatti dell'anno e le interpretazioni. Edizione 2004, Bologna, S. 189-206.

Hine, David / Finocchi, Renato 1991: The Italian Prime Minister, in: WEP 14 (Special Issue: West European Prime Ministers), S. 79-96.

Hine, David 1993: Governing Italy. The Politics of Bargained Pluralism, Oxford.

Höhne, Roland 2003a: Regieren in Italien – Wie durchsetzungsfähig ist die Regierung Berlusconi?, in: Rill, Bernd (Hg.): Italien im Aufbruch – eine Zwischenbilanz, München, S. 75-88.

Höhne, Roland 2003b: Alleanza Nazionale – Zwischen Neofaschismus und nationalem Konservativismus, in: Rill, Bernd (Hg.): Italien im Aufbruch – eine Zwischenbilanz, München, S. 99-112.

Ignazi, Piero 1995: Il Partito radicale, in: Pasquino, Gianfranco (Hg.) 1995: La politica italiana. Dizionario critico 1945-95, Bari, S. 311-323.

Ignazi, Piero 1998: Il Polo escluso. Profilo storico del Movimento Sociale Italiano, Bologna.

ISTAT 2004: Annuario statistico italiano 2004, Rom.

Jamieson, Alison 1989: The Heart Attacked. Terrorism and Conflict in the Italian State, London / New York.

Kaase, Max 1983: Sinn oder Unsinn des Konzepts „politische Kultur" für die vergleichende Politikforschung, oder auch: Der Versuch, einen Pudding an die Wand zu nageln, in: Ders. / Klingemann, Hans-Dieter (Hg.): Wahlen und politisches System. Analysen aus Anlass der Bundestagswahl 1980, Opladen, S. 144-172.

Katz, Richard S. / Ignazi, Piero (Hg.) 1996: Italian Politics. The Year of the Tycoon, Boulder / Oxford.

Katz, Richard S. 2001: Reforming the Italian electoral law, 1993, in: Shugart, Matthew S. / Wattenberg, M. P. (Hg.): Mixed-Member Electoral Systems: The Best of Both Worlds?, Oxford, S. 96-122.

Kempis, Stefan von / Gorawantschy, Beatrice 2005: Silvio Berlusconi wie Romano Prodi: umstritten, Länderbericht der Konrad-Adenauer-Stiftung vom 02.08.2005 (http://www.kas.de/publikationen/2005/6992_dokument.html; Stand: 05.08.2005).

Kempis, Stefan von / Gorawantschy, Beatrice 2006: Italienische Außen- und Europapolitik, in: KAS-Auslandsinformationen 2/06, S. 4-17.

Kindler, Peter 1993: Einführung in das italienische Recht, München.

Koff, Sondra Z. / Koff, Stephen P. 2000: Italy. From the First to the Second Republic, London / New York.

Köppl, Stefan 2003: Transition ohne Reform? Gescheiterte Anläufe zur Verfassungsreform 1983-1998 im Vergleich, Stuttgart.

Kranenpohl, Uwe 2004: Funktionen des Bundesverfassungsgerichts. Eine politikwissenschaftliche Analyse, in: APuZ B50/51, S. 39-46.

Kreppel, Amie 1997: The Impact of Parties in Government on Legislative Output in Italy, in: EJPR 31, S. 327-350.

Labriola, Silvano (Hg.) 1999: Il Parlamento repubblicano (1948-1998), Milano.

Legrenzi, Paolo 1998: The October Crisis of the Prodi Government, in: Bardi, Luciano / Rhodes, Martin (Hg.): Italian Politics. Mapping the Future, Boulder / Oxford, S. 57-71.

Lill, Rudolf 1986: Geschichte Italiens in der Neuzeit, Darmstadt.

Locke, Richard M. 1995: Remaking the Italian Economy, Ithaca / London.

Loughlin, John 2004: Italy: The Crisis of the Second Republic, in: Ders. (Hg.): Subnational Democracy in the European Union, Oxford, S. 211-228.

Lucchetti, Vittorio 2004: Politische Instabilität: die chronische Krankheit Italiens, in: APuZ B35/36, S. 3-5.

Luciani, Massimo / Volpi, Mauro (Hg.) 1997: Il Presidente della Repubblica, Bologna.

Lupo, Salvatore 2000: The Mafia, in: McCarthy, Patrick (Hg.): Italy since 1945, Oxford, S. 153-170.

Luther, Jörg 1990: Die italienische Verfassungsgerichtsbarkeit. Geschichte, Prozessrecht, Rechtsprechung, Baden-Baden.

Luther, Jörg 1995: Die italienische Verfassung im letzten Jahrzehnt, in: JöR NF 43, S. 475-510.

Magnier, Annick 2003: Subsidiarity: fall or premise of „local government reforms". The Italian case, in: Kersting, Norbert / Vetter, Angelika (Hg.): Reforming Local Government in Europe. Closing the Gap between Democracy and Efficiency, Opladen, S. 183-196.

Mammarella, Giuseppe 1995: Il Partito comunista italiano, in: Pasquino, Gianfranco (Hg.) 1995: La politica italiana. Dizionario critico 1945-95, Bari, S. 287-309.

Masala, Carlo 2001: Die Democrazia Cristiana 1943-1963. Zur Entwicklung des partito nazionale, in: Gehler, Michael / Kaiser, Wolfram / Wohnout, Helmut (Hg.): Christdemokratie in Europa im 20. Jahrhundert, Wien et al., S. 348-369.

Massai, Alessandro 1996: Dentro il Parlamento, Milano.

Mattina, Liborio 1993: Abete's Confindustria: From Alliance with the DC to Multiparty Appeal, in: Hellman, Stephen / Pasquino, Gianfranco (Hg.): Italian Politics: A Review, Vol. 8, London / New York, S. 151-164.

Merkel, Wolfgang 1983: Das italienische Parteiensystem im Wandel. Erklärungsversuche der Vergangenheit, Entwicklungen der Gegenwart, Tendenzen der Zukunft, in: ÖZP 12, S. 331-346.

Merkel, Wolfgang 1985: Die sozialistische Partei Italiens: zwischen Oppositionssozialismus und Staatspartei, Bochum.

Mershon, Carol / Pasquino, Gianfranco (Hg.) 1995: Italian Politics. Ending the First Republic, Boulder / Oxford.

Messina, Patrizia 1998: Opposition in Italy in the 1990s: Local Political Cultures and the Northern League, in: GO 33, S. 462-478.

Missiroli, Antonio 1998: Italiens Außenpolitik vor und nach Maastricht. Europa als Herausforderung und Reformzwang, in: APuZ B28, S. 27-36.

Morelli, Umberto 2003: Italien zwischen Föderalismus und Devolution, in: Europäisches Zentrum für Föderalismus-Forschung Tübingen (Hg.): Jahrbuch des Föderalismus 2003, Baden-Baden, S. 186-196.

Morisi, Massimo 1999: Anatomia della magistratura, Bologna.

Morlino, Leonardo / Tarchi, Marco 1996: The Dissatisfied Society: The Roots of Political Change in Italy, in: EJPR 30, S. 41-63.

Mühlbacher, Georg 2002: Italiens asymmetrischer Regionalismus zwischen Verfassungsreform und „Devolution", in: Europäisches Zentrum für Föderalismus-Forschung Tübingen (Hg.): Jahrbuch des Föderalismus 2002, Baden-Baden, S. 315-329.

Müller-Wirth, Moritz 1992: Die Debatte um die Parlamentsreform in Italien von 1971-1988, Frankfurt.

Newell, James J. / Bull, Martin 1997: Party Organisations and Alliances in Italy in the 1990s: A Revolution of Sorts, in: WEP 20 (Special Issue: Crisis and Transition in Italian Politics), S. 81-109.

Newell, James L. 2000: Parties and Democracy in Italy, Aldershot.

Niedermayer, Oskar 1996: Zur systematischen Analyse der Entwicklung von Parteiensystemen, in: Gabriel, Oscar W. / Falter, Jürgen W. (Hg.): Wahlen und politische Einstellungen in westlichen Demokratien, Frankfurt, S. 19-49.

Nuti, Leopoldo 2000: Continuity and Change in Italian Defence Policy (1945-1995), in: Dumoulin, Michel (Hg.): The European Defence Community, Lessons for the Future?, Frankfurt et al., S. 375-400.

Oberreuter, Heinrich 1994: Das Parlament als Gesetzgeber und Repräsentationsorgan, in: Gabriel, Oscar W. (Hg.): Die EG-Staaten im Vergleich. Strukturen, Prozesse, Politikinhalte, S. 305-333.

Palermo, Francesco / Woelk, Jens 2004: Italiens Föderalismusreform: eine unendliche Geschichte, in: Europäisches Zentrum für Föderalismus-Forschung Tübingen (Hg.): Jahrbuch des Föderalismus 2005, Baden-Baden, S. 235-247.

Paoli, Letizia 2003: Das „pacchetto giudiziario" – Reformbedarf für die italienische Justiz?, in: Rill, Bernd (Hg.): Italien im Aufbruch – eine Zwischenbilanz, München, S. 155-167.

Pasquino, Gianfranco 1995a: Die Reform eines Wahlrechtssystems. Der Fall Italien, in: Nedelmann, Birgitta (Hg.): Politische Institutionen im Wandel (KZfSS Sonderheft 35), Opladen, S. 279-304.

Pasquino, Gianfranco 1995b: La partitocrazia, in: Ders. (Hg.): La politica italiana. Dizionario critico 1945-1995, Bari, S. 341-354.

Pasquino, Gianfranco 2000: La transizione a parole, Bologna.

Pasquino, Gianfranco 2001: Premiership and Leadership from D'Alema to Amato and Beyond, in: Caciagli, Mario / Zuckerman, Alan S. (Hg.): Italian Politics. Emerging Themes and Institutional Responses, New York / Oxford, S. 37-52.

Petersen, Jens 1995: Quo vadis, Italia? Ein Staat in der Krise, München.

Pfeifer, Bruno 1999: Fernsehordnung in Italien. Status Quo und Reform, Berlin.

Piretti, Maria Serena 1995: Le elezioni politiche in Italia dal 1848 a oggi, Roma / Bari.

Pizzorno, Alessandro / Della Porta, Donatella 1993: „Geschäftspolitiker" in Italien. Überlegungen im Anschluss an eine Studie über politische Korruption, in: KZfSS 45, S. 439-464.

Pizzorno, Alessandro 1997: Opposition in Italy, in: GO 32, S. 647-656.

Poli, Emanuela 2001: Forza Italia. Strutture, leadership e radicamento territoriale, Bologna.

Quaglia, Lucia 2004: Italy's Presidency of the European Union: A Good ‚Business Manager'?, in: South European Society & Politics 9, S. 149-165.

Rauen, Birgid 2003: Medien und Politik, in: Rill, Bernd (Hg.): Italien im Aufbruch – eine Zwischenbilanz, München, S. 123-134.

Recchi, Ettore / Verzichelli, Luca 2003: Italy: the Homeland of the Political Class, in: Borchert, Jens / Zeiss, Jürgen (Hg.): The Political Class in Advanced Democracies, Oxford, S. 223-244.

Recchi, Ettore 1996: Fishing from the Same Schools: Parliamentary Recruitment and Consociationalism in the First and Second Italian Republics, in: WEP 19, S. 340-359.

Regini, Marino 1982: Changing Relationships Between Labour and the State in Italy: Towards a Neo-Corporatist System?, in: Lehmbruch, Gerhard / Schmitter, Philippe (Hg.): Patterns of Corporatist Policy-Making, London / Beverly Hills, S. 109-130.

Regini, Marino 1997: Still engaging in corporatism? Einige Lehren aus jüngsten italienischen Erfahrungen mit der Konzertierung, in: PVS 38, S. 298-317.

Reichel, Peter 1981: Politische Kultur, in: Greiffenhagen, Martin / Greiffenhagen, Sylvia (Hg.): Handwörterbuch zur politischen Kultur in Deutschland: Ein Lehr- und Nachschlagewerk, Opladen, S. 319-330.

Rhodes, Martin 1997: Financing Party Politics in Italy: A Case of Systemic Corruption, in: WEP 20 (Special Issue: Crisis and Transition in Italian Politics), S. 54-80.

Rimoli, Francesco 2002: Le riforme, Roma / Bari.

Risso, Linda 2006: Against the „New Wehrmacht". The Italian Communists' Opposition to the European Integration Process, 1950-55, in: Dies. / Boria, Monica (Hg.): Politics and Culture in Post-War Italy, Cambridge, S. 168-186.

Rusconi, Gian Enrico 1994: Die italienische Resistenza auf dem Prüfstand, in: Vierteljahreshefte für Zeitgeschichte 42, S. 379-402.

Rusconi, Gian Enrico 2003: Italien und Europa von 1945 bis heute, in: Rill, Bernd (Hg.): Italien im Aufbruch – eine Zwischenbilanz, München, S. 19-26.

Rusconi, Gian Enrico 2004: Die Mediendemokratie und ihre Grenzen – am Beispiel von Berlusconis Italien, in: APuZ B35/36, S. 32-38.

Sabbatucci, Giovanni 1995: Il Partito socialista italiano, in: Pasquino, Gianfranco (Hg.) 1995: La politica italiana. Dizionario critico 1945-95, Bari, S. 325-340.

Salvati, Michele 2004: Ulivo: morte e trasfigurazione?, in: Della Sala, Vincent / Vassallo, Salvatore (Hg.): Politica in Italia. I fatti dell'anno e le interpretazioni. Edizione 2004, Bologna, S. 59-79.

Sani, Giacomo / Legnante, Guido 2001: La comunicazione politica in televisione (1997-1999), in: Sani, Giacomo (Hg.): Mass media ed elezioni, Bologna, S. 127-158.

Sani, Giacomo / Legnante, Guido 2002: Quanto ha contato la comunicazione politica?, in: Pasquino, Gianfranco (Hg.): Dall'Ulivo al governo Berlusconi. Le elezioni del 13 maggio 2001 e il sistema politico italiano, Bologna, S. 117-137.

Sani, Giacomo / Segatti, Paolo 2002: Fratture sociali, orientamenti politici e voto: ieri e oggi, in: D'Alimonte, Roberto / Bartolini, Stefano (Hg.): Maggioritario finalmente? La transizione elettorale 1994-2001, Bologna, S. 249-281.

Sartori, Giovanni 1976: A Typology of Party Systems, in: Mair, Peter (Hg.): The West European Party System, Oxford, S. 316-349.

Sassoon, Donald 1995: Tangentopoli or the democratization of corruption: considerations on the end of Italy's First Republic, in: JMIS 1, S. 124-143.

Schenk, Michael 2000: Medienwirkungsforschung, Tübingen.

Schindler, Peter 1999: Datenhandbuch zur Geschichte des Deutschen Bundestages 1949 bis 1999. Gesamtausgabe in drei Bänden, Baden-Baden.

Schönrock, Dirk 1997: Koalitionsbildung nach dem Mehrheitsprinzip? Die Anwendung spieltheoretischer Koalitionsmodelle auf die Regierungsbildung in der italienischen Republik, Baden-Baden.

Schreyer, Bernhard / Schwarzmeier, Manfred 2005: Grundkurs Politikwissenschaft: Studium der Politischen Systeme. Eine studienorientierte Einführung, Wiesbaden.

Scoppola, Pietro 1995: La Democrazia cristiana, in: Pasquino, Gianfranco (Hg.) 1995: La politica italiana. Dizionario critico 1945-95, Bari, S. 213-233.

Sebaldt, Martin / Straßner, Alexander 2004: Verbände in der Bundesrepublik Deutschland. Eine Einführung, Wiesbaden.

Seißelberg, Jörg 1995: Berlusconis Forza Italia. Wahlerfolg einer Persönlichkeitspartei (1994), in: Steffani, Winfried / Thaysen, Uwe (Hg.): Demokratie in Europa: Zur Rolle der Parlamente, Opladen, S. 204-231.

Seißelberg, Jörg 2000: Der italienische Senat: Machtvoller Zwillingsbruder der Abgeordnetenkammer, in: Riescher, Gisela / Ruß, Sabine / Haas, Christoph M. (Hg.): Zweite Kammern, München / Wien, S. 202-219.

Selle, Jobst Martin 2000: Die Rechtsetzungsbefugnisse der italienischen Regierung, Berlin.

Sommer, Michael 2002: Im Süden nichts Neues: Zur aktuellen Entwicklung des italienischen Parteiensystems, in: PVS 43, S. 112-141.

Stille, Alexander 1997: Die Richter. Der Tod, die Mafia und die italienische Republik, München.

Tarchi, Marco 2003: The political culture of the Alleanza nazionale: an analysis of the party's programmatic documents (1995-2002), in: JMIS 8, S. 135-181.

Tossutti, Livianna 2002: Between Globalism and Localism, Italian Style, in: WEP 25, S. 51-76.

Trautmann, Günter / Ullrich, Hartmut 2003: Das politische System Italiens, in: Ismayr, Wolfgang (Hg.): Die politischen Systeme Westeuropas, 3. aktualisierte und überarbeitete Auflage, Opladen, S. 553-607.

Trautmann, Günter 1984: Italien – Eine Gesellschaft mit gespaltener politischer Kultur, in: Reichel, Peter (Hg.): Politische Kultur in Westeuropa, Bonn, S. 220-260.

Trautmann, Günter 1997: P2/Propaganda 2, in: Brütting, Richard (Hg.): Italien-Lexikon, Berlin, S. 551-553.

Trautmann, Günter 1997: Partitocrazia, in: Brütting, Richard (Hg.): Italien-Lexikon, Berlin S. 564-565.

Trautmann, Günter 1997: Referendum popolare, in: Brütting, Richard (Hg.): Italien-Lexikon, Berlin, S. 675-678.

Trentini, Marco / Zanetti, Massimo Angelo 2001: Italien. Verbände zwischen Abhängigkeit vom politischen System und Autonomiebestrebungen, in: Reutter, Werner / Rütters, Peter (Hg.): Verbände und Verbandssysteme in Westeuropa, Opladen, S. 221-240.

Tuccari, Francesco (Hg.) 2004: L'opposizione al governo Berlusconi, Roma / Bari.

Ullrich, Hartmut 1995: Reform des italienischen Wahlsystems – Die Fata Morgana des Ein-Mann-Wahlkreises als Regenerationsinstrument der Demokratie, in: Ferraris, Graf Luigi Vittorio / Trautmann, Günter / Ders. (Hg.): Italien auf dem Weg zur „zweiten Republik"?, Frankfurt, S. 123-149.

Vecchio, Giorgio 1999a: L'Italia in guerra (1939-1945), in: Ders. (Hg.): Storia dell'Italia contemporanea, Bologna, S. 5-162.

Vecchio, Giorgio 1999b: Gli anni dei grandi cambiamenti (1945-1963), in: Ders. (Hg.): Storia dell'Italia contemporanea, Bologna, S. 163-364.

Verzichelli, Luca / Cotta, Maurizio 1997: Italien: Von „beschränkten" Koalitionen zu alternierenden Regierungen?, in: Müller, Wolfgang C. / Strøm, Kaare (Hg.): Koalitionsregierungen in Westeuropa. Bildung, Arbeitsweise und Beendigung, Wien, S. 547-625.

Verzichelli, Luca 1995: Gli eletti, in: Bartolini, Stefano / D'Alimonte, Roberto (Hg.): Maggioritario ma non troppo. Le elezioni politiche del 1994, Bologna, S. 401-425.

Verzichelli, Luca 1997: La classe politica della transizione, in: Bartolini, Stefano / D'Alimonte, Roberto (Hg.): Maggioritario per caso. Le elezioni politiche del 1996, Bologna, S. 309-350.

Verzichelli, Luca 2002: Parliamentary groups from the 13th to the 14th legislatures: towards majoritarian stability?, in: Bellucci, Paolo / Bull, Martin (Hg.): Italian Politics. The Return of Berlusconi, New York / Oxford, S. 125-145.

Volcansek, Mary L. 1998: Justice as Spettacolo: The Magistrature in 1997, in: Bardi, Luciano / Rhodes, Martin (Hg.): Italian Politics. Mapping the Future, Boulder / Oxford, S. 133-148.

Volcansek, Mary L. 1999: Coalition Composition and Legislative Outcomes in Italy, in: WEP 22, S. 95-114.

Volcansek, Mary L. 2000: Constitutional Politics in Italy: The Constitutional Court, London.

Warner, Carolyn M. 2000: Confessions of an Interest Group. The Catholic Church and Political Parties in Europe, Princeton.

Weber, Andreas 1997: Entwicklungsprozeß von Presse und Rundfunk in Italien. Strukturelle Grundlagen des italienischen Journalismus, Berlin.

Weber, Peter 1995: Italiens demokratische Erneuerung. Anpassungsprobleme einer „schwierigen" Demokratie (1989-1994), in: Steffani, Winfried / Thaysen, Uwe (Hg.): Demokratie in Europa: Zur Rolle der Parlamente, Opladen, S. 178-203.

Weber, Peter 1997: Die neue Ära der italienischen Mehrheitsdemokratie: Fragliche Stabilität bei fortdauernder Parteienzersplitterung, in: ZParl 28, S. 85-116.

Weber, Peter 2002: Koalitionen in Italien: Frenetischer K(r)ampf im Netz der Parteiinteressen, in: Kropp, Sabine / Schüttemeyer, Suzanne S. / Sturm, Roland (Hg.): Koalitionen in West- und Osteuropa, Opladen, S. 167-196.

Wieser, Theodor / Spotts, Frederic 1988: Der Fall Italien. Dauerkrise einer schwierigen Demokratie, München.

Zamagni, Vera 2000: Evolution of the economy, in: McCarthy, Patrick (Hg.): Italy since 1945, Oxford, S. 42-68.

Zohlnhöfer, Reimut 1998: Die Transformation des italienischen Parteiensystems in den 90er Jahren, in: ZPol 4, S. 1371-1396.

Zohlnhöfer, Reimut 2002: Das italienische Parteiensystem nach den Wahlen: Stabilisierung des fragmentierten Bipolarismus oder Rückkehr zur „ersten Republik"?, in: ZParl 33, S. 271-290.

Zohlnhöfer, Reimut 2006: Das Parteiensystem Italiens: Von der blockierten Demokratie zum bipolaren Wettbewerb, in: Niedermayer, Oskar / Stöss, Richard / Haas, Melanie (Hg.): Die Parteiensysteme Westeuropas, Wiesbaden, S. 275-298.

Tabellen und Abbildungen

Tabellen

Abbildungen

Abkürzungen

AC	Azione Cattolica
AD	Alleanza Democratica
AN	Alleanza Nazionale
ANM	Associazione Nazionale della Magistratura
AS	Azione Sociale bzw. Alternativa Sociale
BR	Brigate Rosse
CC	Corte Costituzionale
CCD	Centro Cristiano Democratico
CDU	Cristiani Democratici Uniti
CGIL	Confederazione Generale Italiana del Lavoro
CISL	Confederazione Italiana dei Sindacati dei Lavoratori
CL	Comunione e Liberazione
CLN	Comitato di Liberazione Nazionale
CNEL	Consiglio Nazionale dell'Economia e del Lavoro
CSM	Consiglio Superiore della Magistratura
DC	Democrazia Cristiana
DS	Democratici di Sinistra
EJPR	European Journal of Political Research
ENI	Ente Nazionale Idrocarburi
EWWU	Europäische Wirtschafts- und Währungsunion
FAZ	Frankfurter Allgemeine Zeitung
FI	Forza Italia
GO	Government and Opposition
IRI	Istituto per la Ricostruzione Industriale
JMIS	Journal of Modern Italian Studies
JöR NF	Jahrbuch des öffentlichen Rechts, Neue Folge
KZfSS	Kölner Zeitschrift für Soziologie und Sozialpsychologie
LN	Lega Nord
MD	Magistratura Democratica
MG	Movimento per la Giustizia
MI	Magistratura Indipendente
MSFT	Movimento Sociale Fiamma Tricolore
MSI	Movimento Sociale Italiano

MSI-DN	Movimento Sociale Italiano – Destra Nazionale
NZZ	Neue Zürcher Zeitung
ÖZP	Österreichische Zeitschrift für Politikwissenschaft
PA	Parliamentary Affairs
PCI	Partito Comunista Italiano
PdA	Partito d'Azione
PDIUM	Partito Democratico Italiano di Unità Monarchica
PDL	Partito Democratico del Lavoro
PDS	Partito Democratico della Sinistra
PLI	Partito Liberale Italiano
PMP	Partito Monarchico Popolare
PNF	Partito Nazionale Fascista
PNM	Partito Nazionale Monarchico
PPI	Partito Popolare Italiano
PR	Partito Radicale
PRC	Partito della Rifondazione Comunista
PRI	Partito Repubblicano Italiano
PSDI	Partito Socialista Democratico Italiano
PSI	Partito Socialista Italiano
PSU	Partito Socialista Unificato
PSIUP	Partito Socialista Italiano di Unità Proletaria
PVS	Politische Vierteljahresschrift
RAI	Radiotelevisione Italiana
RC	Rifondazione Comunista (= PRC)
RI	Rinnovamento Italiano
SDI	Socialisti Democratici Italiani
SIC	Sistema Integrato delle Comunicazioni
SSN	Servizio Sanitario Nazionale
SVP	Südtiroler Volkspartei
SZ	Süddeutsche Zeitung
UC	Unità per la Costituzione
UD	Unione Democratica
UDC	Unione dei Democratici Cristiani e Democratici di Centro
UdC	Unione di Centro
UDEUR	Unione Democratici per l'Europa
UDR	Unione Democratica per la Repubblica
UIL	Unione Italiana del Lavoro
UV	Union Valdôtaine
WEP	West European Politics
ZParl	Zeitschrift für Parlamentsfragen
ZPol	Zeitschrift für Politikwissenschaft

Sach- und Personenregister

Neu im Programm Politikwissenschaft

Maria Behrens (Hrsg.)

Globalisierung als politische Herausforderung

Global Governance zwischen Utopie und Realität
2005. 359 S. (Governance Bd. 3)
Br. EUR 32,90
ISBN 3-8100-3561-0

Der Band setzt sich kritisch mit dem Konzept der Global Governance auseinander. Ausgehend von dem Problem einer scheinbar unkontrollierten Globalisierung gehen die AutorInnen der Frage nach, ob und wie die politische Handlungsfähigkeit im internationalen System durch multilaterale Koordinationsmechanismen zurückgewonnen werden kann. Damit liefert der Band eine umfassende Einführung in das Thema und ermöglicht ein tieferes Verständnis von Global Governance.

Ludger Helms

Regierungsorganisation und politische Führung in Deutschland

2005. 237 S. mit 8 Tab. (Grundwissen Politik 38) Geb. EUR 19,90
ISBN 3-531-14789-7

Der Band bietet eine politikwissenschaftliche Gesamtdarstellung der Bedingungen und Charakteristika der Regierungsorganisation und politischen Führung durch Kanzler und Bundesregierung in der Bundesrepublik Deutschland. Im Zentrum der Studie steht eine vergleichende Analyse der politischen Ressourcen und Führungsstile deutscher Kanzler seit Konrad Adenauer. Diese werden auf zwei Ebenen – innerhalb des engeren Bereichs der Regierung und auf der Ebene des politischen Systems – betrachtet. Historische Rückblicke und ein internationaler Vergleich runden die Studie ab.

Richard Saage

Demokratietheorien

Historischer Prozess – Theoretische Entwicklung – Soziotechnische Bedingungen. Eine Einführung
2005. 325 S. mit 3 Abb. (Grundwissen Politik 37) Br. EUR 24,90
ISBN 3-531-14722-6

Dieser Band stellt die Entwicklung der Demokratie und der Demokratietheorien von der Antike bis zur Gegenwart dar. Er erläutert die Veränderungen des Demokratiebegriffs und der wissenschaftlichen Diskussion über die Herrschaftsform und erklärt den Übergang von der alten, auf die Selbstbestimmung des Volkes abzielenden (direkten) Demokratie zur reduzierten Demokratie als Methode der Generierung staatlicher Normen und effizienter Elitenrekrutierung, wie sie sich in der Folge von Kontroversen und politischen Kämpfen herausgebildet hat.

Erhältlich im Buchhandel oder beim Verlag.
Änderungen vorbehalten. Stand: Januar 2006.

www.vs-verlag.de

VS VERLAG FÜR SOZIALWISSENSCHAFTEN

Abraham-Lincoln-Straße 46
65189 Wiesbaden
Tel. 0611.7878-722
Fax 0611.7878-400